W0067741

Hannes Råstam

QUICK

Die Erschaffung eines Serienkillers

Aus dem Schwedischen
von Nike Karen Müller

WILHELM HEYNE VERLAG
MÜNCHEN

Die Originalausgabe erschien unter dem Titel
Fallet Thomas Quick – Att skapa en seriemördare
bei Ordfront, Stockholm

Unter www.heyne-hardcore.de finden Sie das komplette
Hardcore-Programm, den monatlichen Newsletter
sowie alles rund um das Hardcore-Universum.

@heyne.hardcore

MIX
Papier aus verantwor-
tungsvollen Quellen
FSC® C014496
www.fsc.org

Penguin Random House Verlagsgruppe FSC® N001967

Vollständige deutsche Taschenbuchausgabe 12/2020
Copyright © 2012 by Hannes Råstam
Copyright © 2013 der deutschen Ausgabe
by Wilhelm Heyne Verlag, München,
in der Penguin Random House Verlagsgruppe GmbH,
Neumarkter Straße 28, 81673 München
Redaktion: Isabella Kortz
Für ihre Hilfe in juristischen Fachfragen dankt die
Übersetzerin der Rechtsanwältin Iris Hell, München
Umschlaggestaltung: Nele Schütz Design, München
Umschlagmotiv: Quick © 2019 Brain Academy. All Rights Reserved.
Package-Design © 2020 Koch Films GmbH. All Rights Reserved.
Artwork: www.300design.com
Satz: Schaber Datentechnik, Austria
Druck: GGP Media GmbH, Pößneck
Printed in Germany

ISBN 978-3-453-67732-6

Inhalt

Vorwort 11

TEIL I 15

Klinik für Forensische Psychiatrie Säter,
Montag, den 2. Juni 2008 17
Der Säter-Mann 19
Schlagzeilen 26
Charles Zelmanovits 31
Appojaure 37
Yenon Levi 49
Therese Johannesen 55
Zweifler 59
Trine Jensen und Gry Storvik 65
Johan Asplund 67
Auszeit 69
Warum haben Sie gestanden? 71
Brief an Sture Bergwall 80
Meine Gespräche mit Jan Olsson 81
Der Eremit 84
Onkel Sture 88
Klinik für Forensische Psychiatrie Säter,
Donnerstag, den 28. August 2008 94
Eine Entdeckung 96
Abschweifen 105
Tatortbegehung in Ørjeskogen 107

Klinik für Forensische Psychiatrie Säter,
Mittwoch, den 17. September 2008 124
Die Wendung 128

TEIL II 135

Ein Leben aus Lügen 137
Der Serienmörder trifft ein 140
Ein sonderbarer Patient 148
Missbrauch und Therapie 156
Der Badeausflug 163
Aus dem Spiel wird Ernst 167
Irrfahrten und Umwege 185
Zeitreise 198
Stures Alibi 206
Der Ärztestreit 214
Birgitta Ståhle übernimmt 224
Geschlossene Fragen 234
Charles Zelmanovits' Verschwinden 237
Kognitive Verhörmethoden 254
Eine makabre Show 263
Nächtliche Zweifel 273
Eine andere Vernehmungssituation 288
Der letzte Vorarbeiter 300
Abgeschriebene Geschwister 301
Eine gestrichene Stunde 307
Mehrere Persönlichkeiten 320
Ein wütender Schrei 329
Konfrontation 335
Das »Schalom-Ereignis« 346
Sten-Ove nimmt Kontakt auf 348
Der Prozess am Landgericht Gällivare 353
Widerstände 362

Die Quick-Kommission scheitert 382
Der Levi-Prozess 391
Auf nach Ørjeskogen! 398
Ein eingeschworenes Team 408
Archäologische Grabungen 417
Der geknackte Code 424
Da capo 441
Interview mit dem Staatsanwalt 454
Interview mit dem Rechtsanwalt 462
Fehler im System 474
Die Dokumentationen im SVT 484

TEIL III 487

Der Wind dreht 489
13 Ordner 65
Der Kriminaljournalist 506
Das letzte Puzzleteil 516
Treffen mit dem Journalisten 522

Nachwort von Mattias Göransson:
Das Vermächtnis des »Gräbers« 525

Chronologie zu Sture Bergwall/Thomas Quick 557

Für meine Kinder

Man will geliebt werden,
mangels dessen bewundert,
mangels dessen gefürchtet,
mangels dessen gehasst
und verachtet. Man will
irgendein Gefühl
in den Menschen wecken.
Die Seele schreckt
vor der Leere zurück und
sucht um jeden Preis Kontakt.

Aus: HJALMAR SÖDERBERG, *Doktor Glas*.
In der Übersetzung von Verena Reichel,
Manesse Verlag, München 2012, S. 29

Vorwort

Dies ist die Geschichte des Serientäters Thomas Quick. Im Laufe von fast 30 Jahren wird er rund 30 Menschen umbringen: Frauen, Männer, Halbwüchsige, Kinder. Im Alter von nur 14 Jahren tötet er das erste Mal, und seine Art zu töten gibt das Muster vor für alle Morde, die folgen sollen. Es handelt sich um bestialische Sexualdelikte. Er vergewaltigt, quält, tötet und zerteilt seine Opfer. Er trinkt ihr Blut und verspeist Teile von ihnen. Wie Trophäen nimmt er ihre Körperteile an sich, um seine Fantasien zu befriedigen, bis er das nächste Opfer findet, und schließlich entledigt er sich der Überbleibsel, indem er sie massakriert, vergräbt oder einfach ins Gebüsch wirft.

Mit gewöhnlichem kriminologischem Maß gemessen, ist Thomas Quick bezüglich der Bestialität seiner Morde und der Anzahl seiner Opfer kein durchschnittlicher Serientäter. In der gesamten Kriminalgeschichte der westlichen Welt steht er ziemlich weit oben auf der Liste eben jener Täter, und was einige der Grausamkeiten betrifft, die auf sein Konto gehen, ist er sogar einzigartig.

Das Problem besteht jedoch vielmehr in dem Bild von ihm, das in unseren Medien und in unseren Köpfen 15 Jahre lang herumspuken soll: Denn nichts davon ist wahr. Alles war nur erfunden. Thomas Quick hat kein einziges seiner angeblichen Opfer jemals getroffen, geschweige denn umgebracht. Der Serientäter Thomas Quick ist ein Fantasiegeschöpf, das dem Bösen ein Gesicht gegeben und eine Gestalt verliehen hat, und das in erster Linie von anderen und nicht von ihm selbst geschaffen wurde.

Nun hat Hannes Råstam die wahre Geschichte erzählt. Die von Sture Bergwall, geboren 1950 in Korsnäs bei Falun, der seit früher Kindheit massiv an physischen und psychischen Krankheiten litt, sein halbes Leben lang in der Psychiatrie behandelt wurde und von früher Jugend an schwer alkohol-, drogen- und tablettenabhängig war. Råstam erzählt, wie es der schwedischen Justiz in Zusammenarbeit mit der Psychiatrie gelang, aus einem psychisch schwer kranken Drogenabhängigen und Mythomanen einen Serienmörder zu machen.

Ausnahmsweise ist es auch einmal so, dass Råstam nicht nur ein Buch darüber geschrieben hat, was wirklich passiert ist, sondern auch derjenige war, der dafür gesorgt hat, dass überhaupt erst Licht in das Dunkel kam, das die eigentlichen Schurken, die diese Lüge in die Welt gesetzt hatten, verbreiteten.

Zweifler und Skeptiker hat es sicherlich immer gegeben, seit der Serienmörder Thomas Quick ab Anfang der 90er-Jahre in unseren Köpfen ungehindert sein Unwesen trieb. Hannes Råstam ist gemessen daran erst spät aufgetaucht. Mit John Wayne, James Bond oder unserem Carl Hamilton hat er nicht besonders viel gemeinsam. Ein hochgewachsener, schlanker Journalist, nie laut und stets korrekt, bisweilen ein leichtes Lächeln auf den Lippen, der für das Fernsehen drei Sendungen über unseren landeseigenen Serienmörder gemacht und ihn in letzter Sekunde auch noch dazu bewegt hat zuzugeben, dass er leider alles erfunden hat. Und sogar auch dazu, uns zu erklären, warum er das getan und wer ihn dazu gebracht hat.

Das erinnert mich an die Filme aus meiner Kindheit, in denen die Wirklichkeit schwarz-weiß war und die Kavallerie im letzten Moment angeritten kam, mit donnernden Hufen, Fanfaren, gezogenen Säbeln, nur dieses Mal von einem Investigativjournalisten angeführt, der plötzlich und bei allem, was wirklich zählt, genauso aussieht wie der John Wayne aus meinen Kindertagen. Zweifler und Skeptiker in allen Ehren, aber es ist genau diese kleine, unscheinbare, tapfere Schar aus Journalisten, Wissenschaftlern, Juristen und all jenen, die für die gute Sache kämpfen, die den berechtigten Zweifeln nachgeht und sie zur Sprache bringt – und zwar bis ins letzte Detail. Wäre Hannes Råstam nicht gewesen, hätten viele mit ihren Zweifeln weitergelebt und sich damit abgefunden. Und die meisten von uns haben das Problem vermutlich gelöst, indem sie einfach nicht mehr daran dachten.

Dass Hannes Råstam auch ein Stück schwedische Rechtsgeschichte geschrieben hat auf seinem Weg zur Wahrheit über Thomas Quick, traue ich mich kaum zu sagen, ganz einfach deshalb, weil mit solch einem Verdienst selten sonderlich große Lesefreude verbunden ist. In diesem Fall ist das umgekehrt. Råstams Buch ist gut geschrieben und gut erzählt. Er schildert darin einen schwedischen Rechtsapparat, der von einer moralischen, juristischen und intellektuellen Kernschmelze erfasst wurde, und ein schwedisches psychiatrisches Gesundheitswesen, das Assoziationen weckt mit Ähnlichem in der frühen Sowjetunion, von dem wir bisher dachten, es geistere nur in Berichten herum. Und wenn wir doch einmal darüber lasen, so hatte das keinesfalls etwas mit uns zu tun.

Summa summarum: Wir haben ein Buch vor uns, in dem berichtet wird, wie schwedische Polizeibeamte, Staatsanwälte, Anwälte und Richter – mit geneigter Unterstützung diverser Ärzte, Psychologen, eines sogenannten Experten für Gedächtnisfunktionen und viel zu vielen Journalisten und Gesichtern aus dem Kulturbereich – aus einem psychisch kranken Mythomanen den schlimmsten Serienmörder der Kriminalgeschichte machten. Das ist furchtbar, das ist die Wahrheit und das ist vollkommen phänomenaler Lesestoff.

Leif GW Persson

TEIL I

Klinik für Forensische Psychiatrie Säter, Montag, den 2. Juni 2008

Seit sieben Jahren hat der Serienmörder, Sadist und Kannibale Sture Bergwall keinen Besuch empfangen. Mich erfüllte eine ängstliche Neugierde, als mir Einlass in die Besucherschleuse der Regionalklinik für Forensische Psychiatrie in Säter gewährt wurde.

»Hannes Råstam, Schwedisches Fernsehen. Habe um einen Termin mit Sture Bergwall gebeten ...«

Ich legte meinen Presseausweis in das Edelstahlschubfach unter dem Panzerglas, das mich von dem Wachmann trennte. Er überzeugte sich, dass mein Besuch genehmigt und eingetragen war.

»Gehen Sie durch die Sicherheitsschleuse. Kommen Sie nicht an die Tür!«

Ich gehorchte der schnarrenden Lautsprecherstimme, ging durch eine automatische Tür, anschließend an den Metalldetektoren der Schleuse vorbei und durch eine weitere automatische Tür in einen Warteraum, in dem eine Pflegerin meine Schultertasche durchwühlte.

Ich folgte den bestimmten Schritten meiner Begleiterin durch ein unüberschaubares System aus Korridoren, Treppen und Fahrstühlen. Dem Klappern ihrer Absätze auf dem Betonboden. Stille, Schlüsselrasseln bei jeder Stahltür, das Piepen elektronischer Schlösser, das Zuschlagen von Panzertüren.

Thomas Quick hatte rund 30 Morde gestanden. Sechs Gerichte hatten ihn einstimmig des achtfachen Mordes für schuldig befunden. Nach dem letzten Urteil 2001 hatte er sich für eine »Auszeit« entschieden, seinen alten Namen Sture Bergwall wieder angenommen und beschlossen zu schweigen. In den sieben Jahren, die seither verstrichen waren, flammte immer wieder eine hitzige Diskussion auf, inwieweit Quick ein Serienmörder oder Mythomane war. Wie der Betroffene selbst darüber dachte, wusste niemand. Jetzt würde ich ihm Auge in Auge gegenüberstehen.

Die Pflegerin führte mich in eine große, verlassene Abteilung mit blank gebohnertem Linoleumboden. Sie forderte mich auf, ein kleines Besucherzimmer zu betreten.

»Er ist unterwegs«, sagte sie.

Ich spürte plötzlich ein gewisses Unbehagen.

»Warten Sie so lange vor dem Zimmer?«

»Dies ist eine geschlossene Abteilung, hier gibt es kein Personal«, erwiderte sie schroff.

Als hätte sie meine Gedanken gelesen, zauberte die Pflegerin ein kleines schwarzes Kästchen hervor.

»Möchten Sie den Alarm?«

Ich betrachtete erst sie, dann das schwarze Kästchen.

Sture Bergwall war seit 1991 hier in Behandlung. Er galt als so gefährlich, dass er nur einmal alle sechs Wochen den Bunker für eine Fahrt mit dem Auto verlassen durfte, und das nur, wenn ihn drei Pfleger begleiteten. Damit der Spinner mal den Horizont zu Gesicht kriegt und nicht noch verrückter wird, dachte ich.

Nun sollte ich binnen Sekunden entscheiden, ob die Situation einen Alarm erforderlich machte, oder nicht. Ich blieb meine Antwort schuldig.

»Nebenan gibt es auch eine Notklingel«, sagte die Pflegerin.

Klang sie nicht ein bisschen zynisch?, überlegte ich. Sie wusste genauso gut wie ich, dass von Quicks Opfern kein einziges durch eine Notklingel in einem Nebenzimmer hätte gerettet werden können.

Ich wurde aus meinen Gedanken gerissen, als Sture Bergwall mit seinen 1,89 Metern begleitet von zwei Pflegern im Türrahmen erschien. Er trug ein verwaschenes Sweatshirt, das einmal lila gewesen sein musste, zerschlissene Jeans und Sandalen und hielt mir mit einem unsicheren Lächeln seine Hand hin, leicht nach vorn gebeugt, damit ich nicht gezwungen war, ihm zu nahe zu kommen.

Ich musterte die Hand, die den Angaben ihres Eigentümers zufolge mindestens 30 Menschen getötet hatte.

Sein Händedruck war feucht.

Die Pfleger waren weg.

Ich war mit dem Kannibalen allein.

Der Säter-Mann

Die haarsträubende Nachricht wurde von den Medien überbracht. Wie immer. Der Reporter vom *Expressen* hatte es eilig und kam gleich zur Sache:

»Unten in Falun hockt ein Kerl, der den Mord an Ihrem Sohn Johan gestanden hat. Was können Sie dazu sagen?«

Anna-Clara Asplund stand in Hut und Mantel in der Diele, die Hausschlüssel in der Hand, und war gerade von der Arbeit nach Hause gekommen. Schon beim Eintreten hatte sie das Telefon klingeln hören.

»Ich bin etwas in Eile«, erklärte der Journalist. »Morgen wird mein Leistenbruch operiert, und ich muss den Artikel noch fertig machen.«

Anna-Clara Asplund hatte keine Ahnung, wovon er sprach. Aber sie begriff, dass die offenen Wunden wieder aufreißen würden, und dass an jenem Montag, dem 8. März 1993, ihr Albtraum noch mal von vorn beginnen würde. Ein 42-jähriger Patient der Rechtspsychiatrischen Klinik Säter hatte den Mord an ihrem Sohn gestanden, berichtete der Journalist. »Ich habe Johan getötet«, habe der Mann gesagt. Anna-Clara fragte sich, warum die Polizei dies dem *Expressen*, aber noch nicht ihr mitgeteilt hatte.

Am 7. November 1980 stiegen Björn und Anna-Clara Asplund in die Hölle hinab. Es war ein ganz normaler Freitag. Es ist immer ein ganz normaler Tag, an dem so etwas passiert. Anna-Clara machte für ihren elfjährigen Sohn Johan Frühstück, bevor sie sich von ihm verabschiedete und zur Arbeit ging. Als ihr Sohn gegen 8.00 Uhr das Haus verließ, hatte er etwa 300 Meter bis zur Schule vor sich. Doch er kam nie dort an und blieb seitdem spurlos verschwunden.

Noch am selben Tag startete die Polizei eine umfassende Suchaktion mit Hubschraubern, Wärmebildkameras und Suchmannschaften, jedoch ohne eine Spur von dem Jungen zu finden. Der »Fall Johan« wurde zu einem der großen Kriminalrätsel Schwedens. Die Eltern meldeten sich in zahllosen Interviews, Reportagen und Talkrunden zu Wort. Immer wieder erzählten sie, wie es ist, sein einziges Kind zu verlieren, nicht zu wissen, was passiert ist, kein Grab zu haben, zu dem man gehen kann. Es half alles nichts.

Anna-Clara und Björn Asplund hatten sich getrennt, als Johan drei Jahre alt war, aber sie hatten ein gutes Verhältnis, waren sich gegenseitig eine Stütze auf der Golgathawanderung nach Johans Verschwinden und halfen einander bei den trostlosen Gesprächen mit Journalisten und Vertretern der Justiz.

Beide waren frühzeitig davon überzeugt, dass Johan von Anna-Claras ehemaligem Lebensgefährten entführt worden war. Unglückliche Liebe und übertriebene Eifersucht waren das angebliche Motiv, irgendetwas war aus dem Ruder gelaufen.

Der ehemalige Lebensgefährte gab an, er habe an jenem verhängnisvollen Morgen zu Hause im Bett gelegen und bis 9.00 Uhr geschlafen. Aber Zeugen hatten ihn um 7.15 Uhr das Haus verlassen sehen. Andere Zeugen hatten gegen 8.00 Uhr sein Auto vor Asplunds Haus gesehen. Seine Freunde und Arbeitskollegen sagten aus, dass er sich merkwürdig benommen habe, seit Johan verschwunden war. Selbst sein bester Freund teilte der Polizei mit, er sei überzeugt, sein Kumpel habe Johan mitgenommen. Im Beisein zweier Zeugen sagte Björn Asplund zu Anna-Claras früherem Lebensgefährten: »Du bist ein einfältiger Mörder, du hast meinen Sohn umgebracht, aber damit kommst du nicht davon. Ich werde jedem, den ich treffe, erzählen, dass du Johan getötet hast.«

Dass der Mann gegen solche Anschuldigungen nicht protestierte oder Björn Asplund wegen Verleumdung anzeigte, wurde von den Eltern als weiterer Hinweis für seine Schuld gedeutet. Es gab also Indizien, Zeugen und ein Motiv, aber keine sicheren Beweise.

Vier Jahre nach Johans Verschwinden beauftragte das Elternpaar Asplund den Rechtsanwalt Pelle Svensson, sich der Anklage gegen Anna-Claras ehemaligen Lebensgefährten anzuschließen, ein mutiges Unterfangen, das auch ein bedeutendes finanzielles Risiko barg, falls die Anklage nicht zugelassen oder es zu einem Freispruch kommen sollte.

Nach einem spektakulären Verfahren sah es das Landgericht als bewiesen an, dass der Angeklagte Johan entführt hatte. Er wurde wegen Menschenraubes zu zwei Jahren Haft verurteilt. Das war ein einzigartiges Ereignis und ein großer Sieg für Anna-Clara und Björn Asplund. Aus dem Erfolg am Landgericht wurde jedoch eine Niederlage, als das Oberlandesgericht ein Jahr später, nachdem die Verteidigung Berufung eingelegt hatte, das Urteil gegen den früheren Lebensgefährten aufhob. Da nach schwedischem Recht bei Freispruch die Verfahrenskosten nicht von der Staatskasse getragen werden, wurden Anna-Clara und Björn Asplund dazu verurteilt, für die aufgelaufenen 600 000 Kronen aufzukommen. Die Regierung beschloss allerdings später »aus Barmherzigkeit«, dass Johans Eltern diese Summe nicht begleichen mussten.

Dann waren sieben Jahre vergangen ohne eine neue Spur von Johan. Es gab niemanden mehr, der noch nach seinem Mörder suchte.

Aber nun stand Anna-Clara wie angewurzelt in der Diele, in einer Hand den Telefonhörer, in der anderen den Schlüsselbund. Sie versuchte zu verstehen, was der Reporter erzählte, dass nämlich die Ermittlungen im Mordfall Johan wieder aufgenommen worden waren und ein Patient aus der Psychiatrie die Tat gestanden hatte. Aber ihr fiel kein Kommentar ein, der in die Zeitung gepasst hätte.

Anna-Clara Asplund nahm Kontakt mit der Polizei in Sundsvall auf, die die Informationen des Journalisten bestätigte. Der Ausgabe des *Expressen* vom folgenden Tag konnte sie entnehmen, dass der Psychiatriepatient zu Protokoll gegeben hatte, er habe Johan erwürgt und die Leiche vergraben.

Der Reporter hatte außerdem Björn Asplund erreicht, der die neuen Informationen skeptisch zur Kenntnis nahm. Er war noch immer davon überzeugt, dass Johans Mörder derjenige war, gegen den Anklage erhoben worden war. Aber er wollte sich auf nichts festlegen:

»Wenn sich herausstellen sollte, dass ein anderer Johan getötet hat, muss ich zu meinem Irrtum stehen«, sagte er dem *Expressen*. »Hauptsache, wir bekommen endgültige Gewissheit.«

Der *Expressen* blieb an dem Fall dran, und wenige Tage später konnte Anna-Clara Asplund weitere Details über das Geständnis des Säter-Patienten lesen.

»Ich habe Johan vor der Schule in mein Auto gelockt«, sagte der Säter-Mann, wie er genannt werden sollte, am 15. März dem *Expressen*. »Ich bin in ein Waldstück gefahren und habe mich dort an dem Jungen vergangen.«

»Ich wollte ihn nicht töten. Aber ich habe Panik gekriegt und Johan erwürgt. Dann habe ich ihn vergraben, damit er nicht gefunden wird.«

Der 42-Jährige war offensichtlich ein schwer kranker Mann. Schon 1969 hatte er sich sexuell an minderjährigen Jungen vergangen. Zuletzt war er 1990 gemeinsam mit einem jüngeren Komplizen wegen Bankraub in Grycksbo verhaftet und in die Psychiatrie in Säter eingewiesen worden, wo er in Therapiegesprächen den Mord an Johan gestanden hatte. Laut *Expressen* hatte er gesagt:

»Ich kann nicht länger damit leben. Ich will das aus der Welt schaffen; ich will Versöhnung und Vergebung, um wieder nach vorn zu blicken und weiterzukommen.«

Du kannst nicht mehr?, dachte Anna-Clara und ließ die Zeitung sinken.

Oberstaatsanwalt Christer van der Kwast war ein energischer Mann, 50 Jahre alt, mit ordentlich gestutztem Bart und kurz geschnittenem dunklem Haar. Er war bekannt für seine Gabe, mit sonorer Stimme derart überzeugend seine Ansichten darzulegen, dass sie sowohl von seinen Untergebenen als auch von Journalisten für die Wahrheit gehalten wurden. Kurz gesagt, war er ein Mann, der Selbstvertrauen ausstrahlte und es zu genießen schien, die Führung für seine Mannschaft zu übernehmen und mit ausgestrecktem Arm die Marschrichtung anzuzeigen.

Ende Mai ließ van der Kwast eine Pressekonferenz einberufen. Den erwartungsvollen Journalisten berichtete der Staatsanwalt, der Säter-Mann habe verschiedene Orte genannt, wo er Teile von Johans Leiche versteckt habe, und Techniker der Polizei würden nun in der Nähe von Falun nach den Händen suchen. Weitere Leichenteile seien angeblich in der Gegend von Sundsvall versteckt worden, doch trotz sorgfältiger Suche mit Spürhunden war an besagten Orten noch nichts gefunden worden.

»Dass wir nichts gefunden haben, muss nicht zwangsläufig bedeuten, dass es auch nichts gibt«, lautete der Kommentar des Staatsanwalts.

Andere Beweise, die den Verdächtigen mit Johan Asplunds Verschwinden in Zusammenhang brachten, gab es nicht, und van der Kwast sah sich gezwungen zuzugeben, dass er für eine

Anklageerhebung nicht genug in der Hand hatte. Der Verdacht bleibe dennoch bestehen, erklärte er, denn auch wenn Beweise fehlten, stünde der Säter-Patient mit einem anderen Mord in Zusammenhang.

Van der Kwast erläuterte den Anwesenden, dass jener 1964 einen Jungen im gleichen Alter in Växjö getötet hatte. Das Opfer war der 14-jährige Thomas Blomgren.

»Die Angaben des Säter-Patienten sind sehr detailliert und decken sich mit den Ergebnissen der Ermittlungen in diesem Mordfall, sodass ich unter normalen Umständen nicht gezögert hätte, gegen den Mann Anklage zu erheben«, sagte van der Kwast.

Diese Schlussfolgerung war aus zwei Gründen hypothetisch: Zum einen war die Verjährungsfrist für Mord, die zu dem Zeitpunkt 25 Jahre betrug, bereits überschritten, zum anderen war der Säter-Mann zur Tatzeit erst 14 Jahre alt und deshalb nach dem schwedischen Rechtssystem noch nicht schuldfähig gewesen. Dennoch war der Mord an Thomas Blomgren für das Verfahren im Fall Johan von großer Bedeutung – dass der Säter-Mann als 14-Jähriger einen Mord begangen hatte, war ohne Frage kompromittierend.

Christer van der Kwast verriet jedoch nicht, auf welche Weise der Säter-Mann mit dem Mord an Thomas Blomgren in Zusammenhang stand, und da in diesem Fall niemals Anklage erhoben werden würde, fand das Verfahren unter Ausschluss der Öffentlichkeit statt. Der Anwalt des Säter-Mannes, Gunnar Lundgren, teilte die Ansicht des Staatsanwalts voll und ganz und hielt die Aussage seines Mandanten für glaubhaft.

Die Medien lieferten immer gruseligere Details über die Vergangenheit des Säter-Mannes sowie seine persönlichen Neigungen. Er habe im Krankenhaus Falu Lasarett einen »Lustmordversuch« an einem neunjährigen Jungen begangen, wusste der Kriminalreporter des *Dala-Demokraten*, Gubb Jan Stigson, zu berichten: »Als der Neunjährige schrie, versuchte der Mann, ihn zu erwürgen. Der 43-Jährige schilderte in seiner Vernehmung selbst, dass er die Kehle des Jungen so lange zugedrückt hatte, bis dem Opfer das Blut aus dem Mund lief.«

Laut *Dala-Demokraten* hatten die Ärzte bereits 1970 darauf hingewiesen, dass der Säter-Mann wahrscheinlich ein Kindsmörder sei, und die Zeitung zitierte ein psychiatrisches Gutachten, das besagte, er leide an »einer konstitutionell bedingten, hochgradig sexuellen Perversion der Kategorie *pedophilia cum sadismus*«. Er stelle »unter gewissen Umständen eine ausgesprochen große Gefahr für die Sicherheit von Leib und Leben anderer« dar.

Am 12. November 1993 konnte Gubb Jan Stigson vermelden, dass die polizeilichen Ermittlungen im Zusammenhang mit dem Säter-Mann auf insgesamt fünf Morde ausgeweitet worden waren. Außer Johan Asplund 1980 und Thomas Blomgren 1964 wurde er des Mordes an drei weiteren Personen verdächtigt: Alvar Larsson aus Sirkön, der 1967 im Alter von 15 Jahren verschwand, Ingemar Nylund, der 1977 im Alter von 48 Jahren in Uppsala ermordet wurde, und Olle Högbom, der mit 18 Jahren 1983 in Sundsvall spurlos verschwand.

Laut Stigson hatte der Säter-Mann alle fünf Morde gestanden. Immer mehr Journalisten schrieben, er sei Schwedens erster richtiger Serienmörder.

»Er sagt die Wahrheit bezüglich der Morde an den Jungen«, stellte der *Expressen* in der Überschrift zu einem ganzseitigen Artikel am 17. Juni 1994 fest. Der Säter-Mann hatte einen weiteren Mord gestanden, und die Ermittler hatten endlich einen Durchbruch. Es ging um den 15-jährigen Charles Zelmanovits, der 1976 nach einem Schulfest in Piteå verschwunden war.

Der Säter-Mann hatte zugegeben, dass er und ein älterer Freund von Falun nach Piteå gefahren waren, um nach einem Jungen zu suchen, an dem sie sich vergreifen konnten. Sie waren Charles begegnet und hatten ihn in ihr Auto gelockt. In einem Wäldchen hatte der Säter-Mann den Jungen erwürgt und die Leiche zerstückelt. Einige Leichenteile hatte er vom Tatort entfernt und an sich genommen.

Den Ermittlern zufolge hatte Quick nicht nur Angaben gemacht, durch die es gelungen war, die verschiedenen Körperteile zu finden, sondern auch aufgezählt, welche davon er nach Hause mitgenommen hatte.

Nun verfügte van der Kwast zum ersten Mal über Beweise, die zu erbringen der Polizei in den vorangegangenen Ermittlungen nicht gelungen war: ein Geständnis, in dem Leichenteile benannt wurden, und eine Schilderung, die zeigte, dass der Säter-Mann Details über den Mord wusste, die nur der Täter kennen konnte.

»Der 43-jährige Mann ist ein Lustmörder«, titelte der *Expressen* in dem Artikel vom 17. Juni.

»Wir wissen, dass er in zwei Mordfällen die Wahrheit sagt«, bestätigte van der Kwast.

Schlagzeilen

Als Birgitta Ståhle, die Therapeutin des Säter-Mannes, im Juli 1994 in Urlaub ging, rief das allgemeine Besorgnis darüber hervor, wie er ohne die eng gesteckten Sitzungen, die für ihn immer wichtiger geworden waren, zurechtkommen würde. Am Montag, den 4. Juli, hatten die Pfleger der Abteilung ein Mittagessen in einem Golfrestaurant in Säter geplant. Der Säter-Mann wurde auf diesem Ausflug von Ståhles Vertretung, einer jungen Psychologiestudentin, begleitet.

Sie und ihr Patient verließen um 11.45 Uhr die Station 36 und gingen Richtung Golfplatz, als der Patient plötzlich vorgab, dringend austreten zu müssen. Er entschuldigte sich und ging hinter ein verfallenes Gebäude, das früher der Pavillon in Säter gewesen war. Sowie er außer Sichtweite war, bog er blitzschnell auf einen Weg, der durch ein Waldstück zum Smedjebacksvägen führte. Dort wartete, wie geplant, ein alter Volvo 745 mit laufendem Motor. Am Steuer saß eine junge Frau und neben ihr ein 20-jähriger Mann, der auf Bewährung aus der Psychiatrie Säter entlassen worden war. Der Säter-Mann sprang auf den Rücksitz, und die Fahrerin gab Gas.

Alle im Auto waren aufgekratzt und lachten, weil die Flucht genau nach Plan gelungen war. Der Mann auf dem Vordersitz reichte ein Briefchen aus Folie mit einem weißen Pulver nach hinten, das der Säter-Mann mit unfehlbarer Routine öffnete und mit angefeuchtetem Zeigefinger bis auf den letzten Rest leerte. Er führte den Finger zum Mund und presste die bittere Masse an den Gaumen, lehnte sich zurück und schloss die Augen.

»Verdammt gut«, murmelte er, während er die Amphetaminpaste verarbeitete. Amphetamine waren seine Lieblingsdroge, und er hatte die besondere Eigenart, dass er auch den Geschmack mochte.

Sein junger Kumpel auf dem Beifahrersitz gab ihm einen Rasierer, Rasierschaum, eine blaue Schirmmütze und verpasste dem Ausreißer ein paar aufmunternde Knuffe.

»Los, Mensch! Wir haben keine Zeit zu verlieren.«

Als der Volvo schon auf den Riksväg 70 Richtung Hedemora bog, stand die Psychologiestudentin noch immer neben dem Pavillon und überlegte, ob sie sich langsam Sorgen machen sollte. Sie rief, aber es kam keine Antwort, und daraufhin stellte sie fest, dass ihr Patient nicht hinter der Hausecke und auch sonst nirgends war. Sie konnte es nicht glauben, dass ihr mitteilsamer und freundlicher Patient sie auf diese Weise hintergangen hatte, aber als die Suche nach ihm ergebnislos blieb, musste sie auf die Station 36 zurückkehren und den Patienten als vermisst melden. Zu dem Zeitpunkt war der Flüchtige bereits glatt rasiert und umgezogen. Er genoss die Freiheit und den Amphetaminrausch, während die planlose Fahrt auf der 270 in Richtung Norden weiterging.

Als die Polizei von Borlänge den Säter-Mann zur Fahndung ausschrieb, waren 42 Minuten verstrichen, und niemand hatte eine Ahnung, dass er sich in einem alten Volvo der Ortschaft Ockelbo näherte.

Die Abendzeitungen reagierten sofort und druckten Sonderauflagen über die Flucht. Die Schlagzeile des *Expressen* ging in die Vollen:

**POLIZEI jagte gestern Nacht
den flüchtigen
SÄTER-MANN**
»Er ist sehr gefährlich«

Bisher hatten die Zeitungen aus presseethischen Gründen die Identität des Säter-Mannes nicht preisgegeben, aber wenn Schwedens gefährlichster Mann türmt, verlangt das Interesse der Allgemeinheit Name, Bild und biografische Angaben:

Der 44-jährige flüchtige Säter-Mann heißt heute, nach einer Namensänderung, Thomas Quick. Er hat gestanden, fünf Jungen ermordet zu haben, und für Polizei und Staatsanwaltschaft steht er in Verbindung mit zwei dieser Morde. Der Mann sagte gegenüber dem *Expressen*, er wolle am liebsten mit seinen Hunden im Wald leben – und vergangene Nacht suchte die Polizei in den Wäldern um Ockelbo nach ihm.

Als die Autofahrerin begriff, welche Taten Thomas Quick zur Last gelegt wurden, bekam sie kalte Füße. Irgendwo in Hälsingland hielt sie vor einem einsamen Bauernhof und setzte die beiden Männer ab. Dort fanden sie zwei Fahrräder, die nicht abgeschlossen waren. Es gelang ihnen, diese wieder in einen fahrbaren Zustand zu versetzen, um damit die nächste Ortschaft zu erreichen. Unterwegs begegneten ihnen mehrere Streifenwagen, und sie wurden außerdem von einigen überholt, während Polizeihubschrauber über ihnen knatterten, ohne dass das ungleiche Paar auf den rostigen Drahteseln Misstrauen erweckte.

Ein großes Polizeiaufgebot mit Maschinenpistolen, Schutzwesten und Hundestaffeln suchte bis Mitternacht nach ihnen, ohne jede Spur.

Nachdem sie die Nacht im Zelt verbracht hatten, trennten sich die beiden entwichenen Gefangenen am folgenden Morgen. Sie hatten keine Amphetamine mehr, sie waren müde, und es war nicht mehr so lustig, auf der Flucht zu sein.

Während die Polizei im Wald suchte, betrat ein Mann mit Baseballkappe die Statoil-Tankstelle in dem kleinen Ort Alfta.

»Haben Sie ein Münztelefon, das ich benutzen kann?«, fragte er.

Der Tankwart erkannte den Mann nicht, dessen Porträt auf der ersten Seite beider Abendzeitungen prangte, und lieh ihm seelenruhig das Telefon der Tankstelle. Der Kunde führte ein kurzes Gespräch mit der Polizei in Bollnäs.

»Ich will aufgeben«, sagte er.

»Wer sind Sie?«, erkundigte sich die Polizei.

»Quick. Thomas Quick.«

Die Flucht löste eine hitzige Debatte über die Nachlässigkeiten in der Forensischen Psychiatrie aus, und Polizeichef Björn Eriksson war besonders entrüstet.

»Es ist so zermürbend, dass solche Dinge geschehen«, sagte Eriksson. »Es gibt so wenige derart gefährliche Personen, dass es möglich sein sollte, sie zu beaufsichtigen. Die Polizei gibt dem Schutz der Allgemeinheit höhere Priorität als der Rehabilitierung.«

Die Kritik war gegen die Klinik für Forensische Psychiatrie Säter gerichtet, aber am 10. Juli 1994 wurde auf der Meinungsseite *DN debatt* ein Artikel publiziert, der die Institution vehement verteidigte. Es war Thomas Quick, der das Wort ergriffen und einen hymnischen Text auf das Personal und die Pfleger von Säter verfasst hatte. Gleichzeitig verpasste er den Journalisten einen soliden Tritt:

»Ich heiße Thomas Quick. Nach der Flucht, die mir vergangenen Montag (4. 7.) gelungen ist, und dem darauffolgenden Gebell der Massenmedien sind weder mein Name noch mein Aussehen unbekannt.

Ich kann und will mein Fernbleiben von der Säter-Klinik nicht rechtfertigen, aber ich betrachte es als äußerst notwendig, hier die erfolgreiche Arbeit anzusprechen, die die Klinik geleistet hat und leistet; etwas, das vollkommen verloren gegangen ist in dem Gegröle, das die Journalisten auf der Jagd nach Sensationen veranstalten, und die selbst gute intellektuelle Kräfte in ihren Versuchen scheitern lassen, in diesen lauten Chor miteinzustimmen und ihn besser noch zu übertönen.«

Viele wunderten sich über diesen Text, der deutlich machte, dass Quick ein eloquenter und intelligenter Mann war. Zum ersten Mal erhielten die Menschen hiermit Einblick in die Gedankenwelt eines Serienmörders und in den Prozess, aus dem sämtliche Geständnisse resultierten, die Thomas Quick ablegte.

»Als ich hier in die Regionalklinik für Forensische Psychiatrie nach Säter kam, hatte ich keine Erinnerungen an die ersten zwölf Jahre meines Lebens. Ebenso effektiv wie diese Jahre habe ich auch die Morde verdrängt, die ich nun gestanden habe und die von der Polizei in Sundsvall untersucht werden.«

Thomas Quick lobte das Personal in höchsten Tönen, das ihm geholfen hatte, die verdrängten Erinnerungen an die Morde wieder zurückzuholen, und er beschrieb, wie die Therapeuten ihn bei dem schmerzhaften Unterfangen unterstützt haben, alles zu erzählen:

»Meine Angst, meine Schuldgefühle und meine Sorge über das, was ich getan habe, sind grenzenlos, so groß und schwer, dass man sie nicht länger schultern kann. Ich trage die Verantwortung für das, was ich getan habe, und damit auch für das, was ich immer noch tue. Die Verbrechen, derer ich mich schuldig gemacht habe, lassen sich in keiner Hinsicht wiedergutmachen, aber heute kann ich reden. Ich bin bereit, das in dem mir möglichen Maße zu tun.«

Quick erklärte, er sei nicht geflohen, um neue Verbrechen zu begehen, sondern weil er Selbstmord begehen wollte.

»Als ich und mein Kamerad uns getrennt haben, saß ich 13 Stunden lang mit einer abgesägten Schrotflinte da, abwechselnd an meine Stirn, in meinen Mund, auf meine Brust gedrückt. Ich konnte nicht. Heute kann ich Verantwortung für gestern übernehmen, und vielleicht war es diese Verantwortung, die den Suizid verhindert und mich dazu gebracht hat, die Polizei zu verständigen, um gefasst zu werden. Das will ich glauben.«

Charles Zelmanovits

Am 18. Oktober 1994 ging am Landgericht in Piteå eine Anklageschrift des Staatsanwalts Christer van der Kwast mit der folgenden Tatbeschreibung ein:

»Quick hat in der Nacht auf den 13. November 1976 in einem Waldstück bei Piteå den Tod Charles Zelmanovits, geboren 1961, durch Erdrosseln herbeigeführt.«

Das gerichtliche Verfahren sollte am 1. November beginnen, und im Vorfeld dieser rechtlichen Prüfung von Quicks Geständnissen enthüllten die Medien mehr und mehr Details über den persönlichen Hintergrund des unter Verdacht stehenden Serienmörders. Waren es bisher in erster Linie die Kriminaljournalisten der Abendzeitungen gewesen, die sich für Quicks bizarre Geschichten interessierten, beteiligten sich nun auch die Morgenzeitungen ernsthaft an der Berichterstattung.

Das *Svenska Dagbladet* veröffentlichte am 1. November einen Artikel, der sehr genau das wiedergab, was von nun an als harte Tatsache über Thomas Quick gelten sollte. Der Journalist Janne Mattsson schrieb:

»Thomas Quick war Nummer fünf von sieben Geschwistern. Der Vater war Pfleger in einem Heim für Alkoholiker, die Mutter Hausmeisterin und Reinigungskraft in einer Schule, die inzwischen geschlossen wurde. Heute sind beide Eltern tot. [...] Was sich hinter der Fassade verbarg, blieb ein streng gehütetes Familiengeheimnis. Bereits im Alter von vier Jahren war Thomas Quick, laut eigener Aussage, ein permanentes Missbrauchsopfer für die sexuelle Neigung des Vaters und wurde von ihm zu Oral- und Analsex gezwungen.

Bei einem solchen Missbrauch geschah das, was Quicks Leben und seine sexualmorbide Neigung prägen sollte – plötzlich tauchte die Mutter auf und sah, was passierte. Sie erlitt einen Schock, hatte daraufhin eine Fehlgeburt und beschuldigte schreiend den vierjährigen Thomas, seinen kleinen Bruder getötet zu haben.

Der Vater beteiligte sich an den Anschuldigungen und behauptete, der Junge habe ihn verführt.

Die Beziehung der Mutter zu ihrem Sohn war von Hass geprägt, seit sie ihr Kind verloren hatte. Sie gab ihrem Sohn die alleinige Schuld für das, was passiert war – eine Bürde, die dieser nicht zu tragen vermochte.

Quick zufolge begann auch die Mutter, sich gemeinsam mit dem Vater an ihm zu vergreifen.«

Janne Mattsson stellte weiterhin fest, dass Quick schon als Halbwüchsiger zwei Morde begangen hatte:

»Im Alter von 13 Jahren hatte Quick genug von den Übergriffen seines Vaters und konnte sich bei einem letzten Vergewaltigungsversuch befreien. In diesem Moment hatte Quick, wie er sagt, seinen Vater töten wollen, es aber nicht gewagt.

Stattdessen übernahm er die perversen Neigungen seines Vaters, jedoch mit sadistischerem und morbiderem Einschlag. Ein halbes Jahr später tötete er einen gleichaltrigen Jungen in Växjö. [...] Drei Jahre später, am 16. April 1967, fiel ein 13-jähriger Junge Thomas Quicks Hand zum Opfer.«

Obwohl Quick noch mit keinem der Morde in Verbindung gebracht, geschweige denn dafür angeklagt oder verurteilt worden war, gingen die Medien davon aus, dass er schuldig war. Das Gleiche galt für die öffentliche Beschuldigung der Eltern, von denen behauptet wurde, sie hätten ihren Sohn systematischer Vergewaltigung, Misshandlungen und Mordversuche ausgesetzt.

Die Verhaltensweise der Medien während dieser Jahre kann mit drei Faktoren begründet werden:

1. Mit Thomas Quicks Geständnissen.
2. Mit den kategorischen Behauptungen des Staatsanwalts Christer van der Kwast, es gäbe weitere Beweise, die Quick mit mehreren Taten in Zusammenhang brächten.
3. Mit der Tatsache, dass diese Aussagen mit Angaben über die sexuellen Misshandlungen vermengt wurden, die Thomas Quick erwiesenermaßen im Jahr 1969 an vier Jungen verübt hatte sowie mit Zitaten aus psychiatrischen Gutachten über die große Gefahr, die er darstellte.

Auf diese Art wurde eine vollständige und in gewisser Weise logische Lebensgeschichte geschaffen, die einen monströsen Mörder hervorgebracht hatte, der nun für die ersten Morde einer ganzen Serie verurteilt werden sollte.

In dem Artikel des *Svenska Dagbladet* wurde erneut der Gerichtspsychologe zitiert, der Quick 1970 untersucht hatte und nach dessen Ansicht Quick an einer »konstitutionell bedingten, hochgradig sexuellen Perversion der Kategorie *pädophilia cum sadismus*« litt.

Das Landgericht in Falun verurteilte Quick für die Misshandlungen der Jungen, und er wurde in die Klinik für Forensische Psychiatrie überstellt. Nach vier Jahren befand man den damals 23-jährigen Quick für so weit geheilt, dass er entlassen wurde.

»Bei dem, was später folgte, war es natürlich falsch, ihn zu entlassen«, stellte der Artikel zusammenfassend fest und schloss damit, dass der Reporter der Schuldfrage des bevorstehenden Verfahrens wegen Mordes an Charles Zelmanovits zuvorkam:

Sie hatten eine ungesicherte Bombe abgeworfen, gefüllt mit aufgestauter Angst. Eine Angst, die Quick und einen homosexuellen Kumpel nach Piteå führen sollte, um einen 15-jährigen Jungen zu misshandeln, zu töten und zu zerteilen.

Auch wenn viele haarsträubende Details bereits in den Zeitungen veröffentlicht worden waren, wurde die Begegnung mit Thomas Quick im Landgericht von Piteå zu einem traumatischen Erlebnis für die Zuhörer. Die Journalisten wetteiferten darum, ihrer Verachtung und Abscheu gegenüber dem angeklagten Monster Ausdruck zu verleihen.

»Wie kann ein Mensch so grausam sein?«, lautete die Überschrift im *Expressen* nach dem ersten Verhandlungstag. Der Quick-Experte dieser Zeitung, Pelle Tagesson, schrieb:

»Wenn man die furchtbare Wahrheit kennt über das, was Thomas Quick seinen Opfern angetan hat – und wenn man ihn wie ein Tier aus tiefster Kehle hat schreien hören –, stellt sich nur eine Frage:

Ist er wirklich ein Mensch?

Die Szenen, die sich gestern im Landgericht von Piteå zuge-tragen haben, müssen zu den schlimmsten zählen, die jemals in einem schwedischen Gerichtssaal vorgekommen sind.

Der Säter-Mann, Thomas Quick, musste sich vor Gericht wegen Mordes an Charles Zelmanovits verantworten.

Er hat geweint – aber er hat niemandem leidgetan.«

Im *Aftonbladet* schrieb Kerstin Weigl, Thomas Quick sei »jenseits des Fassbaren«. Glücklicherweise war der Gerichts-psychologe Sven Åke Christianson vor Ort, um zu erklären, was gewöhnliche Menschen nicht begreifen konnten.

»Ich glaube nicht, dass gewöhnliche Menschen sich verge-genwärtigen können, was er getan hat. Es ist unbegreiflich. Des-halb wehren wir uns dagegen«, sagte er, fügte aber hinzu, dass es dennoch eine »Logik« in seinem Verhalten gebe.

»Thomas Quick wird seit seinem vierten Lebensjahr von seinem Vater missbraucht. Ihm wird seine Kindheit ›gestoh-len‹. Er hält seine Angst nicht länger aus und versucht, dieses Gefühl auf jemand anderen zu übertragen, der es an seiner Stelle auf sich nehmen kann. Seine Illusion besteht darin zu glauben, er könne sein eigenes Leben wiederherstellen, indem er ein anderes zerstört. Aber die Linderung ist nur von kurzer Dauer. Er muss wieder morden.«

Schon nach dem ersten Tag der Hauptverhandlung schien jeder Zweifel bezüglich Thomas Quicks Schuld wie wegge-blasen:

»Der Mann ist ein Serienmörder, Pädophiler, Nekrophiler, Kannibale, Sadist. Er ist sehr, sehr krank«, schrieb das *Afton-bladet*.

Ein Videofilm aus dem Wald in Piteå, der zeigte, wie Quick unter Tränen und herzzerreißendem Gejammer die Ermor-dung und Zerstückelung von Charles Zelmanovits schilderte, ließ keinen im Gerichtssaal unberührt.

Kerstin Weigl fuhr fort:

»Nachdem ich diese Laute gehört habe, habe ich keinen Zweifel mehr. Die Worte kommen stoßweise, mit starken Konvulsionen, als würde er sich übergeben. Doch – eine solche Erzählung muss der Wahrheit entsprechen.

Quick konnte 17 Jahre nach dem Mord den Ort angeben, an dem man die Leichenteile des Jungen gefunden hatte. Er setzte sich auf den Stein, auf dem er die Leiche misshandelt und zerteilt hatte. Er erläuterte exakt, wo er was versteckt hatte.«

Der Prozess am Landgericht in Piteå im November 1994 war für Staatsanwalt Christer van der Kwast ein leichter Sieg. Die Mitglieder der Strafkammer, bestehend aus dem Richter sowie zwei bis fünf Laienrichtern, verurteilten Thomas Quick einstimmig wegen Mordes an Charles Zelmanovits.

Mit gestärktem Selbstvertrauen fuhren die Ermittler fort, den Fall zu durchforsten. Bisher waren sie darauf eingeschossen gewesen, Quicks Alibi zu den jeweiligen Zeitpunkten aller ungelösten Mordfälle an Jungen landesweit sowie die Fälle zu überprüfen, in denen Jungen unter ungeklärten Umständen verschwunden waren. Doch keine Woche nach dem Urteil von Piteå wurden die Kenntnisse der Ermittler auf den Kopf gestellt. Thomas Quick rief Polizeiassistent Seppo Penttinen von der Polizei in Sundsvall zu Hause an und sagte:

»Es wäre nicht schlecht, wenn ich mit den Informationen über den Doppelmord in Norrbotten von vor zehn Jahren konfrontiert werden würde. Ich weiß, dass ich da oben schon einmal gewesen bin ...«

Appojaure

Marinus und Janny Stegehuis aus den Niederlanden waren ein kinderloses Paar im Alter von 34 und 39 Jahren. Drei Jahre lang hatten sie für ihren Traumurlaub im hohen Norden gespart, und im Sommer 1984 sollte es endlich so weit sein.

In der Morgendämmerung des 28. Juni verließen sie ihr Haus in der Stadt Almelo und fuhren in einem durch bis nach Ödeshög in Östergötland, wo Verwandte von Marinus wohnten. Die Reisekasse war überschaubar und nicht für Hotelübernachtungen ausgelegt. Nach drei Tagen in Ödeshög ging die Reise weiter nach Finnland, wo das Paar Freunde hatte, die sie durch ihr Engagement in einem Kirchenchor kennengelernt hatten.

Als Janny und Marinus den Ort Mustasaari in Österbotten wieder verließen, fuhren sie in ihrem Toyota Corolla weiter nordwärts, dem richtigen Abenteuer entgegen. Die Reiseroute verlief über den Nordpolarkreis und das Nordkap und weiter durch die schwedischen Hochflächen, wo sie in der Wildnis leben und den Tag so nehmen wollten, wie er kam. Sie freuten sich auf das Tierleben und darauf, zu fischen und die Natur zu fotografieren.

Die Reise wurde strapaziöser, als sie dachten; es regnete und stürmte viel, die Temperaturen lagen knapp über dem Gefrierpunkt. Die Mücken wurden ihnen zur Plage. Aber es sollte noch schlimmer kommen. Wegen eines Motorschadens vor Vittangi mussten sie zweimal den Abschleppdienst rufen, eine Hotelübernachtung sowie eine hohe Werkstattrechnung in Kauf nehmen.

Mit leerer Reisekasse verließen sie Kiruna und fuhren südwärts.

Am Abend des 12. Juli schlugen sie ihr Zelt auf einer Landzunge im nördlichen Teil des Appojaure-Sees auf. Janny notierte in sein Tagebuch:

»Fuhren zum Nationalpark Sjöfallet. Schöne Umgebung. Habe Fotos gemacht. Rentiere gefilmt. Habe einen Hermelin am Weg gesehen.

Um 16.30 Uhr das Zelt in einem Waldstück aufgeschlagen. Die Mücken plagen uns noch immer.

Seit Kiruna 150 Kilometer durch Nieselregen. Dann klarte es auf.

Jetzt regnet es.«

Sie stellten vor dem Zelteingang den Gaskocher auf, damit sie vor dem Regen geschützt waren, als sie ihre einfache Mahlzeit aus Würstchen und Brechbohnen zubereiteten.

Am Freitag, den 13. Juli, nahm die Polizei in Gällivare kurz vor Mitternacht einen Anruf von Matti Järvinen aus Göteborg entgegen, der seine Ferien in den Fjällen verbrachte und berichtete, dass er in der Nähe des Rastplatzes am Appojaure-See einen Toten in einem Zelt entdeckt hatte. Kriminalinspektor Harry Brännström und Polizeiassistent Enar Jakobsson fuhren sofort los und erreichten nach 80 Kilometern Autofahrt durch die verregnete helle Sommernacht den Ort, den der Tourist ihnen beschrieben hatte. Sie entdeckten kurz darauf ein eingestürztes Zweimannzelt. Sie hoben vorsichtig die Zeltgabel an und öffneten den Reißverschluss am Zelteingang. Der Anblick, der sich ihnen bot, wurde im Polizeibericht festgehalten.

An der westlichen Längsseite liegt eine männliche Leiche. Er ist zwischen 30 und 40. Liegt auf dem Rücken. [...] Vor allem im Gesicht, der Nackenregion und im Bereich der rechten Schulter viel Blut. Ein großer Blutfleck auf dem Pullover rechts am Armausschnitt auf Höhe der Brustwarze. Die übrigen sichtbaren Teile des Pullovers haben Blutflecke. Der Tote hat Stich- und/oder Schnittwunden am rechten Oberarm, am rechten Unterarm, an der linken Halsseite sowie auf dem Brustkorb rechts nahe der

Brustwarze. Wahrscheinlich ein Trümmerbruch über dem Mund. [...]

Rechts neben dem Mann, vom Zelteingang aus gesehen, liegt die Leiche einer Frau. Ihr Kopf, dessen rechte Wange auf dem Zeltboden ruht, liegt auf Höhe der Hüftpartie des Mannes. Die Tote liegt auf der rechten Seite, und ihr Körper ist fast in einem 90-Grad-Winkel gebeugt. Der linke Arm gestreckt, etwa um 45 Grad vom Oberkörper abgewinkelt. Der obere Teil des Körpers ist in einen gemusterten Bettbezug gewickelt, und auch der Mann liegt in solch einem Bezug. Der Bettbezug ist blutdurchtränkt.

Vor dem Zelt fanden die Polizisten das, was als Mordwaffe infrage kommen konnte – ein Filetmesser mit schmaler Klinge der Marke Falcon, hergestellt in Schweden. Die Klinge war abgebrochen und wurde später zwischen Arm und Körper der Frau gefunden. Sie war abgebrochen, als das Messer mit Wucht auf einen Knochen aufgetroffen war.

Zwischen Zelteingang und See stand ein graugrüner Toyota Corolla mit niederländischem Kennzeichen. Das Auto war abgeschlossen, im Wageninnern herrschte Ordnung, und es gab keine Anzeichen dafür, dass ein Unbefugter in dem Auto gewesen war.

Die Polizei konnte die Toten rasch identifizieren. Die Funde am Tatort deuteten klar darauf hin, dass der Doppelmord die Tat eines Wahnsinnigen war.

Am folgenden Tag wurden die Leichen nach Umeå transportiert, wo der Gerichtsmediziner Anders Eriksson eine umfassende Obduktion vornahm. In beiden Obduktionsprotokollen vermerkte Eriksson eine äußerst große Zahl von Hieb- und Stichwunden. Die Ermittler kamen zu dem Schluss, dass der Mörder besinnungslos durch das Zelttuch auf das schlafende Paar eingestochen hatte. Sowohl der Mann als auch die Frau waren von der Attacke aufgewacht – beide wiesen Abwehrverletzungen an den Armen auf –, aber die zwei hatten sich nicht einmal aus dem Schlafsack befreien können. Offenbar ging alles sehr schnell.

Die Meldung über diesen Mord erschütterte ganz Schweden. Am schlimmsten war vielleicht die Feigheit der Person, die sich an ein unbekanntes und vollkommen wehrloses schlafendes Paar herangeschlichen hatte; oder vielleicht die anonyme, rohe Gewalt, mit einem Messer durch den dünnen Zeltstoff hindurch zu töten, was es den Opfern völlig unmöglich machte zu verstehen, was passierte und wer sie angriff; oder die besinnungslose Raserei, auf die die Anzahl der Messerstiche hinwies – und dass alle Indizien darauf hindeuteten, dass der Täter weder ein Motiv noch irgendeinen Vorteil dadurch gehabt hat. Der Doppelmord an dem Ehepaar Stegehuis war in jeder Hinsicht so sonderbar und gewollt, dass die einzige Erklärung lautete, dass ein unfassbar kranker Mörder frei herumlief.

Die bestialische Tat in der schwedischen Wildnis weckte auch außerhalb der Landesgrenze große Aufmerksamkeit. In den folgenden Ermittlungen wurden über tausend Personen vernommen, jedoch ohne Erfolg.

Wenn ein Mordfall erst nach sehr langer Zeit gelöst wird, zeigt sich meist, dass der Name des Täters bereits in den Ermittlungsakten vorhanden war, aber von dem Mann, der zehn Jahre nach der Tat die Schuld auf sich nahm, gab es in diesem Fall keine Spur. Außerdem waren die Ermittler darüber verwundert, dass Thomas Quick – der bisher ausschließlich Jungen ermordet hatte – plötzlich einen brutalen Mord mit einer Stichwaffe an einem Paar in den Dreißigern gestand.

In der ersten Vernehmung, die am 23. November 1994 stattfand, gab Quick an, er sei mit dem Zug von Falun nach Jokkmokk gefahren, wo er sich seit seiner Zeit als Schüler der Samischen Volkshochschule im Schuljahr 1971/72 gut auskannte. Vor dem Samischen Museum habe er ein Fahrrad gestohlen und sei losgefahren, ohne ein Ziel zu haben. Zufällig sei er auf die Straße geraten, die von Porjus nach Stora Sjöfallet westwärts führt.

Am Rastplatz in Appojaure habe er das Paar Stegehuis entdeckt und sie später am Abend mit einem Jagdmesser attackiert, das er dabeigehabt habe.

Quicks Schilderung war vage. Er sagte sogar ausdrücklich, dass er nicht wisse, ob er mit den Morden etwas zu tun habe. Was ihn zweifeln ließ, war vor allem die Art der Gewalt, sagte er. Aber er zweifelte auch, weil eines der Opfer eine Frau war.

Bei einer anderen Vernehmung änderte Quick seinen Bericht. Nun gesellte sich ein Komplize dazu, mit dem er sich in Jokkmokk verabredet hatte. Bei dem Mittäter handelte es sich um einen einschlägig bekannten, schwer kriminellen Mann namens Johnny Farebrink, der im Gegensatz zu Quick zu einem früheren Zeitpunkt bereits im Visier der Ermittler gewesen war.

Thomas Quick gab an, dass sie mit Farebrinks Volkswagen-Pick-up nach Appojaure gefahren seien, wo sie die Eheleute Stegehuis gemeinsam umgebracht hätten. Es folgten mehrere Vernehmungen, und Quicks Aussage wurde immer detaillierter. Quick erzählte, er habe vor der Volkshochschule einen Klassenkameraden getroffen, und er und Johnny hätten eine andere, der Polizei bekannte Person in deren Haus in Porjus aufgesucht.

Von der Behauptung, dass Thomas Quick im Mordfall Stegehuis einen Komplizen hatte, bekam die Presse Wind. Johnny Farebrink saß wegen eines anderen Tötungsdelikts zu der Zeit eine zehnjährige Haftstrafe ab, und als der *Expressen* um einen Kommentar zu Quicks Anschuldigungen bat, sagte er:

»Das ist alles Blödsinn! Ich kenne diesen Kerl überhaupt nicht. Ich bin ihm nie begegnet.«

Nachdem die Ermittlungen vier weitere Monate angedauert hatten, war Staatsanwalt van der Kwast sich seiner Sache sicher.

»Thomas Quicks Geständnis stimmt mit den Fakten überein, die die Ermittler in diesem Mordfall gesammelt haben«, sagte er in einem Interview im *Expressen* vom 23. April 1995. »Ich kann nur sagen, je weiter wir in diesem Fall vordringen, desto mehr Hinweise erhalten wir dafür, dass Thomas weder lügt noch fantasiert. Thomas Quick hielt sich in der Nähe von Appojaure auf, als der Doppelmord verübt wurde, und er hatte seit seiner Zeit an der Volkshochschule in Jokkmokk Ortskenntnis.«

Thomas Quick hatte nun sieben Morde gestanden, was ihn – wenn das der Wahrheit entsprach – zu Schwedens schlimmstem Serienmörder machte. Zwei erfahrene Polizeibeamte aus der Palme-Einheit, die an den Untersuchungen des Mordes an Staatsminister Olof Palme beteiligt waren, wurden zu den Quick-Ermittlungen überstellt. Darunter war auch der Chef jener Einheit, Hans Ölvebro. Den Ermittlungen war damit höchste Priorität eingeräumt worden.

Am 9. Juli 1995 startete ein extra gecharterter Privatjet von Arlanda mit dem Ziel Gällivare. In den bequemen Sesseln des Jets saßen Thomas Quick, seine Therapeutin Birgitta Ståhle, Staatsanwalt Christer van der Kwast, der Sachverständige Sven Åke Christianson sowie einige weitere Polizeibeamte und Pfleger. Grund der Reise war, den Mord an den Eheleuten Stegehuis zu rekonstruieren.

Mit an Bord war auch Gunnar Lundgren, Quicks Anwalt. Da es sich um Schwedens medien- und prestigeträchtigste Ermittlung in einem Verbrechen handelte, war ein Feld-Wald-und-Wiesen-Anwalt wie Lundgren nicht länger eine Selbstverständlichkeit. Nach Rücksprache mit Seppo Penttinen und Christianson war man übereingekommen, dass Quick zu dem Promi-Anwalt Claes Borgström wechseln solle. Der nahm das

Mandat an, machte jedoch gleich zu Beginn fünf Wochen lang Urlaub, sodass Gunnar Lundgren notgedrungen einer der Ledersessel im Flugzeug abgetreten worden war.

Am folgenden Tag führte Thomas Quick die Ermittler Richtung Porjus und dann nach Westen, um schließlich den kleinen Fahrweg einzuschlagen, der zu dem Rastplatz in der Nähe von Appojaure führte. Dort hatten die Kriminaltechniker den Tatort genau so rekonstruiert, wie er in der Nacht zum 13. Juli 1984 ausgesehen hatte. Hans Ölvebro und Kriminalinspektorin Anna Wikström beteiligten sich an den Vorbereitungen.

Der Gaskocher, die Schlafsäcke und die übrigen Requisiten wurden genau so angeordnet wie in der Mordnacht. Aus den Niederlanden war ein Zelt bestellt und am Waldrand aufgeschlagen worden, das identisch mit dem war, in dem das Ehepaar Stegehuis in der Mordnacht geschlafen hatte. In dem Zelt lag Ölvebro auf Marinus Stegehuis' Platz links und Wikström auf Janny Stegehuis' Platz rechts.

Bewaffnet mit einem Stock, der als Messer diente, schlich Thomas Quick zum Zelt. Er warf sich darauf und stach besinnungslos auf das Zelttuch ein, danach kroch er durch den Zelteingang. Er keuchte und brüllte, während Anna Wikström panisch um Hilfe rief. Quick wurde übermannt, und die Rekonstruktion wurde abgebrochen.

Sein Verhalten stimmte in keiner Weise mit den bekannten Fakten über den Tathergang überein.

Nach einer Pause wurde die Rekonstruktion fortgesetzt, die Thomas Quick nun mit großer Konzentration und in Übereinstimmung mit den Fakten durchführte. Unter ständigem Gedankenaustausch mit Penttinen führte er Messerstich für Messerstich aus, erläuterte, wie er zusammen mit seinem Komplizen Johnny Farebrink vorgegangen war, und demonstrierte, wie der lange Schlitz an der kurzen Seite des Zelts entstanden war, durch den er in das Zelt eingedrungen war.

Als die Rekonstruktion sieben Stunden später beendet wurde, waren sowohl die Ermittler als auch der Staatsanwalt mit dem Ergebnis zufrieden. Der *Expressen* am 12. Juli:

»Es ist sehr, sehr gut gelaufen«, kommentierte van der Kwast, der der Ansicht war, Thomas Quick habe während der Rekonstruktion überzeugend gezeigt, dass tatsächlich er das holländische Ehepaar getötet hat.

»Er wollte und konnte detailliert zeigen, wie die Tat zugegangen ist.«

Immer mehr echte und selbst ernannte Experten versuchten zu erklären, welche Erfahrungen und Umstände aus dem Jungen Sture Bergwall den sadistischen Serienmörder Thomas Quick gemacht hatten. Eine hochgeschätzte Redakteurin, Kerstin Vinterhed, beschrieb sein Elternhaus als »vollkommen still und von der Umwelt abgeschottet. Ein Heim, in das nie Besuch kam, wo nie Kinder in der Nähe zu spielen schienen.«

Erneut wurde Quicks Kindheit geschildert – geprägt von den Vergewaltigungen durch den Vater und die Grausamkeiten der Mutter, zu denen zwei Mordversuche zählten. Die Verwandlung in einen Mörder hatte angeblich nach dem letzten Missbrauchsversuch des Vaters in einem Waldstück eingesetzt. Thomas Quick war 13 Jahre alt gewesen und wollte seinen Vater töten, nahm aber Abstand von diesem Vorhaben, als er seinen jämmerlichen Vater mit heruntergelassener Hose sah.

»Ich bin einfach weggelaufen. Und es kommt mir wie ein einziger großer Schritt vor von diesem Augenblick bis zu dem Mord, den ich ein halbes Jahr später in Växjö begangen habe, als ich 14 Jahre alt war«, erklärte Quick.

»Dann haben Sie sich im Grunde selbst das Leben genommen?«, wollte Kerstin Vinterhed wissen.

»Ja, ich habe mich selbst getötet«, bestätigte Quick.

Bei dieser Tat, ebenso wie bei den anderen, wurde Thomas Quick sowohl als Täter wie auch als Opfer betrachtet. Die Morde waren tatsächliche Nachahmungen des Missbrauchs, dem er als Kind ausgesetzt gewesen war. Das zumindest war das theoretische Gerüst, das die Grundlage für Quicks psychotherapeutische Behandlung in der Klinik von Säter darstellte. Auch die Ermittler der Polizeibehörde arbeiteten mit dieser Theorie.

Thomas Quicks Geschwister, Nichten und Neffen nahmen mit ohnmächtiger Scham die haarsträubenden Beschreibungen der unfassbaren Grausamkeiten der Eltern zur Kenntnis, die die Medien verbreiteten. In der Familie Bergwall sprach man nicht mehr über Sture, wenn notwendig, wurde er nur mit »TQ« abgekürzt. Sture Bergwall existierte nicht mehr.

Sie schwiegen lange. Aber 1995 ergriff der älteste Bruder, Sten-Ove Bergwall im Namen der Familie das Wort. In dem Buch »Mein Bruder Thomas Quick« beschrieb er seine Version der Kindheit im Elternhaus Bergwall. Er sprach für die gesamte Familie, als er die traumatischen Kindheitserinnerungen seines Bruders infrage stellte.

»Ich zweifle nicht daran, dass dies für ihn die Wahrheit ist. Dass Menschen im Rahmen einer Therapie dazu verleitet werden, falsche Erinnerungen zu entwickeln, ist eine bekannte Tatsache«, sagte er dem *Expressen* und versicherte, dass sich seine Eltern niemals der Taten hätten schuldig machen können, die sein Bruder ihnen anlastete.

Sten-Ove erklärte, dass seine Absicht mit diesem Buch nicht die sei, Geld zu verdienen, vielmehr wolle er sich damit die Kindheit zurückholen, derer ihn Thomas Quick durch seine üble Nachrede beraubt habe. Ferner wolle er seinen Eltern eine Wiedergutmachung zuteilwerden lassen, weil sie sich selbst nicht mehr gegen Quicks Anschuldigungen wehren konnten.

»Ich will nicht behaupten, dass wir in einer perfekten Familie aufgewachsen sind, aber keiner von uns übrigen Geschwistern hat Erinnerungen, die seine Geschichte bestätigen. Wir waren keine Affenart und keine ausgestoßene, abartige Sippe. Wir waren sehr gesellig, sind viel gereist und haben am Wochenende, an Geburtstagen und Weihnachten Verwandte besucht.«

Hinsichtlich der Morde, für die Thomas Quick ein Geständnis abgelegt hatte, ließ Sten-Ove jedoch keinen Zweifel:

»Als ich hörte, dass ein Mann den Mord an Johan Asplund gestanden hatte, wusste ich instinktiv, dass das mein Bruder war. Und ich war sicher, dass weitere Fälle aufgedeckt werden würden.«

Im Januar 1996 begann der Prozess im Appojaure-Mord am Landgericht Gällivare. In Piteå hatte Thomas Quick den Ausschluss der Öffentlichkeit verlangt, aber in Gällivare trat er sehr selbstsicher im Gerichtssaal auf. Vor den Zuhörern führte er überzeugend den Tathergang im Mord an dem holländischen Ehepaar aus. Er berichtete, dass er einen halbwüchsigen Jungen finden wollte und deshalb den Zug nach Jokkmokk genommen hatte, wo er auf eine Gruppe deutscher Jugendlicher stieß und einen der Jungen als sein Opfer auswählte.

Auf einem gestohlenen Damenfahrrad war er zum Domus gefahren, wo er Johnny Farebrink, einen »ekelhaften und schwer depressiven Messeridioten«, getroffen hatte. Nach einem Saufgelage waren beide nach Appojaure aufgebrochen, wo das Ehepaar Stegehuis zeltete. Quick zufolge war der Grund dafür, dass Johnny Farebrink »Aversionen« gegen Holländer hatte, während Quick immer noch darauf eingestellt war, sich an dem deutschen Jungen zu vergreifen, dem er in Jokkmokk begegnet war. Bei dem Zusammentreffen mit dem holländischen Ehepaar hatte Quick den Eindruck, dass jener Junge der Sohn des Paares war.

»Als die Frau ihren Sohn auf meine direkte Frage hin verleugnete, bin ich ausgerastet«, sagte Quick im Gerichtssaal.

Dem Mord an dem Paar, der bislang völlig unbegreiflich gewesen war, schien nun eine gewisse Logik zugrunde zu liegen, wenn auch eine sehr gezwungene.

»Ich habe versucht, sie hochzuziehen, damit ich ihr ins Gesicht sehen konnte. Ich wollte ihre Angst sehen, bevor sie starb«, erzählte Quick. »Aber das habe ich nicht recht geschafft, sondern habe immer nur zugestochen.«

Rechtsanwalt Claes Borgström fragte Quick, wodurch seine Aversion gegen die Frau ausgelöst worden war.

»Durch ihr Leugnen erhielt sie eine klare Identifikation mit *M*, der sie zudem äußerlich ähnelte«, entgegnete Quick.

M stand für Quicks Bezeichnung seiner Mutter. Aus dem Mord wurde somit ein Mord an Quicks eigener Mutter.

Ein Verwandter der Eheleute Stegehuis, bei dem das Paar in den ersten Tagen ihres Urlaubs gewohnt hatte, war nach Gällivare gereist, weil er verstehen wollte, warum Janny und Marinus sterben mussten. Nachdem er sich Quicks Schilderung des Doppelmordes angehört hatte, sagte er dem *Expressen* gegenüber:

»Quick ist ein Schwein. Er hat kein Recht zu leben.«

Der Ausgang des Verfahrens um den Doppelmord in Appojaure war kaum vorhersehbar. Mehrere Wendungen in Thomas Quicks Bericht warfen Fragen auf, vor allem die Angaben bezüglich eines Komplizen. Die Ermittler hatten keinen einzigen Hinweis gefunden, der Quicks Angaben über Johnny Farebrink bestätigen konnte: Niemand hatte sie zusammen gesehen, und das Saufgelage, das sie gemacht haben sollen, wurde von anderen Beteiligten abgestritten. Farebrink war deshalb nicht mitangeklagt.

Eine ortsansässige Künstlerin, die auf dieselbe Volkshochschule gegangen war wie Quick in den Siebzigern, sagte hingegen aus, sie sei so gut wie sicher, dass sie ihn vor dem Mord in Appojaure auf dem Bahnhof in Gällivare gesehen hatte.

Das Landgericht sah es außerdem durch die Zeugenaussage einer Fahrradbesitzerin, deren Fahrrad entwendet worden war, als untermauert an, dass Quick am Tag vor dem Mord in Jokkmokk gewesen war. Sie bestätigte, dass die Gangschaltung des Rads kaputt war, so wie von Quick beschrieben.

Der Leiter der Vernehmung, Seppo Penttinen, der sämtliche Verhöre mit Quick durchgeführt hat, erklärte vor Gericht, weshalb Quick seine Geschichte im Verlauf der Ermittlungen geändert hatte. Das lag daran, dass er »sein inneres Ich schützen musste, indem er etwas erfand, was der Wahrheit nahe kam«. An den entscheidenden Stellen waren Quicks Erinnerungen jedoch klar und deutlich, laut Penttinen.

Sven Åke Christianson beschrieb Quicks Probleme, über seine Morde zu sprechen, und schilderte zwei Mechanismen der menschlichen Gedächtnisfunktionen, die gegeneinander arbeiteten. Die Erinnerung an das, was uns schadet, erfüllt einerseits eine Überlebensfunktion, andererseits können wir nicht »durch die Gegend laufen und uns an das ganze Elend erinnern, das wir erlebt haben«. Es sei wichtig zu vergessen, erklärte Christianson.

Thomas Quicks Gedächtnisfunktionen waren von Christianson untersucht und für vollkommen normal befunden worden. Er stellte außerdem fest, dass nichts zutage gekommen war, was darauf hindeutete, dass es sich in diesem Fall um ein falsches Geständnis handeln könnte.

Ein Gerichtsmediziner und ein Kriminaltechniker sagten überzeugend aus, dass Quick in seinen Vernehmungen sämtliche größeren Verletzungen des Paares Stegehuis beschrieben hätte, und dass seine Schilderung durch das kriminaltechnische Beweismaterial bestätigt worden sei.

Das Landgericht berücksichtigte ferner die Zeugenaussage von Seppo Penttinen darüber, dass Quick den Tatort bereits im Rahmen der ersten Vernehmungen hatte beschreiben können, und hielt in seinem Urteil Folgendes fest: »Aufgrund der nun vorgebrachten Informationen sieht es das Landgericht als zweifellos erwiesen an, dass Quick die fraglichen Taten verübt hat. Den Umständen gemäß werden die begangenen Verbrechen als Mord bezeichnet.«

Damit war Thomas Quick für drei Morde verurteilt worden. Aber die Ermittlungen steckten noch in den Kinderschuhen.

Yenon Levi

Die herkömmliche Definition eines Serienmörders stammt vom amerikanischen FBI und besagt, dass der oder die Täterin drei oder mehr Morde zu verschiedenen Zeitpunkten begangen haben muss. Ein mehrfacher Mord, bei dem zwischen jeder Tat keine Cooling-off-Periode auftritt, wird hingegen gemäß FBI als »spree-murder« (Mordlauf) kategorisiert.

Bisher war Thomas Quick »nur« für drei Morde verurteilt worden, die unter zwei voneinander getrennte Vorkommnisse fielen, und somit erfüllte er nicht die formellen Kriterien, um als Serienmörder klassifiziert zu werden. Im Zuge der Ermittlungen im Doppelmord in Appojaure war die Liste mit gestandenen Morden umfassend ergänzt worden, und er war fast schon ein Serienmörder in spe.

Die Geständnisse wurden nicht immer zuerst der Polizei gegenüber gemacht. Pelle Tagesson vom *Expressen* hatte im August 1995 enthüllen können, dass Thomas Quick in einem Interview gestanden hatte, er habe »in Skåne gemordet« und andeutungsweise den sadistischen Lustmord an der neunjährigen Helén Nilsson 1989 in Hörby auf sich genommen. In diesem Interview gestand Quick außerdem den Mord an zwei Jungen in Norwegen sowie an zwei männlichen Personen aus »Mittelschweden«.

Christer van der Kwast zeigte sich merklich irritiert darüber, dass Quick sowohl die Therapeuten als auch die polizeilichen

Ermittler einfach überging und direkt in den Medien ein Geständnis ablegte.

»Ich kann nur hoffen, dass er auch mir gegenüber gesteht«, kommentierte er.

Indem er den Ermittlern, den Therapeuten und Journalisten abwechselnd Hinweise und halbgare Andeutungen lieferte, trieb Quick ein Katz-und-Maus-Spiel, das nicht nur van der Kwast verwirrte.

Die Medien und Journalisten spielten eine wichtige, aber unklare Rolle in der Ermittlungsarbeit, nur Thomas Quick selbst entschied, welche Reporter er treffen wollte, und er las stets das, was sie über ihn schrieben. Van der Kwast musste sich damit abfinden, im *Expressen* zu lesen, dass Quick einen seiner »jüngeren« Morde in Dalarna verübt hatte, was die Ermittler sofort an den viel beachteten Mord an dem israelischen Mitbürger Yenon Levi am 11. Juni 1988 am Ortsrand von Rörshyttan denken ließ.

Yenon Levi war ein 14-jähriger Tourist gewesen, dessen Leiche an einem Waldweg in Dalarna gefunden worden war. Die umfangreichen polizeilichen Ermittlungen erbrachten einen verdächtigen Täter, aber die Beweise hielten vor Gericht nicht stand.

Der Mord von Rörshyttan hatte seit längerer Zeit unter der Oberfläche der Quick-Untersuchung geschwelt, und einen guten Monat nach der Rückkehr von der Rekonstruktion in Appojaure rief Thomas Quick den Ermittlungsleiter Seppo Penttinen zu Hause an, der über das Gespräch ein Gedächtnisprotokoll verfasste:

Am Mittwoch, dem 19. August, um 19.45 Uhr wurde der Unterzeichnete von Quick angerufen. Quick berichtete, es ginge ihm psychisch sehr schlecht und er wolle über einige Dinge sprechen, die ihm Angst machten.

Bezüglich des Vorkommnisses mit dem israelischen Mann in Dalarna sagte Quick, eine Person habe ihm im Zusammenhang mit dem Mord geholfen.

Quick gab an, dass sie Yenon Levi auf einer kleineren Straße in Uppsala getroffen hätten. Der Komplize habe Englisch mit Levi geredet, der mit ihnen in Quicks Auto Richtung Dalarna gefahren sei, wo die Spießgesellen den Israeli in gegenseitigem Einvernehmen getötet hätten.

Quick hielt ihn fest, während der andere ihn mit den Fäusten und unter anderem »einem schweren Gegenstand aus dem Kofferraum« schlug. Der Tote wurde dort liegen gelassen, wo er die Schläge erhalten hatte, nichts wurde arrangiert. Die Leiche blieb eher in Rückenlage als auf der Seite liegen, definitiv nicht auf dem Bauch.

Quick gab an, dass er die Pressemeldungen über diesen Fall verfolgt habe, aber dass er vor den Bildern zurückgeschreckt sei und nicht alles komplett gelesen habe.

Quicks Geständnis im Mordfall Yenon Levi überzeugte die Ermittler nicht. Seppo Penttinen sagte zu Quick, die Zeitungen hätten schon so viel über diesen Mord geschrieben, dass er kaum etwas erzählen könne, was nicht schon allgemein bekannt sei.

Als das Ermittlungsverfahren im Appojaure-Fall abgeschlossen war, wurde dennoch eine erste Vernehmung über Yenon Levi durchgeführt. Quick behauptete, dass er allein in Uppsala auf Levi getroffen war und ihn überredet hatte, ihn nach Falun zu begleiten. In der Nähe von Sala hielten sie an einem Ferienhaus, wo Quick einen Stein nahm und Levi mit zwei Schlägen auf den Kopf tötete. Anschließend lud er die Leiche auf den Rücksitz und setzte die Fahrt fort. In Rörshyttan bog Quick auf einen Schotterweg und legte die Leiche im Wald ab.

Die Untersuchung im Mordfall Yenon Levi zog sich in die Länge und wurde für alle Beteiligten zu einer immensen Belastung. Quick änderte fortwährend seine Aussagen über den Tathergang. Mal sagte er, er habe einen Komplizen gehabt, mal nicht. Auch der Tatort variierte sowie die Angabe, wo er Levi zum ersten Mal begegnet war. Noch verwirrter war Quick in Bezug auf die Tatwaffe, die er verwendet haben wollte.

Am Anfang der Ermittlung sagte Thomas Quick, die Tatwaffe sei ein Stein gewesen, was jedoch falsch war. In den folgenden Vernehmungen behauptete er, als Tatwaffe habe ein Wagenheber, ein Radkreuz, ein Spaten, eine Campingaxt, ein Speer, ein Holzscheit oder ein Fußtritt gedient. Auch diese Angaben waren alle falsch.

Im Laufe eines knappen Jahrs führte Seppo Penttinen 14 Vernehmungen mit Quick durch, außerdem eine Tatortbegehung und zwei Rekonstruktionen. Bei der zweiten Rekonstruktion sprach Quick davon, die Tatwaffe sei von »hölzerner Struktur« gewesen.

»Sehen Sie hier etwas, was mit der Länge übereinstimmt?«, fragte Penttinen und hielt die Hände etwa einen Meter voneinander entfernt hoch. Quick hob sofort einen Knüppel etwa gleicher Länge auf, der passenderweise in der Nähe lag.

Christer van der Kwast war jedoch nicht der Ansicht, dass Quicks ständig variierende Angaben seine Glaubwürdigkeit minderten.

»Die Schwierigkeit bestand darin, dass die Erinnerungen an die Morde fragmentarisch und unstrukturiert gewesen sind, und dass es bisweilen sehr lange gedauert hat, bis er die verschiedenen Fragmente zu einem zusammenhängenden Bild zusammenfügen konnte«, erläuterte er gleichsam wie ein Echo von Quicks Therapeuten der Säter-Klinik.

Nach eineinhalb Jahren Therapie mit Gesprächen, Vernehmungen der Polizei und wiederholten Rekonstruktionen war es Thomas Quick gelungen, seine bruchstückhaften Erinnerungen zu einer einigermaßen zusammenhängenden Geschichte zusammenzufügen. Derzufolge hatten Quick und sein Komplize Yenon Levi am Bahnhof von Uppsala zunächst gezwungen, sie vom Bahnsteig zu einem Parkplatz zu begleiten, und dann, in das Auto einzusteigen. Dort hatte der Komplize Levi mit einem Messer in Schach gehalten, das er ihm an die Kehle hielt, während Quick mit den beiden zum Tatort fuhr.

Am 10. April 1997 reichte Christer van der Kwast eine Anklageschrift beim Landgericht von Hedemora ein. Die Tatbeschreibung lautete:

Thomas Quick hat in der Zeit zwischen dem 5. und dem 11. Juni 1988 in Rörshyttan, Gemeinde Hedemora, Yenon Levi durch Einwirkung stumpfer Gewalt auf Kopf und Rumpf das Leben genommen.

Dies war das dritte Gerichtsverfahren, bei dem Thomas Quick für einen Mord angeklagt wurde, den er nach eigenen Angaben zusammen mit einem Komplizen begangen hatte. Und zum dritten Mal fehlte der Beschuldigte im Gerichtssaal. Der Mittäter wurde im Urteil mit Vor- und Zunamen genannt, seine Beteiligung am Mord an Yenon Levi wurde ausführlich beschrieben, aber da er alles abstritt und Beweise fehlten, wurden die Verdächtigungen gegen ihn fallen gelassen. »Eine Vernehmung von NN würde in diesem Fall nichts Wichtiges beitragen«, meinte Christer von der Kwast.

Das Landgericht Hedemora musste feststellen, dass in dem Prozess »kein Beweis vorgebracht wurde, der Thomas Quick direkt mit der Tat in Verbindung bringt«. Allerdings befand das Landgericht, dass Quicks Schilderung des Mordes zusammenhängend und frei von direkten Widersprüchen war. Er hatte zahlreiche korrekte Angaben über den Tatort, die Kleidung des Opfers und die Verletzungen gemacht – Details, die laut Landgericht mit den Fakten der Untersuchung des Tatorts und dem Obduktionsbericht übereinstimmten.

Quick hatte außerdem andere spezifische Details genannt, die dafür sprachen, dass tatsächlich er Yenon Levi umgebracht hatte. Zum Beispiel hatte er ein geschnitztes Holzmesser aus seinem Gepäck beschrieben, das Levi in einer Postkarte an seine Mutter erwähnt hatte.

Seppo Penttinen erklärte dem Gericht, dass Quicks Abweichungen nicht weiter merkwürdig waren. Die verzwickte Reise bis zur korrekten Tatwaffe war beispielsweise schlüssig, denn Penttinen »hatte den Eindruck, dass Thomas Quick die ganze Zeit gewusst hatte, dass es ein Knüppel gewesen war, das aber aus Angst nicht erzählt hatte«. Penttinen sagte auch aus, wie Quicks Geschichte entstanden war und wie die Vernehmungen abgehalten worden waren, worauf das Gericht bei der Urteilsfindung großes Gewicht legte. Quick habe so exklusive Angaben über den Mord gemacht, dass einleuchtenderweise nur der Täter diese kennen konnte.

Am 28. Mai 1997 wurde Thomas Quick des Mordes an Yenon Levi für schuldig befunden:

> Zusammenfassend misst das Gericht Thomas Quicks Schilderung große Beweiskraft bei. Durch das Geständnis und die übrige Untersuchung steht völlig außer Zweifel, dass Thomas Quick die Tat begangen hat, für die er angeklagt ist.
>
> Thomas Quick soll dafür zur Rechenschaft gezogen werden, dass er Yenon Levi vorsätzlich getötet hat.

Thomas Quick wurde wieder in psychiatrische Behandlung überstellt.

Er war nun für vier Morde verurteilt, die zu drei verschiedenen Zeitpunkten verübt worden waren, und konnte – selbst nach der strengen Definition des FBI – als Serienmörder bezeichnet werden.

Therese Johannesen

Während der Untersuchung im Mordfall Yenon Levi erinnerte sich Thomas Quick an weitere Morde, die er begangen hatte.

Eines der vielen neuen Geständnisse galt dem Mord an der neunjährigen Therese Johannesen, die am Sonntag, den 3. Juli 1988, spurlos aus ihrem Elternhaus in der Wohnsiedlung Fjell außerhalb von Drammen in Norwegen verschwunden war.

Der Fall der verschwundenen Therese Johannesen erregte in der Kriminalgeschichte sehr großes Aufsehen und führte zu der umfangreichsten Polizeiermittlung, die es bisher gegeben hatte. Als die Untersuchung auf Hochtouren lief, arbeiteten hundert Beamte an dem Fall. In den ersten Jahren wurden 1721 Personen vernommen. Insgesamt gingen 4645 Hinweise bei der Polizei ein, die 13 685 Observationen und Bewegungen von Autos und Personen in der Gegend registrierte. Ohne Resultat.

Im Frühjahr 1996 arbeiteten die schwedische und norwegische Polizei intensiv zusammen, zum einen in dem Mordfall Therese Johannesen, zum anderen im Zusammenhang mit zwei Afrikanern, die im März 1989 aus einem Flüchtlingslager in Oslo verschwunden waren. Quick hatte angegeben, alle drei Personen ermordet zu haben.

Die Erfahrung besagt, dass Serienmörder oft nach einem bestimmten Modus Operandi vorgehen; manche suchen sich ihre Opfer in einem gewissen geografischen Umkreis, andere bevorzugen einen bestimmten Opfertypus, wie etwa Jungen, Prostituierte, sich liebende Paare und so weiter. Es gibt auch solche, die immer auf eine bestimmte Weise töten, wie Ted Bundy, der seine Opfer – sie alle waren weiße Mittelschichtfrauen – in sein Auto lockte, wo er sie durch einen Schlag auf den Schädel mit einem Brecheisen tötete.

Deshalb reagierten viele mit Skepsis, als Quick all seinen Präferenzen und früheren Vorgehensweisen zuwiderhandelte und den Mord an einem Mädchen gestand, das zudem in Norwegen gewohnt hatte. Selbst sein ehemaliger Rechtsanwalt Gunnar Lundgren, der Quick bisher vorbehaltlos geglaubt hatte, war angesichts dieses neuen Geständnisses skeptisch.

»Das ist so abwegig, so weit von seinem sonstigen Verhalten entfernt«, sagte er.

Der Leiter des Ermittlungsverfahrens, Christer van der Kwast, räumte ein, dass der Mord offensichtlich nicht mit dem gängigen Muster übereinstimmte, aber dass die Ermittler aus diesem Grund »die Perspektive erweitern« und einsehen mussten, dass das Töten an sich einem Serienmörder sexuelle Befriedigung verschaffen kann.

Am 26. April 1996 brach Quick in Begleitung von einigen Polizeibeamten, Pflegern aus der Psychiatrie Säter, dem Gerichtspsychologen und Experten für Gedächtnisfunktionen Sven Åke Christianson, der Psychotherapeutin Birgitta Ståhle sowie Staatsanwalt Christer van der Kwast von Säter auf.

Quick wurde in Fjell herumgeführt, wo er der Polizei schilderte, wo er Therese getroffen, wo er sie bis zur Bewusstlosigkeit gegen einen Stein geschlagen, wie er sie in sein Auto geladen und weggebracht hatte. Er beschrieb ferner, dass 1988 dort eine Bank gestanden habe, dass Bretter auf dem Boden gelegen hätten und dass die Balkone neu gestrichen gewesen seien. Wie sich herausstellte, stimmten diese Angaben, und Quick galt als des Mordes an Therese verdächtig.

Am folgenden Tag lotste Thomas Quick eine lange Autokarawane auf der E18 Richtung Schweden. In der Nähe des Ortes Ørje bog die Karawane auf einen Waldweg, wo Quick versprach, die Polizei zu einer Kiesgrube zu führen, in der er Thereses Leiche versteckt hatte.

Während der Begehung erzählte Quick, dass er die Leiche zerstückelt und die Teile mitten im Waldsee Ringen versenkt hatte. Die Ermittler beschlossen schlussendlich, den Waldsee leer zu pumpen, um Thereses Überreste zu finden.

Sieben Wochen dauerte die teuerste Tatortuntersuchung in der Geschichte Skandinaviens. Der See wurde geleert und die gesamte Tiefenschicht nach oben gebracht, bis man zu 10 000 Jahre alten Sedimenten vorgedrungen war. Wasser und Bodenschlamm wurden gefiltert und zweimal durchsucht, ohne dass ein einziger Knochensplitter gefunden wurde.

»Entweder hat Thomas Quick gelogen oder sich im Ort geirrt. Es besteht Anlass, seine Glaubwürdigkeit infrage zu stellen«, sagte Tore Johnsen, Polizeimeister in Drammen, als am 17. Juli die letzten Pumpen im Ringen abgestellt worden waren.

Als die Norweger das gesamte gigantische Therese-Material durchgingen, stießen sie auf keinen einzigen Hinweis in Form von Personen oder Fahrzeugen, die mit Thomas Quick in Verbindung gebracht werden konnten.

Viele waren überzeugt, dass dies das Ende der Untersuchung gegen Quick im Mordfall Therese war, und vielleicht sogar das Ende für die gesamte Quick-Untersuchung.

Ein gutes Jahr später war Thomas Quick dennoch zurück in Ørjeskogen, mit seiner Entourage aus Ermittlern und Pflegern.

»Er hat eine erstaunliche Leistung vollbracht. Die ausführliche Begehung stellte eine unglaubliche Belastung für ihn dar«, sagte Claes Borgström anschließend.

»Ich bin nun überzeugt davon, dass Quick Thereses Mörder ist«, sagte Inge-Lise Øverby der Staatsanwaltschaft in Drammen. Wir können belegen, dass Thomas Quick sich tatsächlich in dem Wald befunden hat. Und wir verfügen über eindeutige Beweise dafür, dass er auch in Drammen gewesen ist, als Therese verschwand.

Die Polizei hatte einen Baum mit einem Symbol gefunden, das Quick, wie er sagte, in die Rinde geritzt hatte, ein Sägeblatt, das Quick nach eigenen Angaben dort zurückgelassen hatte, und eine Decke war gefunden worden, die Quick gehört haben soll.

Aber der wichtigste Fund der Polizei waren Reste eines Feuers, mit dem er Thereses Leichenteile verbrannt hatte, so Quick. An einem dieser Orte hatte der Spürhund Zampo die Spur menschlicher Überreste gewittert. In der Asche stießen die Techniker auf mehrere verbrannte Gegenstände, bei denen es sich Experten zufolge um Knochenstücke handelte, die von einem Kind stammten.

»Das Quick-Opfer wurde gefunden«, titelte der *Dala-Demokraten* über die gesamte erste Seite am 14. November 1997.

Christer van der Kwast berichtete triumphierend, dass man zum ersten Mal Quicks Geständnis bis hin zum Fund des Mordopfers nachvollziehen könne. Er bezeichnete den Knochensplitter von Therese als Durchbruch für die gesamte Untersuchung.

»Überreste eines Menschen in Therese Johannesens Alter sind an einem Ort in der Nähe von Ørje gefunden worden, wo Thomas Quick nach eigener Aussage 1988 die Überreste des neunjährigen Mädchens versteckt hatte«, fasste Gubb Jan Stigson im *Dala-Demokraten* zusammen.

Der Fund in Ørjeskogen brachte mit sich, dass die Quick-Ermittler nun die Spur wechselten und sämtliche Kräfte für die Therese-Ermittlung einsetzten. Ein selbstsicherer Staatsanwalt konnte am 13. März 1998 eine Anklageschrift gegen Quick am Landgericht von Hedemora einreichen.

»In diesem Fall liegt das Gewicht ganz stark auf der technischen Analyse«, sagte van der Kwast.

Merkwürdigerweise wurde das Urteil des in Norwegen begangenen Mordes vom Landgericht Hedemora gefällt. Der Prozess fand im Sicherheitssaal des Stockholmer Landgerichts statt. Letzteres aus Sicherheitsgründen.

Christer van der Kwast unterstrich, dass Quick von 30 einzigartigen Details gesprochen hatte, die ihn mit dem Mord verknüpften.

»Quick hat exklusive Angaben in einem Umfang und einer Art und Weise gemacht, die sowohl eine Verbindung zwischen den aktuellen Orten und dem Mädchen als auch ihm herstellen«, behauptete er in seinem Schlussplädoyer.

Rechtsanwalt Claes Borgström hatte keine abweichende Auffassung von der Beweisführung gegen seinen Mandanten:

»Die einzige Schlussfolgerung, zu der man kommen kann, ist die, dass der Angeklagte die Tat begangen hat.«

Quick versuchte in seinem sogenannten letzten Wort, dem Landgericht eine psychologische Erklärung dafür zu geben, dass er Therese ermordet hatte.

»Meine Schuld steht fest, schwer und quälend, aber ich will, dass Sie verstehen, dass ich eigene Erlebnisse aus meiner kaputten Kindheit verarbeitet habe«, sagte er.

Wie erwartet, stand es für das Landgericht von Hedemora außer Zweifel, dass Thomas Quick Therese Johannesen ermordet hatte, und es verurteilte ihn zu weiterführender Behandlung. Nun war er für seinen fünften Mord verurteilt worden.

Zweifler

Die Kritiker, die Quicks Schuld bereits während der Ermittlungen im Mordfall von Appojaure infrage gestellt hatten, fanden nur sehr begrenzt Gehör und gerieten rasch in Vergessenheit. Im Frühjahr 1998, während des Therese-Johannesen-Prozesses, flammte indessen eine regelrechte Quick-Fehde auf, die dieses Mal nicht zu bremsen war und für einen verbitterten und allem Anschein nach endlosen Schützengrabenkrieg sorgte.

Der Streit begann mit einem Artikel auf der Meinungsseite der Tageszeitung *Dagens Nyheter*, *DN debatt*, den Dan Larsson verfasst hatte, ein ehemaliger Grubenarbeiter aus Malmberget, der umgesattelt hatte und Kriminalreporter beim *Norrländska Socialdemokraten* geworden war. Er hatte die Gerichtsverfahren in dem Mordfall Charles Zelmanovits und im Doppelmord an dem Ehepaar Stegehuis verfolgt und glaubte schlicht an Quicks Unschuld. In dem Artikel zeigte Larsson mehrere Ungereimtheiten auf, wie etwa, dass dieselbe kleine, eingeschworene Clique sämtliche Untersuchungen leitete. Er wies außerdem darauf hin, dass Quick bei allen Morden Komplizen genannt hatte, deren Beteiligung stark infrage gestellt werden konnte.

Vier Tage später veröffentlichte *DN debatt* einen Artikel von Nils Wiklund, Dozent der Psychologie. Er schrieb:

Die Mordprozesse gegen Thomas Quick sind in vielerlei Hinsicht einzigartig. Das System der Gerichtsverfahren der westlichen Welt basiert auf der Zwei-Parteien-Konfrontation, bei der das Gericht die Wahrheit herauszufinden versucht, indem teils die Argumente des Staatsanwalts für die Anklage und teils die Argumente des Verteidigers für eine andere Sichtweise angehört werden.

In den Quick-Prozessen war die Zwei-Parteien-Konstellation aufgehoben worden, meinte Wiklund, indem der Staatsanwalt und der Verteidiger den gleichen Standpunkt vertraten. Seine Beobachtung wurde von dem laufenden Verfahren bestätigt, in dem Anwalt Claes Borgström nicht nur klar Stellung bezog für die Schuld seines Mandanten, sondern sich auch an die Journalisten, Psychologen und Juristen wandte, die sich an der Diskussion beteiligten, und sie mahnte, »sich auf ihre Verantwortung zu besinnen«.

»Die wiederholten Versuche des Verteidigers, die öffentliche Debatte mundtot zu machen, sind sowohl empörend als auch verantwortungslos. Er selbst hätte versuchen sollen, eine unabhängige Untersuchung anzuberaumen im Rahmen der gerichtlichen Prüfung«, entgegnete Wiklund.

Der Ton der Diskussion wurde noch eine Spur griffiger, als Johan Asplunds Vater Björn verlangte, dass Christer van der Kwast angeklagt werden solle. Er behauptete, van der Kwast habe ein Dienstvergehen begangen, weil er Quicks Komplizen im Therese-Johannesen-Prozess nicht zur Anklage gebracht hatte. Quick hatte einen Mittäter genannt und beschrieben, in welcher Form dieser an der Entführung des Mädchens beteiligt gewesen war und sogar wie der Komplize die Neunjährige auf einem Parkplatz vergewaltigt hatte. Björn Asplund schrieb:

> Wenn es so ist, dass Oberstaatsanwalt Christer van der Kwast Quick für glaubwürdig hält, wie kann es dann sein, dass diese der Polizei (und selbst Kwast) namentlich bekannte Person nicht vorgeladen wird?

Da Beihilfe zum Mord und schwerer sexueller Missbrauch von Kindern Verbrechen sind, die unter die Strafverfolgung durch die Staatsanwaltschaft fallen, war Asplund der Ansicht, van der Kwast habe seine Pflicht verletzt und müsse deshalb wegen Verstoßes gegen die Dienstvorschrift angeklagt werden.

Anna-Clara und Björn Asplund hatten die Verfahren von Anfang an mitverfolgt und waren beide überzeugt davon, dass Quicks Geständnisse nicht richtig waren. Deshalb setzten sie sich sehr dafür ein, »Quick von Johan fernzuhalten«.

Andere Medien beteiligten sich an der Debatte, und neue Kritiker stießen dazu, darunter auch die Rechtsanwältin Kerstin Koorti, die in der Nachrichtensendung *Aktuellt* des Schwedischen Fernsehens sagte, sie glaube nicht, dass Thomas Quick an einem einzigen Mord schuldig sei, und die Quick-Prozesse als »einen der größten Rechtsskandale des 20. Jahrhunderts« bezeichnete.

Weitaus schwerwiegendere Kritik wurde am 12. Juni 1998 auf der Meinungsseite des *Svenska Dagbladet* veröffentlicht. Unter der Überschrift »Der Fall Quick – eine Niederlage für das Rechtssystem« kritisierte die Psychologin Astrid Holgersson das Team von Staatsanwälten, Polizeibeamten und Psychologen, die »voreingenommen waren und nur Hinweise dafür finden wollten, dass Quick die Morde begangen hatte«.

Astrid Holgersson hatte die Vernehmungsprotokolle von mehreren Mordermittlungen durchgesehen und nannte konkrete Beispiele dafür, wie Christer van der Kwast Quick während der Vernehmungen mitteilte, wie die »richtige Antwort« lautete. Dass Quick zu Beginn der Untersuchungen viele falsche Angaben gemacht hatte, war kein Geheimnis, aber eine systematische Analyse seiner Aussagen war dennoch nie angefertigt worden, meinte Holgersson. Die Gerichte waren stattdessen dazu bereit gewesen, unwissenschaftliche psychologische Erklärungen dafür zu akzeptieren, dass Quick falsche Angaben gemacht hatte. Sie gab ein Beispiel aus dem Urteil für den Mord an Yenon Levi.

Das Gericht hat zur Kenntnis genommen, dass »die letzte Version aus mehreren Vernehmungen entstanden ist«, aber keine kritische Analyse vorgenommen wurde, *wie sie entstanden ist*. Die psychologische Spekulation, das könne darauf beruhen, dass es »Quick schwergefallen war, auf bestimmte Details einzugehen«, wurde akzeptiert.

In der Schusslinie von Astrid Holgerssons Kritik stand Sven Åke Christianson, dessen Einsätze in der Untersuchung als unethisch und unwissenschaftlich bezeichnet wurden, als er »durch Suggestion und manipulative Methoden« versucht hatte, Quick dabei auf die Sprünge zu helfen, eine Geschichte zusammenzubekommen, die nicht im Widerspruch zu den Beweisen der Tat stand. Holgersson wies ferner darauf hin, dass Christianson zum einen seitens der Staatsanwaltschaft einen Auftrag auszuführen hatte und gleichzeitig von den Landgerichten dazu angehalten wurde, »sich als Sachverständiger des Gerichts über den Wert seiner Untersuchungsergebnisse zu äußern«. Diese Doppelrolle zu akzeptieren war Holgersson zufolge schlicht unethisch.

Außerdem hatte Christianson laut Astrid Holgersson »die öffentliche Meinung beeinflusst, indem er – gegen die Prinzipien der Beteiligung von Psychologen bei einem Strafprozess – seine subjektive Meinung bezüglich der Schuldfrage im Rahmen seiner Vorlesungen über den ›Serienmörder‹ Quick verbreitete«.

In der Anthologie *Recovered Memories and False Memories* (Oxford University Press, 1997) hatte Christianson einen Artikel veröffentlicht, in dem er feststellte, dass Quick ein Serienmörder war. Eigentlich sollte es Aufgabe der Gerichte sein, diese Frage zu beantworten. Holgersson zitierte Christiansons Artikel über Quicks verdrängte Erinnerungen, die bei der Therapie wieder zurückgekehrt waren:

Die Erinnerungen an die Morde verursachten eine überwältigend große Panik, weil sich dabei der Vorgang der sexualsadistischen Übergriffe wiederholte, denen der Serienmörder als Kind selbst ausgesetzt gewesen war. Wie erwähnt, gibt es keinen dokumentierten Beleg für die Annahme, dass Quick ein Serienmörder war, dass er in seiner Kindheit sexuellen Übergriffen ausgesetzt gewesen war, oder dass dies Serienmörder auszeichnete.

Die Mitglieder des von Holgersson sogenannten »Team Quick« – Staatsanwalt Christer van der Kwast, Leiter der Vernehmung Seppo Penttinen, Therapeutin Birgitta Ståhle und Experte Sven Åke Christianson – duckten und schwiegen sich durch die Debatte. Derjenige, der für die anderen in die Bresche sprang und die Untersuchung verteidigte, war Claes Borgström. Er hatte selbst einstecken müssen, als einige Kritiker seine Passivität während der Ermittlung und während des Verfahrens gerügt hatten.

Als Borgström Holgerssons Kritik kontern sollte, tat er dies mithilfe von Satire und Ironie im *Svenska Dagbladet* unter der Überschrift »Eine ungewöhnlich scheußliche Verschwörungstheorie«.

Man muss Astrid Holgersson für ihr wissenschaftlich belegtes Urteil über diese unheimlichen Vorkommnisse danken, die den persönlich Betroffenen für den Rest ihres Lebens keine Ruhe lassen werden. Sie muss nichts weiter tun, als ein paar Dokumente durchzublättern und sich ein paar Filmausschnitte anzusehen, schon präsentiert sich die Wahrheit unverstellt und offensichtlich für jedermann.

Die Quick-Fehde erreichte im August 1998 ihren Höhepunkt in Form von Dan Larssons Buch »Der Mythomane Thomas Quick«, das den Fokus auf den Doppelmord von Appojaure legte. Larsson behauptete, die Morde von Appojaure seien von einem Bodybuilder aus der Gegend verübt worden, der alkoholabhängig war sowie Amphetamine und anabole Steroide in hohen Dosen einnahm. Gubb Jan Stigson rezensierte dieses Buch im Nachrichtenteil des *Dala-Demokraten* und titelte »Ein neues Quick-Buch – ein peinliches Pfuschwerk«. Obwohl die Zeitung dieser Buchbesprechung eine ganze Seite widmete, schloss Stigson den Artikel mit den Worten: »Die Mängel in Larssons Hintergrundinformationen sind so vielzählig, dass der Platz dafür einfach nicht ausreicht. Die Buchrezension wird in der morgigen Ausgabe des *DD* fortgesetzt.«

Am Folgetag ging die »Rezension« weiter. Die Quick-Fehde hatte zu dem Zeitpunkt sämtliche Teilnehmer in zwei diametral entgegengesetzte Lager gezwungen und war in einen unversöhnlichen und prestigeträchtigen Kampf übergegangen, bei dem es für keine der Parteien noch eine Möglichkeit gab, auch nur einen Millimeter von ihren Standpunkten abzurücken.

Trine Jensen und Gry Storvik

Thomas Quick hörte nicht auf, weitere Morde zu gestehen. Im Sommer 1999 war er bei Nummer 25 angelangt, für fünf davon war er verurteilt worden. Die wachsende Zahl gestandener, aber unaufgeklärter Morde bewegte *Dagens Nyheter* dazu, Quick den Rang »einer der schlimmsten Serienmörder der Welt« zuzuweisen.

Aber es war etwas geschehen nach der Quick-Fehde. Hatte diese Debatte einen Zweifel gesät, der bei den Kriminalreportern zu keimen begann? Oder hatten sie, ebenso wie die Öffentlichkeit, das Interesse an Thomas Quick verloren?

Wie auch immer – das Pressearchiv spricht eine eindeutige Sprache: Thomas Quick machte keine großen Schlagzeilen mehr. Und niemand reagierte mit Verwunderung, als der »Jungenmörder« Quick im Frühjahr 2000 für zwei typische, heterosexuell motivierte Morde an jungen Frauen in Norwegen verurteilt wurde: Trine Jensen, die mit 17 Jahren im August 1981 einem Lustmord zum Opfer fiel, und Gry Storvik, die im Alter von 23 Jahren im Juni 1985 getötet worden war. Beide kamen aus Oslo, und ihre Leichen wurden am Stadtrand gefunden.

Die Kriminaltechniker hatten Spermaspuren bei Gry Storvik sichergestellt, und Thomas Quick gestand, mit ihr – im Zusammenhang mit dem Mord – Geschlechtsverkehr gehabt zu haben. Trotz seiner rein homosexuellen Neigung seit seinem

13. Lebensjahr. Diese zwei neuen Morde bedeuteten, dass Quick eine Entwicklung vom Knabenmörder zum allestötenden Serienmörder durchgemacht hatte, ohne jegliche Präferenzen, sich wiederholende Vorgehensweise oder geografische Begrenzungen.

Mit der DNA-Analyse konnte ausgeschlossen werden, dass das Sperma von Thomas Quick stammte, aber selbst das weckte keine größere Aufmerksamkeit. Quicks Verurteilung für Mord Nummer sechs und sieben hakte der *Expressen* mit einer Notiz ab.

Das Landgericht Falun stellte fest, dass Beweise fehlten, die Thomas Quick mit den Verbrechen in Verbindung brachten, kam aber zu dem gleichen Schluss wie die übrigen Urteile:

Bei der abschließenden Beurteilung dessen, was geschehen ist, vertritt das Landgericht die Ansicht, dass Thomas Quicks Geständnisse durch die Untersuchungsergebnisse in der Weise bestätigt werden, dass er ohne jeden Zweifel die Taten begangen hat, die der Staatsanwalt ihm vorwirft.

»Man braucht nicht zu spekulieren, ob er lügt. Er verfügt über fundiertes Wissen bezüglich der Morde«, lautete Sven Åke Christiansons Kommentar über das Urteil.

»Ohne Beweise wurde Thomas Quick gestern wegen Mordes an Trine Jensen und Gry Storvik verurteilt«, erinnerte die norwegische *Aftenposten*.

Das war alles.

Johan Asplund

Thomas Quicks Geschichte beginnt und endet mit Johan Asplund.

Als Quick sich 1992 im Rahmen seiner Gesprächstherapie an den Mord an Johan zu erinnern begann, war er sehr unsicher, ob er tatsächlich etwas mit Johans Verschwinden zu tun hatte. Noch weniger ahnte er vermutlich, dass er sich in der Folge an weitere 30 Morde erinnern sollte.

Hätte Thomas Quick zuerst den Mord an Yenon Levi gestanden, wäre der Fall im Polizeibezirk von Avesta und nicht bei der Polizei in Sundsvall gelandet. Aber der Mord an Johan war zuerst da, und so kam der ganze Quick-Fall auf Staatsanwalt Christer van der Kwasts Tisch sowie zu der Polizei von Sundsvall, dessen Polizeiassistent und Drogenfahnder Seppo Penttinen mit der Untersuchung betraut wurde.

Es ist verständlich, wenn Seppo Penttinen davon geträumt hatte, derjenige zu sein, dem es gelingen würde, Sundsvalls größten ungelösten Kriminalfall, den Mord an Johan Asplund, aufzuklären. In all den Jahren, die die Quick-Ermittlungen andauerten, stellte die Polizei enorme Ressourcen darauf ab, Beweise in diesem Fall beizubringen.

Nach den Urteilen über die Morde an Gry Storvik und Trine Jensen nahmen auch die Ermittlungen in dem Mord an Johan neuen Anlauf, wie es schon viele Male zuvor der Fall gewesen war.

»Jetzt sind wir ganz nah an Johan Asplund dran«, sagte van der Kwast.

»Wieder einmal!«, kommentierte Björn Asplund säuerlich. »Bestimmt taucht wieder irgendein Mord aus Norwegen auf, über den er lieber reden will ...«

Aber diesmal waren die Ermittler fest entschlossen, den Fall Johan ins Ziel zu holen, zur Anklage zu bringen und das Urteil zu erwirken.

Am Valentinstag 2001 rief van der Kwast bei Björn Asplund an und berichtete, dass nun ausreichende Beweise vorlägen, um gegen Quick wegen Mordes an Johan Anklage zu erheben.

Sowohl Anna-Clara als auch Björn Asplund begrüßten diese Entscheidung und traten in dem Prozess als Nebenkläger auf.

»Nach 20 Jahren wollen wir endlich, dass es ein Ende hat«, sagten sie. »Aber wir werden jedes Detail des Verfahrens hinterfragen.«

»Die Einzelheiten, die Quick ausgesagt hat, zeigen, dass er physischen Kontakt mit Johan gehabt hat«, versicherte van der Kwast auf einer Pressekonferenz im Zusammenhang mit der Anklageerhebung. »Auch die Beschreibung des Wohnviertels Bosvedjan stellt die Verbindung her, dass er sich an jenem Morgen dort befunden hat.«

Doch Johans Eltern brachten die Beweisführung des Staatsanwalts zu Fall.

»Er hat meinen Sohn nicht getötet«, sagte Björn Asplund mit absoluter Sicherheit und wies darauf hin, dass es in diesem Fall keinerlei Beweise dafür gab. »Meiner Ansicht nach trägt er für keinen einzigen Mord die Schuld.«

Das große Manko der ganzen Quick-Geschichte bestand darin, dass keines der Mordurteile gegen Quick von höherer Instanz geprüft worden war, meinte Asplund. Aber das sollte jetzt anders werden.

»Wenn es wider Erwarten zu einer Verurteilung kommen sollte, werden wir am Oberlandesgericht Berufung einlegen. Dann wird hoffentlich auch die Blase um Thomas Quick platzen.«

Im Verfahren kam das Landgericht zu dem Schluss, dass Quick Details über das Wohnviertel Bosvedjan nannte, die besagten, dass er an dem Morgen, als Johan verschwand, dort gewesen war. Er konnte außerdem einen Jungen beschreiben, der im selben Haus wie Johan gewohnt hatte. Der Tatsache, dass Quick den Pullover des Jungen zeichnen konnte, maß das Landgericht große Bedeutung bei. Ferner hatte er genaue Angaben über besondere Kennzeichen von Johans Körper gemacht.

Das Landgericht Sundsvall war davon überzeugt, dass Quick ohne jeden Zweifel die Tat, für die er angeklagt wurde, begangen hatte. Am 21. Juni 2001 wurde Quick für seinen achten Mord verurteilt.

Erst jetzt erfuhren Johans Eltern, dass sie kein Recht hatten, gegen dieses Urteil Berufung einzulegen, weil sie sich hinter die Anklage gestellt hatten.

Damit war der Mordfall Johan Asplund abgeschlossen.

Auszeit

Im November 2001 geschahen drei Dinge.

Am 10. November veröffentlichte *Dagens Nyheter* einen Artikel des Historikers Lennart Lundmark, der die Überschrift »Zirkus Quick – ein Rechtsskandal« trug:

> Die Verurteilungen Thomas Quicks sind ein Fiasko, nicht nur für das schwedische Rechtssystem, sondern auch für den schwedischen Kriminaljournalismus. Es besteht kein Zweifel, dass die ganze Geschichte widerlegt werden wird.

Wenige Tage später, am 14. November, scherzte der Kriminologe und Professor für Kriminalistik, Leif GW Persson, über die gesamte Quick-Untersuchung auf den Juristentagen, die auf dem Gelände der Stockholm-Messe in Älvsjö stattfanden. Er begann mit herabwürdigenden Urteilen über die geistigen Kapazitäten der Ermittler und schloss damit, dass er bezweifelte,

Quick habe einen einzigen der Morde begangen, für die er verurteilt worden war.

Einen Tag später erschien Thomas Quicks dritter Artikel auf der Meinungsseite *DN debatt*: »Thomas Quick nach den Mythomanen-Vorwürfen: Ich nehme nicht länger an den polizeilichen Ermittlungen teil.«

> Von jetzt an nehme ich mir eine Auszeit, vielleicht eine lebenslange, von den polizeilichen Ermittlungen, die sich mit meinen Geständnissen bezüglich einiger Morde befassen.

Thomas Quick ging mit Leif GW Persson, Kerstin Koorti und allen anderen, die seine Geständnisse infrage stellten und seine Zusammenarbeit mit den Ermittlern nun torpedierten, hart ins Gericht.

> Jahr für Jahr einer Troika aus falschen Wahrheitssagern ausgesetzt zu sein, die völlig grundlos behaupten, ich sei ein Mythomane, und der derart unkritische Umgang der Massenmedien mit diesem kleinen Kreis sind und bleiben zu mühsam.
>
> Ich beende jegliche Kooperation mit der Polizei, auch aus Rücksicht auf die Angehörigen der Opfer, die ebenso wie die Gerichte das Beweismaterial akzeptieren. Ich will nicht, dass sie erneut, wieder und wieder, in Ungewissheit leben müssen und nicht wissen, was passiert ist.

Drei Monate später nahm Thomas Quick seinen ursprünglichen Namen Sture Bergwall wieder an. Den Mann, der zehn Jahre zuvor entstanden war, gab es nicht mehr.

Die Epoche Thomas Quick war vorbei.

Der Rechtsfall Thomas Quick lebte hingegen weiter, im Kulturteil der Zeitungen, indem sich immer mehr zu Wort meldeten, die die Ermittler und Richter kritisierten. Es schlossen sich auch Beamte der Kriminalpolizei an, die an den Ermittlungen beteiligt gewesen waren, und berichteten von ihren Zweifeln.

Sture Bergwall saß in der Klinik für Forensische Psychiatrie in Säter und schwieg, Jahr für Jahr.

Als ich ihn am 2. Juni 2008 besuchte, hatte seine Auszeit fast sieben Jahre angedauert.

Warum war Quick verstummt? War es wirklich deshalb, weil seine Glaubwürdigkeit von Leif GW Persson und anderen Skeptikern in Zweifel gezogen worden war? Oder gab es dafür andere Gründe, die im Verborgenen lagen?

Warum haben Sie gestanden?

Ich bin erst spät Journalist geworden – mit 37 Jahren –, aber es war mir auf Anhieb gelungen, eine Beitragsserie für das Enthüllungsmagazin *Striptease* des Schwedischen Fernsehens zu machen. Die Arbeit hat Spaß gemacht, ich war äußerst motiviert und fand, dass alles verblüffend einfach ging. Bald darauf hatte ich einen Vertrag.

Dem Kriminal- und Rechtsjournalismus galt mein besonderes Interesse, und schon nach wenigen Jahren landeten der Reporter Janne Josefsson und ich einen Knüller, von dem ich glaubte, ich könne ihn niemals übertreffen. Es ging um den Junkie Osmo Vallo, dessen Tod rein zufällig in dem Moment eintrat, als ein hundert Kilo schwerer Polizist auf seinen Rücken trat, während er mit Handschellen gefesselt am Boden lag. Ein ursächlicher Zusammenhang zwischen seinem Tod und seiner Behandlung durch die Polizei lag jedoch nicht vor, so die zuständigen Gerichtsmediziner.

Unsere Prüfung des Falles hatte zur Folge, dass Osmo Vallos Leiche zwei neuen Obduktionen unterzogen wurde, die in der

Feststellung resultierten, dass der Tod durch den Tritt des Polizisten gegen Vallos Rücken verursacht worden war.

Janne Josefsson und ich erhielten für diese Reportage über Osmo Vallo den Großen Journalistenpreis. In meinen ersten Jahren im Journalistenberuf bekam ich eine Vielzahl schwedischer und internationaler Preise und Auszeichnungen. Diese Erfolge gaben mir eine große Freiheit gegenüber dem Schwedischen Fernsehen *SVT*, dessen Vorgesetzte in mir einen zuverlässigen Lieferanten von Reportagen sahen, die sich senden ließen.

Nach zehn Jahren als Researcher, in denen ich abwechselnd mit den Reportern Johan Brånstad und Janne Josefsson im Team gearbeitet hatte, bin ich 2003 selbst Reporter geworden und habe mir als Erstes das politisch inkorrekteste und tabuisierteste Thema ausgesucht, das man sich denken kann: eine mehrteilige Reportage über den »Fall Ulf«, einen Mann, der zu acht Jahren Haft wegen sexuellen Missbrauchs seiner Tochter verurteilt worden war, obwohl er alles abgestritten hatte. Nach der Reportage in »Auftrag Kontrolle« beantragte der Verurteilte die Wiederaufnahme des Verfahrens, und nach drei Jahren Haft konnte er das Gericht als freier Mann verlassen.

Wahrscheinlich war dieser Fall der Grund dafür, dass eines Abends im September zu Hause mein Telefon klingelte. Ein älterer Mann war am Apparat, der sich erkundigte, ob ich derjenige sei, der die Fernsehreportage über länger zurückliegende Rechtsfälle machte. Das konnte ich nicht verneinen. Er erzählte von einer ganzen Serie von Brandstiftungen, »über 50 Brände«, die zwischen 1975 und 1976 in und um Falun stattgefunden hatten.

Für mich klang das wie einer von den vielen höchst abschreckenden Hinweisen, die ich ununterbrochen erhielt.

»Einer ganzen Clique von Kindern und Jugendlichen wurde die Schuld an den Bränden gegeben«, sagte er. »In all den Jahren, die ins Land gegangen sind, habe ich nicht besonders viel darüber nachgedacht, aber jetzt, auf meine alten Tage, macht mir das zu schaffen … Und jetzt rufe ich Sie an, damit Sie mir helfen, alles richtigzustellen.«

»Aha«, sagte ich fragend.

»Denn derjenige, der die Brände gelegt hat … war ich.«

Ich bekam eine Gänsehaut. Mir wurde klar, dass ich nie würde widerstehen können herauszufinden, ob das, was er sagte, der Wahrheit entsprach.

»Also gut«, sagte ich. »Ich bin bereit, die Gerichtsurteile einzusehen und andere Informationen zu recherchieren, um das, was Sie mir erzählen, zu überprüfen. Wie kann ich Sie erreichen?«

»Gar nicht«, gab der anonyme Anrufer zurück. »Ich habe Kinder, wohne in einer Gemeinde, die weit von Falun entfernt liegt, und bin nicht bereit, meine Identität preiszugeben.«

»Ist das Ihr Ernst? Ich soll mehrere Wochen Arbeit darauf verwenden, um für Sie ›alles richtigzustellen‹, ohne überhaupt zu wissen, wer Sie sind?«

»Ich rufe in zwei Wochen wieder an. Wenn Sie bis dahin etwas über die Brände gelesen haben, können Sie mir Fragen dazu stellen. Ich versichere Ihnen, Sie werden zu der Überzeugung kommen, dass ich wirklich der Pyromane von Falun bin.«

Und so kam es. Der anonyme Anrufer meldete sich zwei Wochen später, und ich stellte ihm, basierend auf den Urteilen und Zeitungsartikeln, die ich gelesen hatte, Fragen über die Brände, die er glaubwürdig beantwortete.

Es gab nur ein Problem: Von zehn jungen, verdächtigen Brandstiftern, die von der Polizei vernommen worden waren, hatten neun ihre Beteiligung zugegeben. Der Fall war offensichtlich untersucht, aufgeklärt und abgeschlossen worden. Aber der Anrufer beharrte darauf: Die Jugendlichen waren unschuldig.

Also machte ich jeden von ihnen ausfindig und bekam von allen die gleiche Story zu hören – dass sie nichts mit den Bränden zu tun hatten und dass die Sache mit der Brandstiftung ihr Leben zerstört hatte. Sie waren strapaziösen Polizeivernehmungen unterzogen und in Gewahrsam genommen worden. Der Leiter der Vernehmung hatte ihnen sowohl einen Anwalt als auch die Möglichkeit verweigert, mit ihren Eltern Kontakt aufzunehmen. Aber wenn sie alles zugaben, durften sie nach Hause gehen. Sie gestanden.

Sie hatten gestanden, um sich aus einer unerträglichen Situation zu retten. Aber die Geständnisse dienten stattdessen als Grundlage, um die Jugendlichen auf Veranlassung des Jugendamts aus ihren Familien zu nehmen und in einem Kinderheim unterzubringen. Später hatten sie diese Episode aus ihrer Vergangenheit für sich behalten und selbst ihren Kindern und Ehepartnern nichts davon erzählt. Sie waren verzweifelt, weil ich jetzt kam und ihre alten Wunden wieder aufriss. In einer Reportage mitzuwirken kam für die meisten auf keinen Fall infrage.

Gubb Jan Stigson hatte die Jagd auf den Falupyromanen 1975 und 1976 verfolgt und unzählige Artikel über die Brandstiftungen verfasst. Als ich an einem klirrend kalten Januartag in sein Büro beim *Dala-Demokraten* trat, dachte ich überhaupt nicht an Thomas Quick.

Gubb Jan Stigson saß hinter seinem beladenen Schreibtisch, die Füße, die in Holzclogs steckten, auf dem Tisch und die Hände hinter dem Kopf verschränkt. Er erhob sich nicht, um mich zu begrüßen, sondern nickte nur zurückhaltend Richtung Besucherstuhl auf der anderen Seite des Tisches. Manche vergilbten Papierstapel schienen schon seit Jahren dort zu liegen.

Ich betrachtete eine ungerahmte, verblichene Urkunde, die unter einer einsamen Reißzwecke über Stigsons schwarzem Haarschopf den Kopf hängen ließ:

Der Große Preis des Publizistenclubs für

GUBB JAN STIGSON, 1995.

*»Für seine ausdauernde und aufopferungsvolle Arbeit
als Kriminalreporter seit über 20 Jahren.«*

Nachdem wir mein erstes Anliegen abgehandelt hatten, in dem es um den Pyromanen aus Falun ging, fixierte er mich aus seinen dunklen Knopfaugen.

»Wir sollten uns gegenseitig helfen, die Lügner zu entlarven, die falsche Behauptungen über Thomas Quick aufstellen«, schlug er in singendem Dala-Dialekt vor. »Diejenigen, die sagen, dass Quick unschuldig ist, wissen nicht, wovon sie reden!«

Ich wunderte mich über gar nichts. Stigson war der größte Korinthenkacker des Journalistenverbandes, wenn es um Thomas Quick ging, und auch noch zehn Jahre, nachdem die Quick-Fehde ihren Anfang genommen hatte, schlug er in dieselbe Kerbe.

Es war nicht das erste Mal, dass ich mir Stigsons Argumente anhörte; seit Jahren hatte er versucht, mich zu überreden, den Fall Thomas Quick unter die Lupe zu nehmen, den er aller acht Morde für schuldig hielt, für die er verurteilt worden war. Ich hatte eingewendet, dass es keine journalistische Großtat sei zu enthüllen, dass die gefällten Urteile korrekt waren. Auch dass eine Handvoll Kritiker behaupteten, Quick sei unschuldig, änderte daran nichts.

Zufällig hatte ich eine Woche zuvor mit Stigsons größtem Gegenspieler, Leif GW Persson, über den Fall diskutiert.

»Thomas Quick ist bloß ein pathetischer Pädophiler«, hatte er gesagt. »Dadurch, dass dieser Fanat verurteilt wurde, haben die Beamten, Staatsanwälte und Therapeuten dazu beigetragen, die wahren Mörder zu schützen. Das ist eine wirklich betrübliche Geschichte. Und der größte Rechtsskandal, den es in diesem Land gegeben hat. Man darf nicht vergessen, dass es keinen einzigen Beweis gegen Thomas Quick gibt, abgesehen von seinen Geständnissen ...«

»Aber du kannst auch nicht abstreiten, dass Quick alles Mögliche gewusst hat, über die Mordopfer, die Tatorte und die Verletzungen der Opfer«, wandte ich ein. »Woher wusste er das?«

Persson kratzte sich am Bart und murmelte in seiner unnachahmlichen Art:

»Das ist purer Nonsens, irgend so ein verfluchtes kriminalistisches Schauermärchen, das von Quicks Hofreportern, den Ermittlern der Polizei und dem Staatsanwalt verbreitet wird. Quick wusste wirklich nicht sonderlich viel zu Beginn der Vernehmungen.«

»Quicks Hofreporter« war Perssons Bezeichnung für Gubb Jan Stigson – denn die anderen »Hofreporter« hatten schon vor Jahren aufgehört, über Quick zu schreiben. Es gibt nichts, was Stigson mehr provozierte, als wenn der Kriminalistikprofessor Thomas Quicks frühere Verbrechen bagatellisierte, wie etwa folgende Zeilen aus einer von Perssons Kolumnen. Darin hatte er geschrieben:

Schon lange, bevor er zum Serienmörder Thomas Quick geworden war, war er der Polizei bekannt gewesen. Im Laufe der Jahre hatte er nämlich wegen einer ganzen Reihe verschiedener und äußerst pathetischer Bagatelldelikte gesessen, die in ihrer Einfalt kaum zu überbieten sind.

Beispiele wie dieses hatte Stigson sich sämtlichst und peinlich genau gemerkt. Persson war für den aufbrausenden Kauz aus Dalarna ein rotes Tuch.

»Leif GW Persson nennt wiederholte Vergewaltigung von Kindern und Mordversuche Bagatelldelikte.«

Das Thema ließ Stigsons Stimme noch gepresster als gewöhnlich klingen und ins Falsett umschlagen, als er mit seiner Tirade fortfuhr, die er in- und auswendig konnte.

»Schon früh wurde bei Thomas Quick eine sadistische Pädophilie – *pedophilia cum sadismus* – diagnostiziert, und er stelle unter gewissen Umständen eine ausgesprochen große Gefahr für die Sicherheit von Leib und Leben anderer dar. Das wurde also schon 1970 geschrieben! Und 1974 stach er mit einem Messer auf einen Mann in Uppsala ein, der nur durch ein Wunder überlebte. Diese Taten sind es, die GW als ›pathetische Bagatelldelikte‹ bezeichnet! Verstehen Sie, wie ehrlos diese Menschen sind?«

Gubb Jan Stigson zitierte oft aus rechtspsychiatrischen Gutachten und Urteilen. Dank seines Detailwissens kann er seine Gegner angreifen, indem er auf sachliche Fehler in deren Kommentaren und Artikeln verweist.

Neben Leif GW Persson war der Autor und Journalist Jan Guillou derjenige, den Stigson am meisten verachtete. Nun wedelte er mit ein paar DIN-A4-Seiten mit abgelehnten Artikeln über das Thema, das er an die großen Tagezeitungen geschickt hatte.

»In Jan Guillous Buch ›Der Hexenverteidiger‹ habe ich in dem Kapitel über Thomas Quick über 43 sachliche Fehler gefunden! Über mehrere Jahre habe ich ihn zu einer öffentlichen Diskussion mit mir aufgefordert. Aber er traut sich nicht! Und die Zeitungen drucken meine Artikel nicht«, sagte er.

Erleichtert verabschiedete ich mich von Stigson und trat in ein unwirtliches und saukaltes Falun hinaus, um mich meiner Reportage über den Pyromanen aus Falun zu widmen, die mehr und mehr von dem Phänomen der falschen Geständnisse zu handeln begann.

Warum sollte jemand in einer polizeilichen Vernehmung Straftaten gestehen, die er gar nicht begangen hatte? Das erscheint undenkbar, und die meisten sind überzeugt, dass sie selbst niemals etwas so Dummes tun würden. In Falun hatten neun Jugendliche zahlreiche Brandstiftungen zugegeben, doch später hatten sie ihre Unschuld beteuert, was ich anfangs kaum glauben konnte.

Als ich mich in der Literatur über die Forschung zum Thema falsche Geständnisse informierte, wurde mir klar, wie häufig solche auftreten. Und es handelt sich dabei keineswegs um eine neumodische Erscheinung. Als der Megastar Charles Lindbergh, der als Erster allein den Atlantik überflog, bekannt gab, dass sein erstgeborener Sohn gekidnappt worden sei, meldeten sich über 200 Personen, die behaupteten, sie seien schuldig. Fast genauso viele haben im Laufe der Jahre den Mord an Staatsminister Olof Palme gestanden.

Die amerikanische Organisation Innocent Project, der es seit 1992 gelungen war, mit moderner DNA-Analysetechnik 282 unschuldig Verurteilten die Freiheit zurückzugeben, hat festgestellt, dass etwa 25 Prozent von ihnen während der polizeilichen Untersuchung ihre Schuld ganz oder teilweise eingestanden hatten. Dass sie später ihre Geständnisse widerriefen, hat ihnen vor Gericht nicht geholfen.

Kinder, Jugendliche, Minderbegabte, psychisch Kranke und Drogenabhängige waren überrepräsentiert. Als sie im Nachhinein befragt wurden, weshalb sie ein Geständnis abgelegt hatten, war die häufigste Antwort: »Ich wollte einfach nur nach Hause.«

Meine Recherchen über dieses Phänomen haben mir gezeigt, dass einige der größten Rechtsskandale unserer Zeit auf falschen Geständnissen basierten, wie etwa Großbritanniens drakonische, aber fehlerhafte Urteile gegen The Birmingham Six und The Guildford Four. Schweden schien einer der wenigen Rechtsstaaten zu sein, in dem das Problem der falschen Geständnisse bisher weitgehend unbekannt geblieben war.

Ich fuhr nach New York, wo ich Professor Saul Kassin interviewte, einen der weltweit führenden Wissenschaftler auf diesem Gebiet.

Saul Kassin war kein bisschen verwundert darüber, dass die Jugendlichen die Brandstiftungen in Falun zugegeben hatten. Überraschend war ihm zufolge eher, dass ein 13-jähriges Mädchen, das sich in Isolationshaft befunden hatte und strapaziösen Vernehmungen ausgesetzt gewesen war, drei Tage lang jegliche Beteiligung geleugnet hatte.

»Es ist sehr ungewöhnlich, dass eine 13-Jährige drei Tage lang durchhält!«, erzählte Saul Kassin. »Die allermeisten gestehen schon nach ein paar Stunden oder einem Tag.«

Professor Kassin konnte seine Thesen mit spektakulären Fällen untermauern, in denen Jugendliche sehr schwere Verbrechen zugegeben hatten, mit denen sie nachweislich nichts zu tun gehabt hatten.

Als ich die »Jugendlichen« traf, die die Brandstiftungen gestanden hatten, waren sie Mitte 50. Schließlich entschieden sich acht von ihnen, trotz allem in meiner Dokumentation mitzumachen. Es war eine große Befreiung für sie, endlich ihre Geschichte erzählen zu können, und die Beamten, die die Untersuchung durchgeführt hatten, gaben zu, dass nicht alles einwandfrei gelaufen und es ihnen nicht gelungen war, die Wahrheit über die Brandstiftungen herauszufinden.

Der Beitrag wurde am 30. März 2008 in der Sendung »Reportage intern« im Schwedischen Fernsehen ausgestrahlt. Zum Abschluss sagte ich:

»Ich komme nicht umhin, mir immer wieder dieselbe Frage zu stellen – wie viele andere haben schwere Straftaten gestanden, die sie gar nicht begangen haben?«

Brief an Sture Bergwall

Ich hatte keine Ahnung, ob Gubb Jan Stigson oder Leif GW Persson in dem Fall recht hatten. Die ganze Quick-Debatte wirkte befangen auf mich. Sechs Landgerichte hatten Thomas Quick in acht Mordfällen einstimmig für schuldig befunden. Es gab also keinen Zweifel, dass er diese Taten begangen hatte. Dennoch waren mehrere vernünftige Menschen der Meinung, dass er an *allen* Morden komplett unschuldig war, für die er verurteilt worden war.

Das kann einfach nicht sein, dachte ich. Wenn es wirklich ausreichende Beweise gab, um Quick in acht Mordfällen schuldig zu sprechen, müsste es auch relativ einfach sein zu zeigen, dass Persson, Guillou und die anderen Zweifler unrecht hatten.

Wenn Quick tatsächlich unschuldig war, dann war das wirklich das, was Leif GW Persson »den größten Rechtsskandal aller Zeiten in Schweden« nannte.

Mir war über Quicks Schuld nichts bekannt, noch weniger hatte ich Ambitionen, die Wahrheit darüber herauszufinden, ob er schuldig oder unschuldig war. Stattdessen hatte ich vor, eine Dokumentation über die Debatte an sich und ihre schillernden Protagonisten zu machen.

Gleichzeitig bestand vermutlich ein unterbewusster Zusammenhang zwischen meinen neu erworbenen Kenntnissen über falsche Geständnisse und meinem Eifer, mich sogleich mit Thomas Quick auseinanderzusetzen, der über zehn Jahre lang als schlimmster Serientäter von Verbrechen galt, die er gar nicht begangen hatte.

Nachdem die Dokumentation über den Pyromanen von Falun ausgestrahlt worden war, las ich mehrere Bücher, die über Thomas Quick erschienen waren, und am 22. April schrieb ich einen ersten, zaghaften Brief an ihn:

Sture Bergwall,

zufällig entdeckte ich Ihr Buch »Übriggebliebenes«
antiquarisch und lese es nun mit großem Interesse, aber
auch mit einem gewissen Unbehagen.

[...]

Ich weiß, dass Sie seit vielen Jahren den Journalisten
den Rücken gekehrt haben, was mir als eine äußerst
verständliche Entscheidung erscheint, aber ich möchte
Ihnen dennoch die Frage stellen, ob es möglich wäre, Sie
zu treffen. Ich möchte betonen, dass es sich hierbei nicht
um eine Anfrage für ein Interview handelt! Nichts von
alledem, worüber wir bei einem eventuellen Treffen
sprechen, wird veröffentlicht werden. Vielmehr bitte ich
Sie um ein zwangloses Treffen. Ich bin überzeugt, dass
ein Gespräch eine Bereicherung darstellen würde, nicht
nur für mich, sondern auch für Sie.

Wenige Tage später erhielt ich die Antwort: Ich war in Säter
willkommen.

Meine Gespräche mit Jan Olsson

Um mich vorzubereiten, las ich die Urteile und die Artikel, die
über den Fall erschienen waren. Das Material war enorm umfangreich.

Am 29. Mai 2008 – drei Tage vor meiner ersten Begegnung
mit Sture Bergwall – rief ich Jan Olsson an.

Der inzwischen pensionierte Kriminalkommissar Jan Olsson
blickte auf über 30 Jahre Berufserfahrung als Mordermittler
und Kriminaltechniker zurück. Er war Vizechef des Dezernats
für Kriminaltechnik und leitender Chef der Profiler-Gruppe
der Staatspolizei gewesen. Am meisten interessierten mich

seine Erfahrungen aus seiner Zeit als verantwortlicher Kriminaltechniker in den Mordfällen an dem holländischen Ehepaar in Appojaure und an Yenon Levi in Rörshyttan.

Er machte kein Geheimnis daraus, dass er glaubte, Thomas Quick sei zu Unrecht verurteilt worden, und er hatte Artikel über diesen Rechtsskandal veröffentlicht. Dass er zudem Polizeibeamter war, räumte ihm eine Sonderstellung in dem bunt zusammengewürfelten Grüppchen ein, das Thomas Quicks Schuld infrage stellte.

Ich wollte seine eigene Version darüber hören, was ihn überzeugt hatte zu denken, dass Quick unschuldig verurteilt worden war. Er war sehr entgegenkommend und nahm sich Zeit, mir auf seine typisch nachdenkliche Art mindestens zehn Gründe zu nennen, die ihn zweifeln ließen. Seine Theorie basierte auf den beiden Mordfällen, mit denen er beschäftigt gewesen war. Ich fasste Olssons Kritik in drei Mängeln zusammen, die als Fehler im System bezeichnet werden konnten:

1. Die Ermittler hatten einseitig nach Belegen für Quicks Berichte gesucht. Angaben, die gegen Quicks Schuld gesprochen hatten, waren außer Acht gelassen und nicht weiterverfolgt worden.

2. Ein und derselbe Staatsanwalt hatte bei sämtlichen Fällen die Ermittlungsverfahren geleitet, und es gab nur eine Person, die die Vernehmungen mit Quick geleitet hatte. Nach dem ersten Urteil war es den Ermittlern so gut wie unmöglich geworden, Quick infrage zu stellen, und das wurde mit jedem Urteil schwieriger. Die Ermittler waren zu »Gefangenen des Gefangenen« geworden, meinte Olsson.

3. In einem Strafverfahren stehen sich Anklage und Verteidigung gegenüber, sodass ein Prozess immer ein Kampf zwischen diesen beiden Fronten ist. Dadurch, dass Rechts-

anwalt Claes Borgström die Beweisführung gegen Quick nicht infrage stellte, havarierte das System.

Nach zwei langen und interessanten Unterhaltungen mit Jan Olsson las ich am gleichen Abend die Artikel, die er im Laufe der Jahre verfasst hatte. Ein Artikel aus *DN debatt* vom 3. Oktober 2002 schließt wie folgt:

> Thomas Quick sagt selbst, er habe alle diese Menschen umgebracht. Ich möchte ihm nur sagen: Verschließe uns Zweiflern, die wir die Umwelt an unseren Zweifeln teilhaben ließen, den Mund. Ich habe mich geirrt und schäme mich dafür. Du brauchst nur einen einzigen eindeutigen Beweis dafür zu erbringen, dass es so sei. Ein Leichenteil, das du aufgehoben hast, ein Gegenstand, der einem Opfer gehörte und den du entwendet hast. Bis dahin appelliere ich an die Staatsanwaltschaft, den Fall neu aufzurollen.

Ich selbst hatte überlegt, mich als Sture Bergwalls Werkzeug zur Verfügung zu stellen, um Jan Olsson, Jan Guillou, Leif GW Persson, Nils Wiklund und allen anderen, die meinten, er würde alles erfinden, den Mund zu verbieten. Wenn Thomas Quick wirklich ein oder mehrere Verstecke für Leichenteile hatte, konnte er sie mir ruhig verraten, ohne dass er sie deshalb »aufzugeben« brauchte, was angeblich eine psychologische Hürde darstellte im Zusammenhang mit der Preisgabe, wo sich die Leichen befanden. Ich würde mich bereit erklären, einen Gegenstand aus einem Versteck an mich zu nehmen, ihn analysieren zu lassen, und die Sache wäre geklärt.

Ich wurde aus meinen naiven Überlegungen gerissen, als das Telefon klingelte. Ein Blick auf das Display verriet, dass es Zeit für ein drittes Gespräch mit Olsson war.

»Ja ... Hallo ... Hier ist Janne. Jan Olsson. Mir ist da noch etwas eingefallen. Ich möchte dir einen Rat geben.«

»Ja, gerne«, sagte ich.

»Du liest doch gerade Quicks Vernehmungsprotokolle. Überleg mal: Hat er jemals irgendetwas gesagt, was die Polizei nicht schon wusste? Das könntest du im Hinterkopf behalten, finde ich.«

Ich dankte für den Rat und versprach, ihn zu befolgen. Es war sicherlich ein sehr guter Rat.

Den restlichen Abend dachte ich über all das nach, was Thomas Quick in den Vernehmungen gesagt und wovon die Polizei angeblich keine Kenntnis gehabt hatte: Therese Johannesens Narbe in der Armbeuge, die von einem Ekzem stammte, der genaue Ort der Feuerstelle mit verbrannten Resten der Leiche eines Kindes, die Stellen, wohin die Messerstiche in Appojaure gezielt hatten, die Tatortbesichtigung, wo Gry Storviks Leiche gefunden worden war, alle Einzelheiten über den Mord an Thomas Blomgren im Jahr 1964. Und so weiter ...

Wenn die »Zweifler« wussten, wie Quick all diese Details bekannt sein konnten, war es ihnen jedenfalls noch nicht gelungen, mir zu erklären, woher.

Der Eremit

Nachdem die Pfleger uns im Besucherzimmer allein gelassen hatten, stellte Sture Bergwall Kaffeetassen und eine Thermoskanne auf den Tisch. Ich packte trostloses Hefegebäck aus dem Willys Supermarkt in Säter aus. Wir unterhielten uns ein bisschen über meine Anreise mit dem Auto von Göteborg, den Frühling, der bald vor der Tür stehen würde, und über andere Belanglosigkeiten.

Wir sprachen darüber, dass er in der Psychiatrie saß, seit Ingvar Carlsson Staatsminister und Michail Gorbatschow in der

Sowjetunion an der Macht gewesen waren! Sture war nach Säter gekommen, bevor die erste Webseite im Internet entstanden ist.

»Ich habe noch nie mit einem Handy telefoniert«, sagte Sture, der im Fernsehen gesehen hatte, dass mittlerweile alle mit einem Telefon am Ohr durch die Gegend liefen.

»Wie hält man diese lange Isolation durch?«, fragte ich. »Was stellen Sie mit dieser vielen Zeit an?«

Die Antwort sprudelte nur so aus ihm heraus, als hätte er schon lange auf diese Frage gewartet:

»Mein Tag beginnt exakt um 5.29 Uhr. Meistens wache ich von allein auf, sonst weckt mich der Wecker. Dann höre ich das *Echo* im Radio und stehe um 5.33 Uhr auf. Nach der Morgentoilette gehe ich um 5.54 Uhr in den Speisesaal, um Kaffee und Kefir zu holen. Ich bin so pünktlich, dass die Pfleger sagen, sie können die Uhr nach mir stellen!«

Er nahm einen Bissen von dem Gebäck und spülte mit Kaffee hinterher.

»Exakt um 6.05 Uhr klingele ich, damit sie mich rauslassen. Exakt! Das ist die einzige Möglichkeit, um hier drinnen zu überleben«, erklärte er. »Ich muss eben immer funktionieren. Auf die Sekunde.«

Ich nickte verständnisvoll.

»Heute ist der 2376. Tag in Folge, an dem ich meinen Spaziergang im Hof mache. Jeden Tag.«

Sture sah mich auffordernd an.

»2376 Tage«, wiederholte ich beeindruckt.

»Der Spaziergang im Hof dauert exakt eine Stunde und 20 Minuten, mein Weg verläuft in Form einer 8. Um 7.25 Uhr dusche ich und trinke danach Kaffee und lese die Zeitungen. Danach beginnt meine Arbeit mit den Kreuzworträtseln. Ich habe viele schwierige Kreuzworträtselhefte abonniert und immer alle Rätsel gelöst. Manchmal brauche ich mehrere Tage, um die letzten Buchstaben einzutragen, aber ich komme immer auf die Lösung. Oft schicke ich sie ein – unter dem Namen von einem Pfleger, um keine Aufmerksamkeit zu erregen –, und ich habe schon häufig kleine Preise gewonnen, ein Lotterielos oder so. Das ist richtige Arbeit. Die Kreuzworträtsel beschäftigen mich von morgens 8.30 bis 16.00 Uhr nachmittags. Tagsüber läuft das Radio. Immer *P1*-Sendungen, die mir gefallen, sind: »Tendenz«, »Familienbande«, das »Mittags-Echo«, »Welt des Wissens« und »Sprachen«. Um 18.00 Uhr ziehe ich mich auf mein Zimmer zurück, und dann will ich von niemandem mehr gestört werden. Dann beginnt meine Abendbeschäftigung, die hauptsächlich aus fernsehen besteht. Um 21.30 Uhr gehe ich schlafen. Um 22.00 Uhr mache ich das Licht aus und schlafe ein.«

Es war so, wie ich befürchtet hatte. Sture Bergwall hatte mit keinem einzigen Menschen außerhalb der Klinik Kontakt, und auch kaum mit seinen Mitpatienten.

»Sture, Sie haben eine große Zahl von Morden gestanden. Und Sie sind für acht davon verurteilt worden. Halten Sie immer noch an diesen Geständnissen fest?«

Sture musterte mich schweigend, bevor er antwortete.

»Die Geständnisse stehen fest. Das tun sie ...«

Wir brummelten beide nachdenklich, während wir diese ausschlaggebende Voraussetzung für unser Treffen sacken ließen. Ich betrachtete den rätselhaften Mann, der vor mir saß.

Entweder war er der grausamste Serienmörder Nordeuropas. Oder er war ein Mythomane, der das gesamte schwedische Rechtswesen düpierte.

Seine Erscheinung gab keinerlei Hinweise darauf, welche Alternative die wahrscheinlichere war.

»Sie leben unter rigorosen Sicherheitsvorkehrungen«, begann ich.

Sture hörte aufmerksam zu.

»Die Psychiatrie scheint so gut wie hundert Prozent sicher, mit Stahltüren, Panzerglas und Alarm.«

86

Er brummte bestätigend.

»Ich frage mich ... was passieren würde, wenn Sie sich draußen aufhalten dürften.«

Nun sah mich Sture verständnislos an.

»Würden Sie dann wieder straffällig werden, wieder morden und Kinder schänden?«

Sein schwerer Blick wurde noch sorgenvoller.

»Nein, nein, nein!«

Er schüttelte langsam den Kopf und wandte den Blick ab.

»Nein, das würde ich nicht.«

Ich ließ nicht locker.

»Was würde passieren, wenn Sie unter gewissen Auflagen da draußen wieder ein normales Leben führen dürften?«

»Die Ärzte sind der Meinung, dass ich in der Rechtspsychiatrie in Verwahrung bleiben muss ...«

»Ich weiß«, unterbrach ich. »Das habe ich gelesen. Aber jetzt frage ich *Sie*. Sie wirken ja recht normal. Vernünftig.«

»Jaaa?« Seine Stimme schnellte in der für ihn typischen Art eine Tonlage nach oben. Er lächelte und sah aus, als hätte ich etwas Absurdes gesagt.

»Dann muss ich das wohl sein«, entgegnete er rhetorisch.

»Nein, eben nicht! Sie gelten als der gemeingefährlichste und verrückteste Psychofall von ganz Schweden. Haben Sie das nicht begriffen?«

Sture schien mir das nicht übel zu nehmen, aber die Frage blieb dennoch unbeantwortet: Was würde passieren, wenn Sture Bergwall rauskäme?

Das war eine berechtigte Frage.

Der Mann vor mir wirkte sensibel und freundlich. Es war nicht einfach, dieses Bild mit dem des grausamen und sadistischen Serienmörders zusammenzubringen, als der er verurteilt worden war.

Und welche Schlüsse konnte ich daraus ziehen?

Gar keine, dachte ich.

Die Stille wurde gebrochen, als die Pfleger der Hochsicher-
heitsabteilung 36 kamen, um den Serienmörder in seine Zelle
zurückzubringen.

Wir verabschiedeten uns, ohne ein neues Treffen zu vereinbaren.

Onkel Sture

Den folgenden Sommer verbrachte ich damit, das Material der
Ermittlungsverfahren zu lesen, und nahm Kontakt mit mehreren Beamten auf, die mit den Quick-Ermittlungen befasst gewesen waren, sowie mit Sture Bergwalls Freunden und Verwand-
ten, den Angehörigen von Quicks angeblichen Mordopfern
und den Komplizen, die er der Mittäterschaft bezichtigt hatte.
Die Liste war unendlich. Viele waren offen und gesprächig,
aber aus verständlichen Gründen war es schwierig, mit denjenigen in Kontakt zu treten, die Quick in der Rechtspsychiatrie
Säter behandelten. Meine Erwartungen waren gleich null, als
ich den damaligen Chefarzt Göran Källberg zu Hause anrief.

Göran Källberg war nicht sehr erbaut, als ich ihm von meiner geplanten Dokumentation über Thomas Quick erzählte.
Ich sagte, mir gehe es nicht um die Schuldfrage, sondern darum,
wie die Ermittlungen und die Behandlung betrieben worden
waren. Da wurde er kooperativer.

Es war offensichtlich, dass der Fall Quick Göran Källberg beschäftigte, aber es war unklar, weshalb. Das Verhalten von
Staatsanwalt Christer van der Kwast gegenüber der Psychiatrie
sah er kritisch, und auch gewissen Punkten im Zusammenhang mit der Behandlung stand er selbstkritisch gegenüber.

»Wie auch immer, die Schweigepflicht macht es mir unmöglich, auch nur über einen einzigen Patienten zu diskutieren«, erklärte er.

Ich fragte ihn, ob er zu einem Gespräch mit mir bereit wäre, wenn Sture Bergwall ihn von seiner Schweigepflicht entbinden würde. Er beantwortete meine Frage nicht, war aber bereit, darüber nachzudenken.

Er war hin- und hergerissen, das war deutlich. Etwas belastete ihn, etwas, worüber er gerne gesprochen hätte. Aber er schwankte. Ich begriff, dass mein Anruf Göran Källberg in eine Zwickmühle gebracht hatte.

»Ich bin der Klinik für Forensische Psychiatrie Säter und denjenigen, die dort arbeiten, zu großer Loyalität verpflichtet«, sagte er. »Andererseits will ich nicht zur Vertuschung eines Rechtsskandals beitragen.«

Was sagt er da?, dachte ich. Rechtsskandal? Ich bemühte mich, meine Aufregung zu verbergen. So sah der ehemalige Chefarzt der Psychiatrie Säter den Fall Thomas Quick also – als einen Rechtsskandal.

Göran Källberg ließ durchblicken, dass seine Besorgnis mit den Geschehnissen während Quicks Auszeit zu tun hatte. Er berichtete, dass er sich aus eigenem Interesse bei ein paar Richtern erkundigt hatte, ob eine Wiederaufnahme des Verfahrens gegen Quick beantragt werden könne, und die Antwort lautete, das sei im Prinzip unmöglich. Damit hatte er sich zufriedengegeben.

Wie sehr ich auch darüber nachgrübelte, mir fiel nichts ein, was Källberg als möglichen Grund für eine Wiederaufnahme ansehen könnte.

Was ich in den Jahren als Investigativ-Journalist gelernt habe, ist die Bedeutung von Chronologien: aufzudröseln, was in welcher Reihenfolge passiert war, um Ungereimtheiten auszuschließen – gewisse Dinge können nicht gleichzeitig stattfinden – und um die Ursache von der Wirkung zu unterscheiden.

Indem ich sämtliche Augenzeugenberichte minutiös auf eine Zeitachse aufgetragen hatte, hatte ich aufzeigen können, dass

die von der Polizei dargelegte Version des Tathergangs nicht
schlüssig war. Auf die gleiche Weise wurden die Anschuldigungen gegen den wegen Inzest verurteilten Mann im »Fall
Ulf« widerlegt, der sich zu dem Zeitpunkt, zu dem er sich
an seiner Tochter vergriffen haben soll, an einem anderen Ort
befunden hatte. Nach den Krawallen von Göteborg ging es
ebenfalls um Zeitabgleichung – in diesem Fall in Form einer
großen Menge Videofilme, die im Zusammenhang mit der
Schießerei auf dem Vasaplatsen aufgenommen worden waren –,
die dazu führte, dass Janne Josefsson und ich rekonstruieren
konnten, was wirklich geschehen war.

Deshalb brummte mir der Kopf vor lauter Überlegungen
bezüglich des Ermittlungsverfahrens im Mordfall Yenon Levi
1988. Der Mord wurde im Polizeibezirk Avesta begangen, wo
die Kriminalkommissare Lennart Jarlheim und Willy Hammar
Beeindruckendes geleistet und Thomas Quicks Leben von der
Wiege bis zur Rechtspsychiatrie Säter chronologisch aufgelistet hatten.

Zusammenfassend hatten sie Folgendes festgestellt:

Die Familie Bergwall hatte 1956 eine Wohnung in der Bruks-
gatan 4 in Korsnäs außerhalb von Falun bezogen. Vater Ove
war 1977 verstorben, und Sture hatte sich um den Haushalt
und seine kränkliche Mutter Thyra gekümmert, bis zu ihrem
Tod 1983.

In jenen Jahren war Sture aufgrund psychischer Probleme
krankgeschrieben gewesen und hatte Krankengeld erhalten.
Mit der Rente seiner Mutter waren sie über die Runden gekommen. Er hatte sich oft mit seinen Geschwistern und deren
Familien getroffen und sehr an seinen Nichten und Neffen ge-
hangen. Zu Hause hatte er Webteppiche angefertigt, im Haushalt gearbeitet und den Umgang mit den Freundinnen seiner
Mutter gepflegt.

Als Sture Bergwall im August 1982 zusammen mit seinem
älteren Bruder Sten-Ove in Falun einen Kiosk für Tabakwaren

aufmachte, schien es aufwärtszugehen in seinem Leben. Ein Jahr darauf starb die Mutter. Nun wohnte er allein in seinem Elternhaus.

Abends hielten sich viele junge Burschen an dem Kiosk auf, und darunter war auch ein Elfjähriger, den wir Patrik Olofsson nennen wollen und der kleine Aufgaben übernahm und sich gerne um Stures schottischen Hütehund Peja kümmerte. So wurde Sture bald ein Freund der Familie Olofsson.

1986 ging der Laden der Brüder Bergwall bankrott, und Sture wurde arbeitslos. Er machte einen neuen Kiosk am Drottning- plan in Grycksbo auf – mit einem neuen Kompagnon, Patriks Mutter Margit Olofsson.

Auch dieser Kiosk avancierte rasch zum Treffpunkt für die Jungs aus der Gegend, die Sture auch immer öfter zu Hause besuchten. Sture hatte angefangen, Fahrstunden zu nehmen, und am 27. März 1987 machte er nach großen Schwierigkeiten seinen Führerschein. Sein erstes Auto war ein Volvo PV von 1965. Sture wurde noch beliebter bei den Jungs, als er mit sei- nem 22 Jahre alten Auto Fahrten zu Hardrockkonzerten nach Stockholm organisierte. Sie besuchten Konzerte von Kiss, Iron Maiden und WASP.

Sture Bergwall hatte sich nun vom Krankengeldempfänger zum Geschäftsinhaber gemausert. In den Jahren in Grycksbo arbeitete er außerdem als Conférencier der Bingo-Lotterie, als Zeitungsbote und war gefragt sowohl bei Kunden wie Arbeits- kollegen als auch Arbeitgebern.

Patrik Olofsson verbrachte mehr und mehr Zeit bei Sture und wohnte mit dem Einverständnis der Eltern sogar zeit- weise bei ihm. Die Freundschaft zwischen Sture und der Fami- lie Olofsson war nun so eng, dass es ganz selbstverständlich war, dass Sture mit ihnen Weihnachten feierte.

Die Geschichte endete jedoch für die Olofssons in einer Kata- strophe. Die Eltern trennten sich, es kam zum Bruch zwischen

Sture und Frau Olofsson, der Kiosk ging in Konkurs, und Patrik brach den Kontakt zu seiner Familie ab. Das Ende für Stures Jahre in Grycksbo war gekommen, als Stures und Patriks wirtschaftliche und soziale Situation unhaltbar wurde und die beiden dazu trieb, die Gotabank auszurauben.

Der Bankraub war in seiner Einfalt rätselhaft: Sture war Kunde der Bank, die direkt neben seinem früheren Tabakskiosk lag. Am Morgen des 14. Dezember 1990 drangen sie in das Haus des Filialleiters ein und nahmen seine Familienangehörigen als Geiseln. Sie hatten sich mit Weihnachtsmann- und Strumpfmaske getarnt, und zur Sicherheit hatte Sture sich einen finnischen Akzent zugelegt, was er jedoch nach einer Weile in der Villa der Familie vergaß. Beide waren natürlich erkannt und unmittelbar nach dem Raub von der Polizei gestellt worden.

Patrik war 18 Jahre alt und wurde zu drei Jahren und sechs Monaten Haft verurteilt. Sture musste sich einer psychologischen Untersuchung unterziehen und wurde zur Therapie in der geschlossenen Abteilung der Klinik für Forensische Psychiatrie Säter verurteilt. Und dort saß er seitdem, abgesehen von den Gelegenheiten, als er mit Genehmigung nach Stockholm, Hedemora und zu anderen Orten in Dalarna und Norrland hatte reisen dürfen.

Ich interessierte mich jedoch vor allem für die Zeit vor dem Banküberfall.

Die Jungs hatten in langen Vernehmungen erzählt, wie Sture ihnen Eishockey-Tore gezimmert, sich Schnitzeljagden ausgedacht und Popcorn für sie gemacht hatte. Eine Zeit lang hatte Sture ein Sommerhaus gemietet, in dem die Jungen manchmal übernachteten, bisweilen mehrere auf einmal. Aber kein einziges Mal hatte er einen von ihnen unsittlich berührt, und keiner der Jungen hatte auch nur ansatzweise etwas von Stures homosexueller Neigung geahnt. Einmal waren ein paar von ihnen bei Sture zu Hause gewesen und hatten sich einen Horrorfilm angesehen. Als es richtig gruselig wurde, hatte

Sture nach der Hand eines Jungen gegriffen. Auf dem Nachhauseweg hatten sie sich darüber unterhalten.

»Komisch, dass ein erwachsener Mann einen 13-Jährigen bei der Hand fasst«, hatten sie gesagt.

Die lang anhaltenden und unschuldigen Beziehungen zu den Jugendlichen in Grycksbo passten nicht zu dem Bild von dem Serienmörder, der seine Persönlichkeit tauschte und zwanghaft Jungen vergewaltigte, schändete, ermordete und zerteilte.

Ich nahm Kontakt mit einigen der Jugendlichen von damals in Grycksbo auf und traf mich mit einem von ihnen. Keiner konnte dieses Bild von Thomas Quick mit dem Sture zusammenbringen, den sie so gut gekannt zu haben meinten.

Mit diesen Gedanken im Hinterkopf reiste ich Ende August nach Dalarna, um mich ein zweites Mal mit Sture zu treffen.

Auf dem Weg nach Säter hielt ich beim Landgericht in Falun, um das Protokoll des Ermittlungsverfahrens im Mordfall Gry Storvik einzusehen. Ich blätterte um, und mich traf ein Schlag in die Magengrube, als ich das erste Foto der Kriminaltechnik von ihrer Leiche sah. Der Mörder hatte sie achtlos auf einem verschmutzten Parkplatz abgeladen. Der mädchenhafte Körper einer nackten Frau, das Gesicht auf dem Asphalt. Der Täter hatte sich nicht damit begnügt, sie umzubringen, sondern hatte sie offenbar bewusst und aggressiv in eine wehrlose Position zur öffentlichen Zurschaustellung gebracht.

Die Wirkung des Fotos kam unerwartet. Das Bild machte mich traurig, ich war verwirrt und schämte mich. Ich hatte einen flüchtigen Einblick in die unfassbare Serie von Tragödien erhalten, von denen Quicks Geständnisse handelten, egal ob er schuldig war oder nicht.

Wenn Quick unschuldig verurteilt worden war, waren die Urteile Amnestien für jeden einzelnen der wahren Täter, die Gry Storvik und den anderen Opfern das hier angetan hatten.

Genau das hatte Leif GW Persson gemeint, aber ich begriff es erst jetzt. Ich sah mir nochmals die Fotos des Ermittlungsverfahrens von Gry an. Sie waren am 25. Juni 1985 aufgenommen worden. Jetzt hatten wir den 28. August 2008, und der Mord würde in einem Jahr und zehn Monaten verjähren.

In 660 Tagen würde der Mörder – sofern er nicht Thomas Quick war – ungestraft davonkommen.

Klinik für Forensische Psychiatrie Säter, Donnerstag, den 28. August 2008

Sowie Sture und ich uns gesetzt hatten, wollte ich wissen, wie er über seine Zeit in Grycksbo dachte.

»Wenn ich die Vernehmungen mit den Jungen aus Grycksbo und allen anderen lese, die Sie kannten, dann habe ich den Eindruck, dass Sie dort eine sehr glückliche Zeit hatten.«

»Ja, das war eine richtig gute Zeit«, bestätigte Sture. »Sogar die beste meines Lebens.«

Sture erzählte von verschiedenen Erlebnissen, schönen Erinnerungen, von seinen und Patriks Hunden und davon, wie er mit Familie Olofsson Weihnachten gefeiert hatte.

»Aber das endete ja mit einer Katastrophe«, wandte ich ein.

»Ja, das alles ist richtig übel ausgegangen!«, bestätigte Sture und rang die Hände.

»Und was das für Patriks Familie bedeutet hat«, fuhr ich fort. »Sie haben sich da eingezeckt und ihnen richtig übel mitgespielt. War es nicht so?«

Sture nickte. Schwieg. Ich sah ihm an, wie er nachdachte. Plötzlich barg er das Gesicht in seinen Händen und begann laut zu schluchzen.

»Entschuldigen Sie, aber diese Vorstellung ist so schrecklich«, brachte er zwischen den Weinkrämpfen hervor.

Ich glaube, ich habe noch nie einen Mann so hemmungslos weinen sehen. Wie ein Kind. Das war rührend und unheimlich zugleich.

Ich befürchtete, ich hätte alles kaputt gemacht, was ich aufgebaut hatte, aber Sture riss sich zusammen, trocknete die Tränen und trat an die verschlossene Tür.

»Warten Sie hier! Ich komme gleich wieder«, sagte er und drückte auf den Klingelknopf.

Ein Pfleger kam, machte ihm auf und nach ein paar Minuten kehrte er mit einer großen Blechschachtel mit unzähligen Fotos aus seiner Kindheit, Jugend und späteren Zeit zurück. Wir saßen lange zusammen und blätterten die Fotos durch. Auf vielen war Sture zu sehen, wie er vor der Kamera posierte und Grimassen schnitt.

Der Fernsehproduzent in mir hatte nur einen Gedanken: Wie konnte ich Sture dazu bringen, mir seine Schachtel auszuleihen?

Ein Foto zeigte eine Frau Mitte 30. Sie saß in einer Küche und lachte in die Kamera. Sture hielt mir das Bild unter die Nase.

»Das ist ein bisschen komisch. Das hier ist die einzige Frau, mit der ich jemals Sex hatte«, verkündete er.

Ich spürte, dass er stolz war.

»Die einzige?«, fragte ich verwundert. »Jemals?«

»Ja. Nur mit ihr. Das hatte seine speziellen Gründe«, erklärte er geheimnisvoll.

Viel später sollte ich herausfinden, dass diese »speziellen Gründe« darin bestanden, dass er eine Zeit lang davon geträumt hatte, eigene Kinder zu haben. Vielleicht hätte er mit einer Frau zusammenleben können, trotz seiner Neigung? Aber das hatte nicht geklappt.

Für mich hatten das Foto und das, was Sture erzählte, eine andere Bedeutung. Gry Storvik, dachte ich. Die Prostituierte aus Norwegen, die ermordet und mit dem Sperma eines Mannes in ihrem Körper auf einem Parkplatz zurückgelassen worden war. Die Frau auf dem Foto war nicht Gry Storvik, von der Sture behauptete, er habe mit ihr geschlafen!

Warum hatte er mir ein so intimes Detail verraten? Hatte er sich verplappert? Oder wollte er mich bewusst auf diese Spur bringen? Nein, wir hatten weder über Gry Storvik noch über irgendeinen anderen Mord gesprochen, warum sollte er also glauben, dass ich von dem angeblichen Beischlaf mit Gry wusste? Meine Gedanken kreisten um diese Fragen, während wir uns weitere Fotos ansahen.

Als das Treffen seinem Ende zuging, fragte ich leicht zerstreut:

»Können Sie sich vorstellen, mir ein paar von Ihren Fotos auszuborgen?«

»Ja, klar«, erwiderte er. »Das mache ich gern.«

Ich begnügte mich mit fünf: Sture in seinem Kiosk; Sture und die Jungs beim Hardrockkonzert; Sture, wie er erschrocken in sein leeres Portemonnaie schaut; Sture am Küchentisch; Sture, wie er vor dem Sommerhaus der Familie Olofsson posiert, in dem Yenon Levi umgebracht worden sein soll.

Dass Sture mir diese fünf Fotos gab, war ein klarer Vertrauensbeweis. Als wir uns verabschiedeten, wusste ich, dass Sture in meiner Dokumentation mitmachen würde. Irgendwie.

Eine Entdeckung

Bevor der Sommer 2008 zu Ende ging, waren sowohl Gubb Jan Stigson als auch Leif GW Persson ärgerlich über mich.

»Wenn du immer noch nicht kapiert hast, worum es hier geht, bist du nicht ganz dicht!«, sagte Persson sauer.

Stigson hielt mich für ebenso schwachsinnig, weil ich nicht begriff, dass Quick genau der Serienmörder war, als der er verurteilt worden war.

»Nimm zum Beispiel den Mord an Therese Johannesen. Therese war neun, als sie am 3. Juli 1988 aus ihrer Wohnsiedlung Fjell in Norwegen verschwand. Sieben Jahre später gesteht Thomas Quick den Mord. Er sitzt in der Rechtspsychiatrie Säter und kann die Gegend von Fjell beschreiben; er hat der Polizei den Weg dorthin gezeigt, erzählt, dass es 1988 dort eine Bank gab, er wusste, dass die Balkone neu gestrichen wurden – alles korrekt! Er berichtet, dass sich der Spielplatz im Bau befand und dass Holzbretter verstreut herumlagen. Wie konnte Quick das wissen?«, fragte er rhetorisch.

»Wenn das, was du sagst, stimmt, muss er zumindest dort gewesen sein«, gab ich zu.

»Genau«, sagte Stigson. »Und dann hat er die Polizei zu einem Waldstück geführt, wo er sie getötet und die Leiche versteckt hat. Dort wurden Knochensplitter gefunden, die von einem Menschen im Alter zwischen acht und 15 Jahren stammen. Ein Stück hat eine Kerbe von einer Säge! Thomas Quick konnte zeigen, wo er das Blatt einer Bügelsäge versteckt hatte, das in diese Kerbe passt.«

Stigson schüttelte den Kopf.

»Und dann behaupten die, es gäbe keine Beweise! Die Beweise erschlagen einen ja, und genau das hat auch Justizkanzler Göran Lambertz geschrieben, nachdem er alle Urteile gegen Quick geprüft hatte.«

»Doch, ja, das klingt überzeugend«, pflichtete ich ihm bei.

Gubb Jan Stigson hatte eine so rigorose, unversöhnliche und einseitige Sichtweise bezüglich Thomas Quick, dass ich darauf verzichtete, dagegen zu argumentieren. Aber ich bin ihm dennoch dankbar. Aufgrund seines Wissens war er ein wertvoller Gesprächspartner, der mich großzügig mit Stoff aus dem umfangreichen Untersuchungsmaterial versorgte. Er hat mir sogar alle 300 Artikel kopiert, die er über den Fall geschrieben hatte.

Aber sein wichtigster Einsatz war vermutlich der, dass er bei seinen Gleichgesinnten – Seppo Penttinen, Christer van der Kwast und Claes Borgström – ein gutes Wort für mich einlegte. Ich weiß nicht, mit wem er geredet hat, aber ich weiß, dass er mir viele Türen geöffnet hat.

Penttinen reagierte nicht reserviert, als ich ihn anrief, obwohl er den Journalisten, die über Thomas Quick sprechen wollten, mit großem Misstrauen begegnete. Er erklärte, dass er auf keinen Fall ein Interview geben würde – das tat er aus Prinzip nie –, aber er schickte mir Material, von dem er fand, ich sollte es lesen. Darunter befand sich auch sein Artikel »Wie der Leiter der Vernehmungen das Rätsel Thomas Quick sieht« aus der *Nordisk kriminalkrönika* von 2004, in dem er unter anderem schreibt:

»Um zu veranschaulichen, auf welchem Niveau die Beweisführung angesiedelt ist, die als Grundlage für die Urteilsfindung dient, kann die Untersuchung im Mordfall Therese Johannesen als Exempel dienen.«

Auch van der Kwast hatte die Therese-Ermittlung als die mit der größten Beweislast gegen Quick angesehen. Und wenn Stigson, Penttinen und van der Kwast sich einig waren, musste ich nicht länger überlegen, mit welchem Fall ich der Sache auf den Grund gehen und untersuchen würde, ob es Anlass für die Behauptungen gab, es läge ein Rechtsskandal vor.

Thomas Quick hatte Dinge über seine Opfer erzählt, die nur der Täter und die Polizei wissen konnten. Bisweilen hatte er sogar Dinge ausgesagt, die selbst der Polizei unbekannt gewesen waren. Das ist in seinen Urteilen zu lesen.

In mehreren Fällen war es auch unerklärlich, wie er Kenntnis davon haben konnte, dass gewisse Morde überhaupt begangen worden waren. Das galt nicht zuletzt für die norwegischen Morde, über die im Großen und Ganzen so gut wie gar nicht in den schwedischen Medien berichtet worden war. Wie konnte Quick in der Psychiatrie in Säter sitzen und über die Morde an Gry Storvik und Trine Jensen reden? Und wie konnte er den Weg zu den einsamen Orten weisen, wo ihre Leichen gefunden worden waren?

Ich finde, dass einige von denen, die an Thomas Quicks Aussagen gezweifelt haben, zu leichtsinnig die Frage danach, was er eigentlich gesagt hat, in den Wind geschlagen haben. Manche von Quicks Angaben waren erklärbar, während andere unergründlich blieben, auch nachdem ich die Ermittlungsverfahren akribisch durchgearbeitet hatte.

Quick hatte Verletzungen der Opfer und Einzelheiten von den Tatorten beschrieben und Angaben zu Kleidung und persönlichen Gegenständen der Opfer gemacht, die nicht in den Medien erwähnt worden sind.

Wie wusste Quick überhaupt, dass ein neunjähriges Mädchen namens Therese im Juli 1988 aus Fjell verschwunden war? Auch das Landgericht in Hedemora hatte diese Frage für wichtig befunden und sie geprüft.

In der Urteilsbegründung im Fall Therese schreibt das Landgericht: »Die Informationen, die Thomas Quick über die Tat aus den Medien erhalten haben könnte, waren – unseren Kenntnissen zufolge – begrenzt.« Und Quick hatte das bezeugt: »Er kann sich nicht erinnern, etwas über diesen Fall gelesen zu haben«, heißt es im Urteil.

Das Untersuchungsmaterial über Thomas Quick umfasst insgesamt über 50 000 Seiten. Ich entschied, die Informationen bezüglich Therese Johannesen auf eine Zeitachse aufzutragen, und ich las sämtliche Vernehmungen und Dokumente aus der Zeit, als Quick von ihrem Verschwinden zu erzählen begann. Wie sind die Ermittler und er überhaupt auf Norwegen gekommen?

In den Ermittlungsunterlagen fand ich einen Bericht darüber, dass Quick mit dem norwegischen Journalisten Svein Arne Haavik in Verbindung stand. Thomas Quick hatte in Norwegen anfangs überhaupt kein Interesse ausgelöst, aber im Juli 1995 schickte Haavik ihm einen Brief, in dem er schrieb, er arbeite bei Norwegens größter Zeitung *Verdens Gang*, die kürzlich eine große Serie über Thomas Quick gebracht hatte. Nun bat Haavik um ein Interview mit dem Serienmörder. Aus dem Polizeibericht geht Folgendes hervor:

> Kurz darauf erhielt Haavik einen Anruf von Thomas Quick, der ihn bat, ihm alle Zeitungen zu senden, die von ihm und seinem Mord in Norwegen handelten.

Haavik schickte Thomas Quick daraufhin die Ausgaben vom 6., 7. und 8. Juli 1995.

Die Artikelserie beginnt am 6. Juli 1995 mit drei ganzen Seiten. Die erste Seite wird von einem beängstigenden Foto Thomas Quicks eingenommen, der direkt in die Kamera blickt.

»Schwedischer Massenmörder gesteht: ICH TÖTETE DEN JUNGEN IN NORWEGEN.«

Auf einer Doppelseite posiert Thomas Quick in T-Shirt, Jeans und Birkenstocksandalen mit weißen Socken. Der Reporter erstattet über seinen »bestialisch-grausamen Mord« Bericht und enthüllt eine Neuigkeit: »Unter größter Geheimhaltung haben die norwegische und schwedische Polizei über mehrere Monate mindestens einen Mord an einem Jungen in Norwegen untersucht.«

»Ich kann bestätigen, dass es in unseren Ermittlungen auch um einen norwegischen Jungen geht, den Quick eigenen Angaben zufolge getötet hat. Seine Identität festzustellen, wirft Probleme auf, aber wir haben gewisse Vermutungen, um wen es sich handeln könnte«, sagt Oberstaatsanwalt Christer van der Kwast laut *Verdens Gang*.

Am folgenden Tag wird die Artikelserie damit fortgesetzt, Thomas Quick habe ausgesagt, der Junge, den er in Norwegen ermordet habe, sei »zwölf oder 13 und fuhr Fahrrad«.

Die Serie endete am 8. Juli mit einem großen Artikel unter der Überschrift »Hier verschwand Quicks potenzielles Opfer«. Ein Foto über die halbe Seite zeigt ein Auffanglager für Flüchtlinge in Oslo, und auf einem kleineren Foto sind zwei afrikanische Jungen zu sehen.

> Aus diesem ungenutzten Auffanglager in Skullerudsbakken in Oslo verschwand vermutlich der Junge, den der Massenmörder Thomas Quick (45) seinem Geständnis zufolge ermordet hat.
>
> Im März 1989 verschwanden zu verschiedenen Zeitpunkten zwei Jungen, etwa 16 und 17 Jahre alt, spurlos aus der Anlaufstelle des Roten Kreuzes für Minderjährige ohne Begleitung Erwachsener.

Als Quick zum ersten Mal Norwegen erwähnte, ging es also um den Mord an einem Jungen. Aber woher stammte diese Information?

Ich arbeitete mich im Untersuchungsmaterial zurück und fand heraus, dass Quick im November 1994 Seppo Penttinen gegenüber einen etwa zwölf Jahre alten, dunkelhaarigen Jungen »slawischer Abstammung« erwähnt hatte, den er »Dusjunka« nannte. Den Jungen verknüpfte er mit Lindesberg und einem norwegischen Ort, den er als »Mysen« bezeichnete.

Penttinen hatte sich an die Polizei in Norwegen gewandt und sich erkundigt, ob es einen verschwundenen Jungen gab, auf den Quicks Beschreibung passte. Den gab es nicht, aber die norwegischen Kollegen schickten Informationen über zwei asylsuchende Jungen zwischen 16 und 17 Jahren, die aus Oslo verschwunden waren.

Nach dem Artikel in der *Verdens Gang* wurde aus dieser Information eine in Erfüllung gegangene Prophezeiung.

Nachdem Quick über lange Zeit Andeutungen gemacht hatte, gestand er im Februar 1996 Penttinen gegenüber, dass er im März

1989 zwei afrikanische Jungen in Oslo ermordet hatte. Penttinen begann sofort, eine Reise nach Norwegen zu organisieren.

In den folgenden Vernehmungen konnte ich lesen, dass Thomas Quick leugnete, er habe etwas über Morde in Norwegen
in der Zeitung gelesen, obwohl er bewiesenermaßen die gesamte Artikelserie der *Verdens Gang* bestellt hatte. Er versicherte außerdem, dass er keine Bilder von den verschwundenen Flüchtlingskindern gesehen hatte.

Ich konnte mit absoluter Sicherheit Folgendes konstatieren:

Quick hatte aktiv nach Informationen über Morde in Norwegen gesucht, die infrage kommen könnten, er verwendete
diese Information in seinen Vernehmungen, und er bestritt,
dass er über Informationen über die Morde verfügte.

Die Artikelserie, die Thomas Quick aus Norwegen bekam, erhielt noch eine weitere Information. Neben dem Artikel klemmte
eine kleine, unschöne Notiz, in der *Verdens Gang* spekulierte,
dass Quick möglicherweise in *den* viel zitierten ungelösten
Kriminalfall des Landes verwickelt war.

Therese Johannesen (neun) verschwand am 3. Juli 1988
aus dem Stadtteil Fjell in Drammen. Ihr Verschwinden
war der Startschuss für die umfassendste Jagd aller Zeiten auf einen Täter in Norwegen.

Zu diesem Zeitpunkt hatte Quick ausgesagt, er habe in
Norwegen gemordet.

Der Artikel liefert weder von Therese noch von Fjell eine ausführliche Beschreibung, aber er enthält eine Reihe entscheidender Fakten: den Namen des Mädchens sowie Ort und Zeitpunkt ihres Verschwindens.

Zu diesen Angaben hatte Thomas Quick Ende Juli 1995 zwei-
felsfrei Zugang, und deshalb ist es nicht verwunderlich, dass

er in der ersten Vernehmung angeben konnte, dass Therese neun Jahre alt gewesen und im Sommer 1988 aus Fjell verschwunden war.

Mit den Fragen, die nicht in dem Artikel der VG beantwortet wurden, lief es weniger gut.

Wie bei den meisten Mordermittlungen hatte Quick in der Therapie begonnen, den Mord an Therese Johannesen zu gestehen. Es waren »viele Ereignisse hochgekommen«, die Birgitta Ståhle melden musste, hatte sie gesagt. Quick war unzusammenhängend gewesen, und »Ståhle hat dieses Verhältnis gerne mit dem englischen Wort *twisted* bezeichnet«, hatte Penttinen vermerkt.

Am Mittwoch, dem 20. März 1996, sollte die ganze Geschichte auf den Tisch. So war es geplant. Birgitta Ståhle und Thomas Quick betraten um 9.00 Uhr den Musikraum in Säter, wo Seppo Penttinen und Kriminalinspektorin Anna Wikström bereits in den rot-schwarzen Sesseln Platz genommen hatten.

Penttinen bat Quick, die Wohnsiedlung Fjell zu beschreiben.

»Ich kann Häuser sehen«, sagte Quick. »Es sind keine Mietwohnungen, sondern Einfamilienhäuser.«

Der Name Fjell weckte bei Quick eventuell falsche Assoziationen, denn er beschrieb den Ortsteil als spärlich bebaute ländliche Idylle mit vereinzelten Einfamilienhäusern – möglicherweise konnte ihn die norwegische Bezeichnung für Stadtteil, *bydel*, dazu verleitet haben. Er gab an, dass er Fjell auf einem Schotterweg erreichte.

»Alles dort ist sehr klein«, verdeutlichte Quick in der Vernehmung.

Tatsächlich ist Fjell ein typischer Betonvorort aus den 70ern mit großen Hochhäusern, einem Viadukt, einem Einkaufszentrum und 5000 Einwohnern auf überschaubarer Fläche.

Quick spricht immer leiser und flüstert schließlich:

»Das ist verdammt schwer!«

Wenn Penttinen sich zum Zeitpunkt der Vernehmung darüber im Klaren ist, wie wenig Quicks Beschreibung mit der Wirklichkeit übereinstimmt, kann er das sehr gut verbergen. Er stellt immer neue Fragen:

PENTTINEN: Wissen Sie, zu welcher Tageszeit das ungefähr ist?
TQ: Das müsste ungefähr Mittagszeit sein.
PENTTINEN: Was verstehen Sie unter Mittagszeit?
TQ: Dass es mitten am Tag ist.
PENTTINEN: Wissen Sie noch, wie das Wetter war?
TQ: Das Wetter ist angenehm, keine tief hängenden Wolken. Sommer ...

Therese verschwand um 20.20 Uhr abends. Und Quicks Behauptung, es sei schönes Sommerwetter gewesen, stimmte schlecht damit überein, dass Fjell – gerade als Therese verschwand – von den schlimmsten Wolkenbrüchen seit zehn Jahren heimgesucht wurde.

Nach der Vernehmung fasste Seppo Penttinen Quicks Angaben bezüglich Thereses äußerer Erscheinung zusammen:

Er beschreibt sie als hellhaarig, die Haare reichen ihr bis zu den Schultern und wehen im Wind, wenn sie läuft. Sie trägt eine Hose und möglicherweise eine Jacke. Im Laufe der Vernehmung gibt er an, es gäbe etwas in Rosa, und er erinnert sich an ein T-Shirt mit Knöpfen. Ihre Unterhose ist gemustert. Sie trägt ferner eine Armbanduhr, die Quick zufolge ein schmales Band mit einem einfachen Verschluss hat und in hellgrünen oder rosa Farbtönen gehalten ist.

Es ist unwahrscheinlich, dass alle diese Angaben falsch waren, und man kann mit Fug und Recht davon sprechen, Quick habe »gut geraten«, wie manche seiner Kritiker meinten.

In der ursprünglichen Ermittlung nach Thereses Verschwinden wurde ihrem Aussehen große Beachtung geschenkt, und sämtliche Details und Kleidungsstücke wurden ausführlich beschrieben. Das letzte Foto gehört auch dazu.

Das Mädchen auf dem Farbfoto steht vor einer Backsteinwand und blickt unbekümmert in die Kamera. Ihr Haar ist pechschwarz, die Haut goldbraun, die Augen dunkelbraun. Ein fröhliches Lachen entblößt eine Lücke, die auf zwei ausgefallenen Schneidezähnen beruht und ihre braunen Augen zu kleinen Sicheln formt.

Quick erwähnte auch Thereses große Schneidezähne. Vielleicht hatte sie welche bekommen, nachdem das Foto entstanden war?

Ich rief Inger-Lise Johannesen, Thereses Mutter, an, die mir sagte, dass die Zähne nicht einmal durchgekommen waren.

Thomas Quicks weizenblonde Version von Therese entspricht dem Stereotyp eines norwegischen Mädchens und war ein Versuch, mit recht hoher Wahrscheinlichkeit einen Treffer zu landen, statistisch gesehen jedenfalls. Aber es war alles verkehrt, außer den Angaben, die Thomas Quick in der kleinen Notiz in der *VG* gelesen hatte.

Abschweifen

Am späten Nachmittag des 23. April 1996 fuhr ein kleiner Polizeikonvoi über Örebro und Lindesberg auf der E18 und dem Svenskvejen Richtung Oslo in den kleinen Ort Ørje. Thomas Quick saß in einem weißen Minibus neben Polizeiinspektor Seppo Penttinen auf dem mittleren Sitz.

Hintergrund der Reise war, dass Quick zeigen sollte, wo und wie er zwei asylsuchende afrikanische Jungen sowie die neunjährige Therese Johannesen in Norwegen getötet hatte.

Quicks Angaben passten exakt auf die beiden Jungen, die aus der Anlaufstelle für Asylsuchende des Roten Kreuzes am Stadtrand von Oslo verschwunden waren. Während der Fahrt nach Norwegen zeigte er den Weg. Vor der Reise hatte er das Gebäude gezeichnet, bei dem es sich um ein seltenes altes Holzhaus mit mehreren besonderen Details handelte. Bei der Ankunft zeigte sich, dass das Haus genauso aussah wie das auf der Skizze.

Quick wies den Weg in den Ort Mysen, wo einer der Jungen getötet worden sein sollte. Die Leichen der Jungen hatte Quick anschließend nach Schweden mitgenommen, wo er seine Opfer verzehrt und die Reste in Lindesberg vergraben hatte.

Kriminalinspektor Ture Nässén erzählte mir, dass Thomas Quick und die Ermittler danach zu einem Fußballfeld in Lindesberg gefahren waren. Dort trugen die Kriminaltechniker eine große, von Quick umrissene Fläche ab. Zampo, der Spürhund, schlug an. Als dennoch keine Leichenteile gefunden wurden, sagte Quick, er habe sich geirrt und stattdessen solle auf dem Fußballfeld in Guldsmedshyttan gesucht werden. Trotz sorgfältigen Grabens und der Unterstützung durch Spürhunde wurde auch dort nichts gefunden.

Während die Grabungen in Guldsmedshyttan in vollem Gange waren, passierte etwas äußerst Merkwürdiges. Ture Nässén erhielt die Nachricht, dass die beiden Mordopfer, nach denen die Polizei gegenwärtig suchte, am Leben waren. Beide waren nach Schweden gekommen, wo einer von ihnen noch immer wohnte. Der andere lebte in Kanada.

Zwei von Thomas Quicks norwegischen Morden gab es plötzlich nicht mehr, aber die Untersuchung des dritten wurde umso frenetischer fortgeführt. Nach Ermittlungen, die insgesamt zwei Jahre dauerten, und nach 21 Vernehmungen zu Therese Johannesen, in denen Quick seine Schilderungen unzählige Male korrigiert hatte, wurden seine Kenntnisse über den

Mord für so exklusiv erachtet, dass das Landgericht Hedemora ihn für schuldig befand.

Mit meinen Kenntnissen in der Analyse von Zeugenaussagen und nachdem ich die Rolle des Journalisten Svein Arne Haavik als Faktenlieferant kannte, wurde mir klar, dass Quicks Aussage nicht viel wert war. Und es gab ja noch die übrigen Beweise: die Angabe des Fundortes in Ørjeskogen, die Knochenfragmente ...

Ich musste also nach Drammen fahren, rief den polizeilichen Ermittler Håkon Grøttland an und lud mich selbst ein.

»Sie sind willkommen«, bestätigte er.

Tatortbegehung in Ørjeskogen

Im September 2008 überquerten der Fotograf Lars Granstrand und ich an derselben Stelle die Grenze wie die Quick-Ermittler auf ihrer Reise nach Norwegen vor zwölf Jahren.

Im Präsidium in Drammen trafen wir uns mit Håkon Grøttland, der bei sämtlichen Tatortbegehungen mit Quick in Norwegen dabei gewesen war.

»Er ist nicht so wie wir – er ist nicht rationell und nicht logisch«, sagte Grøttland.

Er erläuterte uns die besonderen Schwierigkeiten, mit denen die Ermittler während ihrer Arbeit mit Thomas Quick konfrontiert wurden.

»Quick sagt Ja und schüttelt gleichzeitig den Kopf! Und er sagt links, meint aber rechts. Es ist nicht gerade leicht, Thomas Quick zu deuten.«

»Ich wurde nicht schlau aus ihm«, klagte Grøttland. »Aber Seppo Penttinen und Birgitta Ståhle wussten, was Quick meinte.«

Håkon Grøttland war seit dem Verschwinden von Therese Johannesen im Juli 1988 bei den Ermittlungen dabei gewesen.

Dann war er in die norwegische Einheit gewechselt, die sich mit Thomas Quick befasste, und er war stets davon überzeugt gewesen, dass Quick Therese Johannesens Mörder war.

»Warum sind Sie denn so überzeugt davon?«, fragte ich.

»Bedenken Sie, dass Quick in der Rechtspsychiatrie in Schweden sitzt und über Therese, über Fjell und über Ørjeskogen Einzelheiten weiß. Dann fahren wir hin und kontrollieren seinen Bericht und stellen fest, dass er mit der Realität übereinstimmt.«

Ich stimmte ihm zu, dass sich das kaum auf andere Art erklären ließe, als dass Quick tatsächlich schuldig sein musste.

Grøttland brachte uns nach Fjell, wo Therese mit ihrer Mutter gewohnt hatte. Wir fuhren am Fjell Center und an dem Videoverleih vorbei, in den Therese gegangen war, um sich für die 16 Kronen und 50 Öre in ihrer Tasche Süßigkeiten zu kaufen. Grøttland parkte und zeigte uns eine große Rasenfläche, auf der sich ein lang gestrecktes Hochhaus in den Himmel reckte: Lauritz Hervigsvei 74. Grøttland deutete auf die Fensterreihe im sechsten Stock.

»Da hat sie gewohnt. Und hier stand Quick, als Therese von dort kam«, sagte Grøttland und zeigte auf einen Abhang, der auf den Weg führte, den wir eben entlanggefahren waren. »Hier hat er sie geschnappt.«

Ich zählte die sieben Stockwerke des Hauses. 35 große Fenster in jeder Etage.

Thomas Quick sollte also Therese vor 280 großen Fenstern und vor den Augen ihrer Mutter, die, wie sie sagte, auf dem Balkon gestanden und die ganze Zeit nach ihr Ausschau gehalten hatte, entführt haben.

»Meine Güte, das ist ja so, als würde man in einer Arena mit gefüllten Zuschauerrängen ein Kind entführen«, flüsterte der Fotograf mir zu.

Thomas Quick wurde im Zusammenhang mit seinen rund 30 gestandenen Mordtaten nie beobachtet, und er hat auch nie irgendwelche Spuren an den Tatorten hinterlassen. Deshalb nahm ich an, dass er immer sehr gewissenhaft vorgegangen war.

In den Ermittlungen im Fall Therese waren 1721 Personen von der Polizei vernommen worden, aber niemand hatte etwas gesehen, das mit Quick in Verbindung gebracht werden konnte. Auch von den 4645 Hinweisen, die bei der Polizei eingegangen waren, passte keiner auf Quick. Ich sah zu Thereses Balkon hinauf und stellte fest, dass sich anscheinend alles auf offener Straße abgespielt hatte.

»Dann hat er bei dem Abhang ihren Kopf auf einen Stein geschlagen, das Auto geholt und sie eingeladen«, erklärte Grøttland.

»Das scheint mir doch sehr riskant«, wandte ich ein.

»Ja, offensichtlich«, gab der Kommissar zurück.

Am folgenden Tag lernte ich Grøttlands Kollegen Ole Thomas Bjerknes kennen, der ebenfalls an der Quick-Ermittlung beteiligt gewesen war. Er zeigte mir die Hærlandkirche, wo Quick Therese getötet haben sollte. Danach fuhren wir nach Ørjeskogen, wo wir kilometerlange, buckelige Waldwege entlangfuhren, bis wir zu dem Ort kamen, wo Quick sich Thereses Leiche entledigt hatte.

Bjerknes unterrichtete an der norwegischen Polizeischule. An jenem Tag hatte er eine Vorlesung über die Quick-Untersuchung gehalten und zufällig drei Videokassetten mit Rohmaterial von den Ortsbegehungen in Norwegen mit Quick dabei. Ich wollte nicht allzu interessiert wirken, als ich ihn fragte, ob es möglich wäre, dass ich mir die Bänder einmal ansah.

Zu meiner Überraschung gab er sie mir. Ich nahm die begehrten Videobänder und versprach, er würde sie zurückbekommen, bevor ich Norwegen wieder verließ.

Am selben Abend suchte ich nach einer Fernsehproduktionsfirma in Drammen und konnte die Ausrüstung mieten, um die Bänder zu kopieren. Ich begann um 20.00 Uhr abends in meinem Hotelzimmer. Auf den drei Kassetten waren ungefähr zehn Stunden Tatortbegehung, und ich musste jede Stunde das Band in dem Gerät wechseln, in dem das neue Band mit meiner Kopie bespielt wurde.

Die interessantesten Aufnahmen waren mit einer Kamera gemacht worden, die auf Thomas Quick im Fond des Wagens gerichtet war, während eine andere Kamera zum Fenster hinaus filmte. In dem Film war Quick zu sehen – und teilweise Seppo Penttinen, der rechts neben ihm saß –, und gleichzeitig ist die Straße schräg im Bild, ganz klein oben links.

Quick rollte mit den Augen, dann fielen sie zu, dann starrten sie wieder mit irrem Blick. Das war extrem eigenartig und unbehaglich. Der Thomas Quick in den Videoaufnahmen war ein ganz anderer Mensch als der, den ich wenige Wochen zuvor in der Psychiatrie Säter kennengelernt hatte. Ich fragte mich, was die Ursache für diese Persönlichkeitsveränderung war. Selbst seine Art zu reden war anders.

Um mich die ganze Nacht lang wach zu halten, zwang ich mich, die Bänder anzusehen, während ich sie kopierte. Oft passierte kaum etwas, und es war sterbenslangweilig; Autofahrten, auf denen eine halbe Stunde lang kein Wort gesprochen wurde, und lange Sequenzen, in denen die Kamera das Autopolster filmte, weil der Fotograf die Kamera aus der Hand gelegt hatte. Aber weil ich Kopien anfertigte, konnte ich nicht vorspulen, sondern musste mich Minute für Minute durch das Material hindurchquälen.

Auf der Uhr in meinem Hotelzimmer war es nach Mitternacht, und ich legte ein neues Band ein.

Nun filmte die Handkamera in dem Auto hinter dem Wagen mit Thomas Quick. Quick hatte um ein Halt gebeten, aber die Kamera hatte weitergefilmt. Auf der Aufnahme hörte man, wie ein Pfleger in Quicks Auto stieg und ihm Medizin gab.

PFLEGER: Kriegen Sie die Xanor runter?

TQ: Mm.

PFLEGER: Geht das ohne Wasser?

TQ: Ich habe ... Coca-Cola ...

Auf dem Band spricht Thomas Quick mit schleppender Stimme, als hätte er Mühe, seine Worte zu artikulieren.

PFLEGER: Stecken Sie die in den Mund ... Reicht eine? ... Oder wollen Sie gleich noch eine?

TQ: Ja, vielleicht ...

Thomas Quicks Antwort ist ein Zwischending aus Reden und Weinen, ein Laut von einem Menschen, dem es sehr, sehr schlecht geht.

Ich höre, wie Quick eine weitere Tablette einnimmt, dann kann die Fahrt fortgesetzt werden.

Das Medikament Xanor ist ein angstlösendes Beruhigungsmittel, das unter das Betäubungsmittelgesetz fällt, zu den Benzodiazepinen zählt und berüchtigt ist, Wahnvorstellungen auszulösen und zahlreiche schwere Nebenwirkungen zu haben.

Was ich da gesehen habe, hat mich davon überzeugt, dass Thomas Quick genauso vollgepumpt war, wie er aussah. Ich erinnerte mich auch daran, was Göran Källberg gesagt hatte. Könnte er damit gemeint haben, dass Quick derart starke Medikamente einnahm, dass es Gründe gab, seine Geständnisse anzuzweifeln? Ich stürzte mich mit neu gewecktem Interesse auf das Material. Meine Müdigkeit war wie weggeblasen.

Ich wechselte erneut das Band. Thomas Quick sitzt nun in dem ersten Auto einer aus vier, fünf Wagen bestehenden Kolonne, die in Richtung Ørjeskogen fährt. Er führt eine große Prozession an, bestehend aus einem Staatsanwalt, einem Vernehmungsleiter, einem Rechtsanwalt, einem Psychotherapeuten, einem Experten für Gedächtnisfunktionen, einigen Fahrern und Pflegern sowie zahlreichen schwedischen und norwegischen Polizeibeamten. Quick hatte angekündigt, er wolle den Weg zu der Kiesgrube weisen, in der Therese Johannesens Leiche ihr Grab fand. Die Grube befindet sich in Ørjeskogen – er kenne den Weg.

Der Tross fährt ostwärts auf der E18 in Richtung Schweden, und Quick beklagt sich darüber, dass die ganze Zeit über Häuser auftauchen. Er sagt, das hätte ihn auch gestört, als er Therese umgebracht habe. Schließlich wird es kritisch. Die Straßenschilder verraten, dass die schwedische Grenze nicht mehr weit ist, und Quick hatte deutlich gemacht, dass Thereses Leiche in Norwegen begraben worden war.

TQ: ... wir nähern uns der Grenze, und ich muss ja vorher einen Weg finden ...
PENTTINEN: Bevor wir zur Grenze kommen?
TQ: Ja.
PENTTINEN: Ja, genau, so wie Sie das vorhin beschrieben haben.
TQ: Ja.
PENTTINEN: Erkennen Sie das hier wieder, Thomas?
TQ: Ja.

Quick sagt, er erkenne die Klundskirche wieder. Nach langem Palaver wird beschlossen, nach rechts auf einen Waldweg zu biegen. Dort gibt es einen Schlagbaum, und Quick sagt, den habe es dort beim letzten Mal auch gegeben, aber »da gab es kein Problem, ihn zu passieren«.

Seppo Penttinen hat dennoch seine Zweifel, ob es sich um den richtigen Weg handelt, und fragt, ob es an diesem Weg wirklich einen solchen Ort gibt wie der, den er beschrieben hat.

TQ: Es ist eine ebene Fläche von ... von dieser Beschaffenheit und dann gibt es ... so als wäre das früher mal eine Art ... mir ist das ja auch in den Verhören schon schwergefallen ... Kiesgrube oder Sandgrube oder ...
PENTTINEN: Also eine Art Kiesgrube?
TQ: Ja.

Die Wagenkolonne biegt auf einen Waldweg, der, wie sich herausstellt, sehr lang ist. Es schaukelt und holpert Kilometer um Kilometer. Schon jetzt scheint es undenkbar, dass dieser Fahrweg für Holzlaster zu einer Kiesgrube führen soll.

Quick hatte gesagt, dass die Kirche ein Anhaltspunkt dafür war, wie weit sie den Weg entlangfahren sollten, aber nun war die Kirche schon längst aus ihrem Blickfeld verschwunden.

TQ: Mm. Ich finde schon, dass wir sehr weit gefahren sind, verglichen mit meiner Erinnerung an die Strecke, die ich gefahren bin.
PENTTINEN: Ja. Sind wir zu weit gefahren?
TQ: Das weiß ich nicht.

Quick sagt, dass es an der Strecke »Wiedererkennungsmerkmale gab«, und es wird weitergefahren. Mir fällt auf, dass Quick nun bedenklich nuschelt. Er sagt, es sei anstrengend, im Auto zu sitzen. Nach einer Weile beginnt er, mit den Armen zu gestikulieren.

PENTTINEN: Sie fuchteln mit der Hand. Was meinen Sie damit?
TQ: Das weiß ich nicht.
PENTTINEN: Sollen wir weiterfahren?
TQ: Ja, wir fahren weiter. Der Fuchs muss rot sein.
PENTTINEN: Das verstehe ich nicht.
TQ: Der Fuchs muss tot sein.
PENTTINEN: Das Laub?

TQ: Der jüdische Junge.
PENTTINEN: Der jüdische Junge muss tot sein?

Thomas Quick scheint völlig im Dunkeln zu tappen, und Penttinen wirkt niedergeschlagen.

PENTTINEN: Können Sie mir folgen?
TQ: Mm.

Aber Thomas kann keineswegs folgen. Mental ist er ganz woanders.

PENTTINEN *fragt nochmals*: Können Sie mir jetzt folgen?

Quick brummelt als Antwort.

PENTTINEN: Wir kommen jetzt an eine Kreuzung. Sie müssen
sagen, wo es langgeht, Thomas. Sollen wir rechts abbiegen?
Sie nicken nach rechts.

Das Auto biegt rechts ab.

PENTTINEN: Hier gibt es eine Abzweigung nach links.
TQ: Fahren Sie ein Stück vor.
PENTTINEN: Sollen wir weiterfahren?
TQ: Mm.
PENTTINEN: Geradeaus.
TQ: Wir können da fahren, wo es geht … damit wir …
PENTTINEN: Um zu wenden?
TQ: Mm.

Thomas Quicks schleppende Stimme ist nun in durchgehen-
des Summen übergegangen, und bald darauf schließt er die
Augen.

PENTTINEN: Sie machen die Augen zu. Wie geht es Ihnen?
TQ: Halten Sie kurz an. Da vorn.

Die Karawane stoppt. Quick schweigt mit geschlossenen Augen. Die Stelle, an der der Wagen angehalten hat, stimmt in keiner Weise überein mit dem Ort, den Quick zuvor beschrieben hat. Hier gibt es keine ebene Fläche, von einer Kiesgrube ganz zu schweigen. Der Wagen hat auf abschüssigem Gelände gehalten, mitten in einem norwegischen Wald mit stark hügeliger Landschaft.

Quick hat eine Anhöhe entdeckt, die er hinaufgehen will, Seppo Penttinen, Birgitta Ståhle, Claes Borgström und Kriminalinspektor Anna Wikström folgen ihm.

PENTTINEN: Sieht man von der Stelle, wo Therese ist?
TQ: Ja.

Quick ist so unsicher auf den Beinen, dass Ståhle und Penttinen ihn stützen müssen, indem sie ihm fest unter die Arme greifen. Man merkt, dass sie das nicht zum ersten Mal machen.

Zusammen gehen sie die Anhöhe hinauf, und oben bleibt die Gruppe schweigend stehen. Penttinen ergreift schließlich das Wort.

PENTTINEN: Sie sehen den Weg hinunter, da bei der Kurve.
   Und Sie nicken. Gibt es etwas Besonderes dort? Versuchen
   Sie, es zu beschreiben.
TQ *tonlos, fast flüsternd*: Die Kurve führt ... die Leiter hinauf.
PENTTINEN: Was haben Sie gesagt? Die Kurve führt?
TQ: Führt die Leiter hinauf.

Es ist nicht leicht, etwas Vernünftiges aus Quick herauszubekommen. Er wirkt sehr beeinträchtigt.

PENTTINEN: Sehen Sie die Stelle von hier aus?

Quick bleibt reglos stehen und schließt die Augen.

PENTTINEN: Sie nicken und gleichzeitig schließen Sie die Augen.

Quick hat die Augen wieder geöffnet und sieht etwas unten am Abhang. Sie kommen zu dem Schluss, dass es sich vermutlich um eine große Steinplatte handelt.

»Dann versuchen wir doch, zu den Tannen runterzugehen«, schlägt Quick vor, und als sie dort ankommen, bleiben sie wieder stehen, ohne ein Wort zu sagen. Quick flüstert lautlos. Ihm wird dabei geholfen, eine Zigarette anzuzünden.

»Führt die Kurve da entlang?«, fragt er und zeigt mit ausgestrecktem Arm.

»Da ist sie«, bestätigt Birgitta Ståhle.

»Ich sehe mir sie einmal an«, sagt Quick und geht in die Richtung, in die er gedeutet hat.

Der Boden ist mit alten Zweigen bedeckt, und es ist nicht einfach, voranzukommen. Quick beginnt, auf dem Tannenreisig herumzutrampeln, und Penttinen hält ihn fest. Plötzlich rastet er komplett aus und schreit:

»Du Schwein! Verdammtes Schwein! Du verfluchtes Schwein des Teufels! Verfluchtes Schwein des Teufels!«

Quick stampft und fuchtelt mit den Armen, aber er wird rasch übermannt. Er liegt zuunterst in dem Haufen aus Polizeibeamten und Pflegern. Seppo Penttinen dreht sich zur Kamera, als wollte er sich vergewissern, dass dieser Vorfall sorgfältig dokumentiert wurde. Penttinens Gesichtsausdruck hat etwas Triumphierendes, als er in die Kamera blickt, die diesen dramatischen Augenblick festhält.

Jemand hat Christer van der Kwast informiert, dass entscheidende Dinge im norwegischen Dickicht passieren. Jetzt kommt er ins Bild gelaufen, er trägt einen schwarzen Anzug. Quick liegt am Boden und knurrt ununterbrochen, ein dumpfer rhythmischer Laut.

Alle Anwesenden wissen, dass Quick eine Verwandlung durchgemacht hat, dass er eine von mehreren Persönlichkeiten, die er beherbergt, angenommen hat. Jetzt ist es ein Charakter, den er und seine Therapeutin Ellington nennen – die böse Vatergestalt, der Mörder –, der sich Quicks Psyche und Körper bemächtigt hat.

»Thomas«, sagt Penttinen flehend, während Quick mit seinen Geräuschen fortfährt.

Birgitta Ståhle unternimmt einen Versuch, zu ihrem Patienten durchzudringen.

»Sture! Sture! Sture! Sture! Sture!«, sagt sie.

Aber Quick ist immer noch Ellington und knurrt zurück.

»Für immer fort«, sagt er mit belegter, hohler Stimme. »Für immer fort!«

Er brummt erneut.

»Und die Menschen sollen dich zertreten, Flittchen!«, brüllt er.

Ståhle wagt einen neuen Versuch, zu ihrem Patienten durchzudringen, der sich langsam beruhigt.

Quick wird auf die Beine geholfen, und die Gruppe bewegt sich langsam und wortlos einen Hügel hinauf, wo Quick sich mit dem Rücken zur Kamera hinsetzt. Penttinen, Ståhle und Anna Wikström halten ihn. Sie sitzen eine ganze Weile so da und schweigen.

»Erzählen Sie«, bittet Penttinen.

»Warten Sie kurz«, sagt Quick verärgert. »Ich muss ...«

»Was sollen Sie erzählen?«, will Birgitta wissen.

»Nein, nein! Stören Sie mich nicht!«

Quick ist noch nicht so weit. Niemand hat ihn gefragt, was aus der Kiesgrube geworden ist, die er versprochen hat. Oder was er damit gemeint hat, dass sich Therese in einem Gelände mit einer »ebenen Fläche« befindet.

Quick beginnt flüsternd und kaum hörbar zu erzählen, dass Therese »für immer fort war, als ich sie zurückließ«. Die Jungen waren noch da, aber sie war für immer fort. »Thereses Leiche liegt in dem Gebiet zwischen den Tannen und der Anhöhe«, sagt er.

»Das reicht nicht, Thomas«, sagt Penttinen. »Das ist zu groß.«

Sie sind in eine Sackgasse geraten. Quick hat weder eine Leiche liefern können noch eine Kiesgrube noch eine ebene Fläche. Und Penttinen gibt sich nicht mit einer vagen Vermutung darüber zufrieden, dass Therese sich irgendwo im Wald befindet. Er will mehr.

Quick bittet darum, mit Claes Borgström unter vier Augen sprechen zu dürfen, und Quick und Borgström treten ein Stück an die Seite.

Als die Kamera eine Viertelstunde später wieder eingeschaltet wird, schildert Quick unzusammenhängend und lallend, wie »ein Junge von einem Auto auf hartem Erdboden geschändet wird«. Er sagt, er habe oben auf einer Anhöhe gestanden und den Waldsee mit »gewissen Steinen« gesehen. An dieser Stelle wird »das kaputte Mädchen versteckt«, sagt er.

Quick will im Wald ein Dreieck abgehen, innerhalb dessen Grenzen Thereses Leiche gefunden werden kann. Gemeinsam wird das Dreieck abgemessen, dessen Basis von einer Linie zwischen einer Kiefer »fast bis zum See« verläuft. Von dieser Basis reicht die Spitze des Dreiecks bis zu »zwei Dritteln der Höhe«.

Als die Gruppe diese zeitraubende Prozedur abgeschlossen hat, geht sie Richtung See. Penttinen erklärt, dass er Quick festhalten muss »im Hinblick auf das, was schon passiert ist«.

Quick antwortet mit einem Brummen.

»Fällt es Ihnen schwer, den See anzugucken, Thomas?«, fragt Penttinen.

Quick knurrt.

»Sprechen Sie so, dass wir Sie verstehen«, sagt Penttinen.

Jetzt sind sie am Seeufer angelangt.

»Hier am See stutzen Sie aus irgendeinem Grund«, bemerkt Penttinen. »Kommt Ihnen etwas bekannt vor? Ja, Sie nicken. Was heißt das?«

»Ich will, dass wir ein Stück am Ufer entlanggehen«, sagt Quick. »Vielleicht kann ich um etwas Unterstützung bitten.«

Quick ist nun so zugedröhnt, dass er sich kaum noch auf den Beinen halten kann. Es ist offensichtlich, dass er noch mehr Beruhigungsmittel bekommen hat.

»Ich kann Sie schließlich nicht tragen, das müssen Sie schon verstehen«, sagt Penttinen.

Aber Quick scheint nicht sonderlich viel zu begreifen. Es ist unmöglich zu verstehen, was er sagt, und er kommt nur sehr mühsam voran, obwohl er gestützt wird.

»Wir warten, Thomas, das hat keine Eile. Wir gehen, solange Sie durchhalten.«

»Kann ich einen Blick auf den See werfen?«, fragt Quick.

»Sie haben ja die Augen zu, Thomas!«, sagt Penttinen. »Machen Sie die einmal auf. Wir sind hier in der Nähe.«

Quick fragt, ob Gun da ist. Gun ist Stures Zwillingsschwester, die er seit Jahren nicht mehr gesehen hat.

Anna Wikström erklärt, dass sie nicht Gun ist.

»Das ist Anna, die hier steht«, sagt sie.

Quick hat die Augen noch immer geschlossen.

»Ich sehe mir den See an«, sagt er.

»Wir sind hier«, sagt Penttinen.

»Versuchen Sie zu gucken«, fordert Wikström ihn auf.

»Ich gucke«, sagt Quick.

»Warum reagieren Sie so?«, will Penttinen wissen.

»Weil die Steine da ...«

Und wieder findet Quick keine Worte mehr. Nach einer Weile bittet er, allein mit Birgitta Ståhle und ohne Kamera und Mikrofon reden zu dürfen. Als die Videokamera nach 20 Minuten wieder läuft, hat Quick eine neue Geschichte geliefert. Claes Borgström soll den Inhalt dessen vermitteln, was er nun erzählt hat. Fragen zu der neuen Version akzeptiert Quick nicht.

Penttinen wirkt erschüttert ob des Ernstes der Lage, aber auch besorgt darüber, dass Quick in den vergangenen 60 Minuten mehrere verschiedene Versionen dessen geliefert hat, was Therese zugestoßen ist. Er weiß, dass es Teil von Quicks Muster ist, »bewusste Abweichungen« bei Dingen einzuflechten, denen sich zu nähern für ihn psychologisch schwierig ist. Nun will er sichergehen, dass es sich bei dieser Version um die wahre Geschichte handelt.

»Bevor Claes beginnt, hätte ich gerne eine eindeutige Aussage«, sagt Penttinen.

Er beugt sich zu Quick vor und spricht vertraut mit ihm.

»Diese beiden Orte, die wir gefilmt haben und die Sie konkret genannt haben, sind das hundertprozentig sichere Angaben für Sie? Keine Variationen bezüglich irgendwelcher Abweichungen?«

»Die Abweichungen haben ja zum Teil in der Erwähnung der Kies ...«

Es klingt, als hätten die Batterien mitten im Satz ihren Geist aufgegeben.

»Die Kiesgrube?«, ergänzt Penttinen.

»Ja, genau die«, erwidert Quick.

Sobald Quick den Ort wieder verlassen hat, hält Claes Borgström eine Ansprache vor laufender Kamera, mit dem Waldsee im Hintergrund.

»Was hier passiert ist, ist Folgendes: Bei Punkt eins innerhalb dieser keilförmigen Fläche, hat er Thereses Leiche verbrannt. Es sind also keine vollständigen Leichenteile mehr vorhanden. Keine größeren Knochenteile.«

»Dann hat er die Leichenteile, nachdem er die Leiche verbrannt hat, hierhergebracht und in dieser Versenkung abgelegt.«

»Danach ist er bis zur Mitte des Sees geschwommen und hat die Leichenteile versenkt, die er später jedoch wieder zurückgeholt hat. Zum Teil sind sie auf den Grund gesunken und zum Teil woanders hingespült worden. Somit gibt es einen dritten Punkt in seiner Geschichte, und das ist der See.«

Das war alles, was Claes Borgström über seinen Mandanten mitzuteilen hatte. Die Tatortbegehung in Ørjeskogen war abgeschlossen und das letzte Videoband zu Ende.

Im Fernseher begann der Krieg der Ameisen, und ich war fast genauso neben der Spur wie Thomas Quick, als ich mich in der Morgendämmerung in meinem Zimmer des First Hotel Ambassadeur in Drammen umsah. Fast zwölf Stunden hatte ich für das Kopieren der Bänder gebraucht, und es war 8.00 Uhr früh. Was ich in den Filmen gesehen hatte, hatte mich paralysiert. Eine große Delegation aus schwedischen Staatsbeamten, die sich von einem zugedröhnten Patienten aus der Psychiatrie herumführen ließen, der offenbar keine Ahnung hatte, wo er sich befand. Konnte ihnen das entgangen sein? Nein, dachte ich. Das war einfach nicht möglich. Konnten sie wirklich glauben, dass er wusste, wo Therese war? Obwohl er die Kiesgrube genannt hatte, dann anstelle der Kiesgrube eine Tanne, danach ein Dreieck im Wald und schließlich von »zerstückelt« und »in einem See versenkt« gesprochen hatte.

Es war schwer zu glauben, dass diese hochgebildeten Repräsentanten mehrerer akademischer Disziplinen dieses Schauspiel nicht durchschaut hatten. Mit gespielter oder echter Gutgläubigkeit nahmen sämtliche Beteiligte Quicks Angaben ausgesprochen ernst und beschlossen, dass das Wasser aus dem See gepumpt werden musste.

Eine große Zahl Beamter aus mehreren Polizeibezirken in Norwegen beteiligte sich sieben Wochen lang an dieser Arbeit, mit der geneigten Unterstützung der Zivilen Verteidigung sowie externer Experten. Zunächst wurde die Erdschicht in den Bereichen abgetragen, die Quick genannt hatte, dann wurde das Material manuell durchgesiebt und von Spürhunden und forensischen Archäologen durchsucht. Nach Beendigung dieser ergebnislosen Sisyphosarbeit begann die noch umfangreichere Aufgabe, den kleinen See leer zu pumpen. 35 Millionen Liter Wasser wurden hochgepumpt und gefiltert; das Bodensediment des Sees wurde nach oben geholt, bis man zu tausend Jahre alten Ablagerungen vordrang. Als Fundstücke ausblieben, wurde alles ein zweites Mal gefiltert, und wieder ohne den kleinsten Überrest von Therese zu finden.

Das extrem kostspielige Unterfangen führte zu dem unausweichlichen Fazit, dass Quicks Schilderung nicht der Wahrheit entsprach.

Die nicht vorhandenen Funde und der leer gepumpte See verlangten nach einer Erklärung Quicks. Also änderte er seine Meinung und sagte, er habe Thereses Leiche in einer Kiesgrube versteckt.

Während die Norweger ihre Suche in Feld und Wald fortführten, wurde Quick wieder und wieder von Seppo Penttinen verhört. So nahm die Untersuchung in Ørjeskogen ihren Gang, bis die Techniker – endlich! – Reste von Feuerstellen fanden, in denen verkohlte Knochenreste lagen.

Einer derjenigen, der die Funde von Ørjeskogen untersuchte, war der norwegische Professor Per Holck, der schon bald herausfand, dass das Knochenmaterial von einem Menschen im Alter zwischen fünf und 15 Jahren stammte.

Wer könnte einem Professor widersprechen, der am Institut für Anatomie der Universität Oslo lehrte und sagte, dass Überreste eines Kindes genau an der Stelle gefunden worden waren, an der Quick eigenen Angaben zufolge ein neunjähriges Mädchen verbrannt haben soll? Und dennoch ...

Die Geschichte war zu merkwürdig, als dass ich sie glauben konnte.

Ich hatte mir vorgenommen, den gewichtigsten Fall des Staatsanwalts, also den Fall Therese Johannesen, zu prüfen und versuchte zu bilanzieren, wo ich danach selbst stand. Was ich gesehen hatte, hatte mich mehr oder weniger davon überzeugt, dass Quick nicht Thereses Mörder war. Das war beunruhigend, aber auch sehr unpraktisch. Das machte es komplizierter, mit den verschiedenen Lagern bezüglich der Quick-Frage zu kommunizieren.

Außerdem hatte ich etwas herausgefunden, von dem anscheinend niemand sonst Kenntnis zu haben schien: Der Sture Bergwall, den ich in Säter kennengelernt hatte, hatte nichts mit dem durch Medikamente manipulierten Psychiatriepatienten gemein, der unter dem Namen Thomas Quick durch die Wälder torkelte und lallend davon sprach, wie er seine Opfer ermordet, zerteilt, geschändet und verspeist hatte. Ich hatte auch die schlüssige Erklärung dazu entdeckt, nämlich die, dass Quick in großen Mengen Medikamente aufgedrängt worden waren, die unter das Betäubungsmittelgesetz fielen.

Als meine Überlegungen soweit gediehen waren, wurde mir klar, dass ich in mich gehen musste. Meine Einblicke und mein Wissen waren bisher nichts als Vermutungen. Es gab noch viele unbeantwortete Fragen. Dabei dachte ich vor allem an das Knochenfragment eines Kindes, das in Ørjeskogen gefunden worden war, genau dort, wo Quick, wie er sagte, Thereses Überreste verbrannt hatte.

Ich kehrte mit großen Zweifeln nach Schweden zurück, wohl wissend, dass ich mich nun zu den Skeptikern gesellt hatte.

Nach meiner Rückkehr rief ich Sture Bergwall an, der sehr interessiert war zu erfahren, wie meine Arbeit voranging. Ich erzählte von meiner Reise nach Fjell und Ørjeskogen und von meinen Treffen mit der norwegischen Polizei.

»Oh, was für einen Aufwand Sie betreiben! Sie sind in Norwegen und in Ørjeskogen gewesen?«

Sture war schwer beeindruckt von meinem Einsatz, aber schien hauptsächlich wissen zu wollen, zu welchem Ergebnis ich gekommen war.

»Was halten Sie von alledem?«, fragte er mich.

»Ehrlich gesagt, ist es so, dass mich die Norwegenreise und das, was ich da gesehen habe, sehr nachdenklich gemacht hat.«

»Dann möchte ich, dass Sie mir von Ihren Gedanken erzählen, wenn Sie das nächste Mal herkommen«, sagte Sture.

Ich verwünschte meine Redseligkeit, die vermutlich dazu führen würde, dass das nächste Treffen mit Sture auch das letzte sein würde. Wir beschlossen, dass ich eine Woche später, am 17. September 2008, nach Säter kommen sollte.

Ich wollte ehrlich sein. Wenn er mich dafür rauswarf, dann konnte ich daran auch nichts ändern.

Klinik für Forensische Psychiatrie Säter, Mittwoch, den 17. September 2008

Als wir das dritte Mal im Besucherzimmer der Psychiatrie Säter saßen, sagte Sture Bergwall:

»Jetzt würde ich gern hören, was Sie davon halten.«

Das war eine unangenehme Aufforderung.

Quick hatte ja gesagt, er habe eine Auszeit genommen, weil mehrere Personen seinen Geständnissen misstrauisch gegenüberstanden. Was würde passieren, wenn sogar ich diese infrage stellte?

Ich versuchte, die bittere Pille in Zurückhaltung zu verpacken.

»Ich war bei den Morden nicht dabei, ich war bei den Prozessen nicht dabei. Ich kann nicht wissen, was wahr ist. Das Einzige, was ich tun kann, ist, mit Hypothesen zu arbeiten.«

Ich konnte Sture ansehen, dass er meinem Gedankengang folgte und meine Sichtweise akzeptierte.

»Als ich in Norwegen war, hatte ich Gelegenheit, mir die Videoaufnahmen von sämtlichen Tatortbegehungen in Norwegen anzusehen. Ich kann Ihnen sagen, was mir da aufgefallen ist: Sie haben Betäubungsmittel bekommen, die abhängig machen, starke Mittel, Xanor, in hohen Dosen. Während der Begehungen haben Sie einen stark beeinträchtigten Eindruck gemacht. Und als Sie nach Ørje gekommen sind, um zu zeigen, wo Therese begraben worden war, hatten Sie anscheinend keinen blassen Schimmer, was Sie machen sollten.«

Sture hörte nun äußerst aufmerksam zu. Er war konzentriert, aber verriet mit keiner Miene, wie er meine Worte aufnahm.

»Sie konnten die Polizei nicht zu der Kiesgrube führen, obwohl Sie es versprochen hatten«, fuhr ich fort. »Sie konnten Ihnen nicht Thereses Leiche zeigen. Sie haben sich so verhalten, als wären Sie noch nie zuvor an diesem Ort gewesen.«

Ich musterte Sture und hob die Schultern als Ausdruck meiner Unsicherheit.

»Ich kann das nicht beurteilen. Aber wie ich schon am Telefon sagte, hat mir das doch sehr zu denken gegeben.«

Sture starrte ins Leere. Wir schwiegen lange. Wieder war ich es, der die Stille brach.

»Sture, können Sie *verstehen*, dass mir die Filme genau das zeigen?«

Sture schwieg noch immer, aber nickte grummelnd. Er wirkt nicht verärgert, dachte ich. Ich hatte das gesagt, was ich zu sagen hatte. Nun gab es keinen Weg mehr zurück, und ich hatte dem nichts mehr hinzuzufügen.

»Aber ...«, begann Sture und verstummte erneut.

Er redete langsam und bewegt:

»... wenn das so ist, dass ich keinen von diesen Morden begangen habe ...«

Er hielt inne und senkte den Blick. Plötzlich lehnte er sich vor und flüsterte:

»... wenn das so ist, was soll ich dann machen?«

Ich begegnete Stures verzweifeltem Blick. Er war völlig am Boden zerstört.

Ich versuchte etwas zu sagen, aber ich war so mitgenommen, dass ich kein Wort herausbrachte. Schließlich hörte ich mich sagen:

»Wenn das so ist, dass Sie *keinen* dieser Morde begangen haben, dann ist das hier die Chance Ihres Lebens.«

Die Atmosphäre in dem kleinen Besucherzimmer war so aufgeladen, dass sie förmlich greifbar war. Wir wussten beide, was kommen würde. Sture war kurz davor, mir zu erzählen, dass er all die Jahre, die er Thomas Quick gewesen war, gelogen hatte. Im Prinzip hatte er das schon gesagt.

»In dem Fall haben Sie jetzt die Chance Ihres Lebens«, wiederholte ich.

»Ich lebe auf einer Station, in der alle zu wissen meinen, dass ich schuldig bin«, sagte Sture leise.

Ich nickte.

»Mein Anwalt ist überzeugt davon, dass ich schuldig bin«, fuhr er fort.

»Ich weiß«, entgegnete ich.

»Sechs Gerichte haben mich in acht Mordfällen schuldig gesprochen.«

»Ich weiß. Aber wenn Sie unschuldig und bereit sind, die Wahrheit zu erzählen, dann spielt das alles keine Rolle.«

»Ich denke, wir brechen hier ab«, sagte Sture. »Der Brocken ist ein bisschen zu groß für mich, um ihn auf einmal zu schlucken.«

»Darf ich wiederkommen?«

»Sie sind willkommen«, sagte er. »Jederzeit.«

Ich kann mich nicht erinnern, wie ich die Klinik verlassen habe, ich weiß nur, dass ich plötzlich auf dem Parkplatz stand und mit Johan Brånstad, meinem Projektverantwortlichen vom Schwedischen Fernsehen *SVT*, gesprochen habe. Vermutlich habe ich unzusammenhängend von dieser verwirrenden Begegnung und von den Konsequenzen geredet.

Anstatt, wie ursprünglich geplant, nach Göteborg zurückzufahren, fuhr ich direkt zum Stadshotell in Säter und nahm ein Zimmer. Rastlos wanderte ich im Zimmer auf und ab und versuchte, mich auf meine Arbeit zu konzentrieren. Mir wurde klar, dass ich niemanden mehr hatte, den ich anrufen konnte, um zu erzählen, was mich beschäftigte.

Ich hatte mich strengstens daran zu halten, Sture nie nach sechs Uhr abends anzurufen. Es war zwei Minuten vor 18.00 Uhr. Ich rief auf dem Patiententelefon der Station 36 an. Sture wurde geholt.

»Ich wollte nur hören, wie Sie sich fühlen nach unserem Treffen«, sagte ich.

»Ja danke«, antwortete er. »Es geht mir gut. Das, was jetzt passiert, ist gut für mich. Das spüre ich.«

Sture klang fröhlich, und das gab mir den Mut, die Frage zu stellen.

»Ich bin noch immer in Säter«, gestand ich. »Darf ich Sie morgen besuchen?«

Seine Antwort kam wie aus der Pistole geschossen, ohne die geringste Bedenkzeit.

»Sie sind willkommen!«

Die Wendung

»Ich habe keinen von den Morden begangen, für die ich verurteilt worden bin, und auch keinen von den anderen Morden, die ich gestanden habe. So ist das.«

Sture hatte Tränen in den Augen, und seine Stimme versagte. Er sah mich durchdringend an, als wollte er herausfinden, ob ich ihm glaubte oder nicht.

Ich wusste nur, dass er gelogen hatte. Aber log er mich jetzt auch an? Oder hatte er gelogen, als er gestanden hatte? Oder beide Male? Ich konnte es nicht wissen, aber die Möglichkeiten, das festzustellen, hatten sich mit einem Schlag dramatisch verbessert.

Ich bat Sture zu erzählen, damit ich verstand, alles, von Anfang an.

»Als ich 1991 nach Säter kam, hatte ich Hoffnung, dass mich die Zeit hier weiterbringen würde, dass ich Einblick erhalten und mich selbst besser verstehen würde«, begann er stockend.

Sein Leben war kaputt, das Selbstwertgefühl zerstört. Er war auf der Suche nach Existenzberechtigung, er wollte jemand sein, dazugehören.

»Ich habe lange für die Psychotherapie geschwärmt, besonders für die Psychoanalyse, und auf diese Weise hoffte ich, größeren Einblick in mein Inneres zu erhalten«, erklärte er.

Ein Arzt der Abteilung, Kjell Persson, der kein Psychotherapeut war, hatte sich erbarmt, aber Sture begriff rasch, dass er als Patient viel zu uninteressant war. Als Kjell Persson ihn bat, von seiner Kindheit zu erzählen, antwortete er, er habe keine besonderen Erinnerungen an diese Zeit, er fand, es sei nichts geschehen, was erwähnenswert sei.

»Mir wurde schnell klar, dass es darum ging, Kindheitserinnerungen zu präsentieren, die traumatisch waren und von dramatischen Vorfällen handelten. Und was für eine Resonanz ich bekam, als ich davon zu berichten begann. Eine unglaubliche Resonanz! Dann begann sich alles darum zu drehen, dass ich Misshandlung und sexuellem Missbrauch ausgesetzt gewesen war, und wie ich selbst zum Täter wurde. Die Geschichte entstand in den Therapiesitzungen, und meine Schilderungen wurden durch die Benzos leichter gemacht.«

Als er im April 1991 nach Säter kam, war Sture bereits abhängig von Benzodiazepinen, und seither war die Anzahl der Präparate gestiegen, die Dosen waren erhöht worden, laut Sture wegen des Vorfalls im Therapieraum.

»Je mehr ich erzählte, desto mehr Benzos bekam ich. Und je mehr Benzos ich einwarf, desto mehr konnte ich erzählen. Schließlich hatte ich praktisch freien Zugang zu den Medikamenten, zu den Betäubungsmitteln.«

Stures Angaben zufolge stand er konstant unter den Wirkungen von Benzodiazepinen, in all den Jahren, die die Mordermittlungen andauerten.

»Nicht eine Minute war ich nüchtern. Nicht eine Minute!«

Benzodiazepine führen zu einer starken Abhängigkeit, und bald konnte Sture nicht mehr ohne die Medikamente sein. Er holte in den Therapiesitzungen »verdrängte Erinnerungen zurück«, gestand Mord für Mord und wirkte in einer polizeilichen Ermittlung nach der anderen mit. Im Gegenzug heimste er Aufmerksamkeit von Therapeuten, Ärzten, Journalisten, Polizeibeamten und Staatsanwälten ein. Und ihm wurde unbegrenzter Zugang zu Narkotika gewährt.

Ich dachte über all jene nach, die in den Jahren der Ermittlungen mit Quick zu tun gehabt hatten – sein Rechtsanwalt, der Staatsanwalt, die Polizisten. Hatten sie davon gewusst, dass er unter dem Einfluss von Medikamenten stand?, fragte ich ihn.

»Mit Sicherheit! Zum Teil wussten sie, dass ich Xanor einnahm und so weiter, aber vor allem zeigte mein Auftreten, dass ich beeinträchtigt war. Das war wirklich nicht zu übersehen, wie auch!«

Dass dies stimmte, hatte ich auf den Videobändern aus Norwegen feststellen können. Es war eindeutig, dass er derart unter Drogen stand, dass er bisweilen weder sprechen noch laufen konnte. Und um die Medikation wurde kein Hehl gemacht.

»Ihr Anwalt hat nie Ihre Medikation thematisiert?«

»Nein! Nie.«

»Niemand hat Ihre Medikation infrage gestellt?«

Laut Sture hatten die Ärzte, Therapeuten und Pfleger gemeinsam dafür gesorgt, dass er permanent freien Zugang zu Präparaten hatte, die unter das Betäubungsmittelgesetz fielen.

»Ja, heute ist das natürlich unbegreiflich, aber damals war ich dankbar, dass sich die Frage gar nicht gestellt hat. Denn das bedeutete, dass ich meinen Tablettenkonsum ungehindert fortsetzen konnte.«

Sture behauptete, über einen Zeitraum von fast zehn Jahren konstant unter Medikamenteneinfluss gestanden zu haben. In diesen Jahren leistete er seinen Beitrag, für acht Morde verurteilt zu werden, die er gar nicht begangen hatte.

Dann kam alles zu einem abrupten Ende.

»Eines Tages, das muss Mitte 2001 gewesen sein, erging ein Beschluss von dem neuen Leitenden Oberarzt in Säter, Göran Källberg. Sämtliche Medikation sollte abgesetzt werden. Keine Benzos mehr. Ich erlitt einen Riesenschock aufgrund der Entzugserscheinungen und Nebenwirkungen.«

Ich dachte an das, was Källberg vor ein paar Monaten gesagt hatte, dass er sich nicht »an der Vertuschung eines Rechtsskandals« beteiligen wollte. Ich begann zu ahnen, wie Källberg über Quick, die Morde und die Medikation dachte.

Sture hatte miterlebt, dass seine Geständnisse und die unbegrenzte Zuteilung von Medikamenten in gegenseitigem, stillschweigendem Einvernehmen zwischen ihm und der Klinik erfolgten, doch nun war diese Vereinbarung aufgekündigt worden, von heute auf morgen. Sture reagierte mit Wut, Bitterkeit und Angst.

»Wie sollte ich ohne Medikamente leben? Was hatte das für physische Konsequenzen?«

Sture brauchte derart hohe Dosen Benzodiazepine, dass die Medikation im Laufe von acht Monaten nach und nach reduziert werden musste.

»Das waren harte Monate, die ich nur in meinem Zimmer verbrachte. Das Einzige, was ich ertragen konnte, war, Radio zu hören, *P1*.«

Sture verschränkte die Arme vor der Brust und umklammerte die Schultern.

»So lag ich auf dem Bett und habe extrem geschlottert.«

»Und dann waren Sie plötzlich clean und fühlten sich gesünder. Aber da waren Sie praktisch für acht Morde zu lebenslanger Haft verurteilt worden?«

»Ja.«

»Und Sie haben selbst dazu beigetragen!«

»Ja. Und es gab keinen Ausweg mehr. Ich hatte keinen einzigen Menschen, an den ich mich damit wenden konnte.«

»Warum nicht?«

Er hielt inne, musterte mich verwundert, lachte und sagte:

»An wen hätte ich mich denn wenden sollen? Ich konnte mich ja nicht an meine Anwälte wenden, die auch ihren Teil zu den Urteilen beigetragen hatten. Also musste ich damit vollkommen alleine fertigwerden.«

»Es gab niemand zum Reden?«

»Nein, ich habe keinen gefunden. Nun, es könnte Personen gegeben haben, die ...«

»Die mit Ihnen auf der Station zu tun haben, wie stellen die sich denn zur Schuldfrage?«

»Ich denke, sie halten mich generell für schuldig. Aber ich denke, es gibt auch Ausnahmen beim Personal. Das wird allerdings nicht offen ausgesprochen.«

Nach dem Erscheinen des Artikels in *Dagens Nyheter* vom November 2001, in dem Quick seine Auszeit ankündigte, fanden keine polizeilichen Vernehmungen mehr statt. Kurz darauf beendete Christer van der Kwast sämtliche Ermittlungsverfahren. Quick nahm keine Journalisten mehr in Empfang und begann sein fast sieben Jahre andauerndes Schweigen.

Nicht bekannt war jedoch, dass Sture gleichzeitig mit den Therapiesitzungen aufhörte. Ohne Medikamente hatte er nichts zu erzählen. Er wollte nicht mehr über den Missbrauch in seiner Kindheit und die Morde nach erlangter Volljährigkeit reden – und er *konnte* ohne Benzodiazepine auch gar nichts erzählen. Die Präparate hatten ihn derart enthemmt, dass er sich in den Therapiesitzungen und Vernehmungen so aufführen konnte.

»Ein paar Jahre lang habe ich Birgitta Ståhle überhaupt nicht gesehen. Dann haben wir uns einmal im Monat für ein ›soziales Gespräch‹ getroffen. Aber sie ließ immer wieder durchblicken, dass ich ›für die Angehörigen nicht mit dem Reden aufhören durfte‹. Das war der pure Albtraum!«

Ein anderer Albtraum bestand darin, dass Sture sich nur dunkel daran erinnern konnte, was in seinen Jahren als Thomas Quick passiert war. Es ist allgemein bekannt, dass hohe Dosen Benzodiazepine die kognitiven Fähigkeiten lähmen – die Lernprozesse funktionieren schlicht nicht.

Anfangs hatte ich den Verdacht, Sture würde die Gedächtnislücke nur simulieren, doch schon bald fand ich heraus, dass er tatsächlich keinen Schimmer von wichtigen Ereignissen hatte, die er mir in eigenem Interesse hätte erzählen sollen. Mir wurde klar, dass es vor diesem Hintergrund für ihn so gut wie unmöglich war, seine Geständnisse zu widerrufen.

»Ich hoffe inständig, dass die Medikation sorgfältig in den Patientenakten notiert worden ist«, sagte er. »Ich weiß ja nicht, in welcher Form das festgehalten wurde.«

Stures Erzählung bedeutet, dass Thomas Quick nicht nur ein gigantischer Rechtsskandal war, sondern auch ein maßloser Behandlungsskandal – ein Patient aus der Forensischen Psychiatrie, der falsch behandelt worden war, indem er unseriöse Therapiesitzungen und sinnlose Medikation erhalten hatte. Die Verurteilungen für die acht Morde waren eine Konsequenz dieser Falschbehandlung. Vorausgesetzt, Sture sagte die Wahrheit. Und wie sollte ich jemals den Wahrheitsgehalt bestimmen?

»Es wäre mir wichtig, Einsicht in Ihre Patientenakten zu erhalten«, sagte ich.

Sture schien von diesem Wunsch nicht begeistert.

»Ich weiß nicht, ob ich das will«, erwiderte er.

»Warum?«

Er zögerte.

»Mir ist das so unglaublich peinlich, dass ein Außenstehender all das liest, was ich in den Jahren gesagt und getan habe.«

»Also wirklich! Alle haben doch gelesen, wie Sie sich an Kindern vergriffen haben, wie Sie sie ermordet, zerstückelt und ihre Leichenteile verspeist haben. Was soll es da noch geben, was Ihnen peinlich sein könnte? Das ist doch alles schon dermaßen peinlich, dass es schlimmer gar nicht mehr werden kann!«

»Ich weiß nicht«, wiederholte Sture. »Aber ich denke darüber nach.«

Seine Antwort machte mich misstrauisch. Konnte es sein, dass Sture mir die Patientenakten vorenthalten wollte, weil sie eine andere Wahrheit zutage fördern würden?

»Überlegen Sie es sich«, sagte ich. »Aber wenn Sie wollen, dass die Wahrheit ans Licht kommt, setzt das voraus, dass Sie total offen mir gegenüber sind. Die Wahrheit und nichts als die Wahrheit ...«

»Ja, das ist schon klar«, sagte Sture. »Ich schäme mich bloß so sehr ...«

Nach einem langen und ausführlichen Gespräch verabschiedeten wir uns voneinander. Als ich gehen und Sture klingeln wollte, fiel mir plötzlich noch etwas Wichtiges ein.

»Sture, darf ich Ihnen eine letzte Frage stellen, die mich seit einem halben Jahr umtreibt?«

»Jaha?«

»Was haben Sie eigentlich bei Ihrer genehmigten Reise nach Stockholm gemacht?«

Er lachte und antwortete ohne Zögern. Seine Antwort brachte mich ebenfalls zum Lachen.

TEIL II

*»Wenn Sie sagen, dass die Polizei
zusammen mit einem Psychologen
schwedische Gerichte dazu gebracht hat,
einen Unschuldigen zu verurteilen,
dann sage ich, dass es so etwas
niemals in der Rechtsgeschichte gegeben hat.
Wer das beweisen kann, landet den
besten Knüller der Welt.«*

CLAES BORGSTRÖM,
Thomas Quicks Verteidiger 1995–2000,
im Interview mit dem Autor
vom 14. November 2008

Ein Leben aus Lügen

Ich stehe im Besucherzimmer vor der Tür und warte darauf, dass der Pfleger mir aufmacht. Doch vorher verrät Sture mir noch die Antwort auf meine Frage.

Im Untersuchungsmaterial der Polizei waren Thomas Quicks genehmigte Fahrten festgehalten worden. Nach der Rückkehr von einer dieser Fahrten hatte er eine »hypnotische Reise in einer Zeitmaschine« vorgenommen und auf einmal erstaunliche Details über den Mord an Thomas Blomgren in Växjö wiedergeben können. Jedenfalls hat sein Therapeut die plötzliche Wiederkehr der Erinnerungen so gedeutet.

»Ja, das kann ich Ihnen sagen«, sagt Sture triumphierend. »Da saß ich in der Bibliothek in Stockholm und habe Zeitungsartikel über Thomas Blomgren gelesen. Ja, ja, da saß ich und habe Mikrofilme durchgenudelt. Ich habe alle wichtigen Angaben notiert und den Schuppen abgezeichnet. Dann habe ich alles in die Klinik reingeschmuggelt und durchgelesen, bevor ich meine Notizen weggeworfen habe.«

Obwohl ich den Verdacht hatte, dass es genauso gewesen war, ist es unheimlich, Sture davon reden zu hören, wie höllisch verschlagen er gewesen war. Warum um alles in der Welt hat er so viel Mühe darauf verwendet, die polizeilichen Ermittlungen zu düpieren?

Laut Sture war es nicht seine Absicht gewesen, die Ermittler an der Nase herumzuführen. Alles ging darum, gegenüber seinem Therapeuten glaubwürdig, ein interessanter Patient zu sein.

»Kjell Persson hat mich in die Bibliothek getrieben«, erklärt Sture. »Sie müssen sich den ungeheuren Erwartungsdruck vorstellen, dem ich in der Therapie ausgesetzt war. Wir saßen da, dreimal in der Woche, jeweils für drei Stunden. Und ich erzählte und erzählte, jedoch ohne etwas Brauchbares zu liefern. Es ging auch darum, Kjell Persson und [Oberarzt] Göran Fransson Seppo und Kwast etwas zu bieten. Von Thomas Blomgren zu erzählen schien ungefährlich, die Tat war verjährt, und ich lief keine Gefahr, verurteilt zu werden.«

Ich höre, was Sture sagt, aber sosehr ich verstehen will, so kommt mir alles viel zu weit hergeholt vor.

»Außerdem«, fährt Sture fort und sieht mich erwartungsvoll an. »Außerdem habe ich für den Mord an Thomas Blomgren ein Alibi! Ein eindeutiges Alibi!«

Und ich habe noch nicht einmal das, was er über die Bibliothek gesagt hat, verdaut.

»Meine Zwillingsschwester und ich sind am Pfingstwochenende 1964 konfirmiert worden«, berichtet Sture aufgeregt. »Zwei Tage Konfirmation! Zu Hause in Falun! In Volkstracht! Wir waren in einer Volkstanzgruppe und sind alle zusammen konfirmiert worden.«

»Sind Sie wirklich sicher, dass das Jahr und das Datum stimmen?«

»Jaaaa«, sagt er nachdrücklich. »Und ich habe die ganze Zeit befürchtet, dass die das mit der Konfirmation rausfinden. Meine Geschwister wussten das ja! Und meine Mitkonfirmanden. Das herauszubekommen war schließlich nicht so schwer!«

Nun kommt der Pfleger, um mir die Tür aufzumachen, und wir müssen uns rasch verabschieden.

Ich bin richtig durcheinander, als ich in die Herbstluft hinaustrete und zum Auto gehe. Ich habe so viel zum Nachdenken, dass es die ganze Fahrt bis nach Göteborg reicht.

Dass Sture Bergwall seine Geständnisse sämtlicher Morde widerruft, ändert meine Arbeit mit meiner geplanten Fernsehdokumentation von Grund auf.

Stures anfängliche Zweifel, mir die Patientenakten zu überlassen, legen sich zügig, und er gewährt mir Einsicht in Material, das zu bekommen ich nie zu hoffen gewagt hatte. Vor allen Dingen handelt es sich dabei um seine Patientenakten, Medikationstagebücher und Ähnliches, aber es stellt sich heraus, dass er auch jede Menge Korrespondenzen, Tagebücher, private Aufzeichnungen und alte Protokolle der Ermittlungsverfahren aufgehoben hat.

Sture versorgt mich mit allem, was ich haben möchte, und macht sich nicht einmal die Mühe, die Dokumente querzulesen, bevor er sie mir aushändigt.

»Das ist eine große Beruhigung für mich, dass ich *weiß*, dass es nichts in diesem Material gibt, was gegen mich spricht. Zum ersten Mal habe ich nichts zu verbergen. Nichts!«

»Die Wahrheit wird uns frei machen«, antworte ich scherzhaft und meine das gleichzeitig vollkommen ernst.

Wenn Stures neue Version der Wahrheit entspricht, weiß ich, dass sein Erzählen eine Erlösung für ihn sein wird.

In der Zeit nach Stures Kehrtwende unterhalten wir uns oft über die verheerenden Konsequenzen, die es haben würde, wenn er mich belügt, und darüber, dass die kleinste Lüge uns beide ins Unglück stürzen würde. Mein Gefühl sagt mir, dass er die Wahrheit sagt. Das weiß ich. Aber aus reinem Selbsterhaltungstrieb bin ich fest entschlossen, allem zu misstrauen, was er sagt.

In den Augen der anderen ist er vollkommen verrückt und eine Person, die jeder Glaubwürdigkeit entbehrt. Dass er nun behauptet, alles sei nur erfunden, wird daran nicht unbedingt etwas ändern.

Sämtliche Quick-Urteile stehen außerdem vollständiger Beweisführung gegenüber. Ich bin mir bewusst, dass ich jeden einzelnen Beweis prüfen und verwerfen muss. Wenn ein einziger dieser Beweise nur so zu erklären ist, dass Sture schuldig ist, wird alles, was er gesagt hat, wie ein Kartenhaus zusammenfallen.

Zusammen mit der Researcherin Jenny Küttim werde ich eine zweiteilige Dokumentation produzieren, die am 14. und 21. Dezember 2008 gesendet werden wird. Wir haben genau drei Monate Zeit.

Täglich tauchen neue Fragen an Sture auf, und es ist unhaltbar geworden, nur auf das Patiententelefon auf seiner Station zurückgreifen zu können. Wir besorgen ein einfaches Mobiltelefon, das wir nach Säter in die Klinik schicken, und plötzlich können wir sooft miteinander sprechen, wie wir wollen.

Sture Bergwall kann nicht für die Kosten aufkommen, die durch seinen juristischen Beistand entstehen, doch Rechtsanwalt Thomas Olsson, den ich im Zusammenhang mit dem »Fall Ulf« kennengelernt habe, ist bereit, sich des Falles *pro bono*, ohne Kosten für den Mandanten, anzunehmen.

Jenny Küttim und ich konzentrieren uns ausschließlich darauf, Stures Angaben zu überprüfen und die kolossale Dokumentenmenge zu bearbeiten, zu der wir nun Zugang haben. Stures Akten reichen bis ins Jahr 1970 zurück. Und sie bestätigen Stures sinnlose Medikation.

Die Lektüre ist ein erschütterndes Erlebnis. Was wir sehen, ist ein unfassbarer Behandlungsskandal.

Der Serienmörder trifft ein

Nach dem misslungenen Banküberfall in Grycksbo im Jahr 1990 wurde Sture Bergwall zunächst in der Staatlichen Psychiatrie in Huddinge untersucht. In ihrem elfseitigen Bericht fasste die Leiterin Anita Stersky das Leben ihres Patienten wie folgt zusammen:

140

Ende der 60er-Jahre Missbrauch von Jungen, darauf folgend Urteil über Einweisung in geschlossene Psychiatrie, Aufenthalt im Sidsjöns-Krankenhaus in Sundsvall, dann erster Resozialisierungsversuch und Studien an der Volkshochschule in Jokkmokk.

»Aber dann ging's schief«, schrieb Stersky. »SB geriet in Homosexuellen-Kreise, die Drogen und Alkohol konsumierten. Trotz allem verband ihn eine gewisse Zusammengehörigkeit mit der Gruppe, sie gab ihm immerhin eine – wenn auch negativ besetzte – Identität.«

Sture wurde zum ersten Mal im Januar 1973 in die Psychiatrie in Säter eingewiesen, wurde zur Wiedereingliederung entlassen, büffelte in Uppsala und schien alles im Griff zu haben – bis zum März 1974, als er einen homosexuellen Mann überfiel, den er beinahe erstochen hätte. Der Bericht listete mehrere Verwahrungen, weitere Resozialisierungsversuche, »Todessehnsucht«, Selbstmordversuche und 1977 eine definitive Entlassung aus Säter auf. Anita Stersky schrieb über Sture Bergwalls Vorliebe für Jungen und darüber, dass er »gelernt hat, dass er seine Neigungen nicht ausleben darf«. »Eine der wichtigsten Ursachen dafür, dass SB seine Neigungen kontrollieren konnte, war die, dass er Alkohol und Drogen völlig abschwor.«

Im Anschluss daran folgte eine Beschreibung seiner Jahre in Grycksbo: der Kioskbetrieb, das Leben mit Patrik, die eingestellten Krankengeldzahlungen, der Konkurs, die finanziellen Probleme, die Zeit als Conférencier der Bingo-Lotterie und schließlich der Raubüberfall auf die Gotabanken, der in einem Fiasko endete.

In ihrer abschließenden Beurteilung schrieb die Leiterin Stersky: »SB war bei unseren Gesprächen oft sehr angsterfüllt, nervös und ist bisweilen in Tränen ausgebrochen, die abrupt wieder versiegten. Wenn wir über besonders heikle Themen sprachen, hat SB manchmal entweder hysterische Anfälle bekommen, bei denen er auf seinem Bart gekaut und daran gezerrt und gezupft hat, die Augen geschlossen und auf krampfartige Weise gezittert hat, oder er hat ganz starr und steif dagesessen, die Augen minutenlang geschlossen, und war nicht ansprechbar. [...] Meiner Ansicht nach leidet SB an einer höchst gravierenden, psychischen Störung und benötigt Behandlung in einer geschlossenen psychiatrischen Einrichtung. Diese Behandlung möge ihm aufgrund seiner Gefährlichkeit in einer Klinik für besonders behandlungsintensive Patienten zuteilwerden.«

Mir erzählt Sture von der beinahe bodenlosen Verzweiflung, die er in jener Zeit empfunden hat:

»In Grycksbo hatte ich ein gutes Leben. Viele Freunde und den Job bei der Bingo-Lotterie in Falun. Die alten Tantchen mochten mich. Viele sind nur an den Tagen gekommen, an denen ich arbeitete. Ich war Conférencier und verkaufte Spielkarten, kümmerte mich um die Omis, holte Kaffee und machte meine Scherze. Sie fühlten sich in meiner Gegenwart wohl. Das war schön, und der Job gefiel mir wirklich gut. Als ich wegen des Banküberfalls eingebuchtet wurde, brannte ich alles nieder, was ich hatte. Meine Familie, Freunde, meinen Job, ich verlor alles.

Früher hatte ich schlimme Sachen gemacht. Aber das war lange her, in meiner Jugend in den 60er- und 70er-Jahren. Nach dem Bankraub konnte ich nicht einmal mehr meinen Geschwistern in die Augen sehen. Ich war total allein und hatte nichts, zu dem ich zurückkehren konnte. Nichts.«

Die Zeit in Huddinge hat ihm zwei Dinge gegeben, wie er sagt.

»In der Psyche in Huddinge habe ich miterlebt, dass selbst ein furchtbarer Massenmörder wie Juha Valjakkala so etwas wie Bewunderung bei einigen der Mitarbeiter hervorrufen konnte.

Er wurde auf einer speziellen Isolierungsstation mit permanenter Überwachung behandelt. Es existierte eine unheimliche Faszination für Juha und seine Verbrechen.

Juha Valjakkala hatte 1988 zusammen mit seiner finnischen Freundin Marita eine ganze Familie in Åmsele in Västerbotten ermordet. Seit ihrer Festnahme in Dänemark wurde in der Psychiatrie in Huddinge ein psychologisches Gutachten über Juha erstellt. Obwohl inzwischen relativ viel Zeit vergangen war, seit Valjakkala die Psychiatrie verlassen hatte, war er noch sehr präsent auf der Station.

Einige Mitarbeiter redeten ständig mit mir über Juha, und ich hatte ein offenes Ohr für ihr Bedürfnis, über Juha und die Morde zu sprechen«, sagt Sture. »Ich musste feststellen, dass man selbst als abscheulicher Verbrecher bewundert und geachtet werden konnte.«

Das war das eine. Das andere war, erklärt mir Sture, dass Anita Stersky ihm von der »fantastischen Form der psychodynamischen Therapie« erzählte, die in der Psychiatrie in Säter entwickelt worden war. Der sah er mit Freuden entgegen.

Der dunkelblaue Volvo fuhr am Golfklub von Säter vorbei, bog in gemächlicher Fahrt auf den Jonshyttevägen und glitt am grünen Ufer des Ljustern-Sees entlang. Der Insasse auf der Rückbank hatte keine Ahnung davon, dass er internationale Bekanntheit erlangen und die Anzahl seiner Morde internationale Größen wie Jack The Ripper, Ted Bundy und John Wayne Gacy übertreffen würde.

Aber noch hatte der Frühling 1991 gerade erst begonnen, die Reisigbündel für die Walpurgisnacht waren noch nicht in Brand gesteckt worden, und Thomas Quick hieß noch Sture Bergwall. Er wusste nicht, dass seine Lebensgeschichte Psychologen, Ärzte, Wissenschaftler, Journalisten und große Teile des schwedischen Rechtsapparats über Jahrzehnte beschäftigen sollte. Er hatte keine Ahnung davon, dass international anerkannte Wissenschaftler seinen Fall als weltweit einzigartig betrachten und sein eigenartiges Schicksal mit großem Interesse verfolgen würden.

Als Sture Bergwall am 29. April 1991 von der Psychiatrie in Säter aufgenommen wurde, war die Bezeichnung »Serienmörder« an sich in Schweden noch recht unbekannt. Aufgrund von ein paar Fällen in den USA hatte die dortige Bundespolizei, das FBI, den Begriff geprägt und neue Methoden entwickelt, vor allem das sogenannte Täter-Profiling, um die Täter zu fassen. Dieses Phänomen war bei den amerikanischen Kriminologen und Verhaltensforschern Ende der 80er-Jahre Gegenstand für umfassende Forschung gewesen und wenige Jahre darauf von Autoren und Filmemachern der Popkultur ausgeschlachtet worden.

In jenem Frühjahr eroberte der neue Antiheld der Popkultur in Gestalt von Hannibal »Der Kannibale« Lecter in der Verfilmung von Thomas Harris' Roman *Das Schweigen der Lämmer* in großem Stil die Leinwand. Der brillante Serienmörder hilft im Film den Ermittlern mit ausgesprochen kryptischen Hinweisen, den Serienmörder Buffalo Bill zu überführen, der Frauen kidnappt und tötet, um sich aus ihrer Haut ein Gewand zu nähen. Doktor Lecter versorgt die FBI-Agentin Clarice Sterling mit scharfsinnigen und psychologisch aufschlussreichen Puzzleteilen in Form von Anagrammen und persönlichen Fragen, die oft mit lehrreichen Hinweisen und Zitaten des römischen Kaisers Marc Aurel gespickt sind. Die messerscharfen Hinweise sind jedoch so abgehoben und rätselhaft, dass sie kaum deutbar sind.

Sture konnte nicht ins Kino gehen, aber er lieh sich die Filme auf Video aus, und wie alle anderen Schweden lernte er, wie Serienmörder ticken und wie die Jagd nach ihnen funktioniert.

Gleichzeitig erschien der Erfolgsroman *American Psycho*, in dem der stahlblanke Sadist, Millionär und Serienmörder Pa-

trick Bateman Zerstreuung und ein Mittel gegen seinen Lebens-
überdruss sucht, indem er mit ausgesuchter Gleichgültigkeit
seine Opfer mit Drillbohrer und Nagelpistole bearbeitet. Die
Klinikbibliothek in Säter erwarb das Buch, das Sture sofort
auslieh und las.

»Die Hauptfigur des Romans, Patrick Bateman, ist unglaublich intelligent, und das war wichtig für mich, glaube ich. Ich
stellte fest, dass man sowohl intelligent als auch Serienmörder
sein kann. *Das Schweigen der Lämmer* und *American Psycho*
haben ja auch einen gewissen Status erlangt, weil sie im Feuil-
leton von *Dagens Nyheter* und vom *Expressen* besprochen
wurden. Dadurch wurden die Serienmörder auch für mich interessant«, erinnerte sich Sture.

Für Sture Bergwall war die Identität einer intellektuellen
Person wichtig, und er bemerkte, dass seine Ärzte und Psychologen sich für das neue Phänomen interessierten. Und
mit einem schier unglaublichen Timing wurden die Erfolge
der Populärkultur rasch durch wahre Geschehnisse vergrö-
ßert.

An einem lauen Abend Ende Juli 1991 rollten zwei Police-
Officer langsam durch eine Gegend in Milwaukee, Wiscon-
sin, mit besonders hoher Kriminalitätsrate, als ein junger
Schwarzer mit Handschellen an den Handgelenken angelaufen kam.

Der Mann hieß Tracy Edwards und erzählte aufgeregt, ein
»komischer Typ« habe ihm Handschellen angelegt, bevor es
ihm gelungen war, aus der Wohnung zu flüchten.

Die Tür zu der Wohnung 123 wurde umgehend von deren
Bewohner Jeffrey Dahmer geöffnet, einem ordentlichen und
ansehnlichen blonden Mann von 31 Jahren, der nicht im Geringsten nervös wirkte. Er erbot sich ungezwungen, die Schlüssel für die Handschellen seines Freundes aus dem Schlafzimmer zu holen. Die Beamten spürten, dass Dahmer ein
vertrauenerweckender Mann war, der in einer für die Gegend

ungewöhnlich hübschen und sauberen Wohnung lebte. Irgendetwas brachte einen der Officer dazu, darauf zu bestehen, selbst einen Blick in das Schlafzimmer zu werfen, in dem der Schlüssel verwahrt wurde.

Im Schlafzimmer entdeckte der Beamte einen großen Behälter mit 300 Litern Säure, in dem sich drei menschliche Körper in verschiedenen Graden der Zersetzung befanden. Sein Kollege öffnete den Kühlschrank und wurde von vier menschlichen Schädeln begrüßt, die aufgereiht auf den Glastablaren standen. Nahrungsmittel wurden keine in dem Kühlschrank aufbewahrt, nur menschliche Körperteile. Weitere sieben Schädel wurden im Garderobenschrank verwahrt, und den Penis eines seiner Opfer hatte Dahmer in einer Hummerreuse verstaut.

Der nette junge Mann mit dem vorteilhaften Aussehen hatte seinen Opfern Drogen verabreicht, ihnen Löcher in die Schädeldecke gebohrt und verschiedene chemische Substanzen direkt ins Gehirn verabreicht. Als das erledigt war, hatte er sie vergewaltigt, zerteilt und schließlich einige der Teile verspeist.

Wie erklärt man ein solches Verhalten? Und wie nennt man einen Menschen, der sich solche Taten zuschulden kommen lässt? Die Zeitungen taten ihr Bestes, um eine passende Bezeichnung zu finden. »Der Satan«, »der Kannibale von Milwaukee« und »ein lebendiges Monster« waren einige der Namen, die Jeffrey Dahmer erhielt, aber es gab einfach keine Worte dafür.

Wie haarsträubend die Details auch waren, die veröffentlicht wurden – schon bald sollten die Medien von einem Serienmörder berichten, der noch schlimmer war, von dem »Teufel von Russland«, schuldig an mindestens 25 Morden.

Wieder war es eine scheinbar harmlose und freundliche Seele, die als das Mensch gewordene Böse entlarvt wurde. Der 55-jährige Andrej Tjikatilo wurde als »schüchterner Sprachlehrer« beschrieben, der mit Frau und Kindern ein beschauliches Leben in der südrussischen Stadt Novatjerkassk lebte. Seine Frau hatte während ihrer 27-jährigen Ehe nie den Verdacht gehabt, ihr Mann könne irgendwelche dunklen Geheimnisse vor ihr haben.

Jeder konnte ein Serienmörder sein. Sie, ich, der Nachbar oder Ihr Lebenspartner.

Während der zwölf Jahre andauernden Jagd nach dem russischen Serienmörder hatte die Polizei mehrere andere vermeintliche Täter gefasst. Einer dieser fälschlich Verdächtigten legte ein Geständnis ab und wurde für Morde hingerichtet, die später mit Tjikatilo in Verbindung gebracht werden konnten. Ein anderer Verdächtiger beging Selbstmord vor Prozessbeginn.

Als Sture Bergwall seinen ersten Herbst in Säter verbrachte, begann ein unbekannter Täter in Stockholm, auf ihm unbekannte Opfer zu schießen. Bevor der Schuss fiel, war ein kleiner roter Lichtpunkt auf dem Opfer gesehen worden, was die Abendzeitungen dazu veranlasste, den Täter den »Lasermann« zu nennen.

Am 8. November erschoss der Lasermann sein fünftes Opfer, das einzige, das verstarb. Die Polizei geriet unter Druck, denn es war offensichtlich, dass der Lasermann so lange weitermorden würde, bis er gefasst werden würde, was besonders bedenklich war, weil die Polizei nicht die geringste Ahnung hatte, wo und in welchen Kreisen sie den Täter suchen sollte.

Die Vorgehensweise des Lasermannes bediente in vielerlei Hinsicht die Klischees über Serientäter. Seine Opfer waren nicht europäischer Herkunft, er schlug in geografisch begrenztem Umkreis zu, er stand in keinerlei Beziehung zu seinen zehn Opfern, er war diszipliniert und hinterließ keine Spuren. Doch seine Absicht zu töten hatte sich meist nicht erfüllt. Nur das fünfte seiner zehn Opfer erlag seinen Verletzungen, weil er bei den anderen glücklicherweise versehentlich den Schalldämpfer verkehrt auf seine Waffe montiert hatte.

Aus Frustration darüber, dass die ersten vier Opfer überlebt hatten, hatte der Lasermann seinen Stil geändert und sich von hinten an sein fünftes Opfer herangeschlichen, dem 34-jährigen Mann die Waffe an den Hinterkopf gepresst und abgedrückt. Nicht einmal ein falsch montierter Schalldämpfer hätte ihn noch retten können.

Sture Bergwall wurde in Säter auf einer psychiatrischen Station mit extrem gemeingefährlichen Gewalttätern verwahrt. Der Status der Patienten hing zum großen Teil davon ab, wie interessant ihre Lebensgeschichte und ihre Verbrechen waren. In diesem Zusammenhang hatte Sture schlechte Karten.

Ein sonderbarer Patient

Anfang der 90er waren Kjell Persson und Göran Fransson in der Psychiatrie Säter Oberärzte und haben im Laufe der Jahre immer wieder im Team zusammengearbeitet.

Schon während des Ermittlungsverfahrens, bevor Sture Bergwall zur Behandlung in der geschlossenen Psychiatrie verurteilt wurde, kassierte Göran Fransson 650 Kronen für ein psychologisches Gutachten über den missglückten Bankraub. Das Gutachten, ein sogenanntes »Paragraph-7-Gutachten (P7)«, wurde angefertigt, um entscheiden zu können, ob der Angeklagte einem großen psychologischen Gutachten unterzogen werden sollte. Die Beurteilung seiner Gefährlichkeit ist nicht Teil eines P7 – ebenso wenig die Spekulation über Straftaten, die der Patient eventuell begangen hat, ohne dass sie aufgedeckt worden waren. Aber genau dazu fühlte Fransson sich berufen:

> Die Straftaten, für die er in der Vergangenheit verurteilt worden ist, zeugen von einer hochgradigen sexuellen Perversion, bei der das Risiko einer Wiederholungstat für gewöhnlich hoch ist, weshalb es bemerkenswert erscheint, dass er nicht erneut für derartige Straftaten verurteilt worden ist.

Göran Franssons Annahme, dass Sture Bergwall schwere Verbrechen begangen hat, die nicht ans Licht kommen würden, sollte sich bald bestätigen. Dass das Gutachten unangemessen war, hat Fransson im Nachhinein selbst zugegeben.

»Ich bereue, dass ich das geschrieben habe. So etwas sollte nicht in einem P7 stehen. Aber ich hatte ja recht«, sagte er in einem Interview des *Dala Demokraten* im Juni 1996.

Die Überzeugung, dass es in Stures Vergangenheit unentdeckte Straftaten gab, etablierte sich rasch bei jenen, die für Sture Bergwalls Behandlung verantwortlich waren. Und wer sucht, der findet.

Stures Patientenakten, die Medikationsverzeichnisse und Dokumente lieferten mir einen umfassenden Einblick in seinen Alltag in Säter, von Tag eins an. Sture nahm ahnungslos an den Routineuntersuchungen der Aufnahme teil, er kleidete sich auf Kommando aus und an, und ließ es sich gefallen, dass ein Assistenzarzt ihm mit einer Taschenlampe in die Pupillen leuchtete, mit einem Gummihammer gegen die Kniescheiben schlug und seinen Körper nach Stichnarben oder anderen besonderen Merkmalen absuchte.

Einen Tag darauf traf er mit einem Arzt zusammen, der bei einigen Gelegenheiten dafür sorgen sollte, dass sein Lebenslauf einen anderen Weg einschlug. Oberarzt Göran Källberg hatte ein einleitendes Gespräch mit Sture und machte folgende Notiz:

> Er war ruhig und gefasst und vollkommen einverstanden mit dem, was unsere Behandlung beinhaltet. Er ist ja die Behandlung in einer geschlossenen Psychiatrie von früher gewohnt. Wir sprechen ein bisschen über seine Situation und seine Probleme im Allgemeinen. […] Gelegentlich leidet er ja unter starken Panikattacken, und auch während unserer Unterhaltung steigt seine Anspannung sehr, er ist den Tränen nahe und beginnt, stoßweise zu atmen. Er beruhigt sich allmählich wieder. Während der Unterhaltung ist der Kontakt im Übrigen förmlich.

Als Göran Källberg die aktuelle Medikation infrage stellte, verwunderte ihn Stures vehementer Protest. Er beließ es bis auf Weiteres bei der Medikation, aber vermerkte in der Patientenakte, dass Sture »offensichtlich abhängig von der kleinen Dosis Sobril (auch Oxazepam, Beruhigungs- und Schlafmittel) war, die er seit vielen Jahren einnimmt«.

Stures Dasein in der Psychiatrie in Säter verfiel bald in einen Alltagstrott. Aus den Patientenakten geht hervor, dass er sich völlig problemlos anpasste und unauffällig war.

Aber in den Akten finden sich auch wiederholte Aufzeichnungen darüber, dass Sture das Personal ansprach, um darauf aufmerksam zu machen, dass es ihm schlecht ginge und ihn Selbstmordgedanken umtrieben. Am 17. Mai 1991 schrieb Kjell Persson:

> Sture Bergwall kommt heute Morgen und wünscht, mit einem Arzt zu sprechen. Erzählt, dass er nachts viel herumgrübelt, Angst hat, schwitzt und weinen will. »Ich muss mir etwas von der Seele reden.«

Obwohl Persson kein Psychotherapeut ist, erbarmt er sich und lässt Sture gelegentlich zum Reden zu sich kommen. Die informellen Unterhaltungen nehmen immer stärker die Form einer Gesprächstherapie an. Ein wiederholt auftretendes Thema ist Stures Gefühl, keine Existenzberechtigung zu haben, verbunden mit dem Wunsch, sich das Leben zu nehmen. Er empfindet große Trauer darüber, dass er nach dem Bankraub seinen damaligen besten Freund, den 22-jährigen Patrik, verloren hat. Als der Ältere von beiden fühlt er sich schuldig dafür, dass Patrik nun im Gefängnis einsitzt. Persson macht am 24. Juni 1991 folgenden Eintrag in Stures Akte:

Wenn man darauf und auf ähnliche Fragen zu sprechen kommt, setzen bei dem Patienten Tics ein, stoßweise Atmung und merkwürdige Grunzlaute. In der Runde wurde heute berichtet, dass davon immer weniger auf der Station zu bemerken ist. Sonst keine weiteren Probleme.

Sture Bergwall scheint darauf zu brennen, eine Psychotherapie zu beginnen, was – wie sich herausstellt – jedoch schwieriger ist, als gedacht. Denn egal, ob seine Panikattacken, Tics und Grunzlaute Theater waren oder nicht, so verhielten sich die Ärzte relativ gleichgültig. Sie fanden schlicht, Sture sei kein interessanter Patient. Am 2. Juli schreibt Kjell Persson in die Akte:

Der Patient leidet vermehrt unter Angstzuständen in den letzten Tagen, er kann nachts schlecht schlafen und grübelt viel. Er trägt sich mit Selbstmordgedanken, sagt aber, dass er sich eigentlich nichts anzutun wagt. Das ist eine Sache, die ihn in all den Jahren einmal mehr und einmal weniger beschäftigt hat, doch er sagt, er habe den Selbstmord am Abend vor dem Bankraub eigentlich verworfen. Er gibt an, dass er sich eine Stelle ausgesucht hatte, wo er mit dem Auto von der Straße abkommen wollte, aber als es so weit war, entdeckte er seinen Hund auf dem Rücksitz. Nun sagt er, er wolle eigentlich eine Art Bestätigung dafür, dass er ein solch schlechter Mensch sei, der Selbstmord verüben solle.

Aus den Akten geht hervor, dass Göran Fransson das stark abhängig machende Präparat Somadril (auch Carisoprodol, zentral wirkendes Muskelrelaxans, »das so schön im Hirn vibriert«) gestrichen hatte, und die Ärzte probierten verschiedene Generika (wirkstoffgleiche Kopien eines Medikaments anderer Hersteller). Sture sagte aber, andere Hersteller machten ihn schwermütiger. Schließlich wird wieder auf Somadril zurückgegriffen, und die beruhigende Wirkung setzt vorübergehend wieder ein. Göran Källberg notiert am 10. Juli:

Eine abschließende Beurteilung der Selbstmordgefährdung resultiert darin, dass ich gegenwärtig keine besonderen Sicherheitsmaßnahmen für notwendig erachte. Dass der Patient sich aussprechen und darüber reden kann, scheint eine Befreiung für ihn zu sein. Außerdem rühren die Selbstmordgedanken von einer Art existenzieller Problematik her, das heißt, wenn er sein Leben Revue passieren lässt und beschreibt, wie schwer es war, und dass er sich wie ein Versager fühlt. Etwas Depressiv-Melancholisches oder Psychotisches gibt es in seinen Gedankengängen und Schlussfolgerungen nicht. Im Übrigen hat er sich gut in die Station eingefügt. Er hat ein ehrliches Interesse, mit sich selbst ins Reine zu kommen, aber spürt, dass er das aus eigener Kraft nicht vermag. In seinen Überlegungen ist der Patient sehr intellektuell und verwendet gern theoretische Begriffe. Gleichzeitig ist ihm bewusst, dass ihm das als Mittel zur Distanzierung dient.

Während des Sommers werden Sture stundenlange Freigänge in Anwesenheit des Personals gewährt, die er ohne Schwierigkeiten meistert. Die Gespräche mit Kjell Persson werden fortgeführt, aber die Ärzte zweifeln, ob eine psychotherapeutische Behandlung sinnvoll ist. Persson notiert am 9. September in Stures Akte:

Seit er auf Station 31 ist, also kurz nach seiner Ankunft in der Klinik, hat der Patient nach psychotherapeutischer Behandlung verlangt. Die Beurteilung, inwieweit er dafür geeignet ist, ist umstritten, und hier kommen auch unsere begrenzten psychotherapeutischen Ressourcen zum Tragen. Deshalb habe ich vorübergehend diesen Kontakt mit dem Patienten aufgenommen, der unter die Bezeichnung »Arztgespräch« fällt. Es zeigt sich jedoch, dass der Patient diese Zeit ehrlich motiviert dazu nutzt, um über sich selbst, sein Handeln und seine Situation nachzudenken.

Die Gespräche scheinen viel Angst und muskuläre Anspannungen zu wecken, und der Patient bittet parallel um mehr Zeit, da er sie offenbar als Hilfe empfindet, um seine Gedanken zu ordnen.

Sture ist in den Sitzungen ambivalent. Teils bettelt er um Kontakt, teils ist er verschlossen. »Er drückt sich gern in abstrakten Formulierungen aus, anstatt von konkreten Begebenheiten aus seinem Leben zu erzählen«, schreibt Persson und fährt fort:

Gegenwärtig scheint ein zentrales Thema zu sein, überhaupt keine Existenzberechtigung zu haben. Auf der Station benimmt er sich tadellos, aber bislang konnte ihm kein Freigang genehmigt werden, da wir ihn bisher als zu verschlossen und unzugänglich beurteilt haben. Es ist schwierig, sich einen Eindruck zu verschaffen.

Auch früher schon war Sture in psychotherapeutischer Behandlung gewesen und damals wie heute gebeten worden, von seiner Kindheit zu erzählen. Er hatte damals geantwortet, er habe keine besonderen Erinnerungen, was er anfangs daran festmachte, dass das Aufwachsen in der kinderreichen und recht armen Familie keine spannenden Erlebnisse bot. Sture merkte, dass Kjell Persson nach traumatischen Geschehnissen in seiner Kindheit suchte, und sein Eindruck, ein viel zu uninteressanter Patient zu sein, verstärkte sein Gefühl, versagt zu haben. Er taugte nicht einmal als Psychofall. Mir gegenüber erklärte Sture:

»Ich hatte intellektuelle Interessen, aber keine Ausbildung und litt an Minderwertigkeitskomplexen meinen Brüdern und Schwestern gegenüber. Die hatten an der Universität studiert und übten akademische Berufe aus, während ich versagt hatte und schrecklich einsam war. Ich begeisterte mich für die Psychoanalyse und war ganz darauf konzentriert, eine solch tief gehende Therapie beginnen zu können. Aber nicht, weil ich für mich Klarheit in komischen Gedanken und Ideen wollte. Mir ging es um den sozialen Kontakt. Ein Intellektueller zu sein, seinen Gedanken freien Lauf zu lassen, mit jemandem auf Augenhöhe zu diskutieren, das hat mich fasziniert. Vor allen Dingen ging es darum, die Bestätigung zu erhalten, dass ich ein Intellektueller war.«

Die Therapie in Säter basierte auf der sogenannten »Objekt-Beziehungs-Theorie«. Dieser Ausläufer der Psychoanalyse entstand in den 30er-Jahren und misst den ersten Lebensjahren eine große Bedeutung bei. In Kürze zusammengefasst, gründet sie unter anderem darauf, dass verschiedene Persönlichkeitsstörungen auf Misshandlung durch die Eltern zurückgeführt werden können. Da die Menschen generell keine Erinnerungen an ihr sehr frühes Alter haben, besteht eine wichtige Aufgabe des Therapeuten darin, diese Erinnerungen neu zu erschaffen oder die eventuell blassen Erinnerungsfragmente zu interpretieren, damit sie verständlich werden und in das therapeutische Muster passen. Ein wesentlicher Teil der Theorie besteht außerdem darin, dass unschöne Erinnerungen verdrängt oder gar »dissoziiert« werden können, das heißt an falscher Stelle landen können. Somit muss der Therapeut sich damit befassen, die wirklichen Geschehnisse hinter den metaphysischen und oftmals symbolischen Erzählungen, Erinnerungen und Träumen aufzuspüren.

Die bedeutendste Verfechterin der Objekt-Beziehungs-Theorie in Schweden hieß Margit Norell. Sie kehrte der psychoanalytischen Vereinigung in den 6oer-Jahren den Rücken, um ihre eigene Vereinigung für »holistische« Psychoanalyse zu gründen, bevor sie sich auch von dieser abwandte. Als Sture Bergwall in Säter eingewiesen wurde, arbeitete die damals 78-jährige Veteranin der Objekt-Beziehungs-Theorie als Mentorin für die Psychologen und Therapeuten der Klinik. Sture zufolge wurde sie vom Personal mit großem Respekt behandelt, und er nannte sie in seinen Aufzeichnungen »die Große«.

In der Bibliothek der Klinik las er sich die Theorie an, die hinter den therapeutischen Behandlungsmethoden in Säter stand, berichtet er mir.

»Ich war noch nicht lange in Säter, als ich Alice Miller zu lesen begann, die über die Beziehung von Kind und Eltern geschrieben hatte. Sie meinte, dass das Kind, weil es von den Eltern so sehr abhängig ist, die Erinnerung an die Misshandlung durch die Eltern nicht ertragen kann. Derart belastende Erinnerungen werden verdrängt und unerreichbar. Ich fand rasch heraus, dass Alice Millers Theorien sehr weitgehend mit denen der Psychiatrie übereinstimmten, und dass man in der Kindheit die Erklärungen dafür suchen muss, wie man sich als Erwachsener entwickelt. Und dass die belastenden Erinnerungen verdrängt werden. Als Kjell Persson und ich mit unseren Gesprächen begannen, wusste ich durchaus, in welchen Bahnen er dachte, und konnte mich so ausdrücken, dass ich positive Resonanz erhielt. Diese Anpassung nahm ich auf mich, um das zu erreichen, was ich haben wollte, nämlich sozialen Kontakt.«

Diesen Kontakt verwendete Sture darauf, alles Mögliche zu diskutieren, wie etwa den Stoff von Bret Easton Ellis' umstrittenem Bestseller:

»Für mich war es wichtig, mit Kjell über das Buch reden zu können und Patrick Batemans Fantasien mit meinen zu vergleichen. Das Buch ›American Psycho‹, Alice Millers Theorien über die verdrängten Kindheitserinnerungen, die Methoden der Klinik – all das schuf einen ganz besonderen Nährboden für die Serienmorde. Man darf nicht vergessen, dass es Gewaltverbrecher sind, die in dieser Psychiatrie behandelt werden. Ich befand mich in diesem Umfeld, hatte Kontakt mit diesen Menschen, ich wurde ein Teil von alledem. Und wollte schließlich ein Teil dieser Welt sein, denn ich hatte ja nichts anderes.«

Missbrauch und Therapie

Mit Kjell Perssons Hilfe begann Sture, traumatische Erinnerungen aus seiner Kindheit zu »erwecken«, die so schmerzhaft gewesen waren, dass sie »fragmentiert« und verdrängt worden waren. Sukzessive wurden Erinnerungsfragmente zurückgeholt, die schließlich zu Geschehnissen zusammengefügt wurden, die in ihrer Gesamtheit die detaillierte Schilderung einer schrecklichen Kindheit voller Gewalt, sexuellen Missbrauchs und Tod ergaben.

Stures Bemühungen in den Therapiesitzungen wurden sehr positiv aufgenommen, und er erfuhr nun eine Anerkennung, die ihm nie zuvor in seinem Leben zuteilgeworden war.

Eine Konsequenz der Erzählungen Stures bestand darin, dass er »Belohnungen« in Form von Freigang erhielt, der stufenweise ausgedehnt wurde. Und Perssons Aufzeichnungen, hier vom 2. Oktober, werden immer positiver:

Das Gespräch wird mit dem Patienten einmal wöchentlich fortgesetzt. Er pendelt zwischen Offenheit und Verschlossenheit. Wenn er verschlossen ist, versteckt er sich hinter einer fröhlichen Maske, und es ist offensichtlich, dass er dann mehr mit sich selbst hadert.

Als der Herbst beginnt, werden Sture drei Stunden Freigang pro Tag genehmigt, und den Aufzeichnungen der Pfleger zufolge geht er mit seinen Zugeständnissen einwandfrei um.

Persson schreibt, dass die Behandlung des Patienten »keinerlei Probleme darstellt« und dass er »stets sehr freundlich und entgegenkommend« ist. Die Therapiesitzungen werden auf Stures Wunsch hin auf zwei Termine pro Woche erweitert, notiert Persson am 4. November, und »zentral in den Gesprächen ist, dass er sich ausgeschlossen fühlt. Er traut sich nicht, aus sich herauszugehen und hat sehr wenig Selbstwertgefühl.«

Aus Stures Akten und früheren Urteilen geht hervor, dass sein umfangreicher Missbrauch von Alkohol, Drogen und Medikamenten immer wieder zu ernsthaften Problemen in seinem Leben geführt hat. Aber dieses Thema wird in seinen Patientenakten niemals berührt.

Dafür eskaliert nun wieder die legale Verschreibung von Narkotika, aber auf seinen ausführlich dokumentierten, lebenslangen Missbrauch scheint in den Therapiesitzungen nie näher eingegangen worden zu sein. Für einen heutigen Leser dieser Akten ist das ein Rätsel, ebenso wie die Tatsache, dass Sture über sich lieber als Sexualstraftäter, Serienmörder und Kannibale gesprochen hat denn als lebenslanger Alkohol- und Drogenabhängiger.

In seinen ersten Monaten in Säter stellt Sture fest, dass es sowohl unter dem Personal als auch unter den Patienten welche gibt, die er leiden kann, und welche, die er unerträglich findet. Und in beiden Lagern gibt es Leute, die ihm nützlich sind. Einer von denen, die Sture sowohl mag als auch gut brauchen kann, ist der 22-jährige Jimmie Fagerstig, ein intelligenter und mehrfach verurteilter Gewalttäter mit Tätowierungen am ganzen Körper.

»Ich erinnere mich noch daran, wie Sture auf die Station gekommen ist. Er gehört hier nicht so recht her, dachte ich. Er ist ein schlauer Typ mit Ideen. Dann hatte er seine Angst und seine verdammte Todessehnsucht. Er hat mich gebeten, ihn mit einem verfluchten Möbelstück zu erschlagen, das da rumstand. Er legte sich auf den Boden und sagte: ›Schlag mich tot, Jimmie!‹«

Allmählich steigt Sture in Jimmies Achtung, aber nicht, weil er alle beim Scrabblespielen schlägt, sondern weil er erzählt, dass er wegen Raubes verurteilt wurde. Sture ist einer aus Jimmies eigenen Reihen. Nur älter und erfahrener.

»Ja, ich fand, das war ganz schön dreist, sich als Weihnachtsmann zu verkleiden und die Bank auszurauben! Damit hat er eine ganze Zeit lang geprahlt«, sagt Jimmy bei unserem Treffen.

Ihr gemeinsames Interesse für Drogen schweißt sie zusammen, und Jimmie war beeindruckt von Stures erstaunlicher Fähigkeit, sich zusätzliche Medikamentenrationen zu organisieren.

»Er warf sich im Aufenthaltsraum auf den Boden und brüllte. Dann kamen sie rein, aber nicht mit der Tablettenschiene, sondern mit der ganzen Schachtel! ›Sture, wie viele wollen Sie?‹ Er war schlau! Zog die Nummer mit den Panikattacken ab und bekam so viele Halcion und Xanor, wie er wollte.«

Den Ärzten ging rasch auf, dass Sture sich nicht mit der Medikation der Station begnügte, sondern sich mit illegalen

Drogen versorgte. Und Stures wichtigste Quelle war Jimmie Fagerstig.

»Wir hatten dermaßen viel Stoff, dass die von draußen angerufen haben«, erzählt Fagerstig. »Gab es nichts in Hedemora, riefen sie bei mir an. ›Klar, kommt um 9.00 Uhr‹, sagte ich.«

»Dosenangeln« bedeutete, dass die Insassen eine Dose mit Drogen an einer Schnur durch ein Lüftungsfenster hinabließen. Als die Dose wieder nach oben kam, lag die Bezahlung darin.

Im Herbst und Winter 1991 galt Sture als so weit zuverlässig und stabil, dass er allein in den Sonntagsgottesdienst in die Kirche von Säter gehen und um den Ljustern-See joggen konnte.

Aber am 18. Dezember hielt er eine Überraschung bereit, indem er zusammen mit einem anderen Patienten von einem Freigang nicht zurückkehrte. Aus der Akte:

Wir warten bis Freigang-Ende um 18.00 Uhr. Kommt nicht auf Station. Um 18.19 Uhr Fax gesendet. Polizei in Falun informiert.

Bei der Durchsuchung von Stures Zimmer werden mehrere an Ärzte und Pfleger gerichtete Abschiedsbriefe entdeckt, in denen Sture erklärt, dass er beschlossen hat, sich das Leben zu nehmen.

Patient und Mitpatient sind nun entwichen, und der Patient hat in seinem Zimmer ein Bündel Abschiedsbriefe hinterlassen, die meisten datiert auf September und Oktober desselben Jahres, aber mit einem Zusatz des aktuellen Fluchttages. Der Patient bittet unter anderem um Verzeihung für sein Verhalten. Er erteilt recht ausführliche Anweisungen, wie nach seinem Tod zu verfahren sei, und in der aktuellen Mitteilung schreibt er, dass seine

Leiche nicht weit vom Klinikgelände entfernt zu finden sein wird. Später stellt sich heraus, dass der Patient am Tag seines Fernbleibens im Laufe des Vormittags mehrmals bei der Klinikkasse vorbeigeschaut und um die Auszahlung seiner Rente gebeten hat, die zu dem Zeitpunkt noch nicht eingegangen war. Das Personal hat das Gelände abgesucht, konnte jedoch niemanden finden. Heute haben wir von der Polizei die Information erhalten, dass der Patient und sein Mitpatient vermutlich in Sala ein Auto gemietet haben.

Am folgenden Tag kehrten Sture und der Mitpatient in einem gemieteten Volvo nach Säter zurück. Sture gibt zu, im Zusammenhang mit der Flucht Amphetamine eingenommen zu haben und unter anderem in Åre gewesen zu sein. Er sagte, das Ziel der Flucht sei gewesen, den Wagen gegen eine Felswand zu lenken und auf diese Weise Selbstmord zu begehen. Diesen Plan konnte er jedoch nicht ausführen, weil der Mitpatient im Auto gesessen sei. Seinem Arzt Kjell Persson gegenüber erklärt Sture die Flucht damit, dass er ein schlechtes Gewissen bekommen habe, weil er auf dem Klinikgelände Amphetamine gekauft habe.

Die Einträge in den Patientenakten nach dem unerlaubten Ausflug deuten darauf hin, dass sich auf der Station der Verdacht erhärtet hatte, dass Sture Selbstmedikation betrieb und über andere Lieferanten verfügte als die Ärzte der Klinik. Das Personal erhält die Befugnis, nach den Freigängen Leibesvisitationen durchzuführen, und er wird mehrmals bei dem Versuch ertappt, verbotene Präparate oder Medikamente auf die Station zu schmuggeln.

In der Therapie hat Sture begonnen, von immer haarsträubenderen Erlebnissen aus seiner Kindheit zu erzählen. Er erklärt Kjell Persson, dass er früher keine einzige Erinnerung daran

160

gehabt hat, doch nun taucht eine Schreckensnachricht nach der anderen auf. Es beginnt damit, dass die Eltern sich seinen Bedürfnissen gegenüber gleichgültig und gefühlskalt gezeigt hätten. Dann kommen die Erinnerungen daran, wie sein Vater sich an ihm vergriffen hätte, als er gerade erst drei Jahre alt gewesen war.

Stures Mutter Thyra Bergwall galt in Korsnäs als warmherzige und einfühlsame Frau, die die Familie zusammenhielt und ihre sieben Kinder größtenteils selbst versorgte. In den Therapiesitzungen mit Kjell Persson kommen Erinnerungen hoch, die das verborgene zweite Gesicht der Mutter enthüllen. Er erzählt, dass sie versuchte, ihn in einem Eisloch zu ertränken, als er vier Jahre alt war. Sture verlor das Bewusstsein, doch sein Vater rettete ihn in letzter Sekunde. Ein anderes Mal versuchte die Mutter, Sture zu töten, indem sie ihn auf die Schienen stieß, als der Schienenbus herandonnerte. Aber auch diesem Mordversuch konnte er irgendwie lebend entkommen.

Stures Erinnerungen an die Misshandlungen durch die Eltern werden immer wüster, bis schließlich die ganze Familie in die Geschmacklosigkeiten mit hineingezogen wird, sowohl als Opfer wie auch als Täter.

Je extremer die Erinnerungen werden, die Sture in der Therapie zurückholt, desto positiver ist die Einstellung Perssons gegenüber seinem Patienten:

Mit der Zeit ist er immer zugänglicher geworden, er hat es gewagt, in sich zu gehen, seine sexuelle Perversion auf eine Weise zu prüfen, die für den Patienten offensichtlich zu eigenen Schlussfolgerungen geführt hat; unter anderem zu der Einsicht, wie »krank« ein Teil seines Verhaltens gewesen ist, etwas, das er früher eher verdrängt hat und nicht akzeptieren konnte. Der Patient hat eindeutig eine gespaltene Persönlichkeit, er legt auf der Station sowohl ein zurückhaltendes als auch entgegenkommendes, fast anbiederndes Verhalten an den Tag, und hinter dieser Maske verbergen sich starke Gefühle, die er nicht zu zeigen oder anzusprechen wagt.

Kjell Perssons Aufzeichnungen vom 9. April beschreiben Sture im Stationsalltag als zurückgezogen und entgegenkommend. In den Therapiesitzungen hat er allerdings herausgefunden, dass dieses Verhalten nur eine Maske ist, hinter der sich Stures gespaltene Persönlichkeit verbirgt. Die Therapie soll über diese Janusköpfigkeit Aufschluss geben.

In eben diesem Eintrag schreibt Persson weiter:

Der Patient hat sich mit seinen Kindheitserlebnissen befasst, die bislang für ihn im Verborgenen lagen, doch es sind immer mehr Erinnerungen zurückgekommen. Er hat auch seine Träume gedeutet. Kurz gesagt, war die familiäre Situation sehr angespannt, und in seiner Kindheit waren kaum Freiräume für die persönlichen Bedürfnisse des Patienten vorhanden.

In den Akteneinträgen schleicht Kjell Persson wie die Katze um den heißen Brei herum, denn er möchte sein Geheimnis so lange wie möglich für sich behalten. Seiner Auffassung zufolge ist es ihm in der Therapie gelungen, Sture dabei zu helfen, vor langer Zeit verdrängte Erinnerungen an die furchtbaren Misshandlungen in seiner Kindheit zurückzuholen.

Gemäß den in Säter vorherrschenden Theorien ist Persson dies gelungen, weil er ein fähiger und kompetenter Therapeut ist.

Im Frühjahr 1992 wurde Sture auf die geschlossene Station 36 verlegt, doch ihm werden immer größere Freiheiten gewährt. Die überschaubaren Einträge in die Patientenakten berichten davon, dass Sture Spaziergänge unternimmt, um den Ljustern läuft und genehmigte Reisen nach Avesta macht. Gelegentlich quälen ihn Angstzustände, dann erhält er Stesolid (angstlösendes Schlaf- und Beruhigungsmittel, wirkt krampflösend und muskelerschlaffend) und andere Präparate, die unter das Betäubungsmittelgesetz fallen, vorzugsweise Benzodiazepine (angstlösende, zentral muskelrelaxierende, sedierende, schlaffördernde Tranquilizer).

Als es Sommer wird, kommen die Ärzte zu dem Schluss, dass Sture so stabil ist, dass ihm am 6. Juni 1992 uneingeschränkter Freigang bewilligt wird, was bedeutet, dass er tagsüber am öffentlichen Leben teilnehmen darf.

Das harmonische Bild, das die Patientenakten zeichnen, verbirgt das große Drama, das sich dreimal in der Woche abspielt, mit Gefühlsausbrüchen und Schilderungen von Missbrauch und Gewalt. Kjell Persson weiß, dass die Wahrheit über Sture nicht langsam durchsickern, sondern wie eine Bombe einschlagen wird. An jenem Tag werden der Patient und sein Therapeut in den Schlagzeilen aller Zeitungen landen. Doch noch ist es nicht so weit. Die Therapie soll noch eine Zeit lang weitergehen.

Der Badeausflug

Der 25. Juni 1992, ein Donnerstag, war warm und sonnig, ein perfekter Tag für einen Badeausflug am Ljustern – zusammen mit Therese, einer von Stures Lieblingspflegern. Er konnte gut mit ihr reden, und sie schien sich in seiner Gesellschaft wohlzufühlen. Sie lagen am Ufer und ließen sich von den Sonnenstrahlen wärmen, während sie beiläufig über Stures Leben und seine früheren Straftaten plauderten.

»Ich frage mich, was Sie von mir halten würden, wenn Sie wüssten, dass ich etwas richtig Schlimmes gemacht habe.«

Therese sah Sture forschend an.

»Was Schlimmes?«

»Ja, was richtig, richtig Übles. Verstehen Sie? Also, wie würde das Ihre Meinung über mich beeinflussen?«

»Ich verstehe überhaupt nicht, wovon Sie reden! Richtig, richtig übel? Sagen Sie einfach, was Sie meinen.«

»Ich gebe Ihnen einen Tipp.«

»Okay.«

Sture überlegte eine Weile, bevor er buchstabierte:

»M-U.«

»Mu?«

Therese musterte ihn mit sorgenvollem Lächeln.

»Sture, ich verstehe wirklich überhaupt nichts.«

Die ganze Unterhaltung kam ihr seltsam vor, vielleicht auch ein bisschen unheimlich, aber sie wollte sich nichts anmerken lassen. Es konnte doch nicht so schwer sein, sich auszudenken, was »etwas richtig Schlimmes« für einen Patienten der Psychiatrie bedeutete, auf dessen Konto bereits Raubüberfälle, Kindesmissbrauch und schwere Misshandlung gingen. Es gelang ihr, das Thema zu wechseln, aber auf der Station berichtete sie, was Sture gesagt hatte.

Göran Fransson und Kjell Persson teilten sich die Verantwortung für Sture Bergwall: Persson kümmerte sich um die Therapie, während Fransson die übergreifende Behandlung zu verantworten hatte. Als Fransson am folgenden Tag zur Arbeit erschien, erhielt er einen Bericht über den Vorfall am Seeufer und bat Sture umgehend zu einem Gespräch ins Musikzimmer. Als Sture gekommen war, schloss Fransson die Tür hinter ihm.

»Sture, ich bin sehr, sehr besorgt über das, was mir heute Morgen auf Station zu Ohren gekommen ist. Die Frage, die Sie Therese gestern am See gestellt haben«, verdeutlichte er. »Mu ...«

Sture senkte den Blick.

»Sie genießen uneingeschränkten Freigang, weil wir Sie für stabil hielten und zu wissen glaubten, wo Sie stehen. Erinnern Sie sich, dass wir vorgestern in der Runde darüber gesprochen haben?«

Sture brummte zustimmend, hatte dem aber nichts hinzuzufügen.

»Sie müssen verstehen, dass wir besorgt sind. Etwas *richtig Schlimmes?* Was soll das heißen? Und der Tipp, die Buchstaben M-U?«

Sture starrte zu Boden.

»Wissen Sie überhaupt, was die Buchstaben M-U bedeuten?«

»Ja, das weiß ich natürlich ... Aber ich kann das nicht erklären. Nicht jetzt.«

»Aber warum sagen Sie dann so etwas? Dafür muss es doch einen Grund geben!«

Sture brummte, Fransson schwieg.

»Das alles«, erklärte Sture stockend, »das ist einfach meine Art, die Menschen zu vergraulen, die mich mögen.«

»Sie haben niemanden vergrault! Therese hat das gemeldet, was Sie erzählt haben, und so soll es auch sein. Sie müssen verstehen, dass das problematisch ist, für uns alle. Und Ihr Freigang heute ... Können Sie sich vorstellen, wie wir jetzt dastehen?«

»Ich kann auch darauf verzichten, nach draußen zu gehen. Das kann ich machen«, gab Sture flüsternd zurück.

»Ich werde ab sofort sämtliche Freigänge streichen. Kein Freigang, bis wir wissen, was das zu bedeuten hat.«

Sture schwieg mit gesenktem Kopf.

»Wir müssen sehr vorsichtig werden, wenn Sie in solchen Rätseln sprechen, Sture.«

Was Sture auf dem Badeausflug angedeutet hat – dass er »etwas richtig Schlimmes« getan hatte –, bestätigte den Verdacht, den Fransson hegte, seit er das P7-Gutachten über Sture erstellt hatte, sowie den schriftlich festgehaltenen Verdacht, dass sich Sture in der Zeit zwischen dem Missbrauch der Jungen und dem Bankraub 1990 weiterer schwerer Gewaltverbrechen schuldig gemacht hatte.

»Das heißt ja, dass ich nicht mehr über meine Gefühle reden kann«, sagte Sture leise. »Dass ich dem Personal nicht erzählen kann, was ich empfinde.«

Fransson suchte seinen Blick.

»Ich verspreche Ihnen, Sture. Das ist alles völlig unproblematisch, solange Sie nicht in Rätseln sprechen. Jetzt müssen wir über das, was passiert ist, nachdenken. Und dann unterhalten wir uns darüber. In Ordnung?«

Und mit diesen Worten verließ Göran Fransson das Musikzimmer.

Zehn Tage später hat Sture seine Freigang-Erlaubnis wieder. Die Bedenken nach dem Badeausflug waren wie weggeblasen. Nun ist man eifrig damit beschäftigt, Sture zu entlassen.

Sture Bergwall meldet der für die Registrierung der Einwohner zuständigen Volksbuchführung, dass er den Namen Thomas Quick annehmen will, was ihm bewilligt wird. Er möchte seine Vergangenheit hinter sich lassen und ein neues Leben mit einem Namen beginnen, dem kein Schmutz anhaftet. Ab dem 15. August wird er in der Nygatan 6b in Hedemora eine kleine Einzimmerwohnung bewohnen und »gegenwärtig geht es ihm sehr gut«. Was jedoch die schönen Aussichten zu trüben scheint, ist die Frage, mit welchen finanziellen Mitteln er sein neues Heim einzurichten gedenkt. Den Sommer über gibt es nur Einträge darüber, wie er die Medikamente allmählich absetzt, regelmäßig joggt und seine genehmigten Reisen antritt, die ihn nach Hedemora, Avesta und Stockholm führen.

Der Umzug will nicht recht vorangehen. Im September steht fest, dass er die Wohnungsmiete nicht bezahlen kann, und er kündigt den Mietvertrag wieder. Er bleibt in Säter, ab November auf einer Station, wo die Resozialisierung vorbereitet wird.

Während die Verantwortlichen in der Psychiatrie Thomas Quicks Entlassung in die Wege leiten, kommt es im Verborgenen zu dramatischen Szenen.

Aus dem Spiel wird Ernst

Im weiteren Therapieverlauf mit Kjell Persson erinnert sich Thomas Quick daran, dass er nach Sundsvall gefahren ist und dort Johan Asplund ermordet hat. Nun ging Asplunds Verschwinden in den 80er-Jahren durch alle Medien, und Quick ist sich nicht ganz sicher, ob seine Erinnerung stimmt. Persson beschließt, dass sie beide am 26. Oktober 1992 nach Sundsvall fahren, um festzustellen, ob die Erinnerungen deutlicher werden.

Kjell Persson hat die Adresse herausgesucht, aber dennoch verfahren sie sich gleich zu Anfang. Viele Jahre später sagt Persson bei dem Prozess im Mordfall Johan aus und räumt ein, dass es »möglich ist, dass sie auf seine Initiative hin in die Wohnsiedlung Bosvedjan eingebogen sind«.

Und es ist mehr als nur möglich, wie sowohl aus Kjell Perssons eigenem Bericht hervorgeht als auch aus den Angaben, die er in der ersten Vernehmung durch die Polizei macht. Als sie zu der Abzweigung mit der Beschilderung Bosvedjan kommen, ist Persson derjenige, der vorschlägt, rechts abzubiegen. Quick hat keine Einwände, aber kann auch nicht sagen, ob das richtig oder falsch ist.

An einer Stelle in der Gegend bekommt Quick eine derart extreme Angstattacke, dass Persson seine private Tatortbegehung abbrechen muss. Die Reaktion wird als Hinweis darauf gewertet, dass Quick Johan umgebracht hat.

Nach dem kurzen Besuch in Bosvedjan fahren sie ziellos durch Sundsvall, bis sie zum Norra Stadsberget kommen, wo Quick wieder von großer Angst befallen wird und meint, der Mord sei hier geschehen.

Nach der Rückkehr in die Psychiatrie nimmt Persson über diese Reise keinen einzigen Eintrag in die Patientenakte vor. Stattdessen werden die Gespräche über den Mord an Johan heimlich fortgesetzt, dreimal wöchentlich, ohne dass die Polizei oder die Klinikleitung informiert werden, obwohl Persson selbst davon überzeugt ist, dass sein Patient einen Mord begangen hat.

Wenn Oberarzt Kjell Persson im Februar 1993 nicht in den Urlaub gegangen wäre, hätte es vermutlich noch viel länger gedauert, bis Quicks Schilderungen von dem Mord an den Tag gekommen wären.

Aber nun war er nicht mehr in der Klinik, und Quick, der sich daran gewöhnt hatte, diese bizarren Unterhaltungen dreimal in der Woche zu führen, wandte sich an Birgitta Ståhle, eine damals 38-jährige Psychologin, die auch eine überzeugte Verfechterin der Objekt-Beziehungs-Theorie war.

»Unser Kontakt wird als Sicherheitsventil für Sture fungieren, denn der therapeutische Prozess weckt so viele Erinnerungsfragmente, dass er feste Bezugspunkte braucht, wenn er jemandem begegnet«, schrieb Ståhle in die Akte.

Aber Birgitta Ståhle fungierte in keiner Weise als das Sicherheitsventil, als das sie sich gesehen hatte. Um ihre Metapher anzuwenden, kann man sagen, dass der Dampfkochtopf schon bei ihrem ersten Treffen explodierte. Quicks Schilderung schockierte sie so sehr, dass sie sofort mit Göran Fransson Kontakt aufnahm, in dessen Verantwortung Quicks Behandlung lag.

»Sture hat erzählt, dass er zwei Menschen umgebracht hat, zwei Jungen«, berichtete Ståhle.

Göran Fransson stritt ab, dass sein Teampartner Kjell Persson ihn über den psychotherapeutischen Prozess informiert hatte. Er würde schlecht dastehen, wenn er als Verantwortlicher für Quicks Behandlung davon gewusst hätte, dass Quick Morde gestanden hatte, ohne diese Geständnisse weiterzuleiten.

Durch Birgitta Ståhles Rolle war es mit der Heimlichtuerei um Thomas Quicks Bekenntnisse vorbei. Göran Fransson überlegte elf Tage lang, ohne etwas zu unternehmen. Dann schrieb er am 26. Februar in Quicks Patientenakte:

> Der Therapeut des Patienten befindet sich zurzeit im Urlaub. In dieser Zeit hat sich der Patient an einige Schlüsselpersonen der Station sowie an die Psychologin Birgitta Ståhle gewandt und gesagt, er habe zwei Morde verübt, einen im Alter von 16 Jahren und einen vor etwa zehn Jahren. Es handelt sich um zwei Jungen, die als vermisst gelten, ihre Leichen wurden nie gefunden. Ich erkläre ihm, dass das selbstverständlich ein juristisches Nachspiel haben wird und dass er zur Polizei gehen muss, wenn er die Möglichkeit haben will, mit dem, was er getan hat, ins Reine zu kommen. Damit ist er einverstanden, hat aber natürlich große Angst.

Die Aufzeichnungen erwecken den Eindruck, Thomas Quick habe plötzlich zwei Morde gestanden, die bis dato in Säter unbekannt waren, obwohl er den einen im Oktober 1992 bereits erwähnt hatte – den Mord an Johan Asplund –, und sein Arzt angefangen hatte, auf eigene Faust zu ermitteln. Als das Geheimnis nun keines mehr war, fand Fransson es offenbar unpassend, dass eine psychiatrische Klinik im Verborgenen begonnen hatte, über von einem Patienten gestandene Morde Nachforschungen anzustellen, ohne die Polizei davon in Kenntnis zu setzen.

Die Situation erwischte Quick kalt. Alles war spannend, einfach und ungefährlich gewesen, solange er mit Kjell Persson im Gespräch gewesen war. Die Therapiesitzungen waren für ihn ein anregendes intellektuelles Spiel gewesen. Jetzt redete Göran Fransson plötzlich von Polizei, Anklage und Prozess. Durch Stures Redseligkeit Birgitta Ståhle gegenüber war die Büchse der Pandora geöffnet worden, und seine Worte waren nun bedrohlich und furchterregend geworden und völlig außer Kontrolle geraten. Es war unmöglich, die Zeit zurückzudrehen, alle Worte in die vier Wände des Therapiezimmers zurückzuholen.

Nach seinem Urlaub nahm Kjell Persson die Therapie wieder auf und notierte später in Quicks Akte:

Außerdem sind einige von der Mutter verursachte äußerst traumatische Erlebnisse aus der Kindheit des Patienten zutage gekommen, die fast zu seinem Tod geführt hätten. Der schlimmste Vorfall ist der Versuch der Mutter, ihn im Winter im See Runn zu ertränken. Die folgenschwersten Begebenheiten haben sich zugetragen, als der Patient zwischen drei und fünf Jahren alt gewesen ist, aber auch später noch hat der sexuelle Missbrauch stattgefunden, wenn auch weniger häufig.

Was Quick nun zum wertvollsten Kleinod der Klinik machte, war nicht der Missbrauch, sondern sein Zusammenhang mit Stures Gewaltverbrechen nach erreichter Volljährigkeit. Der Objekt-Beziehungs-Theorie zufolge waren die Gewalttaten des erwachsenen Sture Wiederholungen der Misshandlungen, denen Sture in seiner Kindheit ausgesetzt gewesen war, oder wie Persson in die Patientenakte schrieb:

Parallel zu der Entdeckung dieser bizarren Erinnerungen, die zeitweise glasklar erscheinen, sind die Erinnerungen an den Mord an Johan Asplund immer deutlicher gewor-

den. Die Erinnerungen an die Tat waren in den Therapiesitzungen zunächst eher traumartige Fantasien, die allmählich klarer, zu einzelnen Bildern wurden. Sukzessive
hat er die Bilder von dem Missbrauch und von dem Mord
an Johan Asplund bearbeitet und sie mit den Schreckens-
bildern aus seiner Kindheit verwoben, und die Tat kam
einer psychologischen Wiederholung der Situation aus
der Kindheit gleich, mit verschiedenen Perspektiven.

Im Februar 1993 klopfte Göran Fransson eines Tages an Thomas' Zimmertür und trat ein. Er wollte wissen, wie Quick zu
seinen Geständnissen stand. Quick antwortete, dass seine Gefühle heute keineswegs so eindeutig waren wie vorher. Er war
unsicher und zweifelte alles an.

»Ich möchte Ihnen die Gelegenheit geben, sich selbst an die
Polizei zu wenden. Wenn Sie sich binnen zweier Wochen nicht
selbst anzeigen, bin ich gezwungen, das zu erledigen«, sagte
Fransson.

Quick war klar, dass die Polizei eingeschaltet werden musste,
aber meinte, dass er wirklich sehr unsicher sei, ob er wirklich
genügend über den Mord an Johan sagen könne.

»Sie müssen sich schriftlich auf das Verhör vorbereiten«,
sagte Fransson. »Und wir werden natürlich dafür sorgen, dass
Personal von hier beim Verhör mit dabei sein wird.«

Auf Franssons Wunsch versuchte Quick nach bestem Wissen von dem Mord an Johan Asplund zu erzählen. Er stellte
fest, dass das überhaupt nicht so war, wie mit Kjell Persson in
der Therapiesitzung zu sprechen. Fransson notierte über diese
Begebenheit in der Patientenakte:

Er beschreibt, dass es sich um Fantasien handelt, von denen
er nicht sicher ist, ob etwas davon wirklich geschehen
ist, aber diese Fantasien sind nun als eine Folge der andauernden Psychotherapie bestätigt worden. Ich konfron-

tiere ihn damit, dass er letzte Woche zweimal ausweichend auf meine direkte Frage geantwortet hat, ob es noch mehr gäbe. Ich finde es merkwürdig, dass zwischen diesen Verbrechen 15 Jahre vergehen konnten. Da erzählt er, dass er Fantasien oder Vorstellungen von zwei weiteren namens Peter beziehungsweise Mikael hat. Die Reihenfolge hängt von einer chronologischen Zeitfolge ab. Er ist sich jedoch nicht sicher, ob er die beiden Opfer getötet hat oder nicht.

Mir erzählt Sture, dass ihn die Frage quälte, wie er sich verhalten sollte in der zweiwöchigen Frist, die ihm Göran Fransson gewährt hatte. Wenn er sagte, dass in den Therapiesitzungen alles erlogen war, könnte er sich vielleicht noch aus seiner prekären Lage hinausmanövrieren. Aber würde ihm jemand glauben? Was würde Kjell Persson sagen? Und Fransson? Er wog verschiedene mögliche Rückzugswege ab, aber keiner erschien ihm realistisch. Schließlich kontaktierte er Göran Fransson und bat ihn, die Polizei zu verständigen. Dann mochte kommen, was da wollte.

Polizeiassistent Jörgen Persson trifft am Montag, dem 1. März 1993, gegen 11.00 Uhr in der Psychiatrie Säter ein. Eine halbe Stunde später hat er in dem kleinen provisorischen Verhörzimmer das Tonbandgerät aufgestellt und den Verdächtigen begrüßt. Kjell Persson ist Zeuge der Vernehmung. Jörgen Persson überprüft, ob das Tonbandgerät funktioniert, und nimmt in einem Sessel Platz.

»Also, Sture. Dann fangen wir einmal an. Ich bin von der Polizei in Borlänge, und eigentlich weiß ich nicht viel mehr, außer dass Sie hier in der Klinik ein paar Dinge erwähnt haben, die Sie mir gerne noch mal erzählen wollen, ich weiß also nichts von irgendwelchen früheren Ermittlungen oder Ähnlichem, abgesehen von dem, was durch die Presse gegangen ist. Ich bin sozusagen überhaupt nicht vorbereitet«, wiederholt er.

Die Vernehmung zieht sich hin, obwohl Jörgen Persson sich große Mühe gibt. Schließlich rückt er mit der simplen Frage heraus, die Quick zum Reden bringt:

»Was ist passiert? Woran erinnern Sie sich, Sture?«

»Ich habe mir von einem Bekannten das Auto ausgeliehen«, sagt Quick. »Und habe einen nächtlichen Ausflug gemacht und bin dann auch nach Sundsvall gekommen. Ich bin also bei Dunkelheit in Falun losgefahren, und als ich Sundsvall erreichte, war es immer noch dunkel.«

»Ja«, sagt Assistent Persson aufmunternd. »Was haben Sie dann getan? Wohin sind Sie gefahren?«

»Das war eine ziellose Fahrt, ohne dass ... Ich hatte jedenfalls kein richtiges Ziel. Jedenfalls bin ich an den Stadtrand von Sundsvall gefahren.«

»Wem gehörte der Wagen? Von wem haben Sie ihn sich ausgeliehen?«

»Mir fällt der Vorname jetzt nicht ein. Aber der Nachname. Ljungström hieß er.«

»Und woher kannten Sie Ljungström? War er ein Bekannter? Oder ein Verwandter?«

»Nein, ein Bekannter. Wir trafen uns meistens im Lugnetbadet.«

Quick erklärt Jörgen Persson, wie er in Ljungströms Volvo zu einem Parkplatz in der Wohnsiedlung Bosvedjan nördlich von Sundsvall fuhr.

»Wissen Sie, wie die Häuser aussahen, welche Farbe sie hatten oder aus welchem Material die Fassaden waren oder so etwas?«

»Dann muss ich dazu sagen, dass ich mit diesem Zeugen der Vernehmung bereits im Herbst dort gewesen bin, es kann also auch diese Erinnerung sein, an die ... an die ich mich erinnere, das ist nicht so einfach«, meint Quick.

»Sie sind dort gewesen und haben sich die Gegend angesehen? Daher wissen Sie, wie die Häuser aussehen, meinen Sie?«

»Ja.«

Nachdem er diese in vielerlei Hinsicht bemerkenswerte Information erhalten hat, beschließt der Polizeiassistent, nicht weiter darauf einzugehen, und fährt fort:

»Was haben Sie gemacht, als Sie auf den Parkplatz gefahren waren?«

»Ich will versuchen, hier direkt zu sein, und wende die Technik an, die ich anwenden kann. Ich habe nach einem Jungen gesucht und mir war aufgefallen, dass in der Nähe eine Schule war. Und zwei Jungen kommen auf mich zu, aber dann gehen sie getrennte Wege, und ich rufe, als sie sich getrennt haben. Ich weiß nicht, ob sie zusammengehörten, aber sie sind nebeneinander hergegangen. Der Junge, der mir entgegengeht, trägt eine offene Steppjacke, und ich rufe ihm zu, er solle mir helfen, und sage, dass ich eine Katze überfahren habe, und er geht zum Auto, ich lasse ihn einsteigen und fahre los, und fahre zum ... Stadsberget in Sundsvall, und dort töte ich ihn dann. Und dieser Junge ist also Johan Asplund.«

Quick verstummt.

Polizeiassistent Persson scheint nicht recht zu wissen, wie er nun fortfahren soll. Er hat soeben ein umfassendes Geständnis zu dem meistbeachteten Mordfall des vergangenen Jahrhunderts in Sundsvall erhalten, für den Mord an dem Elfjährigen, der am 7. November 1980 verschwand.

»Jaha«, seufzt Jörgen Persson. »Und das haben Sie all die Jahre für sich behalten?«

»Ich habe das die ganzen Jahre mit mir herumgetragen, aber das habe ich nicht auf einer bewussten Ebene getan«, gibt Quick kryptisch zurück.

Die Vernehmung wird mit Fragen über Johans Kleidung fortgesetzt, aber Quick weiß nur, dass er eine Steppjacke hatte, eine dunkelblaue.

Nun geht Assistent Persson auf, dass er einen Mann verhört, der unter Mordverdacht steht und der keinen Anwalt hat. Dieser Umstand ist so entscheidend, dass er damit irgendwie umgehen muss. Er sagt:

»Also, nur damit hier alles seine Richtigkeit hat, Sture, ich muss Sie darauf hinweisen, dass Sie unter Mordverdacht stehen, da Sie sagen, dass Sie ihn getötet haben. Das verstehen Sie doch?«

»Ja, sicher«, erwidert Quick.

»Und das mit dem Recht auf einen Anwalt wissen Sie auch, dass man bei einer polizeilichen Ermittlung das Recht auf einen Anwalt hat, das ist Ihnen bekannt?«

Quick sagt, dass er daran gar nicht gedacht habe. Polizeiassistent Persson erklärt, dass er sich an die Regeln halten und das erwähnen müsse.

»Ja, sicher«, sagt Quick.

»Ja«, sagt Jörgen Persson. »Und wie sehen Sie das mit dem Anwalt? Kann ich das Gespräch mit Ihnen fortsetzen, und wir diskutieren den Anwalt danach, oder wollen Sie einen Anwalt? Wann wollen Sie den Anwalt denn einschalten?«

»Ja, das ist schon eine schwierige Frage«, stellt Quick fest. »Daran haben wir überhaupt nicht gedacht.«

»Nein«, bestätigt Kjell Persson, der bei der Vernehmung als Zeuge zugegen ist. »Und das kann ich auch nicht beantworten.«

»Nein, das können wir ja gar nicht«, sagt Quick.

»Und ich bin auch kein Anwalt«, meint Kjell Persson.

»Nein«, pflichtet Quick bei. »Ich glaube, wenn wir in dieser Hinsicht korrekt sein wollen, dann sollte er vielleicht von Anfang an dabei sein.«

Als ihm weder von seinem Arzt noch von der Polizei zugestimmt wird, argumentiert er weiter:

»Ein Anwalt kann ja in der Hinsicht gut sein, dass er als unparteiische Kraft, als Ausgleich fungieren kann. Vielleicht wäre das gar nicht schlecht.«

Aber so soll es nicht sein. Jörgen Persson stellt stattdessen das Tonband aus und »beleuchtet die ganze Sache ein wenig«, wie er später in seinem Protokoll schreibt. Und als die Aufzeichnung weitergeht, wird die Vernehmung ohne Anwalt fortgesetzt.

Als ich 15 Jahre nach dem Verhör Sture Bergwall vorlese, wie er mit sachlichen Argumenten darlegte, dass er von Anfang an einen Anwalt haben wollte, sagt er:

»Wenn ich höre, wie das abgelaufen ist, bin ich sehr betroffen. Rege mich auf. Und der Wunsch, es Kjell Persson recht zu machen, kommt mir sehr, sehr bekannt vor. Würde ich zugeben, dass alles, was ich in der Therapie erzählt habe, nur erfunden war, würde ich Kjell Persson bloßstellen. Und ich wollte mich auch nicht vor Kjell blamieren.«

Über mehrere Monate hatte er dreimal in der Woche mit seinem Arzt über den Mord gesprochen, der nun plötzlich als Zeuge der Vernehmung beiwohnte – und von dem er sich als Zwangsinsasse in extremer Abhängigkeit befand.

»Es war völlig undenkbar für mich, in dieser Situation zuzugeben, dass ich in über hundert Sitzungen gelogen hatte«, sagt Sture.

Ich bitte ihn, zu erklären, was er damit meinte, als er in der Vernehmung 1993 sagte, ein Anwalt könne als »unparteiische Kraft, als Ausgleich fungieren«.

»Ich meinte, dass ein Anwalt als Gegengewicht zu Kjell Persson und mir dienen und fragen könnte: ›Ist das wirklich wahr, Sture?‹ Und erklären könnte, dass wir nichts überstürzen sollten.«

Als die Vernehmung wieder aufgenommen wird, soll Quick ausführlich beschreiben, wie er Johan zu sich gelockt, ins Auto gezerrt und seinen Kopf gegen das Armaturenbrett geschlagen hat, bis er bewusstlos wurde.

»Was geschieht dann?«, fragt Assistent Persson.

»Wir verlassen diese Gegend, aber ich weiß sozusagen immer noch nicht, wohin wir fahren, aber dann kommen wir zum Stadsberget in Sundsvall und parken dort. Ich trage Johan aus dem Auto, und wir gehen ein gutes Stück in den Wald. Da passiert es, ich erwürge ihn da also.«

Zu einem späteren Zeitpunkt in der Vernehmung erkundigt Persson sich nach dem Verbleib der Leiche.

»Die liegt unter einem großen Stein, unter einer Steinplatte«, erklärt Quick.

»Und wann ist sie dorthin gelangt?«, will Jörgen Persson wissen.

»Ja, am selben Vormittag.«

»Mm«, murmelt Persson. »Machen wir erst mal Mittagspause?«

Am Nachmittag wird die Vernehmung da fortgeführt, wo sie geendet hatte, auf dem Stadsberget, als Quick erzählte, wie er Johan erwürgt und die Leiche versteckt hat.

»Wie sind Sie vorgegangen, als sie ihn erdrosselt haben?«, erkundigt sich Polizeiassistent Persson.

»Ja, mit den Händen eben.«

»Ist irgendetwas vorgefallen, bevor sie ihn erdrosselt haben?«

»Nein, nichts Besonderes.«

Aber als ihm weitere Fragen darüber gestellt werden, wie er Johan ins Auto gelockt hat, fällt Quick ein, dass er sich an Johan verging, bevor er ihn erwürgte.

»Und dann, als er tot war, was haben Sie da gemacht? Ich meine, Sie haben angegeben, dass Sie ihn zu dem Hügel aus aufeinandergestapelten Steinen gebracht haben, das meine ich.«

Hier nimmt der Bericht erneut eine überraschende Wendung:

»Ich ziehe ihm die Schuhe und die Beinkleider, oder wie ich die sonst nennen soll, aus. Und ich bin mir nicht ganz sicher. Ich glaube also, ohne genau zu wissen, dass ich seine Kleidung auf ... auf ... irgendwo, also wo wir sind, verstecke. Ich rolle die

Kleider zusammen und stecke sie unter ein paar Steine, oder was das ist. Und dann hole ich eine Decke aus dem Auto und wickle ihn darin ein. Und ich glaube also nicht, dass ich seine Leiche auf dem Stadsberget versteckt habe, sondern dass ich damit weggefahren bin. Und ich fahre ungefähr den Weg zurück, aus dem wir gekommen sind, und fahre Richtung Norden, wir fahren also wieder aus Sundsvall raus, fahren nach Norden, ein Stück Richtung Härnösand. Und ich glaube, dass ich nach dieser Straße eine schmalere Straße entdeckt habe, die ich langgefahren bin bis zu der Stelle, wo ich ihn versteckt habe.«

Quick beschreibt eine Stelle mit »einer Einbuchtung in der Landschaft«, wo er ein paar Steine findet, die er zur Seite räumen kann. Als er sie beiseitegeschafft hat, legt er die Leiche dort ab und die Steine darüber. Jörgen Persson hört sich geduldig sämtliche Versionen Quicks darüber an, was passiert oder vielleicht passiert ist, aber er hängt sich an ein paar Details auf:

»Also sagen wir einmal so, Sture, Sie haben gesagt: ›Ich glaube‹, als es um die Leiche ging. Sind Sie sicher, dass Sie die Leiche wieder ins Auto geladen haben und weggefahren sind, oder wissen Sie das nicht sicher?«

»Das weiß ich nicht genau.«

»Also kann die Leiche auf dem Stadsberget oder auch in dieser Gegend liegen, ist das so?«

»Ja«, erwidert Quick.

Nun hat Assistent Persson während der Vernehmung über eine andere Einzelheit nachgedacht, die ihm merkwürdig erscheint.

»Woher wissen Sie, dass Sie zum Stadsberget gefahren sind? Dass Sie den Namen kannten, das gibt mir zu denken.«

Quick wendet sich an Kjell Persson und richtet die Antwort an ihn.

»Das weiß ich seit unserer Reise, dass es Stadsberget heißt, sozusagen. Vorher wusste ich das nicht, das glaube ich nicht.«

»Dann erzählen Sie einmal, wie das dort war«, fordert Kjell Persson ihn auf.

Aber Jörgen Persson lässt Quick nicht von der Reise erzählen. Er wendet sich stattdessen an den Zeugen der Vernehmung:

»Sie waren also oben in Sundsvall?«

»Wir sind dort gewesen, ja genau.«

Die Vernehmung geht nicht der Frage nach, was der Therapeut und Quick auf dem Stadsberget gemacht haben und weshalb sie dorthin gefahren sind.

Eine aus polizeilicher Sicht äußerst interessante Einzelheit ist hingegen, dass Quick erzählt, es habe innen im Auto Blutflecke gegeben. Er erläutert umständlich, wie er auf dem Rückweg an einer Tankstelle das Auto geputzt und Blutspuren beseitigt habe. Bei der Gelegenheit habe er auch seine Mutter angerufen, mit der er zu der Zeit zusammenwohnte, um ihr zu sagen, sie brauche sich keine Sorgen zu machen.

Quick wendet sich an seinen Therapeuten und sagt:

»Ich weiß, dass ich anstrengend bin, Kjell, aber können Sie einmal nachsehen, ob jemand Kaffee aufgesetzt hat?«

Kjell Persson verlässt den Raum, um mit dem Kaffee zurückzukehren, und Assistent Persson nutzt die Gelegenheit, um zu fragen, was auf der Fahrt nach Sundsvall geschah, die Quicks Therapeut mit ihm unternommen hatte. Damit der Polizeibeamte den Sinn einer solchen Reise verstehen kann, muss Quick erklären, wie das Gedächtnis bezüglich solch traumatischer Erlebnisse funktioniert.

»Dieser Vorfall lag für mich völlig im Verborgenen. In bewusster Erinnerung hat es Reste davon gegeben. Daran haben ich und mein Therapeut sehr lange und intensiv gearbeitet. Wir haben uns dreimal wöchentlich zusammengesetzt, und dann sind die Dämme gebrochen. Zu 80 Prozent habe ich gewusst, dass ich Johan getötet habe, aber ich hatte quasi das

Hintertürchen offen, dass so etwas Unvorstellbares nicht wahr sein kann. Also fahren wir nach Sundsvall, und ich weiß nicht, wo es langgeht, und so weiter. Der Therapeut sitzt am Steuer, ich auf dem Beifahrersitz, und wir kommen nach Sundsvall, und ich weiß nicht, wo wir langfahren müssen.«

»Das stimmt«, bestätigt Kjell Persson, der gerade mit dem Kaffee in das Verhörzimmer tritt.

»Aber langsam kenne ich mich wieder aus«, sagt Quick.

»Ich kann dazu sagen, dass ich ja wusste, wohin wir mussten«, ergänzt Kjell Persson.

»Ja, genau«, pflichtet Quick ihm bei.

»Aber ich wollte nicht, ich wollte, dass Sie mich führen, uns führen. Ich hatte mich ja im Vorfeld informiert, wo Johan wohnte. Ich wollte, dass Sie uns dorthinführen, und das ließ ich Sie auch in gewissem Ausmaß tun. Ich habe ein bisschen mitgeholfen«, fügt Kjell Persson hinzu.

Quick berichtet, wie er sich bei einem Warenhaus wieder auskannte und die ungefähre Richtung angeben konnte. Es war ihm jedoch nicht gelungen, die richtige Abzweigung zu nennen, woran Kjell Persson ihn erinnert.

»Ja, ja«, sagt Quick.

»Ich habe gemerkt, dass das verkehrt war«, sagt Persson.

Schließlich erreichten sie Johans Haus, und Quick will schildern, was er beim Anblick des Hauses empfand.

»Ja, und da wusste ich ja, dass ich eine Erkenntnis hatte, dass dieses Unfassbare, dass das nicht wahr sein konnte. Aber als wir dort sind, da sehe ich alles vor mir und weiß deshalb, dass es wahr ist.«

»Das denken Sie da?«

»Ja genau.«

»Sind Sie jetzt ganz sicher, dass das wahr ist?«

»Ja. Also seit der Reise. Diese Reise war es ja auch, die …«

Polizeiassistent Persson hört sich Quicks Ausführungen an und versucht, seine Metaphern zu verstehen, über Hintertüren und die Reise nach Sundsvall, die anscheinend alles vervollständigt hat. Doch er stellt auch fest, dass es keine konkreten Angaben in dieser Aussage gibt, die zeigen, dass Quick in Sundsvall war und Johan ermordet hat. Er findet es seltsam, dass das Geständnis erst jetzt abgelegt wird, zwölfeinhalb Jahre nach der Tat.

»Sture, haben Sie etwas unternommen, um Ihrem Umfeld mitzuteilen, dass Sie für diese Tat verantwortlich sind?«, fragt er.

»Ich habe gar nicht gewusst, dass ich das war«, entgegnet Quick.

»Das haben Sie nicht gewusst?«

»Genau das macht es ja so schwierig.«

Quick erzählt, dass er wie alle anderen die Zeitungsartikel über den Mord an Johan gelesen und gedacht habe, er *könne* als Täter infrage kommen. Aber diese Gedanken habe er verdrängt. Er beschreibt den langen Prozess in der Therapie, in dem die Erinnerungen an den Mord an Johan nach und nach auftauchten.

»Eher in Form von Fantasien, am Anfang«, verdeutlicht Kjell Persson.

»Ja genau«, bestätigt Quick.

»Ja, so wie ich das aufgefasst habe und wie Sie das offenbar erlebt haben, wie ich das sehe«, informiert Kjell Persson.

»Ja genau«, pflichtet Quick ihm bei.

»Hm«, macht Assistent Persson. »Sie sind also zu keinem späteren Zeitpunkt dort gewesen und haben etwas geändert, nach der Kleidung gesucht, an der Leiche etwas verändert?«

»Nein«, verkündet Quick mit Nachdruck.

»Da sind Sie ganz sicher? Oder besteht die Möglichkeit, dass Sie dort gewesen sein könnten?«

»Nein, ich glaube nicht, dass diese Möglichkeit besteht, nein.«

»Und bei unserer Fahrt, das können wir ja sagen, haben wir gehalten, als wir den Stadsberget entdeckt und festgestellt haben, dass hier die Tat begangen wurde. Danach sind wir nach Hause zurückgefahren«, erklärt Kjell Persson.

»Genau«, bestätigt Quick.

»Ja, mehr war für Sie nicht zumutbar«, sagt Oberarzt Persson.

»Aha«, sagt Polizeiassistent Persson. »Sie sind da gar nicht im Wald herumgestapft?«

»Wir sind ein kleines Stück hineingegangen«, antwortet Persson.

»Nur ein kurzes Stück«, stimmt Quick zu.

»Ja, Sie kannten sich dort aus, und dann sind wir wieder zurückgegangen«, erklärt Kjell Persson.

In dieser ersten Vernehmung gesteht Quick einen weiteren Mord an einem Jungen, der vor 1967 stattgefunden haben soll, irgendwo in Småland, vielleicht in Alvesta. Quick erzählt, dass er mit einem zehn Jahre älteren Mann im Auto unterwegs war, den wir Sixten Eliasson nennen wollen. Sixten war homosexuell, aber als Mitglied der Heilsarmee wurde er gezwungen, seine Neigung hinter der Fassade einer Ehe zu verbergen.

»Er hatte einen schwarzen ... wie heißen diese Autos?«, überlegt Quick.

»Studebaker«, souffliert Kjell Persson.

»Ach ja«, sagt Quick.

»Ein ziemlich ungewöhnliches Auto«, meint der Oberarzt.

»Ja«, entgegnet Quick, dem auf einmal wieder einfällt, welches Auto Sixten tatsächlich hatte. Es war eine Isabella.

»Borgward Isabella«, korrigiert Kjell Persson.

»Genau«, sagt Quick.

»Und was ist mit dem Jungen passiert?«

»Er, er wurde doch versteckt. Ich habe ihn versteckt.«

»Wissen Sie, wo Sie ihn versteckt haben?«

Quick wendet sich an seinen Therapeuten.

»Davon habe ich Ihnen doch erzählt? Die halb morsche Leiter, die ich hochgehoben habe, und da drunter war dann eine Art Hohlraum?«

»Eine Leiter, meinen Sie«?, wundert sich Assistent Persson.

»Das war eine größere Leiter, sozusagen, die zum Teil zugewuchert war, und sie war vermodert. Aber als ich sie hochgehoben habe, hat sie auch den Erdboden mitgerissen.«

»Ja, ja, sie war nicht in Gebrauch, sondern ...«

»Genau, sie hatte mehrere Jahre dort gelegen.«

Polizeiassistent Persson fragt, ob Quick sonst noch etwas über den Jungen weiß. Wie hieß er? Woher kam er? Wie alt war er?

»Ja, er war ja in meinem Alter oder ein paar Jahre jünger. Und er hieß vermutlich Thomas.«

»Ist die Leiche des Jungen gefunden worden?«

Quick weiß nicht mehr, ob er in den Therapiesitzungen darüber gesprochen hat, und wendet sich an Kjell Persson, der sich nicht erinnert, ob Quick in dem Zusammenhang etwas erwähnte. Quick sagt, er glaube, dass die Leiche über mehrere Jahre hinweg nicht gefunden wurde.

Obwohl Quick ohne Zögern die Morde an Johan in Sundsvall und Thomas in Småland gesteht, ist Assistent Persson unzufrieden.

»Ich meine damit, ob es noch jemanden gibt, den Sie ... den Sie getötet haben, auf ähnliche Weise wie die von Ihnen beschriebene.«

»Nein«, sagt Quick. »Im Hinblick darauf, wie gut diese Geschehnisse verborgen gewesen sind, kann ich das nicht kategorisch mit Nein beantworten. Ich kann mit ›Nein, ich glaube nicht‹ antworten. So kann ich eine solche Frage wohl beantworten.«

»Aber gibt es eine Zeit in Ihrer Erinnerung, in der Sie selbst vielleicht glaubten, es könnte noch jemanden geben? Gibt es eine Erinnerung, etwas in Ihnen, was ...?«

»Nein, keine Erinnerung«, antwortet Quick geduldig, aber Jörgen Persson gibt nicht auf.

»Aber etwas in Ihren Gedanken, weshalb Sie glauben könnten, dass es mehr sein könnten?«

»Nein, nichts weiter. Ich sagte ja gerade, dass das so gut verborgen ist, oder so gut verborgen war, sodass ich nichts ausschließen kann.«

»Haben Sie noch andere vage Erinnerungen an so etwas?«

»Nein«, gibt Quick zurück.

Vielleicht hat Oberarzt Göran Fransson von Quicks »Fantasien oder Vorstellungen von ... Peter und Mikael« erzählt. Persson lässt jedenfalls nicht locker. Hartnäckig versucht er wieder und wieder, Quick dazu zu bewegen, weitere Morde zu gestehen.

»Ich meine, ob es vielleicht etwas gibt, das Sie beiseitegeschoben haben«, versucht er. »Wovon Sie eine leise Ahnung haben oder was Ihnen durch den Kopf geht.«

Vergebens. Quick weigert sich zuzugeben, dass er weitere Morde begangen hat, woraufhin Jörgen Persson beschließt, die Vernehmung zu beenden.

Das Verhör dauerte drei Stunden, und Quick stand nun amtlich unter Mordverdacht.

In der Polizeibehörde in Borlänge erhielt Oberstaatsanwalt Lars Ekdahl einen mündlichen Bericht über die Vernehmung. Seither blieb Thomas Quick für die Polizei Borlänge auf Nimmerwiedersehen verschwunden.

Irrfahrten und Umwege

Da der Mord an Johan Asplund in der Provinz Västernorr-
land begangen wurde, landete der Fall bei Oberstaatsanwalt
Christer van der Kwast und der regionalen Anklagebehörde in
Härnösand.

Christer van der Kwast war 48 Jahre alt, geboren und aufgewachsen in Stockholm. Nach abgeschlossenem Jurastudium
war er Ende der 60er-Jahre Notar am Landgericht Södertörn
gewesen, anschließend hatte er als Assessor in Umeå und Öster-
sund gearbeitet.

Nach einem strategisch klug getimten Seminar in Unter-
nehmenswirtschaft wurde er 1986 in Härnösand zum Bezirks-
staatsanwalt mit dem Schwerpunkt Wirtschaftskriminalität
berufen. 1990 verkündeten die Sozialdemokraten, dass Wirtschaftsverbrechen innerhalb des Rechtswesens ein höherer
Stellenwert zukommen solle, und im selben Jahr wurde van
der Kwast zum Oberstaatsanwalt ernannt. Seine vielleicht bedeutendste Leistung während seiner Zeit als Bezirksstaatsan-
walt – der sogenannte Leasing-Consult-Prozess mit insgesamt
20 Angeklagten und einer Vielzahl von Verfahren in den 80er-
Jahren – ging jedoch in Revision und endete mit milderen
Urteilen und Freisprüchen in den höheren Instanzen. Außerdem waren Wirtschaftsverbrechen in Västernorrland nicht
sehr häufig, sodass er sich auch mit anderen Straftaten befasste. Sein bislang einziger Mordfall war Eva Söderström, die
erstochen worden war, doch die Ermittlung erbrachte kein
Resultat. Im Jahr 1992 widmete er sich fast ausschließlich Ge-
schwindigkeitsübertretungen.

Der Anruf der Strafkammer in Borlänge am 1. März 1993
muss eine willkommene Abwechslung gewesen sein. Zwar hatten mindestens zehn andere verrückte Vögel den Mord an
Johan Asplund bereits gestanden, aber nun hatte sich noch
ein Säter-Patient dazugesellt.

Das Geständnis musste überprüft werden, was bedeutet, dass Christer van der Kwast einen polizeilichen Ermittler brauchte. Seine Wahl fiel auf Seppo Penttinen, einen Drogenfahnder aus Sundsvall, der nach 23 Berufsjahren immer noch den Rang eines Polizeiassistenten bekleidete und ebenso wie van der Kwast eine ganz andere Art von Kriminalität gewohnt und bis dato ein recht unbeschriebenes Blatt gewesen war.

Das sollte sich bald ändern.

Die neuen Ermittler hatten kaum ihre erste Vernehmung in Säter abgeschlossen, als Anna-Clara Asplund den Anruf vom *Expressen* erhielt und erfuhr, dass »ein Kerl unten in Falun« den Mord an ihrem Sohn Johan gestanden hatte.

Dann dauerte es nicht lange, bis Kriminalreporter Gubb Jan Stigson für die Story seines Lebens eine heimliche Quelle aufgetan hatte – dem Artikel zufolge »aus Ermittlerkreisen«. Sein erster Artikel erschien am 10. März 1993 im *Dala Demokraten* unter der Überschrift »Einwohner aus Falun gesteht Mord an vermisstem Jungen«.

»Entspricht das der Wahrheit, bedeutet dies, dass einer der größten Kriminalfälle Schwedens gelöst ist«, schrieb Stigson. »Aus Ermittlerkreisen« wurde ihm zugetragen, dass der endgültige Beweis noch nicht gefunden wurde, Johans Leiche blieb verschwunden.

Obwohl die Geschichte recht vage war und obwohl »Personen mit Einblick in den Fall das Geständnis des Mannes anzweifeln«, konnte Stigson sich nicht zurückhalten, die Identität des Verdächtigen zu enthüllen. Er schrieb, dass derjenige, der den Mord an Johan gestanden hatte, ein »42-jähriger Einwohner aus Falun war, der als Kidnapper des Filialleiters der Bank in Grycksbo bekannt war«. Die Frage, wer der »Einwohner von Falun« war, der Johan ermordet hatte, war somit für all jene beantwortet, die Sture Bergwall jemals gekannt hatten.

Am folgenden Tag setzte Gubb Jan Stigson seinen Bericht fort und wusste, dass der »Einwohner von Falun den Ort angegeben hat, wo Johan begraben worden ist«.

»Er hat brauchbare Angaben über die Leiche gemacht«, sagte der Leiter des Ermittlungsverfahrens Christer van der Kwast dem *Dala Demokraten*. »Das ist für uns natürlich von besonders großem Interesse. Der ganze Fall hat bislang darunter gelitten, dass keine Leiche gefunden wurde.«

Der Artikel wurde durch ein großes Ganzkörperfoto von Sture Bergwall und seinem schottischen Hütehund Upfold ergänzt – vermutlich der Einzige seiner Rasse in Falun. Aus »presseethischen Gründen« war Stures Gesicht unkenntlich gemacht worden. Einige Tage später hatte Stigson sich ein Foto von Sture auf seinem Rennrad besorgt. Wieder hatte die Zeitung ihn »unkenntlich« gemacht.

Als das Leck aus Ermittlerkreisen versiegte, bemühte Stigson den Bankräuber Lars-Inge Svartenbrandt, der zusammen mit Quick in Säter eingesessen hatte.

»Er sagt sicher die Wahrheit«, so »Svarten« im *Dala-Demokraten*.

Am Samstag, den 13. März, fährt Kjell Persson zum zweiten Mal mit Thomas Quick Richtung Sundsvall. Im Auto sitzen außerdem Göran Fransson und ein Pfleger aus der Psychiatrie. Bei Myre in Njurunda treffen sie auf Christer van der Kwast, Rechtsanwalt Gunnar Lundgren und Polizeiinspektor CG Carlsson sowie Kriminalassistent Seppo Penttinen.

Penttinen übernimmt das Steuer des Volvos, in dem Quick sitzt, und die Fahrt geht zum Norra Stadsberget in Sundsvall. Die Reise verläuft problemlos, abgesehen von ein paar starken Panikattacken Quicks ob dem, was ihm bevorsteht. Vor Ort wird Quick zu dem Weg geführt, den er zusammen mit Kjell Persson schon einmal gegangen ist.

Diesmal löst der Spaziergang große Angst bei Quick aus, der von Fransson und Persson gestützt werden muss. Quick signalisiert, dass er nach rechts abbiegen will, aber das weckt so extreme Angstsymptome, dass er »in die Arme der beiden ihn stützenden Ärzte zurücksinkt«.

Schließlich kommen sie an die Stelle, an der Quick Johan umgebracht hat, wie er sagt. Er setzt sich auf einen Stein, breitet die Arme im Winkel von 45 Grad aus und sagt, dass er innerhalb dieses Radius Johans Kleidung und »Fußbekleidung« versteckt hat. Als Quick die Stelle enger eingrenzen soll, wird er ungenau und kann weder angeben, in welchem Umkreis die Polizisten suchen sollen, noch, wie das Versteck aussieht. Unter großer Panik erzählt er, dass er Johan danach ins Auto zurückgetragen hat.

In seinem Bericht schreibt Göran Fransson:

Der Patient ist nun von der Polizei vernommen worden, nachdem er den seit Langem ungeklärten Mord an dem Jungen Johan Asplund in Sundsvall gestanden hat. Eine Tatortbegehung wurde für die kommende Woche vorbereitet, doch aufgrund von undichten Stellen bei der Polizei und des großen Interesses der Medien führen wir die Tatortbegehung heute unter größter Geheimhaltung durch. [...] Während der Begehung [im Wald am Norra Stadsberget] gerät der Patient zunehmend in Panik und verliert gelegentlich den Bezug zur Realität, woraufhin er uns bittet, ihn wieder zurückzuführen, was unter konkreten Zurufen geschieht, die Zeit und Ort angeben. Das letzte Stück muss er von Kjell und mir fast getragen werden. Er hat nun eine schwere Panikattacke und muss in eine Tüte atmen.

»Nach einer Pause, die für einen Toilettenbesuch und den Verzehr von belegten Broten und Kaffee verwendet wird, verkündet Quick, dass er bereit ist, die Tatortbegehung fortzusetzen«, notiert Seppo Penttinen im Polizeibericht. Die Fahrt verläuft auf gut Glück mit großer Unsicherheit bei der Wahl der Route. Quick sagt, er sei »vermutlich schmalere Straßen entlanggefahren« bis zum Warenhaus, was, wie sich herausstellt, unmöglich ist, er »will meinen«, er fuhr so und »empfindet« die Strecke so.

Die Polizei sieht sich gezwungen, gewisse »Korrekturen« vorzunehmen, und Quick ist während der Begehung offenbar unsicher und »versucht sich auszurechnen, für welchen Weg er sich entschieden hätte«. Göran Fransson schildert in der Akte den Verlauf der Suche:

Der Patient tastet sich voran, und Kjell [Persson] hilft ihm, seine Gefühle zu interpretieren. Als er sich wieder auskennt, bekommt er eine heftige Panikattacke mit großen Schmerzen im Brustkorb. Er hat ferner starke Kopfschmerzen. Er hyperventiliert und muss erneut in eine Plastiktüte atmen. Er erhält weitere 5 Milligramm Stesolid und 2 Milligramm Citodon gegen den Kopfschmerz.

Nach zweistündiger Irrfahrt mit Quicks Anweisungen geht aus der Akte hervor, dass einfach beschlossen wird, nicht mehr auf ihn zu hören:

Die Polizei schlägt eine andere Straße vor, bei der er reagiert hat, und nach etwa zehnminütiger Fahrt erreichen wir eine Gegend, die er vorher in der polizeilichen Vernehmung gut beschrieben hat, und wo er wieder in Panik gerät, aber auch konzentrierter ist als beim letzten Mal.

Die Wagen biegen auf ein freies Feld, um dort zu parken. Seppo Penttinen notiert in seinem Gedächtnisprotokoll:

Um 16.15 Uhr steigt Quick aus dem Auto und stellt fest, dass er sich an dieser Stelle auskennt. Er hat im Auto extreme Paniksymptome gezeigt und sich geweigert, nach rechts zu schauen, wo sich ein Abhang mit gut sichtbaren Felsblöcken befindet. Er geht auf der rechten Seite am Acker entlang, mit der Absicht, die Stelle zu zeigen, wo er Johan Asplunds Leiche versteckt hat. Zu diesem Zeitpunkt ist er von seinen Ärzten und seinem psychiatrischen Pfleger umgeben. Es fällt ihm schwer, den Blick auf den Bergkamm zu richten.

Thomas Quick enthüllt nun, dass er Johan Asplunds Leiche zerstückelt hat. Er zeigt, wo er »mit ziemlicher Sicherheit« den Kopf versteckt hat, und wo die Polizei nach weiteren Leichenteilen suchen soll. Nach dreieinhalbstündiger Begehung ist er sehr erschöpft, und Christer van der Kwast ist der Ansicht, der Verdächtige habe alles gesagt, was er weiß. Die Tatortbegehung wird beendet.

Im Frühjahr 1993 herrscht großer Optimismus bei den Hundestaffeln, Kriminaltechnikern und den übrigen Beamten, welche die von Quick angegebenen Orte durchkämmen. Und die Leser des *Dala Demokraten* können Tag für Tag Gubb Jan Stigsons Berichte über die Suche nach Johan Asplunds Leiche verfolgen.

Am 19. März erscheint in der Zeitung der siebte Artikel über Quick in zehn Tagen: »Resultat gleich null«, schreibt Stigson. Die Enttäuschung ist groß.

»Wir haben eine eigenartige, seltene Ausgangslage«, erklärt Christer van der Kwast in dem Artikel. »Endlich einmal haben wir eine Person, die ein schweres Verbrechen gesteht. Dann sollen wir irgendwie bestätigen, dass das, was er sagt, stimmt.«

In den Vernehmungen, die parallel zur Suche durchgeführt werden, bringt Thomas Quick ständig neue Versionen über das, was passiert ist. Am 18. März sagt er, er habe mit einer Bügelsäge die Leiche mehrmals zerteilt. Seppo Penttinen will wissen, wie es ihm gelang, den Kopf vom Rumpf zu trennen.

»Ist es irgendwie schwierig, dass die Säge in dem Gewebe glatt läuft?«

»Schon«, gibt Quick zu. »Das ist ziemlich mühsam.«

Er gibt an, dass er den Kopf auf einem Bergkamm in Åvike kurz hinter Sundsvall zurückließ. Dann fuhr er zu einem anderen Berg, trug Johans Leiche bis zur Spitze und warf sie in den Abgrund.

Am 21. April erzählt Quick hingegen, dass er Johans Rumpf in die Autoschonbezüge gewickelt habe. Der Kopf verblieb in Åvike, während die übrigen Körperteile in einen Pappkarton mit der Aufschrift Korsnäs bröd gelegt wurden. Er fuhr nach Härnösand und hielt auf der Sandöbrücke, wo er den Karton samt Inhalt in den Ångermanfluss warf. Die Vernehmung muss schließlich aufgrund von Quicks schweren Panikattacken abgebrochen werden.

Das Auto, das Sture Bergwall im Zusammenhang mit dem Mord an Johan verwendete, hatte er sich von einem homosexuellen Bekannten geliehen, erzählt er. An sich nichts Ungewöhnliches. Bis die Ermittler dies überprüften.

Der Anruf kam für Tord Ljungström, wie wir ihn nennen wollen, wie ein Schock. Er konnte sich nicht vorstellen, warum ihn ein Kriminalbeamter sprechen wollte. Er konnte aber erreichen, dass die Vernehmung an einem neutralen und diskreten Ort stattfand, im Scandic Hotel Falun, Zimmer 408.

»Ich kenne niemanden, der Thomas Quick heißt, und auch keinen Sture Bergwall«, versicherte Ljungström.

Erst als Seppo Penttinen Sture Bergwalls Aussehen beschrieb, war Ljungström im Bilde.

»Ist das etwa der Sture, der zurzeit in Säter in der Psychiatrie sitzt?«

Ja, an den erinnerte Ljungström sich. Er berichtete, dass sie vor zehn, zwölf Jahren Bekannte gewesen waren.

»Wir haben uns sieben-, achtmal getroffen und hatten sexuellen Kontakt«, gab er zu. »Wir haben uns immer bei der Sporthalle getroffen, in der Schwimmhalle Lugnet. Jeden Dienstag, denn das war mein freier Tag. Ich habe zu der Zeit in einem Supermarkt gearbeitet.«

Die Treffen waren immer nach dem gleichen Muster abgelaufen, so Ljungström. Er war mit seinem Auto gekommen, Sture war von Korsnäs mit dem Fahrrad zur Lugnet gefahren.

Ob er 1980 wohl einen hellblauen Volvo besessen habe, fragte der Leiter der Vernehmung.

Ljungström erklärte, er habe viele Autos besessen, die meisten der Marke Volvo, aber nie einen hellblauen. Ob auch ein dunkelblauer ginge?

Das Vernehmungsprotokoll vermittelt eindeutig den Eindruck, dass Ljungström die Fragen aufrichtig beantwortet und hilfreich zu sein versucht. Aber als Polizeiassistent Carlsson behauptet, Ljungström habe seinen Volvo an Sture Bergwall verliehen, war Schluss mit Ljungströms Kooperation.

»Das stimmt auf keinen Fall! Ich nehme es sehr genau mit meinen Autos und habe nie jemandem mein Auto geliehen. Außer meiner Frau natürlich«, sagte er.

Tord Ljungström beantwortete die delikatesten Fragen, aber verneinte kategorisch, Sture seinen Wagen geliehen zu haben. Die Vernehmung wurde beendet, ohne dass er auch nur einen Millimeter davon abgerückt war.

Am folgenden Tag teilte Christer van der Kwast den Journalisten mit, dass Thomas Quick die Person genannt habe, die das Auto verliehen habe, das bei der Tat verwendet worden sei. Doch in seiner Beschreibung war der »Autoleiher« ein richtig glatter Aal, der aus dem Netz zu entwischen versuchte.

»Dieser bestritt zunächst, den 43-Jährigen zu kennen, gab dies aber später zu. Sie hatten eine Beziehung von der

Art, dass Informationen darüber der Person heute großen Schaden zufügen könnten, wenn sich herausstellt, wer sie ist.«

Einen Tag nach der Vernehmung von Tord Ljungström fuhr Seppo Penttinen nach Säter, um Quick zu vernehmen. Göran Fransson war ebenfalls anwesend.

»Dann unterhalten wir uns einmal ein bisschen über Ihren Führerschein und solche Sachen«, beginnt Penttinen. »Wann haben Sie den Führerschein gemacht?«

»1987«, erwidert Quick.

Allen Anwesenden musste aufgefallen sein, dass die Antwort seltsam war.

»1987?«, hakt Penttinen ehrlich verwundert nach.

Er formuliert um, fragt nochmals, aber die Antwort bleibt dieselbe. Sture hat 1987 seinen Führerschein gemacht und hatte davor keine größere Fahrpraxis.

»Aber die Fahrt nach Sundsvall, machte Ihnen das sozusagen Schwierigkeiten, allein im Auto unterwegs zu sein?«, fragt Penttinen.

»Nein. O nein! Kein Problem«, versichert Quick.

Am folgenden Tag stattet Penttinen Quicks jüngerer Schwester Eva einen Besuch ab.

»Eva, sind Sie der Meinung, dass Sture 1980 in der fraglichen Zeit einigermaßen sicher ein Fahrzeug lenken konnte?«

»Nein, ich habe Sture vor 1987 niemals Auto fahren sehen«, entgegnet sie. »Er hat ja erst 1987 seinen Führerschein gemacht.«

Eva erinnert sich, dass Sture ein derart miserabler Autofahrer war, dass er nur mit Mühe die Gänge einlegen konnte, auch nachdem er den Führerschein bestanden hatte.

In aller Eile wird Tord Ljungström noch am selben Abend zu einer neuen Vernehmung geladen. Trotz großer Bemühungen des Vernehmungsleiters bleibt er eisern.

»Ljungström bleibt bei seiner Aussage, ist hundertprozentig sicher, dass er Sture Bergwall nie sein Auto geliehen hat«, notiert Penttinen im Vernehmungsprotokoll.

Einen Tag darauf, am 18. März, ist er wieder in Säter, um die Nuss mit dem Auto zu knacken. Er legt Quick ein paar Farbkarten vor, und er entscheidet sich für den Farbton Tintomara 0040-R90B.

»So hell?«, platzt Penttinen heraus. »Als Autofarbe?«

»Hm.«

»Ja. Dann muss ich Ihnen sagen, dass wir inzwischen mit Ljungström gesprochen haben und feststellen konnten, dass er zur fraglichen Zeit keinen solchen blauen Volvo besessen hat.«

»Hm.«

»Was sagen Sie dazu?«

»Ja, was soll ich dazu sagen? Dann wird das wohl so sein.«

Aus dem Fahrzeugregister des Straßenamts erhält Penttinen später die Information, dass Ljungström zwei Wochen vor dem Mord an Johan bei der Falu Motor AB einen neuen Volvo 244, Baujahr 1981 gekauft hatte. Und der Wagen war nicht blau, wie Quick angab, sondern rot.

Wenn Quicks Geschichte stimmte, hatte der Verkäufer Tord Ljungström seinen nagelneuen Volvo, den er auf Raten für eine Summe gekauft hatte, die so hoch wie ein Jahresgehalt war, dem arbeitslosen Sture Bergwall geliehen, den er kaum kannte. Ein Mann, der nicht Auto fahren konnte und keinen Führerschein besaß.

Quick hatte außerdem berichtet, dass Johan sich auf der Rückbank nass gemacht hatte und dass die Leichenteile später im Kofferraum in einem Pappkarton transportiert worden waren, der durch das Blut so aufweichte, dass der Boden herausbrach. Ljungströms altes Auto wurde deshalb ausfindig gemacht und von der Polizei bei dem damaligen Besitzer abgeholt. Wenn Quicks Aussage stimmte und eine zerstückelte Leiche in dem Wagen transportiert worden war, mussten noch Beweise in Form von Blutspuren vorhanden sein. Das Staatliche Kriminaltechnische Labor untersuchte die Autositze, die Matte im Kofferraum und andere Flächen, ohne die geringsten Spuren von Blut zu finden.

Ljungström blieb bis zu seinem Tod dabei, dass er Sture nie sein Auto geliehen hatte. Es lag nichts gegen ihn vor, außer dass er seinen Wagen verliehen haben sollte, und es ließ sich nur schwer eine Begründung dafür finden, weshalb er einen Mörder decken sollte. In der polizeilichen Vernehmung hatte er sich zu seiner Homosexualität bekannt und andere delikate Fragen beantwortet, während Quick wieder und wieder der Lüge überführt wurde und seine Geschichte fortwährend änderte. Dennoch entschieden die Ermittler, dass Quick die Wahrheit sagte, während Tord Ljungström unterstellt wurde, dass er log.

Am 26. April fahren Thomas Quick, Kjell Persson, Seppo Penttinen und Polizeiinspektor Björn Jonasson in das einige Kilometer östlich von Falun gelegene Ryggen, um nach einer Hand von Johan Asplund zu suchen.

Quick muss sich dort zuerst orientieren und macht zusammen mit Persson einen Spaziergang. Nach einer Stunde kehren sie zu den Ermittlungsbeamten zurück, nur um ihnen mitzuteilen, dass sie mehr Zeit benötigen. Nach einem weiteren eineinhalbstündigen Spaziergang reagiert Quick mit Angstzuständen und muss sich »ausruhen«, und der Dienstwagen wird vorgefahren. Nach einer Unterredung mit seinem Arzt – und eventueller Medikation – verkündet Quick, er sei bereit zu zeigen, wo er die Hand versteckt habe.

Er findet das Bachbett jedoch nicht, in dem er nach eigener Aussage die Hände versteckt hat, stattdessen gibt es nur einen kleinen Wassergraben. Quick redet unzusammenhängend, be-

schreibt die Taschenlampe, die er dabeihatte, als er die Hand
versteckte, erzählt von den Steinen, die er über die Hand
legte, erinnert sich an ein Mora-Messer, das er ebenfalls
versteckt hat, und an einen Schlagbaum, der geschlossen
war. Aber zu einer Hand vermag Quick die Anwesenden nicht
führen.

Die Kriminaltechniker treffen später ein, um die Stelle zu
untersuchen, finden aber nichts von Interesse. Erneut versichert Quick, er wolle zeigen, wo die Leichenteile seien, doch
wieder findet sich nichts.

Kjell Persson nimmt in der Patientenakte den enttäuschten
Eintrag vor, dass Quicks Geschichte »von der Polizei und von
der Staatsanwaltschaft mit unterschiedlicher Glaubwürdigkeit beurteilt wird, und da nun nichts gefunden wurde, sich
natürlich die Zweifel mehren«.

Am 5. Mai schreibt Quicks Rechtsanwalt einen Brief an Christer van der Kwast. Daraus geht hervor, dass Gunnar Lundgren umfassende »Diskussionen« mit Quick hatte, der immer
noch gewillt sei, den Mord an Johan zu lösen. Der Rechtsanwalt schließt mit folgenden Zeilen:

Unterdessen hat er mir mitgeteilt, dass er keine neuen
Angaben zu dem Fall beitragen kann, und vorgeschlagen,
dass Du Dich dazu äußerst, den Fall auf Grundlage der
vorliegenden Ermittlung zur Anklage zu bringen oder ihn
abzuschließen.

Nachdem van der Kwast sich das ein paar Wochen durch den
Kopf hat gehen lassen, beruft er eine Pressekonferenz ein, auf
der er mitteilt, ihm fehle die Grundlage für die Anklageerhebung gegen Quick, obwohl die Verdächtigungen bestehen blieben und die Ermittlungen fortgeführt würden. Aber in Wahrheit lagen die Ermittlungen während des Sommers auf Eis.

Aus dem Protokoll des Ermittlungsverfahrens geht hervor, dass Thomas Quick keine einzige Information liefern konnte, die zeigte, dass er irgendetwas über Johans Verschwinden wusste – während es genügend Hinweise darauf gab, dass er alles nur erfunden hatte.

Aber in Säter wird die Psychotherapie fortgesetzt, und dort gibt es in der Schuldfrage auch keine Zweifel.

Ende Mai schreibt Kjell Persson, dass Quick sicher ist, der Mord an Johan sei Wirklichkeit, und findet, es sei unbefriedigend, dass am Tatort keine Funde aufgetaucht seien. Er weist ferner darauf hin, Quick habe »auch Gedanken und Fantasien über andere Mordfälle«.

Thomas Quicks Patientenakten zeugen von vielen schweren Panikattacken und Selbstmordversuchen im Laufe der Ermittlung. Als die Vernehmungen im Frühjahr und Sommer aufhören, geht die Angst zurück, und Quick erhält im Juli tagsüber Freigang ohne Einschränkungen. Am 2. August wird das Stesolid abgesetzt, und eine Woche darauf werden auch die übrigen Benzodiazepine von Quicks Medikationsliste gestrichen. Im Zuge dessen wird Quick auf eine andere, offene Station verlegt.

»Seine Gefährlichkeit wird nun deutlich geringer eingestuft, und er befindet sich gegenwärtig in selten guter psychischer Verfassung«, schreibt Kjell Persson. Dieser harmonische Eintrag schließt mit der unheilvollen Anmerkung, dass Seppo Penttinen sich am selben Tag gemeldet habe, um mitzuteilen, dass die Ermittlungen wieder aufgenommen würden.

Obwohl der Mordverdacht im Fall Johan Asplund auch weiterhin besteht, und obwohl laut Strafprozessordnung damit Untersuchungshaft obligatorisch ist, kommt Thomas Quick um den Gewahrsam herum und genießt keinerlei Einschränkungen bezüglich Zeitungen, Telefonaten und Besuchen.

In der darauffolgenden Zeit geht es in der Patientenakte fast ausschließlich um genehmigte Reisen nach Borlänge, Avesta und Hedemora, aber auch um weitere Reisen nach Stockholm. Aufzeichnungen über den Zweck dieser Reisen werden nicht vorgenommen.

Es herrscht kein Zweifel, dass hinter den Kulissen besprochen wird, worum es in der weiteren Ermittlung gehen soll. Es sollen zusätzliche Untersuchungen im Fall Johan Asplund unternommen werden, aber nicht einmal Kjell Persson glaubt, Quick habe in der Sache noch etwas hinzuzufügen. Polizei und Ärzte diskutieren stattdessen eine verjährte Tat – den Mord an Thomas Blomgren 1964 in Växjö.

Zeitreise

Nach der Beratung zwischen Seppo Penttinen und Quicks Ärzten werden weitere polizeiliche Vernehmungen beschlossen, bei denen Göran Fransson und Kjell Persson anwesend sein sollen.

Am Mittwoch, dem 22. September 1993, unternimmt Thomas Quick ohne Begleitung eine genehmigte Reise nach Stockholm. Göran Fransson, der die Genehmigung ausstellt, notiert in Quicks Akte wie gewohnt nichts über den Zweck dieser Reise.

Als Thomas Quick in der ersten Vernehmung durch die Polizei über den Mord an Johan Asplund einen anderen Mord gestand, »vor 1967, irgendwo in Småland, in Alvesta vielleicht«, erwähnte er auch seinen Komplizen Sixten und sein ungewöhnliches Auto sowie die Tatsache, dass das Opfer vermutlich Thomas hieß. Nun, fast sieben Monate später, ist es Zeit für Quick, sich um Fakten zu kümmern. In der Königlichen Bibliothek in Stockholm bestellt er alte Zeitungen aus dem Archiv.

Der Mord an Thomas Blomgren war in den 6oer-Jahren ausführlich und häufig Thema in der Presse.

Es war 21.40 Uhr am Pfingstsamstag 1964, als Thomas Blomgren die Haustür seines Elternhauses in der Riddaregatan in Växjö öffnete.

»Macht euch keine Sorgen! Ich bin bald wieder da«, rief er seinen Eltern zu.

Sein Tonfall vermittelte, dass er das halb im Scherz sagte, aber die andere Hälfte war definitiv ernst gemeint. Als er zuletzt im Folkets Park gewesen war, hatten seine Eltern ihn blamiert, indem sie dorthin gekommen waren, um ihn abzuholen. Nun ging er den Dackevägen hinunter und begegnete dabei mehreren anderen Einwohnern von Växjö, die langsam Richtung Folkets Park flanierten. Einigen von ihnen fiel ein Mann auf, der in dem Wäldchen an der Ecke Dackevägen–Ulriksdalspromenaden stand.

In den Vernehmungen sollten die Zeugen den Mann als 45-jährig, etwa 1,75 Meter groß, kräftig gebaut, mit rundem Gesicht, ohne Kopfbedeckung und mit dunklem, zurückgekämmtem Haar, bekleidet mit dunkler Jacke, weißem Hemd und dunkler Krawatte beschreiben. Er stammte nicht aus der Gegend, lautete die allgemeine Ansicht. Mehrere Passanten wurden neugierig und warfen einen zweiten Blick auf den Mann, der sich allein an einem solch merkwürdigen Ort aufhielt. Ihn schienen die Blicke jedoch nicht zu stören, und er blieb im Gebüsch stehen und schien nach etwas oder jemandem Ausschau zu halten.

Um 21.45 Uhr sah der Mann einen Jungen auf dem Dackevägen näher kommen. Thomas verließ den Dackevägen und ging Richtung Wäldchen, direkt auf die Stelle zu, an der der Mann stand. Das war die Abkürzung, die er immer zum Folkets Park nahm.

Nachdem er sich Ing-Britts Cocktailshow auf der Bühne angesehen hatte, ging Thomas nicht – wie seinen Eltern versprochen – direkt nach Hause. Stattdessen schlenderte er durch den Park, und als er an den Schießstand kam, bat Standinhaber Peter Törnqvist ihn, Würstchen kaufen zu gehen. Thomas erhielt dafür ein paar Spielmarken und schoss später ein paar Runden.

Als Thomas schließlich den Folkets Park verließ, war es schon spät, er hatte sich um eine Stunde verspätet und nur noch wenige Minuten zu leben.

Der Automechaniker Olle Blomgren und seine Frau Berta waren so besorgt, dass sie sich auf den Weg machten, um ihren Sohn zu suchen. Um 2.30 Uhr verständigte Olle die Polizei, aber trotz gründlicher Suche und Suchformationen wurde der Junge nicht gefunden.

Um 10.30 Uhr vormittags am Pfingstsonntag ging Wachtmeister Erik Andersson im Geräteschuppen seines Schwagers im Dackevägen 21 einen Sack Zwiebeln holen. Als er die von außen verriegelte Tür öffnete, entdeckte er direkt hinter der Tür einen leblosen Jungen, der mit dem Kopf voran zwischen Fahrrädern und Gartengeräten lag. Seine Kleider waren unordentlich, der Gürtel gelöst worden, der Hosenknopf fehlte, und sein Gesicht war blutverschmiert.

Thomas Blomgren war offenbar einer äußerst brutalen Vergewaltigung mit Todesfolge zum Opfer gefallen.

Nach Thomas Quicks Stockholmreise notiert Kjell Persson in der Akte, dass sein Patient »eine richtige Zeitreise unternommen hat«, und dass »sämtliche Erinnerungen zurückgekehrt sind«. Bislang hatte Quick nicht einmal sagen können, in welchem Ort der Mord passiert war, doch nun konnte er auf einmal eine verblüffend detaillierte Beschreibung des Mordes von Växjö im Jahr 1964 liefern.

Am Montag, dem 27. September, kommt Penttinen wieder nach Säter.

»Wenn wir mit der Zeitfrage beginnen, können Sie da genauer eingrenzen, in welchem Zeitfenster in den 60ern das gewesen ist?«, ist Penttinens Stimme auf dem Tonband zu hören.

»64«, gibt Quick, ohne zu überlegen, zurück.

»Da sind Sie sicher?«

»Ja.«

»Woran machen Sie diese Jahreszahl fest?«

Quick sagt, er verbinde die Jahreszahl mit einem Ereignis, das im Frühling 1963 stattgefunden habe.

»Gewisse Kerzen«, ergänzte Kjell Persson, der danebensitzt.

»Ja«, bestätigt Quick.

»Ich weiß nicht, ob Sie darauf eingehen müssen ... Das hat ja nichts mit dieser Sache in Småland zu tun«, fährt Persson fort. »Sondern mit dem, was Sie selbst erlebt haben.«

Worauf Kjell Persson hinauswill, ist, dass Quick in der Therapie von dem letzten Missbrauch erzählt hat, der 1963 im Wald vorgefallen sein soll. Der Mord an Thomas Blomgren ist eine Nachahmung des letzten Missbrauchs Stures durch den Vater, so die Theorien, die in der Psychiatrie Säter Anwendung finden. Von dem Missbrauch im Wald ist es, wie Quick später erläutern soll, »ein einziger Schritt« zum Folkets Park an jenem Pfingstsamstag 1964 in Växjö.

Zeitlich ordnet Quick die Tat in den späten Frühling ein und erinnert sich an »Flieder und Traubenkirsche«.

Seppo Penttinen ist die Dokumente des Ermittlungsverfahrens im Mordfall Thomas Blomgren durchgegangen. Zeugen haben im Folkets Park einen Jungen mit Beatlesfrisur gesehen.

»Damals waren ja die Beatlesfrisuren Mode«, versucht Penttinen. »Haben Sie sich auch einmal für so lange Haare begeistert?«

Nein, das hat Quick nicht getan.

»Wissen Sie, ob Sie noch Fotos aus der Zeit haben, die das vielleicht belegen?«

Das weiß Quick nicht.

»Keine Konfirmationsfotos oder so etwas? Ich weiß, dass wir bei Ihrer Schwester waren und uns ein paar Fotos angesehen haben, also da gab es auf jeden Fall Fotos, aber ich weiß nicht mehr, ob die aus der Zeit waren.«

»Nein, das weiß ich auch nicht«, entgegnet Quick kurz angebunden.

Er will lieber von der Tanzfläche und den Losbuden im Park erzählen. Alles stimmt exakt. Aber den Ortsnamen zu nennen, dafür ist das Trauma zu groß.

»Ich kann aber sagen, dass es eine Stadt in Småland ist, die mit V beginnt«, sagt er.

»Dann ist es wohl klar, dass Sie in diesem Zusammenhang Växjö meinen?«

Quick nickt.

Bei der Vernehmung vom 1. März hatte Quick angegeben, der Mord sei in Alvesta oder Ljungan passiert. Kjell Persson erklärt Penttinen nun, dass Quick einen falschen Ortsnamen nennen musste, da der Name Växjö zu belastende Gefühle wecke.

»Es geht ja in gewisser Weise darum, das Geschehene ungeschehen zu machen«, erklärt er.

»Die gleichen psychologischen Mechanismen sind der Grund dafür, dass Quick bei den Ausflügen den falschen Weg weist«, führt Persson fort. Quick tut das, weil er »sich nicht traut, gerade heraus zu sagen, worum es geht«.

Penttinen unterbricht die psychologische Erklärung, indem er Quick fragt, wie er nach Växjö gekommen ist, zumal er damals 14 Jahre alt war und in Korsnäs bei Falun wohnte, 550 Kilometer von Växjö entfernt.

»Bin mit dem Auto nach Växjö gefahren«, gibt er zurück.

»Mit wem?«, will Penttinen wissen.

»Will ich nicht sagen.«

In der Vernehmung am 1. März hatte Quick ferner ausgesagt, dass er mit dem Heilsarmeesoldaten Sixten Eliasson in dessen Borgward Isabella gefahren war. Doch nun verkündet

Quick, dass er die Frage, mit wem er gefahren sei, nicht beantwortet, nicht jetzt und auch in Zukunft nicht. Und den Grund dafür will er auch nicht nennen.

Stattdessen erläutert er, wie er zum Folkets Park kam, an jenem Abend, als er meinte, Thomas an einem Stand gesehen zu haben, an dem man werfen oder auf Zielscheiben schießen konnte.

Kjell Persson ist nicht zufrieden. Er berichtet Penttinen, wie die Therapiesitzungen abliefen. Die Erinnerungen wurden so klar, als würde Quick alles noch einmal erleben, mit allen Dialogen, Gefühlen, Gerüchen, so erschien es jedenfalls Persson.

»Das ist fast wie eine hypnotische Reise in einer Zeitmaschine«, sagt er.

Es herrschte eine Präsenz, die es in der Vernehmungssituation zusammen mit Penttinen nicht gibt. Er erklärt den Unterschied damit, dass sie nicht mit Fragen und Antworten arbeiten, wie Penttinen es macht.

»Ich lasse es laufen«, erläutert Persson. »Ich höre zu und folge ihm. Außerdem sind natürlich ganz starke Gefühle dabei.«

»Und es ist unmöglich, dieses Niveau bei einem solchen Gespräch zu erreichen, wenn wir zu viert um diesen Tisch herumsitzen?«, erkundigt Penttinen sich.

»Ja, das ist unmöglich«, sagt Quick.

»Das geht nicht«, bestätigt Kjell.

»Dann müssen wir uns mit diesen Gesprächsbedingungen begnügen«, stellt Penttinen enttäuscht fest.

Kjell Persson will sich trotzdem noch nicht geschlagen geben.

»Ich denke, er kann ganz gut beschreiben, was in den Therapiesitzungen herausgekommen ist.«

Persson wendet sich an Quick und verdeutlicht:

»Als Sie sich auf die Zeitreise begeben haben ...«

Penttinen fragt Quick, ob er das erneut tun könne.

»Ja, so machen wir das«, bestätigt er.

Und so erzählt Quick von Thomas, der klein und schmächtig war, mindestens einen Kopf kleiner als Quick selbst, rötliche Haare hatte und mit einem Mantel aus Nylon bekleidet war. Als Thomas den Folkets Park verlässt, bittet Sture seinen geheimnisvollen Fahrer, ihn zu verfolgen.

Als sie den Park ein paar Hundert Meter hinter sich gelassen haben, holt der Chauffeur ihn ein und greift nach Thomas' Händen. Er hält den Jungen an den Armen fest, während Sture ihm von hinten mit der rechten Hand Nase und Mund zuhält. Der Junge bekommt Nasenbluten und verliert rasch das Bewusstsein.

Der brutale Übergriff kommt für den Fahrer unerwartet, und er läuft los, um das Auto zu holen.

»Ich hebe ihn hoch und trage ihn. Ich lege ihn in den Geräteschuppen, schließe die Tür. Und dann kommst du mit dem Auto, und wir fahren weg.«

Auf der Rückfahrt sagt der namenlose Chauffeur immer wieder:

»Das ist nicht passiert. Das ist nicht passiert ...«

Was Quick über den 29 Jahre zurückliegenden Mord sagte, war wirklich erstaunlich detailliert. Es stimmte so sehr mit den Fakten überein, dass Seppo Penttinen kaum auch nur einen Augenblick daran gezweifelt haben konnte, dass seine Erinnerungen authentisch waren. Quick konnte sogar eine überraschend genaue Skizze von dem Geräteschuppen anfertigen, in dem er die Leiche versteckt hatte. Und das, obwohl er maximal eine Minute an dem Ort gewesen war und obwohl es zu dem Zeitpunkt draußen pechschwarze Nacht war. Das machte einen besonders merkwürdigen Eindruck, weil er ein halbes Jahr zuvor ausgesagt hatte, er habe Thomas Blomgrens Leiche unter einer morschen Leiter im Wald versteckt. Er hatte außerdem behauptet, er habe den Jungen erdrosselt – nicht erstickt, was die korrekte Todesursache gewesen war.

Aber es war, als hätte die Überzeugung von der neuen Version alle früheren Widersprüche ausradiert.

Selbst ein eingefleischter Quick-Zweifler wie Leif GW Persson wurde wankelmütig, als er später von Quicks Schilderung des Mordes an Thomas Blomgren erfuhr. Quick hatte erzählt, wie Thomas das Blut aus der Nase und auf seine rechte Hand gelaufen war und wie er die Hand auf die Brust des Jungen gelegt hatte – auf das Unterhemd. Die Techniker hatten genau dort einen blutigen Handabdruck sichergestellt, als hätte sich der Mörder vergewissern wollen, dass das Herz wirklich zu schlagen aufgehört hatte. Leif GW Persson kommentierte Quicks Aussage über die blutige Hand damit, dass »das wirklich richtig gruselig« war.

Göran Fransson genehmigte Thomas Quick kurz darauf eine weitere Reise ohne Begleitung, die diesen am 19. Oktober erneut nach Stockholm führte. Einen Tag später wurde er wieder wegen des Mordes in Växjö vernommen und konnte auch dieses Mal alle Fragen korrekt beantworten.

In Stures Patientenakte lässt sich Kjell Perssons Beschreibung des entscheidenden Durchbruchs in der Therapie nachlesen:

Diese Zeitreisen waren insoweit vollständig, als dass alle Erinnerungen an das fragliche Ereignis zurückgekehrt sind, einschließlich der Gedanken, die der Patient dachte, verschiedener Sinneseindrücke, darunter auch Gerüche, sowie Erinnerungen an das, was der Patient sagte und was andere Personen sagten und so weiter.

Kjell Persson war überzeugt, dass er durch seine psychotherapeutischen Behandlungsmethoden Stures verdrängte Erinnerungen an den Mord an Thomas Blomgren zurückholen konnte. Leider musste er auch feststellen, dass »das Material über Johan

Asplund noch immer auf seine endgültige Durchdringung wartet, da viele Details noch zu schmerzhaft sind, als dass der Patient diese belastenden Gefühle verkraften könnte, vor allem Gefühle der Wehrlosigkeit und Aggressivität, die mit diesem Ereignis verbunden sind«.

Thomas Quicks Angaben über den Mord an Thomas Blomgren wurden als derart großer Durchbruch in der Ermittlung betrachtet, dass Christer van der Kwast keinen Zweifel hegte, Quick sei nun an seinen ersten Mord gebunden. Dadurch erhärte sich auch der Verdacht im Fall des Mordes an Johan, meinte der Staatsanwalt.

Die Sicherungsverwahrung stand für den verdächtigten Doppelmörder jedoch nicht zur Debatte. Obwohl Quick zur Behandlung in der geschlossenen Psychiatrie verurteilt worden war und seitdem unter Verdacht stand, mindestens zwei Morde begangen zu haben, waren sich der Staatsanwalt und die Ärzte in Säter einig, dass er auch in Zukunft Reisen ohne Begleitung unternehmen und sich frei in der Öffentlichkeit bewegen dürfe.

Stures Alibi

Als die Researcherin Jenny Küttim und ich die alten Zeitungsartikel über den Mord an Thomas Blomgren bestellen, zeigt sich, dass sämtliche korrekte Angaben, die Quick über den Mord gemacht hat, erwähnt werden. Mir erzählt Sture, dass er sich besonders gut an eine Luftaufnahme von Växjö erinnert, auf der man den Weg vom Folkets Park bis zum Geräteschuppen eingezeichnet hatte. Auch Thomas Blomgrens Elternhaus ist markiert. Das Foto entdeckten wir in der Ausgabe vom 19. Mai 1964 des *Aftonbladet* unter der Überschrift »DAS IST DIE TODESSTRECKE«.

Der Polizist Sven Lindgren aus Växjö ist 85 Jahre alt, aber er ist vollkommen klar, als er von dem 44 Jahre zurückliegenden Mord an Thomas Blomgren erzählt, an dem er bis zu seiner Verjährung im Jahr 1989 arbeitete.

»Ich weiß, dass Thomas Quick unschuldig ist und er Thomas Blomgren nicht umgebracht hat«, sagt der alte Beamte mir am Telefon.

Seine Stimme ist belegt, und er ist so schwerhörig, dass ich ein Wort nach dem anderen in den Hörer schreien muss, damit er meine Fragen versteht.

Sven Lindgren kann da so sicher sein, weil er weiß, wer der wahre Täter ist. Sein damaliger Kollege, Kriminalkommissar Ragnvald Blomqvist, weiß offenbar mehr zu berichten, und schon sitze ich im Auto und bin auf dem Weg nach Småland.

Blomqvist empfängt mich in einer hübschen 60er-Jahre-Villa in Växjö. Auch er verneint, dass Thomas Quick etwas mit dem Mord zu tun haben kann.

»Wir konnten Thomas Blomgrens letzten Abend rekonstruieren, von dem Zeitpunkt, als er aus seiner Haustür trat, bis zu dem Moment, als er den Folkets Park wieder verließ. Das ist im Prinzip eine ununterbrochene Folge von Ereignissen und Begegnungen mit anderen Besuchern in dem Park. Da gab es einfach überhaupt keinen Raum für einen fremden Jungen wie Thomas Quick.«

Einer der eindeutigsten Beweise dafür, dass Thomas Quick nicht Thomas Blomgrens Mörder ist, ist eine »sehr glaubwürdige Kronzeugin«, die vor dem Folkets Park im Auto saß, als er seine Tore schloss. Es war 23.30 Uhr, als sie sah, wie Thomas Blomgren den Park in Begleitung eines Mannes um die 40 verließ. Sie waren Richtung Wäldchen gegangen, wo derselbe Mann bereits am selben Abend aufgefallen war.

Quick hatte behauptet, er sei zusammen mit Thomas Blomgren im Folkets Park gewesen und mit ihm zusammen von dort weggegangen. Ragnvald Blomqvists Beobachtung zufolge war das vollkommen unmöglich.

Das Gleiche sagte Sven Lindgren den Journalisten, als er zum ersten Mal von Quicks Geständnis hörte, laut *Dala Demokraten* war das am 3. November 1993:

»Wenn das ein Junge von außerhalb gewesen sein soll, dann wäre er auch Teil unserer Ermittlung gewesen. Deshalb glaube ich das nicht.«

Ragnvald Blomqvist berichtet, dass die Polizei schließlich den »Mann aus dem Wäldchen« identifizieren konnte, dass er am Tag der Heiligen Drei Könige 1971 festgenommen und wegen Mordverdachts auf Anordnung des Landgerichts Växjö in Untersuchungshaft kam. Der »Kronzeugin« zufolge war der Häftling identisch mit dem Mann, der den Park zusammen mit Thomas Blomgren verlassen hatte. Er blieb lange in Haft, doch sein Verteidiger ging in Revision, und das Oberlandesgericht Göta setzte den Verdächtigen wieder auf freien Fuß, allerdings mit der kleinstmöglichen Mehrheit, drei Richterstimmen waren dafür, zwei dagegen. Die Kommissare in Växjö akzeptierten die Entscheidung des Gerichts, waren aber unverändert der Auffassung, dass der Fall »polizeilich gelöst« ist.

Bei meiner Lektüre der Pressemeldungen von 1964 wird mir klar, dass die Ermittlungen im Fall Thomas Blomgren vom ersten Tag an durchlässig wie ein Sieb waren. Im Prinzip landeten sämtliche Informationen der Polizei über den Mord und die Verletzungen des Jungen sofort in den Zeitungen. In mehreren Artikeln wurde die Vermutung geäußert, es handele sich um einen Sexualmord mit homosexuellem Hintergrund, jedoch ohne anzugeben, auf welcher Grundlage diese Behauptung basierte. Die Polizei hatte technische Beweise sichergestellt, die in diese Richtung deuteten, aber gerade diese Informationen sickerten nicht durch.

Ich fahre mit Ragnvald Blomqvist zum Folkets Park, wo er mir zeigt, wo die verschiedenen Zeugen standen, und auf welchem Weg Thomas Blomgren den Park mit dem »Mann aus dem Wäldchen« verließ. Blomqvist zeigt mir auch, wo das Wäldchen liegt, und da der Mann, der wegen Mordes einsaß, verstorben ist, meint Blomqvist, er könne nun das einzige Geheimnis lüften, das die Polizei bewahren konnte.

»Wir haben Proben genommen von dem Erdboden und den Pflanzen im Wäldchen und zur Untersuchung eingeschickt.«

»Thomas' Gürtel war gelöst, die Hose aufgeknöpft. In Thomas' Hose und Unterhose wurde Erde gefunden. Die technische Untersuchung hat gezeigt, dass die Erde, Pflanzenpartikel und anderes von diesem Wäldchen stammten. Die Hose muss also in dem Wäldchen heruntergezogen worden sein, aus dem dieser Erdboden stammt.«

Die Information, dass Thomas Blomgrens Hose und Unterhose heruntergezogen worden waren und dass der Junge in dem Wäldchen auf der Erde gelegen hatte, bevor der Mörder die Leiche in den Schuppen geworfen hatte, war ein Geheimnis geblieben, bis Ragnvald Blomqvist es mir verriet. Deshalb hatte Thomas Quick nichts davon in den Zeitungen lesen und auch nichts davon erzählen können. Laut seiner Aussage waren sie direkt zum Schuppen gegangen.

Mehrere Zeugen hatten einen Schrei in der Gegend gehört, zu der Zeit, als Thomas verschwand. Die Polizei hat außerdem für sich behalten, dass eine Dame ihren Hund in der Nähe des Wäldchens ausführte. Der Hund war stehen geblieben und hatte in das Wäldchen hineingebellt. Die Polizei ist überzeugt, dass Thomas geschrien hatte, und dass der Mörder ihn zum Schweigen bringen wollte. Als die Dame mit dem Hund nicht weiterging, wagte der Mann nicht, seine Hand von Thomas' Gesicht zu nehmen, und Thomas erstickte.

Der Polizei in Växjö ist es noch immer völlig unverständlich, wie Christer van der Kwast behaupten konnte, Thomas Quick stünde mit der Tat im Zusammenhang. Noch seltsamer war, dass van der Kwast keine Hilfe von den Beamten annehmen wollte, die den Fall in- und auswendig kannten. Ragnvald Blomqvist und Sven Lindgren waren frustriert darüber, dass sie bei einer neuen Vernehmung Quicks nicht anwesend sein durften.

»Wir wussten ja eine ganze Menge, auch Dinge, die nirgendwo aufgeschrieben worden sind. Wenn wir Quick hätten vernehmen dürfen, hätten wir ihn der Lüge überführen können.«

Darin waren Blomqvist und Lindgren sich einig. Aber diese Gelegenheit wollte Christer van der Kwast ihnen offenbar nicht geben.

Das Rätsel verdichtet sich, als wir Stures Information überprüfen, dass dieser Mord zu einer Zeit geschah, für die er ein wasserdichtes Alibi hat. Jenny Küttim gelingt es, mehrere seiner Mitkonfirmanden ausfindig zu machen, die bestätigen können, dass diese Angaben stimmen. Ich rufe Sven-Olof an, der mittlerweile in Svärdsjö, Dalarna, wohnt.

»Doch, doch«, sagt er. »Wir sind in der Kopparbergskirche konfirmiert worden, das war Pfingsten 1964. Die Konfirmation dauerte zwei Tage, die eigentliche Zeremonie war am Samstagnachmittag. Es gab eine Befragung für die Konfirmanden, und das Abendmahl fand im Rahmen des Festgottesdienstes am Sonntag statt. Ich weiß noch, dass Sture das Taufbecken trug.«

Die Mitglieder der Familie Bergwall waren Pfingstler und deshalb nicht in der evangelisch-lutherischen Kirche Schwedens getauft. Sture und seine Zwillingsschwester Gun sollten daher im Rahmen der Konfirmation getauft werden. Sven-Olof mailte mir das Foto, auf dem Sture das Taufbecken trug.

Ich war sprachlos. Thomas Quick hatte für den vielleicht größten Mordfall überhaupt ein Alibi. Mit seiner detaillierten

Schilderung von Thomas Blomgren begründete Quick seine Glaubwürdigkeit als Mörder. Dass er bereits im Alter von 14 Jahren zu morden begonnen hatte, war auch eine willkommene These, die den Mythos des verrückten Serienmörders Thomas Quick untermauerte.

»Er hat ja gesagt, dass er an dem Wochenende auch unten in Växjö gewesen ist, um jemanden umzubringen«, sagt Sven-Olof mit einem Lächeln, das man selbst durchs Telefon hört.

»Wussten Sie davon?«

»Ja«, erwidert er in singendem Dala-Dialekt. »Ist doch klar, dass man auf seine Freunde ein Auge hat! Doch, doch. Der Mord geht also schon einmal nicht auf seine Kappe ... Wir haben das jedenfalls nicht geglaubt.«

Darüber hatten sich Sven-Olof und viele andere oben in Dalarna jahrelang den Kopf zerbrochen. Sie haben einfach nicht geglaubt, dass das stimmte.

Auch Stures Zwillingsschwester Gun bestätigt das. Außerdem erzählt sie, dass sie von den Quick-Ermittlern befragt worden sei. Sie wussten, wie die Dinge lagen.

Auch das ist eine erstaunliche Information. Wir haben uns sämtliche Protokolle der Verfahren und Vernehmungen der Quick-Ermittlungen aushändigen lassen, auch den sogenannten »Ausschuss« – ungeordnete Dokumente, die nicht separat verzeichnet, aber aufgehoben werden müssen, da es sich dabei um allgemein zugängliche Daten handelt. Nirgends auf diesen Zehntausenden von Seiten taucht diese Befragung auf.

Ein weiteres Rätsel stellt der Chauffeur dar, der angeblich den jungen Sture nach Växjö gefahren haben soll. Weshalb war Sixten, der Fahrer, nicht vernommen worden? Was hatte er dazu zu sagen gehabt, dass Quick ihn der Mittäterschaft des Mordes an einem 14-jährigen Jungen bezichtigt hatte? Die

Frage lässt mir keine Ruhe, und ich will so schnell wie möglich mit ihm Kontakt aufnehmen. Doch ich kann seine Telefonnummer nicht ausfindig machen.

Aber ich finde eine Adresse und schicke einen Blumengruß an Sixten Eliasson in Dalarna. Das mag übereilt oder gar unethisch erscheinen, aber ich kaufe via Internet einen Blumenstrauß, und mein Wunsch wird bis vor Sixtens Haustür in Dalarna geliefert:

Rufen Sie mich an!
HANNES
0708-84XXXX

Als mein Mobiltelefon klingelt, entschuldige ich mich für meinen Überfall und erkläre, worum es geht. Sixten klingt überhaupt nicht erfreut darüber, dass diese alte Frage wieder aufs Tapet kommt. Ich bekomme ein schlechtes Gewissen, aber meine Neugierde siegt.

»Ich habe alles, was ich weiß, schon der Polizei gesagt.«

»Was? Sie wurden dazu befragt?«

»Ja, ja, drei Mal!«

»Und was haben Sie zu Quicks Behauptungen gesagt, Sie hätten ihn 1964 nach Växjö gefahren?«

»Ich habe den Beamten alles gesagt. Mir geht es nicht besonders gut, und die ganze Sache hat mein Leben schon genug zerstört.«

»Aber können Sie mir nicht einfach sagen, ob Sie ihn gefahren haben, oder nicht?«

Ich muss rasch einsehen, dass Sixten kein Sterbenswort über seine Rolle in der Ermittlung verlieren will, aber er hat mir bereits eine weitaus wichtigere Information gegeben, als ich zu hoffen wagte. Es existieren drei Vernehmungen mit Sixten, und es kann sich demnach nur um eine Frage der Zeit handeln, bis mir diese vorliegen.

Doch auch diese Befragungen tauchen nirgends in dem Ermittlungsmaterial auf. Wir erkundigen uns bei Christer van der Kwast und Seppo Penttinen – aber sie scheinen nichts von irgendwelchen verschwundenen Vernehmungsprotokollen zu wissen. Jenny und ich gehen alle Ausschnitte und Aufzeichnungen durch, doch vergebens. Wir finden allerdings heraus, dass auch andere schon scharf darauf gewesen sind.

Am 24. November 1995 haut der *Dala Demokraten* richtig auf den Putz. Gubb Jan Stigsons neustem Knüller wird eine ganze Seite gewidmet:

DD-REPORTER ENTHÜLLT, WER QUICK GEFAHREN HAT
»Ich habe keinen Zweifel
an der Identität des Mannes«

Laut Stigson hatte der Mann, der den Wagen gefahren hatte, »über 31 Jahre lang einen Mörder gedeckt«. Stigson hatte den Ermittlern dargelegt, er wisse, wer Quick gefahren habe. Für Stigson unbegreiflich, hatte Christer van der Kwast nicht das geringste Interesse an dieser Information. Er ging einfach nicht ans Telefon, als der Reporter anrief.

»Es ist unbeschreiblich enervierend, van der Kwast wegen dringenden Angelegenheiten wieder und wieder anzurufen, nur um damit abgespeist zu werden, dass er grundsätzlich keine Anrufe entgegennimmt«, sagte Stigson zu einem Kollegen in der Zeitungsredaktion.

Gubb Jan Stigson zeigte den Oberstaatsanwalt bei dem nach schwedischem Recht hierfür zuständigen Justiz-Ombudsmann an, da er »sich der Möglichkeit verweigert hat, für die Ermittlung relevante Informationen zu erhalten«.

In einem Schreiben an den Ombudsmann hatte Christer van der Kwast angegeben, die Identität des Fahrers sei den Ermittlern unbekannt.

In seinem Artikel überlegte Gubb Jan Stigson, was er mit seiner sensationellen Information anstellen sollte:

»Das ist eine ungeheuer schwierige Frage. Das Risiko, dass er kurz vor einem psychischen Zusammenbruch steht, ist natürlich hoch. Wichtig ist, dass der Mann alle Informationen liefert, über die er verfügt, um so viele Morde wie möglich aufzuklären.«

Für mich hatte Sixten Eliasson nun eine späte Erklärung für den ganzen Aufstand geliefert – Christer van der Kwast wollte unter keinen Umständen Stigson oder jemand anderem gegenüber zugeben, dass der besagte Mann dreimal vernommen worden war und überzeugend hatte darlegen können, dass Quick gelogen hatte.

Stattdessen blieb van der Kwast dabei, Quick sei in den Mord an Blomgren verwickelt.

Der Ärztestreit

Nach dem Fortschritt in dem Mordfall von Växjö gestand Thomas Quick, dass er auch den 13-jährigen Alvar Larsson ermordet habe, der 1967 auf der Insel Sirkön in der Gemeinde Urshult verschwunden war, nachdem er zum Holzholen nach draußen gegangen war. Quick gestand ferner, den 18-jährigen Olle Högbom ermordet zu haben, der am 7. September 1983 nach einem Klassenfest in Sundsvall verschwand. Quick bekam wieder starke Medikamente. Die Ermittler wussten nicht, was sie von den ständig neuen Berichten über weitere Morde halten sollten. »Ist er der erste Serienmörder Schwedens?«, fragte der *Dala Demokraten* am 8. November 1993.

Gubb Jan Stigson schrieb, dass über die gestandenen Morde an Johan Asplund und Thomas Blomgren hinaus untersucht wurde, ob Quick sich weitere drei Morde hatte zuschulden kommen lassen: »Sollte sich zeigen, dass das der Wahrheit entspricht, würde der 43-jährige Johan-Mann den Rang des ersten richtigen Serienmörders einnehmen.«

Als der erste richtige Serienmörder Schwedens in der Psychiatrie in Säter entdeckt worden war, begann ein Katz-und-Maus-Spiel, ähnlich wie das in »Das Schweigen der Lämmer«, jedoch ohne die ausgesuchte Eleganz der amerikanischen Vorlage. Als Beispiel dient eine Vernehmung in dem Fall Thomas Blomgren, in der Thomas Quick die Ermittlungen auf Olle Högboms Verschwinden lenken wollte, mit dem Seppo Penttinens Polizeibezirk der Polizei Sundsvall befasst war. Thomas Quick wollte einige für seinen Lebenslauf wichtige Jahreszahlen nennen. Penttinen notierte im Protokoll:

Unter anderem erwähnt er 1983 als ein solches Jahr. Er sagt, dass in jenem Jahr seine Mutter verstarb und in derselben Woche »ein aus mehrerlei Hinsicht dramatisches Ereignis eintrat«. Quick hat Anwandlungen von Panik, als er davon spricht, und will nicht klar sagen, was er mit dieser Andeutung meint. Er bittet stattdessen, einen Hinweis in Form einer Strophe aus einem bekannten Kinderlied geben zu dürfen. Dann sagt er »Mutters kleiner Olle«.

Seppo Penttinen hatte keine größeren Schwierigkeiten, das kleine Rätsel des kooperativen Serienmörders zu lösen. Olle Högboms Verschwinden war in seinem Polizeibezirk der prominenteste Fall in der Zeit nach dem Mord an Johan. Ein ungelöster Fall, bei dem die Polizei ohne jede Spur und ohne einen Verdächtigen dastand.

Die neuen Namen Alvar und Olle kamen auch auf die Liste mit Quicks potenziellen Opfern.

Einige Monate zuvor hatte Göran Källberg als neuer Chefarzt seinen Dienst in der Psychiatrie Säter aufgenommen und war somit derjenige, dem letztendlich die Verantwortung für Thomas Quicks Behandlung oblag. Die gestandenen Morde an Johan Asplund und Thomas Blomgren waren in den Medien extrem präsent, und schon nach vier Tagen in seinem neuen Dienst diskutierte Källberg diese Frage mit Quicks Arzt. Källberg äußerte seine Bedenken bezüglich des Freigangs und der genehmigten Reisen während der laufenden Ermittlungen für einen des Doppelmordes verdächtigten Patienten. Göran Fransson versicherte, er und Kjell Persson hätten die Sache unter Kontrolle. Sie wiesen darauf hin, dass dieses Arrangement im Einvernehmen mit Staatsanwalt und Polizei bestünde.

Fransson behielt jedoch sorgfältig für sich, dass er und Kjell Persson unter größter Geheimhaltung parallel ihre eigenen Ermittlungen durchführten. Zusammen mit Quick waren beide Ärzte auf eigene Faust nach Ryggen zurückgekehrt, um nach Johans versteckter Hand zu suchen. In einem unbeobachteten Augenblick ging Quick zu einem »Versteck«, in dem er zwei Finger gefunden hatte, wie er behauptete. Als die Ärzte ihn fragten, was er damit gemacht habe, antwortete er, er habe sie verspeist. Nach diesem Vorfall einigten sich Persson und Fransson mit Quick darauf, den Ermittlern nichts davon zu sagen. Einige Tage darauf waren sie erneut nach Ryggen gefahren, um nach Johans Leiche zu suchen, doch sie fanden nichts. Später suchten sie an verschiedenen Orten nach Leichenteilen.

Anfang 1994 erfuhr Källberg, dass Quick in der Therapie einen weiteren Mord gestanden hatte. Aus seinen Aufzeichnungen:

Am 14. Januar wurde ich vom Personal darüber informiert, dass der Patient nun angegeben habe, er habe sechs Morde an Jungen begangen, und dass die Erinnerung daran zurückzukehren begann.

Mit sechs Morden war offensichtlich die Grenze dessen überschritten, was der Chefarzt tolerieren konnte, und er wandte sich mit seinen Bedenken an Kjell Persson.

Habe mitgeteilt, dass ich den Freigang nicht gutheißen kann, und dass ich weder ihm noch Frasse [Göran Fransson] den Rücken freihalte, wenn etwas passiert. Frasse hat mir gegenüber bereits erwähnt, dass es eine Katastrophe für ihn wäre, wenn etwas passieren würde. Kjell kann nicht ausschließen, dass diese Katastrophe eintreten könnte, appelliert aber an mich, mich nicht einzumischen.

Nach dieser Unterhaltung ließ sich Kjell Persson krankschreiben, und Källberg wusste nicht, wie er mit der Situation umgehen sollte. Als er »Frasse« anrief, um seinen Entschluss mitzuteilen, Quick den Freigang und die Reisen zu streichen, erhielt er die Auskunft, auch Fransson sei nun krankgeschrieben.

Thomas Quick befand sich noch auf der offenen Station 37, die an die geschlossene Station 36 angegliedert war, in der Täter besonders schwerer Gewaltverbrechen einsaßen. Das Dienstzimmer für beide Stationen lag auf der 36, und dorthin ging Thomas Quick am Morgen des 21. Januar 1994, um Kaffee zu trinken.

Nach einem kurzen Austausch mit dem Personal suchte Göran Källberg Thomas Quick auf und teilte ihm seinen Entschluss mit, den Freigang zu streichen. Quick wurde somit auf Station 36 überstellt, wo die gefährlichsten Schwerverbrecher saßen.

Der krankgeschriebene Kjell Persson war darüber äußerst erbost und kontaktierte Källberg eine Woche später. Er war empört über diesen Beschluss, der – wie er meinte – dazu führen könne, dass der Serienmörder Thomas Quick Selbstmord verübte, bevor er gestanden hatte und für seine Verbrechen zur Rechenschaft gezogen werden konnte. Persson bezeichnete das als »nationalen Skandal«.

Göran Källberg tat diese Erklärung als widersprüchlich ab, doch das Gespräch beunruhigte ihn so weit, dass er umgehend auf Station 36 anrief, um sich zu erkundigen, wie es Quick ging. Er machte einen Vermerk über das Telefongespräch, dass das Personal »nichts Außergewöhnliches am Verhalten des Patienten bemerkt hat. Während unseres Telefonats spielt er mit dem Personal Scrabble.«

Die Tatsache, dass in der Psychiatrie in Säter ein Serienmörder saß, erzeugte nicht nur intern in der Klinik Spannungen, sondern auch zwischen den Ermittlern und den für die Behandlung Zuständigen. Göran Källberg bemerkte rasch, dass der Entschluss, Quick auf die geschlossene Station zu verlegen, großen Unmut bei der Polizei hervorgerufen hatte. Noch am selben Tag erhielt er einen Anruf von Christer van der Kwast, der erklärte, dass durch den eingestellten Freigang die gesamte noch bevorstehende Untersuchung gefährdet werden könne.

Thomas Quick musste »etwas im Austausch« für seine Geständnisse bekommen, meinte van der Kwast, doch seine Argumente fanden kein Gehör. Källberg seinerseits wurde ungeheuer wütend darüber, dass sich ein Staatsanwalt in die Behandlung eines seiner Patienten einmischte. Freigang und genehmigte Reisen im Austausch gegen Mordgeständnisse? »Für solche Überlegungen bin ich nicht zu haben«, notierte Källberg in der Akte.

Källberg konnte damit leben, nicht einer Meinung mit van der Kwast zu sein. Schlimmer war es, dass immer mehr Mitarbeiter der Klinik sich gegen ihn wandten. Thomas Quicks Enttäuschung war für Källberg verständlich, aber richtig problematisch waren die Reaktionen der beiden Ärzte Fransson und Persson.

Kjell Persson hatte schon seit Längerem geplant, Säter wegen eines neuen Jobs an der St. Lars Klinik in Lund zu verlassen, und kämpfte mit allen Mitteln darum, seinen Patienten mitnehmen zu dürfen. Quick goss Öl ins Feuer, indem er damit drohte, die Zusammenarbeit mit der Polizei zu beenden, wenn er seine Therapie mit Persson nicht fortsetzen könne. Källberg empfand diese Situation als pure Erpressung.

Im Februar 1994 meldete sich van der Kwast nochmals telefonisch bei der Klinikleitung und unterbreitete Vorschläge, wie Quicks Behandlung vonstattengehen solle. Er wies dabei auf »die Bedeutung des zukünftigen nahen Kontakts mit Oberarzt Kjell [Persson] hin, der im Sinne der polizeilichen Ermittlungen ist«.

Als Kjell Perssons Bemühungen, Quick mit nach Lund zu nehmen, erfolglos blieben, gelang es ihm stattdessen, einen Platz für ihn in der Psychiatrie in Växjö zu organisieren. Der dortige Chefarzt, Ole Drottved, lehnte jedoch Perssons Angebot, er selbst könne die Therapie mit Quick fortsetzen, ab. Darum kümmere sich das Personal der Klinik selbst.

Christer van der Kwast, der der Meinung war, dass die Ermittlungen mit Kjell Perssons Therapie standen und fielen, intervenierte erneut in der Behandlungsfrage und rief Drottved an, der sich überreden ließ, Persson die Therapie mit Quick weiterführen zu lassen.

Ein weiteres Mal wurde Chefarzt Göran Källberg vor vollendete Tatsachen gestellt, ohne um Rat gefragt oder informiert worden zu sein. »Dass es so gekommen ist, liegt daran, dass nicht das medizinische Personal und nicht diejenigen entschieden haben, die eigentlich zuständig waren«, schrieb Källberg säuerlich in die Akte, unmissverständlich auf van der Kwast gemünzt.

Aber viele wollten noch ein Wörtchen mitreden in der Zeit bis zum Umzug. Göran Fransson blieb mit Thomas Quick während seiner Krankschreibung über das Patiententelefon auf der Station in Kontakt. Auch eine Psychologiestudentin, die in ihren Semesterferien Quicks Therapeutin vertreten hatte, mischte sich in den Streit ein. In einem Brief an Quick versuchte sie, ihm Göran Källbergs Entscheidung für die geschlossene Station 36 zu erklären:

Nachdem es offensichtlich ist, dass Sie sechs Morde begangen haben und sich in einem schwierigen Prozess bezüglich der Erinnerungen daran befinden, ist es nachvollziehbar, dass »alles etwas strenger gehandhabt wird«. Leider denke ich, dass es einen Riesenaufstand gäbe, wenn die Öffentlichkeit erführe, dass ein Serienmörder sich so frei bewegen darf. Sie wissen ja, wie die Leute und die Massenmedien sind …

Als Kjell Persson nicht mehr krankgeschrieben war, weigerte er sich, in die Klinik zurückzukehren, es sei denn, sein Arbeitspensum würde auf ein Viertel reduziert und er könne sich ausschließlich mit Thomas Quick beschäftigen. Keine Visiten, keine anderen Patienten. Andernfalls würde er sich wieder krankmelden.

Diese Nachricht erhielt Källberg bei einer Sitzung am 7. Februar, nachdem Persson van der Kwast angerufen hatte, um weitere polizeiliche Vernehmungen zu planen. Anschließend verließ er die Klinik und ging nach Hause.

In diesem Chaos aus Konflikten wurden die Ermittlungen mit neuen Vernehmungen weitergeführt.

Aus Göran Källbergs Aufzeichnungen geht hervor, dass er zu jener Zeit an Quicks Therapieverlauf zu zweifeln begann. Källberg und Kjell Persson hatten sich zufällig in der Bahn getroffen und diskutiert, wie sich die Therapie gestalten solle, wenn Quick nach Växjö verlegt würde. Kjell erzählte außerdem, dass er mit der Therapie eine große Verantwortung auf sich nehme.

[Ich] stelle das etwas infrage, ob es sich wirklich um eine Therapie handelt. [Kjell] sagt, er sitzt die meiste Zeit schweigend da, während der Patient sich zu erinnern beginnt, sobald Kjell Platz nimmt.

Göran Fransson, der immer noch krankgeschrieben war, teilt am 21. Februar mit, dass er seine Arbeit in der Klinik nicht wieder aufnehmen wird, da er sich »einer Art Komplott ausgesetzt sieht und es jemand auf ihn abgesehen hat«.

Göran Källberg schreibt in seinem Gedächtnisprotokoll im Anschluss an dieses Gespräch, dass er Fransson für »eindeutig paranoid« hält. Kurz gesagt war die Stimmung in der Psychiatrie Säter nicht die beste.

Kjell Persson nahm seinen Dienst in Säter nicht wieder auf, sondern widmete sich voller Elan den Umzugsmaßnahmen für Thomas Quick. Er selbst würde am St. Lars in Lund arbeiten und für die Therapiesitzungen mit Quick zweimal wöchentlich nach Växjö pendeln.

Vor Quicks Abfahrt wurde Persson über die Regeln informiert, die in Växjö angewendet wurden, etwa, dass sämtliche Formen von Benzodiazepinen in der Klinik tabu waren. Das war ein Problem. Würde Quick sich damit einverstanden zeigen? Und auch wenn er das akzeptierte, musste er entgiftet werden, bevor er nach Växjö gebracht werden konnte.

Am 28. Februar schreibt Källberg:

Reduzierung der Benzodiazepine für TQ begonnen. Leider war mir nicht klar, dass er so hohe Dosen gewohnt war. Er selbst will zügig reduzieren.

Mir erzählt Sture Bergwall, dass das alles nur Show gewesen war:
»Natürlich war es ein Schock, dass in Växjö keine Benzos serviert wurden. Kjell meinte zunächst, dass sich das klären

würde, dass er mit dem Chefarzt Drottved sprechen würde. Als er damit nicht einverstanden war, meinte Kjell, das würde sich regeln, wenn ich dort wäre.«

Thomas Quick litt unter der Entgiftung, die einige Wochen dauerte, wollte sie aber so schnell wie möglich hinter sich bringen. Wäre er erst einmal vor Ort, würde es für alles eine Lösung geben.

Am 3. März notiert Källberg: »TQ hat Entzugserscheinungen, will aber dennoch zügig reduzieren.«

Knapp zwei Wochen später fand Thomas Quicks Umzug in die Regionalpsychiatrie Växjö statt, und schon bei der Ankunft war es offensichtlich, dass sie ganz anders war als die Klinik in Säter. Die Hoffnung, das mit der Zuteilung der Benzodiazepine »würde sich regeln«, ging sofort in Rauch auf. Die Psychiatrie in Växjö setzte auf »Sicherheitsaspekte, Eingrenzung und Einstufung der Gefährlichkeit«, erfuhr Quick.

Auch für Kjell Persson war der Umzug eine Enttäuschung, denn er hatte seine bisher erfolgreiche Therapie mit Quick fortführen wollen. Persson kam zweimal vorbei, um die Therapie fortzusetzen, doch beide Male vergebens, so Sture Bergwall.

»Ich brachte kein Wort heraus. Ohne Benzo konnte ich ja nicht reden, also saßen wir einfach nur da«, sagt er und lacht.

Der berüchtigte Säter-Patient erfüllte auch die Erwartungen des Personals in Växjö nicht. In die Patientenakte wurde eingetragen:

Der Patient befindet sich seit zwei Wochen auf der Station. Dort gilt er als zurückhaltend und in sich gekehrt. Durch seinen Therapeuten Kjell [Persson] hat der Patient mitteilen lassen, dass ihm die hier praktizierte Behandlungsform nicht bekommt. Der Therapeut Kjell [Persson] ist ebenfalls der Meinung, dass er unter den hier herrschenden Bedingungen die Therapie nicht weiterführen kann.

Thomas Quick kommunizierte mit dem Personal ausschließlich über Kjell Persson, und die Klinikleitung stellte fest, dass es unmöglich war, die verschiedenen Ideologien der Häuser Säter und Växjö auf einen Nenner zu bringen, »was bedeutet, dass wir die Ansichten und Wünsche des Patienten im Hinblick auf eine Sonderbehandlung und Medikation und so weiter nicht berücksichtigen können.«

Als dieser Eintrag vorgenommen wurde, hatte Thomas Quick bereits auf Station 36 in Säter angerufen und verkündet, er halte es hier nicht länger aus. Er wolle zurück.

Schon am nächsten Tag kamen drei Pfleger nach Växjö, um ihn abzuholen. Sture erzählt begeistert von der Rückfahrt nach Säter:

»Das war wunderbar! Als wir im Auto saßen, holten sie zuallererst eine Tüte mit Stesolid heraus! Endlich wieder zu Hause!«

Sie legten einen Zwischenstopp in Gränna ein, aßen in einem Restaurant, und im Svampen in Örebro kauften sie Süßigkeiten. Als sie auf die Station 36 zurückkehrten, empfing ihn das Personal mit offenen Armen. Ganz vorn stand Birgitta Ståhle.

Jetzt wurde es ernst.

Birgitta Ståhle übernimmt

Nach seiner Rückkehr in die Psychiatrie Säter am 30. März 1994 bezog Thomas Quick wieder sein altes Zimmer, und die Ärzte verordneten eine gemäßigte Medikation mit Benzodiazepinen. Danach legte sich eine befreiende Ruhe über die Klinik, die so lange von aufreibenden Konflikten gebeutelt worden war.

Quick konnte den Verlust seines Therapeuten jedoch nur schwer verkraften. Birgitta Ståhle schrieb in seine Akte, Quick sei nach dem Aufenthalt in Växjö sehr darum bemüht, auch weiterhin therapiert zu werden, und bestehe darauf, dies müsse in Säter geschehen, denn auf der Station dort fühle er sich sicher und wohl. Er bat Ståhle, ihm zu helfen, worauf sie einging.

Seit die Oberärzte Fransson und Persson von der Bildfläche verschwunden waren, konnte Birgitta Ståhle als eindeutige Siegerin aus einem bitteren Streit hervorgehen, an dem sie sich nicht einmal beteiligen musste.

Um 15.00 Uhr am 14. April 1994 versammelt sich die neue Kernmannschaft der Quick-Ermittlung im Musikzimmer auf Station 36. In den vier rotschwarz gestreiften Sesseln sitzen Seppo Penttinen, Thomas Quick, Birgitta Ståhle und Rechtsanwalt Gunnar Lundgren. Als fünftes Rad am Wagen, auf einem Stuhl, sitzt Sven Åke Christianson, Dozent für Psychologie an der Universität Stockholm. Er ist in seiner Eigenschaft als Sachverständiger dort und hegt großes Interesse für Serienmörder.

Thomas Quick hat der Vernehmung vorausgeschickt, dass er wichtige Informationen über den Mord an Johan Asplund verkünden wolle. Tagsüber hatte er Benzodiazepine in hohen Dosen erhalten. Sein Bericht gestaltet sich umständlich, doch Seppo Penttinen hört geduldig zu, stellt Fragen und versucht, die Schilderung voranzutreiben.

Am Ende der langen Vernehmung wird es jedoch problematisch, da Quick durch Ståhle verlauten lässt, dass die Ärzte auf eigene Faust ermittelt haben.

TQ: Ich glaube ja, dass wir auch auf konkrete Funde gestoßen sind.
PENTTINEN: Und was waren das für Funde?
TQ: Zwei ... zwei ... so einer und so einer ...
PENTTINEN: Mmm. Sie betrachten zwei Knochen des Zeigefingers. Und wo sind diese Funde jetzt?
TQ: Ich muss rausgehen, wenn Birgitta sagt, wo sie sind.

Thomas Quick verlässt den Raum, und Birgitta Ståhle ergreift das Wort, um zusammenzufassen, was in den Therapiesitzungen über Johans wiedergefundene Fingerknochen zutage gekommen ist.

»Das ist es ja, was so schwierig ist«, beginnt sie stockend. »Das ist es ja, was er mir erzählt hat. Jetzt. Äh ... weil er erzählt hat, dass er die Knochenfragmente der Hand am Bach gefunden hat, und dass er sie Göran und Kjell gezeigt hat, aber dann hat er sie verspeist. Also gibt es sie nicht mehr.«

Penttinen schweigt.

Dass zwei Ärzte eigene Nachforschungen angestellt und den Ermittlern bewusst Informationen vorenthalten haben, ist vermutlich schon schockierend genug. Noch schlimmer ist Quicks Behauptung, er habe den einzigen technischen Beweis der gesamten Ermittlung verzehrt.

Birgitta Ståhles kurze Aussage war auf Band festgehalten worden, sollte außerdem in schriftlicher Form vorliegen und an dem Tag, an dem wegen Mordes an Johan Asplund Anklage erhoben werden würde, zu den allgemein zugänglichen Dokumenten gehören. Seppo Penttinen hatte genug gehört.

»Ja, ja«, sagt er gepresst. »Die Vernehmung wird um 16.06 Uhr unterbrochen.«

Kjell Perssons Nachfolgerin Birgitta Ståhle wandte nie derartige Methoden an, sondern entschied sich dafür, voll und ganz mit der Polizei zusammenzuarbeiten. Mindestens dreimal wöchentlich beraumte sie eine Therapiesitzung mit Thomas Quick an, und sowie etwas von polizeilichem Interesse erwähnt wurde, erstattete sie Seppo Penttinen Bericht.

Das größte Problem bestand darin, dass Quick, als er 1991 in die Psychiatrie Säter eingewiesen wurde, überhaupt nichts davon wusste, dass er Morde begangen hatte. Diese Erinnerungen waren völlig unzugänglich gewesen, ebenso wie der Missbrauch, dem er in seiner Kindheit ausgesetzt gewesen war.

Mithilfe von Ståhles Unterstützung vermochte Quick mental in seine Kindheit ins Falun der 50er-Jahre zurückzukehren. In der Therapie verwandelte er sich gleichsam in den kleinen Jungen Sture zurück, der mit kindlicher Sprache Einzelheiten über seine Erlebnisse erzählte, während Ståhle seine Schilderungen und Reaktionen kontinuierlich mitschrieb.

Ähnliche Vorkommnisse waren von Kjell Persson mit »hypnotischen Reisen in einer Zeitmaschine« verglichen worden. Die psychologische Bezeichnung für solche Zeitreisen lautet »Regression«, was bedeutet, dass der Patient in ein früheres Entwicklungsstadium zurückkehrt, oftmals, um traumatische Erlebnisse erneut zu durchleben und zu bearbeiten. Thomas Quick bezeichnete diese Erscheinung als »Zeitfall«, und in der Therapie konnte er willkürlich in die Zeit zurückfallen, entweder in die angeblich furchtbare Kindheit oder in die Zeiträume, in denen er als Erwachsener gemordet hatte.

Gemäß der gängigen Theorien der Psychiatrie Säter stellten schwere Gewaltverbrechen »Nachahmungen« der Kindheitstraumata dar, und der Gewalttäter war deshalb zugleich Opfer und Täter. Die Verbindung zwischen Opfer und Täter in ein und derselben Person sorgte dafür, dass die Erinnerung an eine Misshandlung oder einen Missbrauch dazu beitragen konnte, herauszufinden, in welcher Form dieses Verbrechen im Erwachsenenalter nachgeahmt worden war. Sture Bergwall hatte den Missbrauch durch die Eltern meist nachgeahmt, indem er selbst Jungen vergewaltigt und ermordet hatte.

Im Laufe der Zeit dienten Birgitta Ståhles Therapiesitzungen mit Thomas Quick als Nährboden für verdrängte Erinnerungen, von denen mehrere zu Schilderungen ausgebaut wurden, die bis zur Schuldigsprechung wegen Mordes Bestand hatten.

Das Vertrauen in verdrängte Erinnerungen, das in der Therapie wiedergewonnen worden war, wird inzwischen mit Skepsis betrachtet, nicht zuletzt innerhalb der Rechtssysteme weltweit, aber in den 90er-Jahren bestimmten diese Theorien das Behandlungskonzept für Thomas Quick und andere Gewalttäter, die in der Psychiatrie Säter einsaßen.

Weder Ärzte noch Psychologen haben in Säter jemals die Tatsache infrage gestellt, dass Quick sich nicht an seine Morde erinnern konnte, aber dennoch als Schwedens schlimmster Serienmörder galt. Es herrschte die verbreitete Meinung, derartige Erlebnisse seien so unerträglich, dass die Erinnerungen »dissoziiert« und in einem versteckten Winkel im Gedächtnis verstaut würden. Auch Ståhles Methode, mithilfe der Regression Erinnerungen zurückzuholen, wurde niemals hinterfragt.

Nach der Rückkehr der Erinnerungsfragmente begann ein intellektuell stimulierender Prozess, bei dem die Einzelteile zusammengefügt – »integriert« – wurden, während Birgitta Ståhle und ihr eigenartiger Patient entsetzt das Bild des Serienmörders Thomas Quick betrachteten, das vor ihren Augen Gestalt annahm.

Ich wusste, dass Ståhle jede Woche von dem Objekt-Beziehungs-Guru Margit Norell Ratschläge für die Therapie mit Quick erhalten hatte, aber wie diese aussahen, war ein wohlgehütetes Geheimnis. Das Gleiche galt für den Ablauf der Therapie. Darüber existierten keinerlei Aufzeichnungen, nur Sture Bergwalls dürftige Erinnerungen, für die jegliche Belege fehlten.

Birgitta hatte jedes Therapiegespräch sorgfältig mitgeschrieben, und nachdem Sture mir gegenüber all seine Geständnisse widerrufen hat, verlangt er, diese Aufzeichnungen lesen zu dürfen, die, rechtlich gesehen, Teil seiner Patientenakte sind.

Die Antwort ist erstaunlich: Ståhle behauptet, alles vernichtet zu haben.

Sture berichtet außerdem, dass Margit Norell und Birgitta Ståhle ein Buch über Thomas Quick geschrieben haben. Die Autorinnen meinten, das Buch über Quicks Therapie würde ein bahnbrechendes Werk von ähnlichem Rang wie Sigmund Freuds Fallstudien über den »Wolfsmann«. Aber aus unbekannten Gründen ist das Buch nie erschienen. Sture und ich müssen einsehen, dass wir niemals Zugang zu diesem Manuskript erhalten werden.

Offensichtlich ist mein einziger Zugang zu Birgitta Ståhles zehnjähriger Therapie mit dem Serienmörder Quick Sture Bergwall – der Mann, der gegenwärtig die geringste Glaubwürdigkeit in ganz Schweden genießt.

Nachdem Sture seine Geständnisse widerrufen hat, greift die Klinikleitung zu einer Reihe von Repressalien gegen den störrischen Serienmörder. Unter anderem streichen die Ärzte seine sogenannten Luftlochgenehmigungen, es wird beschlossen, die Jalousien abzumontieren, die vor Sonne und fremden Blicken schützen, sowie die Bücherregale, Bücher und CDs zu entfernen, die er seit fast zwei Jahrzehnten in seinem Zimmer aufbewahrt.

Als Sture die letzte in den Umzugskarton packt, findet er ganz hinten im Regal unter lauter Langspielplatten einen abgenutzten Ordner ohne Etikett. Er öffnet den Deckel und liest verwundert die ersten Zeilen auf Seite eins:

EINLEITUNG
Ziel dieses Buches ist es, einen äußerst schwierigen und ungewöhnlichen therapeutischen Prozess zu beschreiben, den ich in meiner Rolle als Mentorin in den Jahren 1991–1995 mitverfolgt habe ...

Sture kann seinen Augen nicht trauen: Er hat Margit Norells und Birgitta Ståhles Manuskript gefunden, das alle verloren glaubten. Er liest weiter:

Bevor dieser therapeutische Prozess seinen Anfang nahm, hatte Sture keinerlei Erinnerungen an die Zeit vor seinem zwölften Lebensjahr. Der Kontakt mit den Morden, die er begangen hat – er wurde schon im Alter von 14 Jahren zum Täter –, ist erstmals in dem therapeutischen Prozess zutage getreten. In keinem der Fälle war er Gegenstand eines Verdachts oder einer Ermittlung vonseiten der Polizei gewesen. Wenn ein Mord samt seiner Einzelheiten im Lauf der Therapie ausreichend klar geworden war, bat Sture selbst die Polizei, die Vernehmung durchzuführen und die Ermittlung aufzunehmen.

Einige Tage später halte ich das heiß begehrte Manuskript in Händen, 404 Seiten unredigierter Text, teilweise unlesbar aufgrund der verquasten und überpsychologisierenden Fachprosa – aber dennoch der Bericht der Therapeuten über Thomas Quicks Therapie.

Während meiner frühen Recherche über Thomas Quick begegnete mir mehrmals die Bezeichnung »Simon-Illusion«. Diese Illusion muss ein wichtiges Thema in den Therapiesitzungen gewesen sein, aber ich konnte mir kein Bild davon machen, was sie wohl bedeutet hat. Bei der nächsten Gelegenheit fragte ich Sture.

»Simon kam im Laufe der Therapie mit Birgitta Ståhle ins Bild. Er entstand im Zusammenhang mit meinem Missbrauch, an dem sowohl mein Vater als auch meine Mutter beteiligt gewesen waren. Ich weiß nicht mehr genau, wie ich das geschildert habe, aber er wurde getötet, indem ihm der Kopf vom Rumpf getrennt wurde. Er wurde geköpft. Dann wurde das Geschöpf in Zeitungspapier gewickelt und auf den Gepäckträger eines Fahrrads geklemmt, und Vater und ich sind losgefahren, um das tote Kind bei der Landzunge Främby udde zu begraben.«

Sture war vier Jahre alt, als er Zeuge des Mordes an seinem jüngeren Bruder wurde, und es entstand der Gedanke, er könne »Simon flicken«, ihn wieder ganz und lebendig machen. Irgendwie erwuchs aus diesem Gedanken die Vorstellung, Sture könne »Leben schaffen«, indem er selbst tötete. In den Sitzungen mit Birgitta Ståhle waren diese Gedanken die Erklärung dafür, dass Sture selbst zum Mörder geworden war.

Niemand hatte jemals etwas von einem Simon gehört, bis Thomas Quick ihn Birgitta Ståhle gegenüber erwähnte, und laut Sture handelte es sich dabei um pure Fantasien, die im Therapiezimmer entstanden waren.

Jetzt liegt das Manuskript vor mir, in dem Ståhle mit eigenen Worten beschreibt, wie Thomas Quick in der Therapie regredierte und sich in den Vierjährigen verwandelte, der Zeuge wurde, wie die Eltern seinen kleinen Bruder Simon umbrachten und zerstückelten.

Das Gesicht verzerrt vor Todesangst, mit weit geöffnetem Mund. Ich, Birgitta, kann mit Sture kommunizieren, was zeigt, dass er sich zwar in tiefer Regression befindet, aber trotzdem noch Kontakt mit dem Jetzt hat.

Der erste Messerstich trifft in die rechte Seite des Rumpfes und wird von der Mutter ausgeführt. Danach greift der Vater zum Messer. Die Sture-Hülle wiederholt mehrmals: »Nicht den Hals, nicht den Hals!«, hält dann den Hals hoch. Das Messer saust und schlitzt erst den Rumpf auf, trennt anschließend das rechte Bein ab.

Die M[utter] nimmt von Simons Fleisch und stopft es in den aufgerissenen Mund der Sture-Hülle.

Die Sture-Hülle sagt: »Ich bin nicht hungrig.«

Sture sagt, dass M und V sich umarmen und wie gruselig er das findet. Dann streckt er seine Hand aus, um Simons Hand zu nehmen. Entdeckt, dass sie lose, also abgetrennt ist. Und: »Ich habe die Hand von meinem kleinen Bruder abgemacht.«

In den Therapiesitzungen wird die Entstehung Simons und sein durch die Eltern verursachter Tod von ihm als Wahrheit empfunden. Die Erlebnisse des Kindes Sture sollten später in den Morden an Johan Asplund, Charles Zelmanovits und den anderen Jungen Nachahmung finden. Die Erinnerungen waren verdrängt worden, aber der erwachsene Sture »erzählte« von seinen Erlebnissen, indem er mordete, die Leichen schändete und zerteilte, so wie seine Eltern seinen jüngeren Bruder zerstückelt hatten.

Im Buch wird Stures Mutter stets mit »M« oder »Nana« bezeichnet, mit Euphemismen für ein so boshaftes Wesen, dessen wirklicher Name zu furchterregend war, als dass er hätte ausgesprochen werden können. Birgitta Ståhle gibt in dem Buch zahlreiche Gräueltaten der bösen Mutter wieder.

Sture beginnt, stockend zu erzählen: Nana hat ihre Hände um Stures Hals gelegt. »Er spürt ihre Hände. Jetzt geht sie zu Simon«, wo sich Sture hinter seinen geschlossenen Augen befindet. Sie ist direkt vor Simons Gesicht. Der Körper ist versehrt, aber Sture kann sich auf das Gesicht konzentrieren, um den versehrten Körper nicht sehen zu müssen. Sture sieht Nanas geballte blutige Faust und sagt: »Das Rote ist vielleicht Saftsoße?« ...

Dass Thomas Quick glaubte, das Blut seines zerstückelten Bruders sei Saftsoße, sah Margit Norell als Beweis dafür an, dass er die Wahrheit sagte. Sie schreibt in dem Manuskript:

Wie können wir wissen, dass Stures Beschreibungen wahr sind?
Wenn es um die Erfahrungen des Kindes geht: Kindersprache, typisch kindliche Reaktionen, die Art, wie die Regression abläuft, Gefühle ausgedrückt werden – und die immer klarer zutage tretenden Erinnerungen.
Wenn es um die verdrängten Erfahrungen des Erwachsenen geht: Die Rekonstruktionen und ihre Übereinstimmung mit den Informationen der Polizei und schließlich der Zusammenhang zwischen beidem.

Die Ermittler suchten vergeblich nach Simons Leiche auf Främby udde. Aus dem Krankenhaus in Falun forderte sie die Patientenakten der Mutter an, die zeigten, dass Thyra Bergwall in jenem Zeitraum kein Kind zur Welt gebracht und auch keine Fehlgeburt erlitten hatte. Niemandem aus der Familie war eine Schwangerschaft aufgefallen, auch Stures sechs Geschwistern nicht. Trotzdem hegte aus Ermittlerkreisen niemand den geringsten Zweifel daran, dass Stures Schilderungen authentisch waren. Kein Polizeibeamte, kein Staatsanwalt, kein Gericht und auch Margit Norell nicht.

Sture hat – wie alle Kinder – versucht, sich ein positives Bild seiner Eltern zu bewahren. Besonders von dem Vater, der sich trotz allem bisweilen von einer netten Seite zeigen konnte – wenn auch in sentimentaler Form. Aber am meisten fürchtete

Sture sich vor seiner Mutter, was unter anderem dadurch zum Ausdruck kommt, dass er sich lange Zeit nicht an ihr Gesicht erinnern oder es sehen wollte.

Als das nicht länger möglich war – im Zusammenhang mit der Tötung Simons und der Zerteilung seiner Leiche –, splittete Sture sein Vaterbild in zwei Teile – V und Ellington –, wobei Ellington für den unfassbar furchteinflößenden, bösen Teil des Vaters stand.

Thomas Quick erzählt während einer Regression – »ein Zeitfall bis ins Jahr 1954« –, dass V nach dem Mord an Simon das Zimmer verlässt und kurz darauf in einem sauberen Hemd zurückkehrt. »Das ist ein Onkel, der Vaters Hemd geliehen hat«, dachte das Kind Sture und gab der bösen Seele des Vaters den Namen Ellington. In der Therapie verwendet Quick häufig die Euphemismen »Ellington« und »V« für den Vater, aber er kann das Wort »Vater« ohne große Probleme aussprechen. »Mutter« zu sagen, wenn er von ihr spricht, ist ihm hingegen unmöglich.

Das ist eine merkwürdige Geschichte. Aber noch merkwürdiger ist die Entwicklung der Figur Ellingtons.

Ellington veränderte sich im Laufe der Therapie, von dem bösen alter Ego des Vaters hin zu einer Persönlichkeit, die immer öfter das Kommando über Thomas Quicks Körper übernahm. Birgitta Ståhle wurde oftmals Zeugin dieser Verwandlung, und eine solche Begebenheit findet sich auch in ihrem Manuskript.

Ich kann dir versichern, dass die Verwandlung, die ich gesehen habe, der Teufel in Person war, im wörtlichen Sinne, und Stures Antwort darauf. Er zeigt seine Kehle, und dann kommt die Verneinung mit Worten: »Nein, das ist nicht Vater, das ist eine Schallplatte, die aus ihm herausgesprungen ist und das sagt.«

Was der Teufel zu ihm gesagt hat: »Du sollst den Tod spüren.«

Ellingtons verschiedene Rollen in Thomas Quicks Geschichte ist eines von vielen Beispielen dafür, wie die Figuren in Quicks Schilderungen ständig eine andere Gestalt annehmen, keine ist beständig, sondern symbolisiert eine andere. Ellington ist die Vatergestalt, in die Quick sich verwandelt, wenn er seine Morde begeht.

Die Fälle, die in der ersten Zeit der Therapie mit Birgitta Ståhle aktuell waren, waren Alvar Larsson, Johan Asplund, Olle Högbom und ein Junge, der manchmal »Duska« genannt wurde und dann wieder ganz andere Namen erhielt. Der letzte Name, der vorher, während Kjell Perssons Zeit, auf der Liste hinzugekommen war, war Charles Zelmanovits, und mit diesem Fall wurde Ellington nun als Mörder minderjähriger Jungen auf den Plan gerufen.

Charles war 15 Jahre alt, als er auf dem Heimweg von einem Tanzfest in Piteå in der Nacht auf den 13. September 1976 verschwand. Nach Thomas Quicks Rückkehr aus Växjö war dem Mord an Charles die höchste Priorität in der Therapie und in den polizeilichen Ermittlungen eingeräumt worden.

Geschlossene Fragen

Im Sommer 2008, lange bevor das dramatische Treffen in Säter stattgefunden hatte, bei dem Sture mir gegenüber sämtliche seiner Geständnisse widerrufen hatte, fahre ich zum Landgericht in Falun, um die Dokumente über Sture Bergwalls Jugendsünden und die Morde an Gry Storvik und Trine Jensen zu kopieren. Dort ist man nicht nur hilfsbereit, sondern auch gesprächig, und ein Gerichtsangestellter erzählt, eine norwegische Produktionsfirma habe Kopien von den Unterlagen der beiden Ermittlungsverfahren in Thomas Quicks Morden angefordert.

»Als sie die Rechnung über 40 000 Kronen bekommen haben, weigerten sie sich, sie zu bezahlen«, erzählt er.

Ich werde neugierig und befürchte schon, dass in Norwegen eine Fernsehproduktion im Gange ist, die mit meinem Projekt konkurriert. Aber dann stellt sich heraus, dass es sich um eine Serie über die Erstellung von Täterprofilen handelt. Einer der renommiertesten Profiler, der ehemalige FBI-Agent Gregg McCrary, hat von dem oder den Tätern Profile erstellt, die Therese Johannesen, Trine Jensen und Gry Storvik ermordet haben.

Gregg McCrary hat weder Kenntnisse von den Vernehmungen noch von anderen Informationen über Thomas Quick, sondern nur die Protokolle der Kriminaltechnik, der Vernehmungen der Angehörigen und ähnliche Dokumente vorliegen. Natürlich weiß er ebenso wenig, dass ein und dieselbe Person in allen drei Mordfällen verurteilt worden ist.

Völlig unverfroren beschließe ich, von meinen norwegischen Kollegen zu profitieren, und buche ein Interview mit Gregg McCrary in Virginia, USA.

Ende September empfängt er mich auf seinem grandiosen Anwesen in einem geschlossenen Wohnkomplex hinter Mauern und bemannten Wachposten. Für McCrary ist es vollkommen klar, dass die norwegischen Morde, für die Thomas Quick verurteilt wurde, von drei verschiedenen Personen verübt worden sind. Keines seiner Täterprofile weist auch nur ansatzweise Ähnlichkeiten mit Thomas Quick auf, und zwei davon gehen zudem davon aus, dass der Schuldige über sehr gute Ortskenntnis verfügt.

Als ich McCrary von meiner eigenen Recherche berichte, sagt er:

»Das Einzige, was wir mit Sicherheit wissen, ist, dass er ein Lügner ist; er hat früher Morde gestanden und jetzt seine Geständnisse widerrufen. Nun muss geklärt werden, welche Version der Wahrheit entspricht. Vielleicht hat er einige der Morde begangen, vielleicht alle. Die drei Mordfälle, in die ich

235

den umfassendsten Einblick habe, hat er nach meiner Überzeugung nicht begangen. Und was die anderen betrifft, habe ich große Zweifel.«

Und er fährt fort:

»Ich bin oft gebeten worden, Vernehmungen zu prüfen, bei denen der Verdacht bestand, es handele sich um falsche Geständnisse. Als Erstes blättere ich immer das Vernehmungsprotokoll durch, um festzustellen, wer da redet. Es sollte hauptsächlich der Verdächtige reden, sonst ist die Wahrscheinlichkeit groß, dass der Vernehmungsleiter den Verdächtigen mit Informationen versorgt.«

Gregg McCrary erzählt von Fällen, an denen er selbst mitgearbeitet und bei denen sich gezeigt hat, dass es sich um falsche Geständnisse handelte, obwohl der Verdächtige Dinge wusste, die nur der Täter und die Polizei wissen konnten. Die Leiter des Verhörs waren ganz sicher gewesen, dass keine solche Angaben preisgegeben worden waren. Doch nachdem sie die Vernehmungen ganz detailliert durchgegangen waren, hatten sie festgestellt, dass genau das passiert war. So etwas kann durch vage Andeutungen geschehen oder dadurch, wie die Fragen gestellt werden.

Der Vernehmungsleiter soll offene Fragen stellen: »Was ist passiert? Erzählen Sie!« Stellt er jedoch geschlossene Fragen, die mit Ja oder Nein beantwortet werden können, wird die Vernehmung nicht korrekt durchgeführt.

McCrarys Fazit war wie ein Echo der Worte des Quick-kritischen Polizeibeamten Jan Olsson: »Überleg mal: Hat er jemals irgendetwas gesagt, was die Polizei nicht schon wusste? Das könntest du im Hinterkopf behalten, finde ich.«

Charles Zelmanovits' Verschwinden

Charles Zelmanovits lag auf dem Boden, und sein kleiner Bruder Frederick versuchte, den schlanken Körper in die noch schlankere Wrangler-Jeans zu zwängen.

Fredde zerrte und zog am Hosenbund, Charles zog den Bauch ein und brachte schließlich den Messingknopf zu. Steif und ungelenk kam er auf die Beine und strich über den Jeansstoff, der wie eine zweite Haut über den Schenkeln spannte. Unten wurden die Hosenbeine weiter und bedeckten die Füße.

Frederick Zelmanovits war erst zwölf, aber an den Abend des 12. November 1976, kurz bevor das Unfassbare geschah, erinnert er sich noch gut. Ich treffe ihn im Restaurant seines Viertels in Piteå und finde, dass Charles jüngerer Bruder gewachsen ist, das volle Haar ist schütter, grauer und kürzer. Er hat Kinder und wird bald 45. Er erzählt von Charles' Verschwinden, das für immer ein Loch in seiner Brust hinterlassen hat:

»Er war mein bester Freund, und er ist verschwunden.«

Charles war derjenige, an den Frederick sich stets wandte, wenn es Streit oder irgendein Problem in der Familie gab. Der letzte Abend mit Charles war wie jeder andere auch gewesen. Frederick weiß noch, dass er einen Hundenapf mit Wasser in Charles' Richtung geworfen hatte. Aber dann hatte er ihm mit der Jeans geholfen, und der Hundenapf war längst wieder vergessen.

Charles und Frederick hatten Blutsbrüderschaft geschlossen, Daumen an Daumen, bevor sie das Haus ihrer Kindheit in Spanien verlassen und mit ihrer Familie nach Piteå in die Kälte und Finsternis des Nordens gezogen waren. Ihre Mutter war es gewesen, die auf den Umzug von Fuengirola bestanden hatte, damit die Jungen eine bessere Ausbildung bekommen konnten. Ihr spanischer Ehemann Alexander war Chirurg, hatte aber eine Anstellung als Betriebsarzt im Sägewerk Munksund akzeptiert.

Inga Zelmanovits hatte stets mit ihren Söhnen Schwedisch gesprochen, und Charles hatte keine Sprachprobleme, als er in der Pitholms-Schule anfing, nur manchmal rutschte ein falsches Wort heraus. Die anderen Mitschüler akzeptierten ihn, und er war bald sehr beliebt in der Klasse, was möglicherweise durch seine glänzenden, dunkelblonden, schulterlangen Haare, seine wohlgeformten braunen Augen und sein Lächeln begünstigt wurde, das eine perfekte Zahnreihe entblößte.

Trotz all dieser Vorzüge blieb er in den Augen einiger dennoch ein Ausländer, ein Fremder. So war die Situation in Piteå 1976.

An jenem Abend wurde Charles daran erinnert, dass sein Platz in der Clique keine Selbstverständlichkeit war. Seine Klassenkameradin Anna war am Wochenende allein zu Hause, und es ging hoch her in der Disponenten-Villa. Alle waren dort, aber niemand hatte daran gedacht, Charles einzuladen.

Ein letzter Blick auf die Jeans, dann noch die lange Lederjacke, eine handgenähte Sonderanfertigung aus Spanien. In der Tasche lag ein Viertel Bacardi, von dem selbst sein Blutsbruder nichts wusste – aber von dem die Nachwelt weiß, dank der detaillierten Rekonstruktion seines letzten Abends durch die Polizei.

Charles nahm seinen Mut zusammen und wählte die Nummer. Anna nahm ab, und Charles hörte, dass das Vorglühen in vollem Gange war, obwohl es erst 18.30 Uhr war. Natürlich war er willkommen, kein Problem.

Kurz darauf klingelte Charles an der Tür. Die anderen Jungs hatten Bier, Wein und Hochprozentiges dabei, wovon sie den Mädchen einschenkten. Charles zog seinen Bacardi aus der Tasche und setzte sich auf eine Fußbank.

Um 20.30 Uhr waren die meisten betrunken, jemand rief ein Taxi, und die Party ging abrupt und chaotisch zu Ende.

Charles und die anderen, für die es im Taxi keinen Platz mehr gab, gingen die drei Kilometer zu der Disco in der Pitholms-Schule zu Fuß.

Charles' Blick fiel sofort auf Maria, als er in den Speisesaal trat. Und sie sah ihn. Sie tanzten und knutschten ein bisschen, bevor sie mit ihm nach draußen ging. Sie nahmen den Rum mit und gingen zu einem Versteck. Draußen waren sechs Grad Celsius, und der Sex hatte kaum begonnen, als er schon wieder vorbei war. Maria war einigermaßen sauer, als sie wieder hereinkamen.

Aber Charles war bald wieder draußen. Da waren auch alle 17- und 18-Jährigen, die nicht in die Disco reingekommen waren. Der Rum war fast leer, und Charles war recht betrunken. Wo Maria war, wusste er nicht.

»Charles!«

Leif rief nach ihm. Charles fand, Leif war ein ungewöhnlich netter 19-Jähriger. Und er war ein Freund von Maria.

»Willst du einen Schluck?«, fragte Charles und hielt ihm die Flasche mit den letzten Tropfen hin.

Leif schüttelte den Kopf und sagte:

»Maria hat's mir erzählt. Sie ist echt traurig wegen dir. Und wütend.«

Charles trank den letzten Schluck selbst, ohne zu antworten. Aber Leif ließ nicht locker:

»Du kannst es doch nicht einfach mit ihr treiben und dich dann den restlichen Abend nicht mehr um sie kümmern. Du musst diesen Abend verdammt noch mal mit ihr zusammen sein! Danach kannst du ja machen, was du willst ...«

Charles wusste nicht, was er sagen sollte. Leif wiederholte, wie sehr er Charles das übel nahm, was er getan hatte, und ließ ihn dann allein in der Dunkelheit stehen.

Das Gerücht machte schnell die Runde: »Charles hat Maria gebumst.«

Sie war trotz allem das hübscheste Mädchen der ganzen Schule, das fanden auch die 18-Jährigen. Und schon hieß es, der »Grieche« hätte sie vergewaltigt.

Lars-Ove war 18 Jahre alt und nüchtern geblieben, weil er an jenem Abend die Freunde mit dem Auto hin- und herfuhr. Als er Maria entdeckte, schlug er vor, eine Runde mit dem Auto zu drehen. Sie fuhren ins Zentrum, aber Lars-Ove hatte sich das anders vorgestellt. Maria war enttäuscht und redete nur von Charles.

Charles war immer noch bei der Disco in der Pitholms-Schule. Er suchte nach Maria, bis alle anderen gegangen waren, und machte sich dann schnellen Schrittes auf den Heimweg. Nach ein paar Kilometern auf der schnurgeraden, endlos langen Järnvägsgatan entdeckte er ein paar Mitschüler und rannte fast, um sie einzuholen. Doch Maria war nicht dabei.

Charles wechselte nur ein paar Worte mit den Klassenkameraden vom Vorglühen und eilte weiter. Das Letzte, was die Freunde von ihm sahen, war, wie er unter einer Straßenlaterne an der T-Kreuzung am Ende der Järnvägsgatan stand. Niemand sah, ob er nach rechts oder links in die quer verlaufende Pitholmsgatan einbog.

Und er kam nie zu Hause an.

Während Charles da draußen in der Dunkelheit verschwand, schlief sein kleiner Bruder Frederick ahnungslos und unwissend, bis er morgens aufwachte.

»Vor der Tür waren jede Menge Polizisten, und so allmählich wusste ich auch, weswegen sie da waren. Am Anfang dachten wir noch, Charles würde bald zurückkommen, aber die Zeit verging, und die Belastung wurde immer größer.«

Charles' Verschwinden war für die ganze Familie eine Katastrophe. Frederick versucht, diese schmerzhafte Ungewissheit in Worte zu fassen, wie die Eltern daran zugrunde gingen, dass Anrufe eingingen von jemandem, der sagte: »Hej, hier ist Charles« und auflegte. Er beschreibt die idiotische Hoffnung auf das Unmögliche, dass Charles eines Tages vor der Tür stehen würde, dass er nicht tot sein und alles so sein würde wie früher.

»Natürlich wollte man immer glauben, dass er irgendwo anders war. Aber es musste irgendwie weitergehen.«

Frederick hat nie an die Selbstmordtheorien geglaubt oder daran, dass Charles krank gewesen sei oder sich nicht mehr nach Hause getraut habe. Frederick sagt, es sei undenkbar, dass Charles freiwillig nicht zurückgekommen wäre.

»Irgendjemand hat ihm etwas angetan, davon war ich immer überzeugt.«

Der 19. September 1993 war ein schöner Sonntagmorgen in Norra Pitholmen. Die Familie des jungen Jägers hatte das Jagdrecht in diesem Forst, und dieser wollte den ganzen Tag im Wald verbringen.

Mit der Schrotflinte in der Hand eilte er seinem Hund hinterher, der die gerodete Fläche oberhalb des Hangs fast schon erreicht hatte und wegen eines Vogels Laut gab. Der Jäger blinzelte in die Sonne und stolperte über einen Gegenstand, der wie ein großer, grauweißer Pilz aussah, aber steinhart war. Für einen Knochen von einem Tier war er zu groß, für einen Schädel von einem Tier war er zu rund. Mit dem Schuh schabte er das Moos ab, hob den Gegenstand auf und hielt plötzlich einen Schädel in der Hand.

Der Fund überraschte ihn. Eine Leiche konnte hier nicht schon länger gelegen habe, sie wäre entdeckt worden. Hier durchkämmten die Jäger regelmäßig das Terrain auf ihren Treibjagden, und er war schon zahllose Male an dieser Stelle vorbeigekommen. Und sein Vater hatte ganz in der Nähe vor ein paar Jahren den Wald gerodet. Der Jäger warf noch einen Blick auf den Schädel, bevor er ihn vorsichtig wieder zurücklegte, sich die Stelle merkte und seinem Hund folgte.

Der Schädel ließ ihm jedoch keine Ruhe, und nach einer Stunde erfolgloser Jagd kehrte er wieder zu der Fundstelle zurück. Ihm fiel der Junge ein, der vor 17 Jahren verschwunden war, und er beschloss, heimzugehen und die Polizei zu verständigen.

Die Beamten fanden in der nahen Umgebung mehrere Knochen und verrottete Kleider. Ein Ärmel sah so aus, als könne er von einer braunen Lederjacke stammen.

»Zu welcher Person dieser Schädel gehört, ist zurzeit noch völlig unklar«, schrieb Kriminalinspektor Martin Strömbäck in seinem Bericht, obwohl er nicht den geringsten Zweifel an der Identität des Toten hatte.

Charles' Vater war inzwischen verstorben, aber Frederick und seine Mutter Inga erhielten bald den Bescheid, dass Charles anhand seines Gebisses identifiziert worden war.

»Das war immerhin eine Nachricht ... Viele sagen, dass es gut ist, wenn eine Leiche gefunden wird, aber ich kann da nicht so ohne Weiteres zustimmen. Was bedeutet das schon? Ich will schließlich wissen, was passiert ist. Nach ein paar Jahren hatte man sich damit abgefunden, dass er nicht mehr da war. Als die Leiche gefunden wurde, blieb die Ungewissheit: Aha, warum lag sie dort? Was ist eigentlich passiert?«

Es dauerte drei Monate, bis Freitag, den 13. Dezember, bis die Zeitungen berichteten, dass Charles Zelmanovits' leibliche Überreste gefunden worden waren.

Das Rätsel des vermissten 15-Jährigen war damit zum Teil gelöst. Familie Zelmanovits erhielt eine schriftliche Bestätigung von Charles' Tod. Wie er zu Tode gekommen oder in Norra Pitholmen in den Wald geraten war, konnte die Ermittlung nicht eruieren, aber die Kriminaltechniker hatten nichts gefunden, was darauf hindeutete, dass Charles einem Verbrechen zum Opfer gefallen war.

Wenige Tage nach der Veröffentlichung der Artikel über Charles Zelmanovits erwähnt Thomas Quick in einer Therapiesitzung mit Kjell Persson, dass er »mit neuem Material in Kontakt gekommen war«. Er habe sich wieder daran erinnert, wie er Mitte der 70er-Jahre einen Jungen in Piteå umgebracht habe.

Kjell Persson erwidert, er habe neulich eine Notiz über eben jenen Fall in der Zeitung gelesen und die Polizei habe Charles' Überreste in einem Wald außerhalb von Piteå gefunden.

»Ja?«, sagt Quick überrascht. »Das habe ich völlig übersehen.«

Am 9. Februar 1994 verlässt Rechtsanwalt Gunnar Lundgren nach 8.00 Uhr seinen prächtigen Bauernhof im Dalstil aus dem 18. Jahrhundert, um in seinen Honda zu steigen und knapp 50 Kilometer bis nach Säter in die Psychiatrie zu fahren.

Lundgren ist 61 Jahre alt und der bekannteste Strafverteidiger Dalarnas, seit er die größten Verbrecher der Provinz verteidigt hatte, wie etwa den Bankräuber Lars-Inge Svartenbrandt, den Massenmörder Mattias Flink und nun auch den potenziellen Serienmörder Thomas Quick. Er ist ein solider Mann, der nicht davor zurückschreckt, kontroverse Ansichten in der Öffentlichkeit auszusprechen. Im *Aftonbladet* setzt er sich mit seiner Meinung über seine Rolle als Thomas Quicks Verteidiger auseinander:

»Quick hat fünf Morde gestanden, aber die Polizei ist noch nicht gänzlich davon überzeugt, dass er die Wahrheit sagt. Ich bin das. Deshalb besteht meine Aufgabe darin, die Polizei davon zu überzeugen, dass mein Mandant gemordet hat.«

Eine knappe Stunde später betritt Gunnar Lundgren das Musikzimmer auf Station 36, begrüßt seinen Mandanten und den Leiter der Vernehmung, Seppo Penttinen, bevor er sich in seinem angestammten rot-schwarz gestreiften Sessel Thomas Quick gegenüber niederlässt. Als sie das letzte Mal in diesem

Zimmer versammelt gewesen waren, war es um den verjähr-
ten Mord an Thomas Blomgren gegangen.

Aber nun wurde es ernst. Sollte Quicks jüngstes Geständnis
Substanz haben, würde er wegen Mordes an Charles Zelmanovits angeklagt werden.

Penttinen schaltet das Aufnahmegerät ein. Er setzt sich aufrecht hin und wendet sich Quick zu, der sich auf die Aufgabe
zu konzentrieren scheint, die ihm nun bevorsteht.

»Dann fangen wir einmal mit dem Grund an, warum Sie zu
der Zeit in dieser Gegend waren, als Sie mit dem Jungen in
Kontakt gekommen sind.«

»Ja, das war so wie mit den anderen Reisen. Das war eine
unge... ungeplante, geplante, ungeplante Reise. Äh ...«

Quick erzählt, dass er mit dem Auto dorthingefahren ist.

»Dann wäre es interessant zu erfahren, was das für ein Auto
war«, sagt Penttinen.

Sture hat mir erzählt, dass er sich an das Problem mit dem
Auto erinnert habe, als er angab, er habe es sich von Ljungström für den Mord an Johan Asplund geliehen. Ähnliche
Schwierigkeiten will er nun um jeden Preis vermeiden. Er antwortet deshalb knapp, er wolle nicht sagen, was für ein Auto er
benutzt habe. Noch nicht.

Penttinen schaltet das Tonbandgerät aus, während Quick
sich mit seinem Anwalt berät. Quick sagt zu Lundgren, er
wisse, was für ein Auto er benutzt habe, aber aus geheimen
Gründen könne er das dieses Mal nicht verraten.

Der Vorfall sei eine Weile lang Thema in der Therapie gewesen, erklärt Quick, unter der Bezeichnung »der dunkle Junge«.
Dann sei der Vorname »zum Vorschein gekommen«.

»Der dunkle Junge« ist jedoch keine sehr treffende Beschreibung. Charles war nicht dunkel, er hatte helle Haut und hell-
braunes Haar. Das wird auch von der Vermisstenstelle im Jahr
1976 bestätigt, dort war Charles' Haarfarbe mit »dunkelblond«
angegeben worden.

Quick behauptet, Charles habe keine langen Haare gehabt, was schlecht zu seinem Mittelscheitel und den achsellangen Haaren passt.

»Wie sieht es mit seiner Bekleidung aus?«, will Seppo wissen.

»Ich würde heute sagen, dass er so eine gefütterte Jeansjacke anhatte.«

Im weiteren Verlauf der Vernehmung korrigiert er die Erinnerung dahingehend, dass die Jacke eine schwarze Steppjacke aus glattem Stoff gewesen sein soll.

Am Tag seines Verschwindens trug Charles eine auffallend hochwertige, lange Lederjacke, die kaum mit einer gefütterten Jeansjacke oder einer schwarzen Steppjacke verwechselt werden konnte.

Quick kann sich auch nicht an Charles' extrem enge Jeans erinnern, obwohl er angibt, ihm die Hose ausgezogen zu haben.

»Eher eine bessere Hose, sozusagen. Ich weiß nicht, wie man das Material nennt ... äh ...«

»Sie meinen also keine Jeans?«

»Nein.«

»Ist es ein dünnerer Stoff?«

»Und mit einem Haken hier«, sagt Quick und zeigt auf den Hosenbund.

Thomas Quick versucht anscheinend, ein Paar Gabardinehosen zu beschreiben, und er meint, Charles habe Stiefel getragen, während er tatsächlich braune Wildlederslipper trug. Ferner habe er Charles' Leiche vergraben, auch wenn das Grab kein sehr tiefes gewesen sei. Auch in diesem Punkt konnten die Kriminaltechniker eine klare Aussage nach abgeschlossener Untersuchung liefern.

»Es gibt keinerlei Hinweise darauf, dass die Funde vergraben gewesen sind«, heißt es in der Zusammenfassung des Berichts. Aber auch Quicks Vorgehensweise ist so eigenartig, dass sie Fragen aufwirft.

»Ich habe also so einen, einen ... äh ... ähm ... Schuhlöffel aus Metall genommen«, erläutert Quick.

Die Obduktion von Charles' leiblichen Überresten ergab keine Hinweise darauf, dass Charles einem Verbrechen zum Opfer gefallen war.

Charles' Leichenteile waren auf einem recht großen Areal verteilt worden, und die Techniker stellten fest, dass die Extremitäten von wilden Tieren aus den Kleidern gezerrt worden waren. Einige große Knochen fehlten völlig.

Im Hinblick darauf, dass Quick zuvor geschildert hatte, wie er Johan Asplunds Leiche zerstückelte, ist Seppo Penttinens nächste Frage logisch:

»Haben Sie die Leiche auch in irgendeiner Form zerteilt?«

»Nein, das ... das nicht. Es wurden keine Körperteile auf die Weise abgetrennt«, erklärt Quick.

Seppo Penttinen kommt auf die Frage einer eventuellen Zerteilung bei einer Vernehmung vom 19. April zurück. Thomas Quicks neue Angaben in diesem Punkt sollen später den schwerwiegendsten Beweis für seine Schuld darstellen.

Vor der Vernehmung diskutieren beide die Frage einer eventuellen Zerstückelung, und ob Quick einzelne Leichenteile von dem Tatort entfernt habe. Wie so oft in diesen Zusammenhängen verläuft das Gespräch ohne Tonbandaufzeichnung, ohne Zeugen und ohne Rechtsanwalt. Als das Aufnahmegerät eingeschaltet ist, wird diese Frage erörtert, indem Penttinen Vorschläge macht, die Quick bestätigt.

PENTTINEN: Sie haben ja gerade in der Pause eben oder bevor wir mit dieser Vernehmung angefangen haben, darüber gesprochen, dass Sie einen Teil der Leiche an sich genommen haben, und im Laufe der Unterhaltung haben Sie erwähnt, dass etwas mit seinem Bein geschehen ist, und wo ich jetzt davon spreche, nicken Sie zustimmend. Verstehe ich Sie richtig, dass Sie ein Bein vom Tatort entfernt haben?

TQ: Ja.

PENTTINEN: Wie ... Um welchen Teil des Beines handelt es sich in dem Fall? Sie haben im Laufe des Gesprächs in die Nähe des Knies gezeigt?

TQ: Ja.

PENTTINEN: Handelt es sich um beide Beine oder nur um eines?

TQ: Ja, vor allem das eine.

PENTTINEN: Wie ist das zu verstehen, dass es vor allem das eine ist?

TQ: Äh ... das sind ja dann beide, aber ja ...

PENTTINEN: Haben Sie beide Unterschenkel an sich genommen?

TQ: Ja.

PENTTINEN: Jetzt nicken Sie wieder als Antwort.

Das stimmt genau mit der Untersuchung der Polizei überein.

Die Kriminaltechniker kehrten jedoch ein paar Monate später für eine gründlichere Untersuchung an den Fundort zurück. Am 6. und 7. Juni durchkämmten sie ein größeres Areal und fanden dort einen Unterschenkel, von dem Quick behauptet hatte, er habe ihn mit nach Hause, nach Falun genommen.

Penttinen war in Piteå vor Ort, als die neuen Knochenfunde gemacht wurden, und er beeilte sich daraufhin, unmittelbar eine weitere Vernehmung mit Quick zu vereinbaren, die am 12. Juni 1994 stattfindet.

Bei der Lektüre des Vernehmungsprotokolls fällt mir auf, dass Seppo Penttinen so tut, als hätten sie nie zuvor darüber gesprochen, obwohl Quick bereits beantwortet hat, welche Leichenteile er vom Tatort entfernt hatte.

PENTTINEN: Gibt es einen Teil der Leiche, bei dem Sie hundert Prozent sicher sind, dass er sich an diesem Ort befindet?

TQ: Ja.

PENTTINEN: Können Sie angeben, um welchen Teil es sich handelt?

TQ: Ein Bein.

PENTTINEN: Ein Bein. Können Sie mit relativ großer Sicherheit sagen, ob es sich um das rechte oder linke handelt?

TQ: Nä, nicht mit Sicherheit.

PENTTINEN: Aber es ist ein Bein mit Ober- und Unterschenkel?

TQ: Ja, ja ...

PENTTINEN: Das sich an diesem Ort befindet?

TQ: Nää.

PENTTINEN: Mit gewisser Unsicherheit?

TQ: Auf keinen Fall der Oberschenkel.

Die Ordnung ist wiederhergestellt, die Summe von Charles' verschwundenen und wiedergefundenen Oberschenkeln ist wieder zwei. Aber es besteht Grund zu der Überlegung, welche Vernehmungsmethoden zu Anwendung kamen, als es Quick gelang, seine bislang fehlerhaften Angaben zu korrigieren.

Penttinen fragt nicht, ob Leichenteile fehlen. Er fragt stattdessen, ob *ein* Teil der Leiche fehlt. Die Frage enthält bereits die Antwort – die richtige Antwort kann *ein* Teil der Leiche sein.

Quick antwortet vorsichtshalber mit »Bein«, ohne den Singular oder Plural anzugeben.

»Ein Bein«, verdeutlicht Seppo Penttinen und fragt, ob es das rechte *oder* linke Bein sei. Dann präzisiert er, dass ein Bein bestehend aus Ober- und Unterschenkel gemeint ist.

Schon bei der ersten Untersuchung des Geländes stellten die Techniker fest, dass sich mehrere Fuchsbaue südlich des Fundortes befanden. Die meisten Knochen von Charles' leiblichen Überresten wurden auf einer relativ großen fächerförmigen Fläche südlich der Fuchsbaue gefunden. Die Techniker schrieben über den Knochenfund eines Armes: »Alles deutet darauf hin, dass ein Tier den Stoff und den Knochen aus dem Lederärmel gezogen hat.«

Die beteiligten Kriminaltechniker, mit denen ich spreche, sind bis heute der Meinung, es deute nichts darauf hin, dass Füchse oder andere wilde Tiere die Leichenteile in großem Radius verschleppt haben und dass einige der Knochen in die Fuchsbaue gebracht worden waren.

Quick gab an, die Leiche mithilfe einer Bügelsäge, wie man sie auch zum Fällen von Bäumen verwendet, zerteilt zu haben. Verletzungen durch eine Säge entdeckten die Gerichtsmediziner an den Knochenfunden keine, allerdings viele Spuren von Angriffen durch Tiere.

Die Jeans, die Charles nur mit größter Mühe hatte anziehen können, habe Quick ihm gemäß eigener Aussage vor der Zerteilung ausgezogen, und er hat diese enge Jeans offenbar mit ein Paar Gabardinehosen verwechselt.

»Welches Bein wurde sozusagen im Ganzen vom Tatort entfernt?«, fragt Seppo. »Das linke Bein?«

»Ja«, erwidert Quick.

Aber wenn Quick eines von Charles' Beinen an sich genommen haben sollte, müsste es das rechte Bein gewesen sein. Den Gerichtsmedizinern zufolge wurde der linke Oberschenkelknochen am Fundort sichergestellt.

Die Techniker hatten auf einer Karte 18 Orte gekennzeichnet, an denen Knochen und Reste der Kleidung gefunden worden waren, die offensichtlich von wilden Tieren weggeschleppt worden waren. Die Knochen, die am weitesten von dem ursprünglichen Fundort der Leiche entfernt lagen, waren die großen Knochen, wie das Becken, ein Oberschenkel und ein Schienbein.

Liest man die Vernehmungsprotokolle mit Gregg McCrarys Brille, ist das Ergebnis erschreckend.

Als Quick erzählt, er habe Knochen zerteilt und an sich genommen, werden ihm ausschließlich geschlossene Fragen

gestellt, das heißt Fragen, die die »richtige« Antwort vorweg-
nehmen. In den beiden entscheidenden Abschnitten aus den
Vernehmungen über Leichenteile bestreitet Penttinen über
90 Prozent dessen, was gesagt wird (142 Wörter), Quick zehn
Prozent (15 Wörter). In dem zweiten Verhör liegt Penttinens
Anteil bei 83 Prozent, der von Quick bei 17 Prozent. Aber am
bezeichnendsten ist es, wie die Fragen gestellt werden. Penttinens Fragen enthalten jedes Mal die Antwort, die er hören will.

Quick braucht nur Ja zu sagen, zu nicken oder als Antwort
zu brummeln. Und das tut er.

Sture selbst ist selten eine Hilfe, wenn es darum geht herauszufinden, was in der Zeit der Ermittlungen eigentlich passiert
ist. Die Erinnerungen an die Tatortbegehungen und Vernehmungen sind komplett weg, Sture zufolge aufgrund der hoch
dosierten Medikation mit Benzodiazepinen. Ein Lichtschein
schimmert durch die Dunkelheit, als ich frage, wie er heraus-
bekommen hat, dass Charles Zelmanovits aus Piteå 1976 verschwand. Sture ist begeistert, dass er endlich über ein konkretes Ereignis der Ermittlung berichten kann.

»Ich weiß noch genau, dass ich im Aufenthaltsraum auf Station 36 saß und *Dagens Nyheter* las. Mein Blick fiel auf eine
Meldung, der zufolge Charles' leibliche Überreste gefunden
worden waren.«

Meine erste Eingabe »Charles Zelmanovits« in eine Daten-
bank mit *Dagens-Nyheter*-Artikeln ist eine Enttäuschung. Der
Artikel, den Sture gelesen haben will, ist nicht dabei.

Niedergeschlagen muss ich ihn anrufen und erzählen, dass
eine solche Meldung nicht existiert. Vielleicht hat er sich geirrt?

»Doch, doch! Ich weiß sogar noch, dass die Meldung in der
linken Spalte stand«, sagt Sture nachdrücklich.

Jenny Küttim findet den Artikel schließlich durch manuelle
Suche im Pressearchiv des *Svenska Dagbladet*. Er war am 11. De-

zember 1993 von *Dagens Nyheter* auf der linken Spalte gebracht worden, genau wie Sture gesagt hatte.

»Mordfall nach 16 Jahren gelöst«, lautete die Überschrift.

Ich stelle fest, dass sich der Verfasser der Überschrift um ein Jahr vertan hat. Als der Artikel geschrieben wurde, waren seit Charles' Verschwinden 17 Jahre vergangen. Interessanterweise wird die Jahreszahl 1976 nicht genannt.

Wenn diese Meldung Thomas Quicks einzige Informationsquelle für sein Geständnis gewesen ist, musste er sich mit ihrer Hilfe ausgerechnet haben, in welchem Jahr er Charles ermordet haben musste. Er hat 16 Jahre zurückgerechnet und ist im Herbst/Winter 1977 gelandet. Genau das hat er getan.

Quick hatte bereits drei Monate lang mit seinem Therapeuten über den Mord an Charles gesprochen, als die erste Vernehmung stattfand. Seppo Penttinen fragte, ob Quick wisse, wann sich der Mord ereignet hatte.

»Zehn Jahre nach dem Alvar-Ereignis«, sagte Quick und meinte damit den Mord an Alvar Larsson auf Sirkön im Jahr 1967.

»Zehn Jahre später«, antwortete Penttinen. »Das war dann 1977.«

»Ja«, entgegnete Quick.

Thomas Quick machte die Jahreszahl 1977 daran fest, dass der Mord im Zusammenhang mit dem Tod seines Vaters im September desselben Jahres stand. Diese Gedächtnisstützen in Form von Tatsachen steigerten die Glaubwürdigkeit von Quicks Aussage, aber so perfekt konstruiert die Geschichte auch klang, wusste Penttinen, dass Quick sich um ein Jahr vertan hatte.

»Ist das definitiv, dass es 1977 gewesen ist? Kann es da auch einen Spielraum geben?«

»Als das passiert, taucht die Alvar-Erinnerung auf. Und ich dachte, ich war da 17, und jetzt bin ich 27«, beharrte Quick.

Rechtsanwalt Gunnar Lundgren kam zu Hilfe und rettete die Situation, indem er vorschlug, bei anderer Gelegenheit auf die Jahreszahl zurückzukommen.

»Das war heute nicht so eindeutig«, befand Lundgren. »Ich denke, Sie und ich können das in Zukunft noch austüfteln.«

Tatsächlich kommen sie nie wieder auf diese Frage zurück, ebenso wenig darauf, weshalb er behauptet hatte, der Mord sei im Zusammenhang mit dem Tod seines Vaters und zehn Jahre nach dem Mord an Alvar begangen worden.

Seppo Penttinen war sich natürlich bewusst, dass Quicks Geständnis kurze Zeit nach den Berichten der Massenmedien über den Knochenfund in Piteå kam, und stellte die unausweichliche Frage.

»Haben Sie irgendwas darüber in der Zeitung gelesen?«

»Nicht, dass ich wüsste. Kjell [Persson] hat so etwas gesagt, als er den Nachnamen erwähnte, dass es eine Meldung gab.«

Thomas Quicks Angaben über Charles Zelmanovits waren nicht mehr so beeindruckend. Er hatte erst nachdem in *Dagens Nyheter* ein Artikel über den Knochenfund erschienen war, von dem Mord erzählt. Er hatte die fehlerhafte Information bezüglich der Jahreszahl verwendet und sie im Nachhinein mit dem Tod seines Vaters und dem Mord an Alvar Larsson verknüpft.

Das war ein erster Hinweis darauf, dass selbst einer der Morde, für die Thomas Quick verurteilt worden war, auf einem falschen Geständnis beruhte. Doch es bedurften 1001 Fragen einer Antwort, bevor ich bereit war zu glauben, dass sechs Gerichte einen unschuldigen Patienten aus der Psychiatrie in acht Mordfällen schuldig gesprochen hatten, die er gar nicht begangen hatte.

Als ich die Vernehmungsprotokolle durchlese, stelle ich mit Überraschung fest, dass im Grunde sämtliche Angaben, die

Thomas Quick über Charles Zelmanovits gemacht hat, falsch sind.

Quick sagte aus, er sei südwestlich von Piteå auf Charles getroffen, während wir wissen, dass Charles in Munksund nordöstlich von Piteås Zentrum verschwand. Nach einem ersten Treffen erzählte Quick, er und ein Komplize seien auf dem Weg zum Tatort durch Piteå hindurchgefahren. Fakt ist, dass Charles in der Nähe seines Elternhauses verschwand, und der Fundort liegt vier Kilometer östlich von Norra Pitholmen.

Quick zufolge war Charles ihnen am späten Nachmittag oder frühen Abend aufgefallen. Wie wir wissen, war Charles den ganzen Abend mit seinen Freunden zusammen, bis er irgendwann nach 1.00 Uhr nachts verschwand.

Es lag Schnee in Piteå, so Quick, doch ausgerechnet am 12. November 1976 hatte es seit Tagen geregnet, und die Temperatur war über null Grad Celsius gewesen.

Die Kriminaltechniker stellten fest, dass die Leiche nicht vergraben worden war, wie Quick ausgesagt hatte.

Ferner behauptete er, Charles habe sich freiwillig auf den sexuellen Kontakt mit ihm eingelassen, was eher unwahrscheinlich ist, da Charles wenige Stunden zuvor mit seiner Klassenkameradin Maria Sexualkontakt gehabt hatte.

Wie hatten Seppo Penttinen und Christer van der Kwast sich diese Ungereimtheiten erklären können? Quick gab außerdem an, er habe einen verheirateten Mann ohne kriminelle Vergangenheit dazu gebracht, bei winterlichen Straßenverhältnissen 1500 Kilometer weit zu fahren, um einen Jungen zu finden – kamen sie nicht auf die Idee zu überlegen, ob das überhaupt plausibel war? Und warum fuhren sie bis nach Piteå?

Das Material der Ermittlung blieb die Antwort schuldig auf die Frage, wie der Leiter des Ermittlungsverfahrens, Christer van der Kwast, über diese Fragen dachte. Er wandte sich hingegen an den Psychiater Ulf Åsgård mit der Bitte, bei den psychologischen Fragestellungen als Ratgeber zu fungieren. Åsgård, der für die Staatspolizei arbeitete, lehnte jedoch ab, da er mit der Palme-Ermittlung befasst war. Stattdessen musste van der Kwast sich mit dem damals unbekannten Dozenten und Experten für Gedächtnisfunktionen der Stockholmer Universität begnügen, Åke Christianson, der nichts lieber wollte, als die Psyche eines echten Serienmörders zu erforschen.

Kognitive Verhörmethoden

Während die ersten Vernehmungen mit Thomas Quick im März 1993 stattfanden, veröffentlichte *DN Debatt* einen Artikel von Sven Åke Christianson, Dozent der Psychologie, der Schweden schonungslos als »Entwicklungsland« bezeichnete, »was den Stellenwert und Einfluss der psychologischen Forschung und die Nutzung psychologischer Kenntnisse im Dienst der Polizei und Justiz betrifft«.

Christiansons Artikel versprach Lösungen für die meisten Probleme, denen sich die Thomas-Quick-Ermittlung ausgesetzt sah.

Gegenwärtig erforscht die Psychologie, wie Täter schwerer Gewaltverbrechen und Psychopathen besonders emotionale Situationen erleben und mit diesen umgehen. Über Serienmörder werden gesonderte Studien erstellt, um Aufschluss über ihre Persönlichkeit und ihr Umfeld zu erhalten und herauszufinden, auf welcher Grundlage sie ihre Opfer auswählen und wie sie dabei vorgehen. Diese Forschung sollte für die Polizei brandaktuell sein im Hinblick auf die Gewaltverbrechen jüngster Zeit.

Für den heutigen Leser wirkt dieser Artikel eher wie eine Bewerbung für einen Job beim Quick-Ermittlungsteam. Christianson warb mit allen Fragestellungen, die sein Sachverständigen-Gutachten beantworten konnte:

> Psychologische Kenntnisse, wie man sich Personen mit psychischen Störungen oder Personen in emotional aufgeladenem Zustand gegenüber verhalten soll, können sowohl für den Leiter der Vernehmung als auch für den Staatsanwalt sehr hilfreich sein.

Obwohl es in Schweden bis dato keinen einzigen Serienmörder dieses Kalibers gegeben hatte, verweilte Christianson bei diesem ungewöhnlichen Vorkommnis.

Es gibt Untersuchungen darüber, wie sich Gewalttäter und Serienmörder verhalten, was sie antreibt, wie sie ihre Verbrechen erleben und woran sie sich erinnern. Einen Teil von ihnen bezeichnen wir als Psychopathen, wie etwa den Serienmörder Jeffrey Dahmer aus den USA. Er hat zu Hause in seiner Wohnung Leichenteile von 15 Menschen aufbewahrt. Welche Bedürfnisse werden bei diesen psychisch kranken Personen befriedigt?

Sven Åke Christianson traf am 14. April 1994 in der Psychiatrie Säter ein und begann umgehend damit, Thomas Quicks Gedächtnisfunktionen zu testen. Sture Bergwall erinnert sich an die erste Begegnung.

»Ich konnte mir nur schwer vorstellen, dass dieses kleine hagere Männlein ein Dozent der Psychologie war.«

Christiansons Enthusiasmus darüber, dass er an einer Ermittlung teilnahm, die sämtliche seiner Spezialkompetenzen in Anspruch nahm, war nicht zu übersehen. Über die Gedächtnisfunktion hinaus interessierte er sich brennend für schwere

Gewaltverbrechen und für Serienmörder. Neben seinem Auftrag von der Justiz verbrachte Christianson auch einen Teil seiner Freizeit in Säter, um mit Quick zu sprechen. Diese Unterhaltungen dauerten oftmals sieben oder acht Stunden am Stück, und gemeinsam durchdrangen sie dabei alle möglichen Fragestellungen im Zusammenhang mit dem Verhalten von Serienmördern. Christianson war in diesen Diskussionen der Theoretiker, Quick der Praktiker, von dem erwartet wurde, die tiefschürfenden Fragen des Dozenten über das bizarre Seelenleben der Serienmörder zu beantworten.

»Sven Åke Christianson war ein richtiger Serienmörderfreak, der über Thomas Quick und andere Serienmörder Bücher schreiben wollte, Bücher, die sooo dick waren«, erzählt Sture und zeigt, wie dick das Buch sein sollte.

»Jeffrey Dahmer war der Favorit in den Gesprächen, der Serienmörder, der abgetrennte Köpfe in seiner Wohnung aufbewahrte. Ich weiß noch, dass Sven Åke mich gefragt hat, wie Jeffrey Dahmer sich gefühlt haben muss, als er seine Opfer zerstückelt hat. Und er bat mich, das Gefühl zu beschreiben, wie es war, Teile der Opfer zu verzehren. *Das sinnliche und erotische Gefühl.* Sven Åke meinte, Jeffrey Dahmer *musste* eine sinnliche Empfindung gehabt haben. Und die sollte ich beschreiben.«

Sture erzählt, dass Christianson sogar verschiedene Übungen mit ihm durchgeführt hat. Vor der Fahrt nach Piteå, bei der Quick den Ermittlern zeigen sollte, wie er Charles Zelmanovits umgebracht hatte, ging Christianson mit ihm nach draußen auf das Klinikgelände. In einem Waldstück hinter dem Klinikmuseum wurde Quick aufgefordert, so zu tun, als trüge er Charles Zelmanovits' Leiche und würde die Strecke vom Waldweg bis zum Fundort »Probe gehen«.

»Er hat mich gebeten, mir meine Empfindungen zu merken. Ich sollte spüren, dass ich erregt und angespannt war, aber auch, dass ich eine große Trauer über den toten Körper empfand. Sogar Wut sollte ich spüren. ›Denken Sie daran, dass sie einen schweren Körper tragen‹, hat er gesagt.«

Während Quick den Waldweg hinaufging und so tat, als trüge er die Leiche und die Trauer, erinnert Sture sich, dass Christianson mit einer Uhr neben ihm herging. Christianson zählte die Schritte laut mit.

»Als ich 300 Schritte gegangen war, sagte Sven Åke: ›Jetzt sind wir da!‹ Dann fragte er mich, ob neue Erinnerungen über Charles Zelmanovits ans Licht gekommen wären. ›Jaa, allerdings‹, sagte ich. Auf diese Weise habe ich ihn ja auch bestätigt«, erinnert sich Sture Bergwall.

Außerdem erinnert sich Sture an eine Autofahrt aus der Zeit auf einem Waldweg Richtung Björnbo, ein paar Kilometer von Säter entfernt.

»Seppo und ich saßen mit drei Pflegern im Auto. Wir haben uns während der Fahrt verschiedene Wassergräben angesehen. Am Ende des Weges angekommen, hielten wir auf einem Wendeplatz.«

Bald entdeckten sie einen Graben, der sehr breit war und offensichtlich mit einem in Piteå übereinstimmte. Sture behauptet, Penttinen habe ihm zu verstehen gegeben, was für ein Wassergraben es sein musste – nicht direkt, sondern mit gewissem Geschick.

»Das ist ja das Geheimnis. Er sagte: ›Vielleicht sah der Graben so aus?‹ Da wusste ich, dass ein solcher Graben gemeint war. ›Ja, so sah er aus‹, sagte ich dann.«

Sowohl das Probegehen auf dem Gelände der Psychiatrie als auch der Kniff der Ermittler, Thomas Quick mit in den Wald zu nehmen, um nach einem Wassergraben zu suchen, resultierte aus den neuen Ideen über »kognitive Vernehmungsmethoden«, für die Sven Åke Christianson eintrat. Indem das zur Tatzeit vorhandene »innere und äußere Milieu« nachgestellt wurde, sollte es Quick erleichtert werden, die Erinnerungen an die Tat zurückzuholen. Selbst Suggestivfragen seien in solchen Zusammenhängen gerechtfertigt, so Christianson.

In dem konkreten Fall, von dem Sture erzählt, war das Risiko jedoch so offensichtlich, ihn mit entscheidenden Informationen zu versorgen, dass es mir trotz allem schwerfällt zu glauben, was er sagt. Das alles steht in komplettem Gegensatz zu den herkömmlichen Ermittlungsmethoden. Konnte das wirklich stimmen?

Auch wenn ich Sture glaube, muss ich einsehen, dass ich wieder einmal auf Informationen gestoßen bin, die so fantastisch sind, dass sie ohne zusätzliche Belege wertlos sind.

Am Samstagnachmittag des 20. August 1994 landete ein privat gechartertes Propellerflugzeug auf dem Flugplatz von Piteå. An Bord waren Thomas Quick, Birgitta Ståhle, Sven Åke Christianson, die Ermittler der Polizei sowie Pfleger aus der Psychiatrie Säter. Das Krankenhaus Piteå-Älvdal hatte den Quick-Ermittlern eine ganze Station zur Verfügung gestellt. Nicht sehr komfortabel, aber alle waren an einem Ort untergebracht, an dem die Sicherheit sowohl von Quick als auch der Öffentlichkeit garantiert werden konnte. Am folgenden Morgen fuhr die gesamte Gruppe, der sich Christer van der Kwast und der Gerichtsmediziner Anders Eriksson aus Umeå angeschlossen hatten, in die Polizeidienststelle Piteå, wo der Chef der Kriminalpolizei, Harry Nyman, eine ansehnliche Kaffeetafel aufgefahren hatte.

Kurz darauf saß Quick mit Christianson, Ståhle Penttinen und einem Pfleger aus Säter in einer Zivilstreife. Sie alle warteten gespannt darauf, dass der potenzielle Serienmörder ihnen die Stelle zeigte, an der er Charles Zelmanovits umgebracht und seine Leiche versteckt hatte.

Verschiedene Dokumentationen der Autofahrt zeigen, dass Quick nicht die geringste Ahnung hatte, in welche Richtung die Fahrt gehen sollte.

»Wie ich in der Vernehmung schon gesagt habe, bin ich sehr unsicher, was die Himmelsrichtung anbelangt«, entschuldigt er sich.

Da Seppo Penttinen den Weg kennt, wissen sie Rat, und der Wagen verlässt das Zentrum auf dem Timmerleden, folgt dann ein paar Kilometer dem Norra Pitholmsvägen, und rasch haben sie die Zivilisation verlassen.

Obwohl es nun nicht mehr weit ist, kann Quick sich noch immer nicht orientieren, sodass Penttinen sie weiterlotst. Als sie noch 500 Meter vom Fundort entfernt sind, soll Quick übernehmen und den Weg zeigen.

»Jetzt befinden wir uns in der Gegend, die interessant ist«, sagt Penttinen zu Quick.

Auf der kurzen verbleibenden Strecke gibt es eine Weggabelung, an der Quick entscheidet, wie es weitergeht. Er entscheidet sich für links. Der Wagen fährt zwei Kilometer, bevor Penttinen verrät, dass das falsch war. Sie kehren um und nehmen den rechten Weg. Bald erkennt Quick mehrere Beamte im Wald.

Sie fahren an ihnen vorbei, und als sie nach ein paar Kilometern wieder in der Zivilisation sind, merkt Quick, dass sie zu weit gefahren sind. Wieder wenden sie und fahren zurück, kommen am Fundort vorbei und parken an der Weggabelung. Quick weiß, dass der Fundort jetzt direkt vor ihm liegt. Er sagt, er wolle nun zu Fuß gehen. Nach etwa 20 Metern bleibt er stehen.

»Nach solchen Gräben haben wir auch gesucht, als wir in Säter draußen waren«, sagt er.

Das war er – der Beweis, dass es sich genau so zugetragen hat, wie Sture mir erzählt hatte. Eine einzige, unbedachte Bemerkung auf dem stundenlangen Spaziergang durch den Piteå-Wald, völlig unbegreiflich für alle, außer für die direkt Beteiligten, die deshalb ganz leicht überhört werden konnte.

Als sie den Graben in der Nähe des Fundortes erreichen, sieht Quick, dass dort durch die Beamten und Kriminaltechniker, die die Stelle in den letzten Wochen untersucht haben, ein Trampelpfad entstanden ist.

»Glaub', dass wir hier reingehen müssen«, sagt Quick.

Nach ein paar Schritten zweifelt er.

»Ich schaffe das nicht, allein zu der Stelle zu gehen.«

Er wird in den Wald hineingeführt, und auf dem Videofilm hört man Quick sagen:

»Es muss genau so lang sein wie die Probestrecke, die ich mit Sven Åke gehen musste. 300 Schritte ...«

Die kognitiven Vernehmungsmethoden haben wiederum Erfolg.

Quick wird von Seppo Penttinen gestützt und in den Wald geführt. Nach den 300 Schritten befindet sich der Fundort in Sichtweite. Die Kriminaltechniker haben den Waldboden umgegraben, um nach Knochen zu suchen, die von Füchsen und anderen wilden Tieren verschleppt worden sein könnten. Eine große Fläche ist schon bearbeitet worden.

Penttinen hält in seinem Gedächtnisprotokoll der Begehung fest, dass Quick »äußerst irritiert darüber ist, dass der Boden bearbeitet und die Moosschicht entfernt wurde«.

In früheren Vernehmungen hat Quick angegeben, dass er sich auf einen Stein oder einen Baumstumpf gesetzt hat. Nun entdeckt er einen großen Stein am Fundort. Er versucht vorzumachen, wie er saß, nachdem er Charles ermordet hatte.

Die finstere Novembernacht habe ihm keine Probleme bereitet, so Quick. Sowohl seinen Komplizen als auch Charles habe er klar und deutlich gesehen.

Jeder, der nachts schon einmal in einem Wald gewesen ist, kennt das Problem. Jeder, der sich im November nachts um 2.00 Uhr in einem Wald in Norrbotten befindet, kann die Hand nicht vor den Augen sehen. Dennoch meint Quick, er habe den Waldboden erkennen und zwischen Tannen und Fichten unterscheiden können. Wie das möglich gewesen sein soll, stellt niemand infrage.

Sven Åke Christiansons kognitiven Vernehmungsmethoden gemäß hat die Polizei eine Puppe mitgebracht, die Charles Zelmanovits darstellen soll. Penttinen bittet Quick, die Puppe so hinzulegen, wie Charles' Leiche gelegen hatte.

Das umgegrabene Areal gibt gleichsam vor, wo die Leiche gelegen haben muss, aber nicht, in welche Richtung der Kopf zeigte. Quicks Chancen stehen fifty-fifty. Die Puppe kommt um 180 Grad verkehrt zu liegen.

Penttinen fragt, ob sie wirklich in dieser Richtung lag.

»Ja, das meine ich. Das meine ich«, gibt Quick zurück.

Nun greift Sven Åke Christianson ein und zeigt mit Gesten, damit Quick sich erinnert, wie es war.

»Dann probieren wir doch einmal, sie so herum hinzulegen, ja? Damit er sieht, wie das ist.«

Quick ist nicht bereit, die Puppe selbst zu drehen, sodass Penttinen sie so hinlegen muss, wie Christianson vorgeschlagen hat. Schließlich liegt die Puppe richtig herum.

»Ich weiß nicht, ob das auf der Videoaufnahme zu sehen ist, aber Thomas nickt eifrig«, verdeutlicht Penttinen mit Blick in die Kamera.

Anders Eriksson stellt ein paar Fragen über die Zerteilung, die Quick nur mit Mühe beantworten kann. Er ist unsicher, ob er einen Arm abtrennte, aber falls er das tat, glaubt er, der Arm sei am Fundort verblieben.

»Ist mit den Händen etwas passiert?«, fragt Penttinen.

Aber jetzt will Quick nicht mehr.

»Ich kann nicht, ich schaffe das nicht. Ich kann nicht mehr.«

Quick weint hemmungslos, schluchzt und zittert.

»Ich brauche noch eine Xanor, ist mir egal, wenn ich überdosiere ...«

»Jaaa«, sind mehrere Stimmen aus der Gruppe zu hören.

»Das ist ja auch so lange her«, sagt Birgitta Ståhle.

Ein Pfleger aus Säter kommt mit der Tablettenschachtel, und Quick bekommt, was er will. Im Wald beginnt es zu dämmern, und Quick verfällt in ein eintöniges Weinen, das in ein merkwürdig gutturales Heulen übergeht.

Als Quicks Jammern sich legt, verlässt die große Gesellschaft triumphierend den Wald. Harry Nyman war so vorausschauend und hat im einzigen Palt-Restaurant der Welt (Palt = Klöße), in der Paltzeria in Öjebyn nördlich von Piteå, einen Tisch reserviert. Sture Bergwall erinnert sich mit gemischten Gefühlen an den Restaurantbesuch.

»Alle waren so froh und glücklich! Und am glücklichsten von allen war Seppo Penttinen. Es wurden alle möglichen Sorten dieser gefüllten Klöße serviert, und wir griffen unter fröhlichen Zurufen zu. Nun wurde der Mörder nach der erfolgreichen Tatortbegehung gefeiert! Das war einfach widerlich und makaber ...«

Auch Christer van der Kwast war hingerissen und verfasste nach seiner Rückkehr einen Brief an die Polizei in Piteå:

Ich möchte mich herzlich für die außerordentliche Hilfe bedanken, die die Polizei Piteå unter der Leitung von Kommissar Harry Nyman im Zusammenhang mit Thomas Quicks Begehung in Piteå am 21. August geleistet hat, und für die Veranstaltung im Anschluss an diese.

Eine makabre Show

Durch die Medienberichte über Thomas Quick im Sommer erhielt das Bild des archetypischen, bösen Serienmörders noch schärfere Konturen.

Experten in dieser Sache, die urplötzlich zu solchen geworden waren, waren sich vollkommen sicher, dass Thomas Quick die Wahrheit gesagt und die fünf Jungen ermordet hatte. Lars Lidberg, Professor für forensische Psychiatrie, der von Staatsanwalt Christer van der Kwast als Sachverständiger hinzugezogen worden war, klärte die Schuldfrage im Fall Zelmanovits für sich, noch bevor das Urteil gefällt worden war.

»Meiner Auffassung nach ist Thomas Quick in den von ihm gestandenen Mordfällen an den fünf Jungen schuldig. Es deutet nichts darauf hin, dass er fabuliert, übertreibt, auffallen oder Eindruck schinden will, indem er erzählt, was er erlebt hat«, sagte Lidberg dem *Expressen* am 3. November 1994.

Selbstverständlich gehörte ein Serienmörder wie Thomas Quick hinter Schloss und Riegel, aber einsperren reiche nicht, meinte Lidberg.

»Stimmt er der Kastration nicht freiwillig zu, besteht auch noch die Möglichkeit der Zwangskastration.«

Keine Strafe war zu hart, keine Sicherheitsmaßnahme zu rigoros für den Serienmörder Thomas Quick.

»Solche werden nur immer schlimmer, sie können nie aufhören«, erklärte van der Kwast dem *Expressen* am 18. Oktober 1994.

Thomas Quicks Patientenakte aus jener Zeit ist äußerst lückenhaft geführt, enthüllt aber, dass die Medikation mit Benzodiazepinen stetig ansteigt und die Einträge mehrerer Momentaufnahmen von einer Behandlung liefern, die aus dem Ruder zu laufen droht.

2. Mai 1994

Thomas hatte heute Nachmittag eine heftige Panikattacke, wandte sich an das Personal und sagte: »Ich werde
verrückt, helft mir.« Er erhält eine Tablette Xanor und
wird zum Musikzimmer begleitet, wo er am Boden liegt
und schreit und vom Personal zeitweise festgehalten wird.
Nach etwa 45 Minuten ist es vorüber.

6. Juni 1994

Im Zusammenhang mit den Therapiesitzungen erleidet
Thomas eine schwere Panikattacke. Wir halten ihn eine
Weile fest, und er erhält eine Tablette Xanor. Als die Angst
vorüber ist, wird das Gespräch fortgesetzt. Thomas erleidet eine neue Attacke gegen 13.00 Uhr, als wir ihn im Ge-
sprächszimmer finden. Er hat sich entkleidet und ist sehr
panisch. Wir beschließen, ihn mit Gurten zu fixieren.

Die Pfleger müssen mehrmals gerufen werden, um Quick
Medikamente zu verabreichen und ihn festzuhalten, damit
er sich während der Therapiesitzung nicht verletzt. Die Einträge in der Akte über den Patienten, der große Mengen
Narkotika benötigt und fixiert werden muss, wird von den
heutigen Lesern vielleicht als gescheiterte Therapie gedeutet. Das ist jedoch eine voreilige Schlussfolgerung. Quicks
Reaktionen auf Birgitta Ståhles Behandlung galten im Gegenteil als Beleg dafür, dass die Therapie Erfolg hatte. Seine
extremen Angstzustände galten als logische Folge der Regression während der Nachahmungstherapie. Ståhle schrieb in die
Akte:

Die Regression führt teils dazu, dass der Patient mit frü-
heren traumatischen Erlebnissen aus der Kindheit in
Kontakt gerät, teils zu den Erinnerungen daran, wie der
Patient diese als Erwachsener in Form von Mord und

Missbrauch nachahmt, worüber er in der laufenden Ermittlung spricht.

Vor der Gerichtsverhandlung im Mordfall Charles Zelmanovits schrieb Rechtsanwalt Gunnar Lundgren an das Landgericht, um die besonderen psychologischen und medizinischen Voraussetzungen seines Mandanten darzulegen:

Wenn er mit dramatischen Einzelheiten und Grausamkeiten in der vorliegenden Anklage konfrontiert wird und darüber sprechen soll, besteht das Risiko, dass er von derartiger Panik übermannt wird, dass man sich genötigt sieht, mehrere Pausen einzulegen. Ferner kann er unter Krämpfen leiden und nur unter großer Anstrengung sprechen. Das kann jedoch mit etwas Ruhe und ein paar Pillen rasch behoben werden.

Viel stand auf dem Spiel bei diesem Prozess, da ein Freispruch vermutlich das Ende der Quick-Ermittlungen bedeutet hätte. Viele Repräsentanten der Öffentlichkeit hatten sich eingefunden, um mit eigenen Augen das Ungeheuer zu sehen und von seinen Gräueltaten zu hören.

Als die Zuhörer am 1. November in den Gerichtssaal eingelassen wurden, bot sich ihnen ein makabrer Anblick, der selbst die sensationslüsterndsten Besucher nicht enttäuscht haben dürfte. Christer van der Kwast hatte einen Tisch mit Gegenständen aufgestellt, die die Mitglieder der Strafkammer, der Strafverteidiger und der Staatsanwalt sowie die Zuhörer während der gesamten Verhandlung im Blick hatten. Auf dem Tisch lagen eine Bügelsäge, Reste einer halb verrotteten Lederjacke und ein übel zugerichteter Schuh der Marke Playboy.

Charles Zelmanovits' Mutter Inga und sein Bruder Frederick gingen mit einem Schaudern an dem Tisch vorbei und schlugen die Blicke nieder, aber sie erkannten Charles' Schuh und

Teile der Jacke wieder, die er am Tag seines Verschwindens vor 17 Jahren getragen hatte. Und die Säge ...

Die Gegenstände waren während der Hauptverhandlung eine unheimliche und konkrete Erinnerung daran, worum es in diesem Fall ging, aber sie vermittelten auch den trügerischen Eindruck, so etwas wie technische Beweise darzustellen.

Die Säge war zwar ein paar Hundert Meter von Charles' Überresten entfernt entdeckt worden, aber die Obduktion hatte keine Spuren von Verletzungen an den Knochen feststellen können, die von einer Säge stammten. Quick hatte nicht einmal behauptet, eine Säge im Wald zurückgelassen zu haben. Das Gleiche galt auch für die Teile der Lederjacke, die eher eine lästige Erinnerung daran waren, dass Thomas Quick trotz aller Vernehmungen nicht hatte sagen können, was Charles für eine Überbekleidung getragen hatte. Der Playboy-Schuh auf dem Tisch des Staatsanwalts war ebenso schwer begreiflich. Quick hatte Vernehmung um Vernehmung darauf bestanden, Charles habe Stiefel getragen.

In Christer van der Kwasts verhängnisvollem Kuriositätenkabinett fehlte jedoch ein Gegenstand, der ein starker Beweis gegen Quick gewesen wäre, der mehrmals erwähnt hatte, dass Charles einen breiten Ledergürtel mit einer großen runden Metallschnalle getragen habe. Charles' Bruder Frederick war vorgeladen worden, um den Gürtel zu beschreiben. Das Landgericht schrieb in dem Urteil:

Frederick Zelmanovits sagt aus, er könne nicht mit Sicherheit sagen, ob sein Bruder Charles einen solchen Gürtel besessen habe. Aber er erinnert sich genau, dass ihm selbst ein solcher in dem Zeitraum gehörte, als sein Bruder verschwand.

Das Landgericht kam in seinem Urteil zu dem Schluss, dass »die Brüder den Gürtel auch getauscht haben konnten«.

Wenn Quick die Wahrheit sagte, hätte der Gürtel bei Charles' Überresten gefunden werden müssen. Die Kriminaltechniker suchten mit Metalldetektoren sorgfältig das Areal in dem Wald vor Piteå ab. Es wurden Knöpfe und Nieten der verrotteten Jeans gefunden, aber ein Gürtel war nicht dabei.

Deshalb fehlte der Gürtel auf dem Tisch des Staatsanwalts, auf dem stattdessen drei andere Gegenstände präsentiert wurden.

Ein Ereignis hatte im Gerichtssaal von Piteå einen unauslöschlichen Eindruck bei sämtlichen Anwesenden hinterlassen: die Videoaufnahmen der Rekonstruktion im Wald.

Pelle Tagesson, Quick-Reporter des *Expressen*, erinnert sich an seine Eindrücke der Tage in Piteå.

»Ich habe Quick während des Prozesses erlebt und fand, dass er eigentlich ein ganz normaler Typ war. Dann habe ich den Film der Rekonstruktion gesehen. Das war erschütternd! Danach war es mir unangenehm, dass ich seine Hand geschüttelt hatte.«

Trotz der Ungereimtheiten, die es in dem Fall gab, war Pelle Tagesson restlos von Quicks Schuld überzeugt, als der Staatsanwalt das Video von der Begehung mit den kehligen Lauten zeigte. Alle Zweifel wurden beseitigt:

»Es ist unmöglich, das, was sich während der Rekonstruktion zugetragen hat, zu spielen.«

Vor dem Prozess hatte Staatsanwalt Christer van der Kwast an das Landgericht geschrieben und empfohlen, das Gericht solle psychologische Fachkompetenz zurate ziehen. Er hatte der Strafkammer außerdem angeraten, sich an Sven Åke Christianson zu wenden.

Da Christianson seit Langem mit dem Fall auf Anklägerseite arbeitete, war es natürlich unpassend, um nicht zu sagen unmöglich von ihm, den Auftrag des Landgerichts anzunehmen, das Ergebnis seiner eigenen Arbeit zu begutachten. Aber das hinderte ihn nicht daran, genau dies zu tun.

Christianson verfasste für das Gericht zwei Sachverständigengutachten, eines »bezüglich der Voraussetzungen für Thomas Quicks Aussage in psychologischer Hinsicht«.

Im Hinblick darauf, woran sich der Täter erinnert, habe ich mich auf Handlungsmuster und Erinnerungen bei Serienmördern sowie Faktoren ihres Hintergrunds für diese Art von Verbrechen konzentriert.

Diese Formulierung zeigt, dass sein Ausgangspunkt der war, dass Quick ein Serienmörder war. Vor dem Prozess hatte er ihn öffentlich sowohl als Serienmörder als auch als Kannibalen bezeichnet.

»Das ist eine primitive Art – seine Handlungen werden von dem Kind in ihm gelenkt. Und wenn man Leichenteile verspeist, kann das eine Illusion sein, dass die Opfer in ihm existieren, dass die Kinder in seinem Körper weiterleben«, erklärte Christianson in einem Interview mit dem *Expressen* am ersten Tag des Prozesses.

Alle schienen vergessen zu haben, dass Thomas Quick noch für keinen einzigen Mord verurteilt worden war.

Professor Lars Lidberg äußerte sich klar und deutlich in seiner Aussage zur Schuldfrage und den Zusammenhängen, die das Verhalten des Serienmörders verursachten.

»In Quicks Fall ist wesentlich, dass er sexuellem Missbrauch durch den Vater und die Mutter ausgesetzt war und eine Verbindung zwischen Sexualität und Aggressivität entstanden ist.«

Er verriet nicht, wie er wissen konnte, dass der Angeklagte tatsächlich ein Missbrauchsopfer war und seine Eltern die Täter gewesen waren, sondern das war ja der Ausgangspunkt für die wissenschaftlichen Schlussfolgerungen des Professors.

Quicks zwanghafte Wiederholung des Tötens stimmte auch tadellos damit überein, dass »Quick Teile von getöteten Personen versteckt und sie als eine Art Talisman behält«, befand Lidberg.

Da Quick den Mord an Charles Zelmanovits bereits gestanden hatte, ging es in der Verhandlung kaum darum zu klären, ob es sich um ein falsches Geständnis handeln könnte.

Sven Åke Christianson erläuterte in seiner Aussage passenderweise, welche verschiedenen Kategorien eines falschen Geständnisses es gibt, um abschließend zu folgern:

»In Quicks Fall ist das nicht so.«

Als Quick aussagen sollte, verlangte die Verteidigung, dass die Öffentlichkeit ausgeschlossen wird, was das Landgericht bewilligte. Nachdem die Zuhörer den Saal verlassen hatten, versicherte Quick gegenüber dem Gericht, er habe nichts über Charles Zelmanovits' Verschwinden gelesen.

Das war eine wichtige Information. Leider war sie nicht wahr. Aber Quick gestand nicht nur den Mord, nachdem er über den Fund von Charles' Überresten in der Zeitung gelesen hatte – da er mit keinerlei Einschränkungen belegt war, konnte er die Berichterstattung in allen Einzelheiten verfolgen. In Margit Norells und Birgitta Ståhles Manuskript ihres Quick-Buches entdecke ich einen Passus, der enthüllt, dass er sich eine viel zuverlässigere Quelle besorgte. Sie zitierten Quick:

Als ich das Protokoll des Ermittlungsverfahrens las, sah ich, fühlte ich, zum ersten Mal Charles' Leben als Ganzes. Er war nicht nur einer, den ich getötet hatte, mit Kraft wurde aus ihm der ganze Mensch Charles, den ich umgebracht habe.

Als Quick zur Gerichtsverhandlung in Piteå eintraf, hatte er also das gesamte Protokoll des Ermittlungsverfahrens gelesen, inklusive technischer Untersuchungen und zahlreicher Vernehmungen. Zusammen genommen, gab das Quick das Bild des »ganzen Menschen Charles«. Auch in der Patientenakte stoße ich auf eine Notiz darüber, dass Thomas Quick »im Herbst das Ermittlungsverfahren im Fall Charles Z. durchsieht«.

Deshalb ist es nicht verwunderlich, dass Thomas Quick im Landgericht hinter verschlossenen Türen ausreichend viele Details passend gemacht hat.

Und dennoch: Wie konnte das Landgericht Quick wegen Mordes verurteilen, obwohl fast alles, was er in den Vernehmungen ausgesagt hatte, falsch war? Warum geht nicht aus dem Urteil hervor, dass Quick den Fundort nicht ohne Hilfestellung zeigen konnte?

Die einfache Antwort lautet, dass die Strafkammer nichts von dem wusste, was während der Ermittlung vorgefallen war. Sie hatten keine einzige Vernehmung gelesen, die mit Quick durchgeführt worden war.

Dass das Gericht keinen Einblick in das Material des Ermittlungsverfahrens erhält, geschieht in Übereinstimmung mit einem der Stützpfeiler der schwedischen Prozessordnung, dem sogenannten Unmittelbarkeitsprinzip laut § 2 Kap. 17 der Strafprozessordnung. Diesem Grundprinzip zufolge *dürfen* die Mitglieder der Strafkammer ausschließlich aufgrund dessen urteilen, was sie direkt während der Hauptverhandlung beobachten.

Rechtsanwalt Gunnar Lundgren hätte Teile von Thomas Quicks Vernehmungen vortragen können – und viele hätten wohl gesagt »vortragen sollen«. Er hätte laut aus den Protokollen vorlesen und zeigen können, dass Quick zu Beginn der Ermittlung keinerlei Kenntnis von Charles Zelmanovits oder Pitholmen hatte. Er hätte das Gericht informieren können, dass Quick widersprüchliche Angaben gemacht hatte und ihm mit Suggestivfragen geholfen worden war.

Aber solche Überlegungen waren Lundgren fremd. Er war schlicht und ergreifend der Meinung, Quick solle wegen Mordes verurteilt werden, was er vor Gericht auch vorbrachte.

Was Kommissar Jan Olsson und der Psychologe Nils Wiklund später kritisierten, nämlich die Aufhebung der Zwei-Parteien-Konstellation, fand also bereits im ersten Quick-Prozess statt.

Die Anklage wegen Mordes an Charles Zelmanovits blieb Lundgrens einziger Fall als Quicks Verteidiger. Später erläuterte er in einem Interview die Rolle des Rechtsanwalts aus seiner Sicht für solche Fälle, in denen die Verteidigung durchgängig die gleiche Linie fährt wie der Staatsanwalt.

Der Reporter des *Aftonbladet* fragte, ob Lundgren seinem Mandanten geholfen habe, »für so viele Straftaten wie möglich verurteilt zu werden«. Lundgren stimmte ihm zu:

»Ja. Er wollte seine Taten gestehen, und da war es meine Pflicht, ihm dabei zu helfen.«

Im Landgericht in Piteå hatte sich eine Front gebildet: der Staatsanwalt, die Ermittler der Polizei, der Rechtsanwalt, der Angeklagte, die Therapeuten, die Ärzte, die Sachverständigen und Journalisten. Alle zogen an einem Strang, wie hätte es da anders enden können?

Das Landgericht schrieb in sein Urteil vom 16. November 1994:

Quick hat die Tat gestanden, und sein Geständnis wird durch die Angaben untermauert, die er selbst gemacht hat. Technische Beweise, die Quick mit dieser Tat in Verbindung bringen, liegen jedoch keine vor.

Dies war allerdings ein Schwachpunkt der Anklage, zumal es keine Zeugen gab, die Quick zum Zeitpunkt des Mordes in Piteå gesehen hatten. Das wurde laut Landgericht durch andere Informationen wettgemacht.

Quicks Angaben, welche Leichenteile er an sich genommen hat, stimmen mit den Funden dahingehend überein, dass diese

Leichenteile am Fundort fehlen. Dieser Umstand stützt die Richtigkeit von Quicks Angaben.

Die Kriminaltechniker, die den Fundort und die Überreste untersuchten, schrieben in ihrem Bericht, dass nichts auf ein Verbrechen hindeutete, geschweige denn darauf, dass die Leiche zerteilt worden war. Die Ermittler stellten fest, Charles' Knochen seien in Richtung der Fuchsbaue geschleppt worden, die südlich vom Fundort lagen. Die Tatsache, dass einige Knochen nicht gefunden wurden, war folglich kein Beweis dafür, dass die Leiche zerstückelt worden war.

Diese Ergebnisse der Kriminaltechnik fanden jedoch keine Beachtung, und die fehlenden Knochen galten sogar als »wichtiger Beleg« für Quicks Schuld.

Thomas Quick kehrte nach seiner Aussage nach Säter zurück, und das Urteil wurde ihm per Fax ins Sekretariat der Klinik gesandt. Er blätterte aufgeregt bis zum Ende und las das Entscheidende:

> In einer zusammenfassenden Beurteilung kommt das Landgericht zu dem Schluss, dass es keinen Zweifel daran gibt, dass Quick die Tat begangen hat, für die er angeklagt wurde. Die Umstände der Tat waren so, dass die Tat als Mord angesehen werden muss.

Mangels technischer Beweise war den Beurteilungen der psychologischen und psychiatrischen Sachverständigen eine große Bedeutung beigemessen worden. Professor Lidberg unterschätzte seine Rolle in dem Fall nicht, wie er in einem Interview mit dem *Aftonbladet* am 15. April 1997 sagte.

»Thomas Quick wurde aufgrund meiner Beweisführung in Piteå verurteilt. Ich bin vollkommen von seiner Schuld überzeugt. Das Gericht war ebenfalls dieser Auffassung.«

Lidbergs Schlussfolgerung, er allein habe den Fall entschieden, ist sicherlich zu hoch gegriffen, aber das Urteil war eindeutig ein großer Erfolg für ihn und Christianson.

Christer van der Kwast hatte sich besorgt darüber gezeigt, dass es so kompliziert gewesen war, auch nur einen einzigen Beweis in den Mordfällen zu erbringen, die Quick gestanden hatte. Deshalb hatte er nun allen Grund zur Zufriedenheit.

»Dieses Urteil hat gezeigt, dass eine Ermittlung so betrieben werden kann wie in diesem Fall. Dass Geständnisse, die Durchführung von Begehungen sowie die Erstellung eines Täterprofils für eine Verurteilung ausreichend sind, obwohl technische Beweise in herkömmlichem Sinne fehlen.«

In Zukunft sollte sich zeigen, dass van der Kwast mit seiner Einschätzung völlig richtig lag. Dass »herkömmliche« Beweise nicht länger notwendig waren, sollte bald auch andere beunruhigen, aber mit dem frischen Urteil in der Hand war van der Kwast voller Zuversicht.

»Ich rechne damit, dass sich dies sehr positiv auf die weiteren Ermittlungen auswirken wird«, sagte er.

Nächtliche Zweifel

»Was würden Sie sagen, wenn ich etwas richtig Schlimmes getan hätte?«

Mit dieser Frage fing alles an, bei einem Badeausflug im Juni 1992 mit einer jungen Pflegerin von Station 36.

Quick hieß noch Sture Bergwall und galt als so ungefährlich, dass er wieder in die Gesellschaft eingegliedert werden sollte, in einer Wohnung in Hedemora. Die kryptische und verhängnisvolle Frage hatte in der Psychiatrie Säter für berechtigte Beunruhigung gesorgt, und bald darauf hatte Quick den ersten Mord gestanden und angedeutet, dass weitere folgen würden.

Dass Unschuldige ein falsches Geständnis ablegen, ist alles andere als ungewöhnlich – schon gar nicht bei Patienten, die in einer psychiatrischen Klinik behandelt werden –, aber dass ein richtiger Serienmörder, gegen den nie ein Mordverdacht bestanden hatte, eine ganze Reihe von Morden gesteht, ist den Wissenschaftlern zufolge einmalig. Das ist noch nie dagewesen.

Die Erstellung von Täterprofilen ist eines von wenigen Werkzeugen, das bei der Jagd auf Serienmörder zur Verfügung steht. Als Quick zu gestehen begann, war der schwedischen Polizei jedoch nicht sehr viel darüber bekannt.

Während der Jagd auf den Lasermann nahm der Psychiater Ulf Åsgård, der sich schon früh für Profiling interessierte, eine Zusammenarbeit mit Kriminalkommissar Jan Olsson auf, derzeitiger stellvertretender Chef des Kriminaltechnischen Dezernats Stockholm.

Ihr Täterprofil des Lasermannes war das erste in der schwedischen Kriminalgeschichte. Das Profil war nicht von entscheidender Bedeutung für die Ergreifung des Lasermannes, die vielmehr das Resultat geschickter und geduldiger Polizeiarbeit traditioneller Art war. Jan Olssons und Ulf Åsgårds Täterprofil wurde dennoch als Erfolg gewertet, denn im Nachhinein »stimmte es zu 75 Prozent mit John Ausonius überein«. Analytische Polizeiarbeit war das Credo jener Zeit, und das Täter-Profiling sollte sich in der Folge durchsetzen.

Im Herbst 1994 war Lennart HååRd, Kriminalreporter des *Aftonbladet*, einer der vielen Journalisten, die in die Psychiatrie Säter kamen. Mitten im Interview stellte er eine eigenartige Frage.

»Gab es für den Doppelmord in den schwedischen Fjällen ein Ermittlungsverfahren?«

Offensichtlich meinte er den Mord an dem Ehepaar Stegehuis, und Quick antwortete knapp:

»Nein, darüber haben wir nicht gesprochen.«

Nach dem Prozess im Mordfall Charles Zelmanovits war die Befürchtung groß, Thomas Quick könne verstummen. Birgitta Ståhle erklärte, wie bedeutend es war, dass er seine »wichtige Arbeit« fortsetzte, und ihre Mentorin Margit Norell schrieb einen Brief und bat Quick: »Geh weiter, Sture!«

Die Situation war kompliziert.

Trotz seiner fünf Geständnisse war Quick nun in einem Mordfall verurteilt worden. Zwei Morde waren verjährt – die an Thomas Blomgren und Alvar Larsson –, und die Ermittlungen in den Fällen Johan Asplund und Olle Högbom waren festgefahren. Wie sollte er also »weitergehen« und erzählen?

Lennart Håårds Frage zu Appojaure beschäftigte Quick, und am 21. November 1994 rief er Seppo Penttinen an, um von der Interviewfrage zu erzählen.

»Ich habe darüber nachgedacht«, sagte Quick. »Ich denke, es wäre gut, wenn ich mit den Fakten des Mordes konfrontiert werden würde.«

Penttinen fragte, warum er das für gut halte.

»Ja, weil ich weiß, dass ich in der Gegend gewesen bin, ungefähr zu der Zeit, als der Mord passiert ist«, gab Quick zurück.

Aber das war auch alles.

»Ich kann diese Überlegungen jetzt nicht weiterführen«, sagte er.

Obwohl die Information, dass Quick, der bevorzugt Jungen mordete, es auf ein Paar in den Dreißigern abgesehen hatte, aller Serienmörderlogik zuwiderlief, meldete sich Penttinen am folgenden Tag bei Christer van der Kwast, der sicherheitshalber die Staatliche Kriminalpolizei in Kenntnis setzte. Von dort wurde ihm mitgeteilt, dass in den Appojaure-Morden bereits eine Ermittlung lief. Es gab ferner einen potenziellen Täter, den 51-jährigen Johnny Farebrink aus Jokkmokk, Junkie und Gewalttäter, der in Hall einsaß und eine zehnjährige Haftstrafe wegen Mordes absaß. Die Staatliche Kriminalpolizei hatte noch nichts liefern können, was ihn mit dem Mord an dem Ehepaar Stegehuis in Verbindung brachte, und war noch nicht einmal dazu gekommen, ihn zu vernehmen.

Christer van der Kwast wurde klar, dass es zwei konkurrierende Ermittlungsverfahren geben könne, jedes mit einem eigenen Tatverdächtigen. Es ist schwer zu sagen, was er dachte, aber er lancierte die dreiste Idee, dass Quick und Farebrink das Paar möglicherweise zusammen getötet hatten.

Dem Melderegister war zu entnehmen, dass Johnnys Geburtsname Johnny Larsson-Auna war, er aber inzwischen Johnny Farebrink hieß. Van der Kwast rief Penttinen an und bat ihn, Quick zu fragen, ob er einen Johnny Larsson-Auna kannte. Oder Farebrink.

Einen Tag darauf kommt Seppo Penttinen nach Säter, um die erste Vernehmung in dem Mordfall Appojaure durchzuführen. Rechtsanwalt Gunnar Lundgren ist ebenfalls anwesend. Nach dem Urteil von Piteå ist Penttinen zum Kriminalinspektor befördert worden, ein Titel, der von nun an auch die Vernehmungen und Protokolle schmückt, in denen er vorkommt, ganz wie es sich gehört. Als er Polizeiassistent gewesen war, nahmen er und sein Chef Christer van der Kwast es aus irgendeinem Grund nicht so genau mit den Titeln – da wurde Penttinen kurz und knapp meist als »Leiter der Vernehmung« bezeichnet.

»Also, Thomas. Ich habe gedacht, dass Sie konkret auf das Vorkommnis zu sprechen kommen und sich nicht lange mit Nebensächlichkeiten aufhalten. Beginnen Sie damit, dass Sie sich aktuell wieder an die Tat an sich erinnern«, sagt er.

»Hm«, antwortet Quick.

»Können Sie das etwas ausführen?«

Die drei Männer schweigen lange im Musikzimmer auf Station 36.

»Jaa ... das war brutal«, sagt Quick.

Dann verstummt er und kommt nicht weiter.

»Wie war die Frage?«, erkundigt er sich.

»Ich will Sie nicht steuern«, erklärt Penttinen und bittet Quick, das zu erzählen, was ihm zuerst in den Sinn kommt.

Erneut Schweigen.

»Na ja, zuerst also das Messer.«

»Woran erinnern Sie sich da genau?«

»An die Größe.«

»Ja.«

Quick räuspert sich.

»Versuchen Sie, es etwas genauer zu beschreiben.«

Sie einigen sich, dass Quick das Messer aus dem Gedächtnis aufzeichnen soll.

Das Messer der Zeichnung ist beeindruckend, 35 Zentimeter lang. Die Klinge ist leicht gekrümmt wie die eines Säbels, und ihr Rücken ist geschliffen, sodass die Spitze einem nach oben gebogenen Dorn gleicht.

Quick schreibt »Schneide« über das, was normalerweise der Messerrücken ist. Auf die gebogene Seite, die für gewöhnlich die geschliffene ist, notiert Quick: »stumpfe Seite«.

Seppo Penttinen sagt, er verstehe nicht, weshalb das Messer auf diese Weise geschliffen sei. Ihm ist vermutlich klar, dass nie ein solches Messer, wie Quick es gezeichnet hat, angefertigt wurde, und bittet Quick zu überlegen, wie ein Mora-Messer aussieht. Er fertigt ebenfalls eine Zeichnung eines Messers an und zeigt, welche Seite der Klinge geschliffen und welche der Messerrücken ist.

Aber das hilft nichts, Quick beharrt darauf und sagt, gerade durch diesen Schliff unterscheide sich sein Messer von einem Mora-Messer.

Penttinen bleibt der Messerkonstruktion gegenüber skeptisch. Er fragt, ob Quick sein Bild »gespiegelt« habe.

Schließlich ist Quick einverstanden damit, dass Penttinen die Beschriftung der Zeichnung, welche die »stumpfe Seite« der Klinge ist, durch ein Fragezeichen ergänzt.

Von der Obduktion weiß Penttinen, dass das Messer mit der breiten Klinge, das Quick gezeichnet hat, nur schlecht mit den Verletzungen der Mordopfer übereinstimmt.

»Sie hatten sonst nichts bei sich, was man als Waffe einsetzen konnte?«

»Nee.«

»Können Sie näher beschreiben, was vor sich gegangen ist?«

»Na ja, das waren schon tiefe Stiche. Also Stiche waren das. Das waren keine Ratscher. Sondern Stiche.«

»Ja, Sie zeigen, wie Sie von oben zustechen.«

»Von oben. Hm.«

Die Vernehmung ist schon eine ganze Weile im Gang, ohne dass Penttinen Quick eine einzige Information über den Mord entlocken konnte, abgesehen von dem unbrauchbaren Messer.

»Wie sind die Gegebenheiten an dem Ort, an dem Sie waren?«

»Alles war voller Mücken.«

»Voller Mücken?«

»Voller Mücken war das.«

Quick sagt, der Zeltplatz lag an einem See im Wald.

»Ja, dass es sich um ein Zelt handelt, wissen wir ja beide«, wirft Penttinen ein.

»Ja.«

»Das haben Sie auch in den Zeitungen lesen können.«

»Ja.«

»Wo befinden sich die Personen vor der Tat?«

»Ja, die sind ja im Zelt. Äh ... außer ... äh ... ein Teil der einen ... äh ... der einen Person ist zuerst außerhalb des Zelts.«

»Ganz?«

»Nee. Ja.«

»Sie zeigen das am Oberkörper.«

»Ja.«

Quick zufolge versuchte die Frau aus dem Zelt zu fliehen, aber er stach mit dem Messer auf sie ein und drängte sie zurück.

Thomas Quick fertigt eine weitere Skizze an, diesmal vom Zelt. Vom Zelteingang aus gesehen, zeichnet Quick die Frau links und den Mann rechts ein.

Quicks Angaben weichen in jeder Hinsicht von den bekannten Fakten ab. Der Mann hatte auf der linken Seite gelegen, die Frau auf der rechten, und der Reißverschluss des Zelteingangs war geschlossen gewesen. Janny Stegehuis lag noch im Schlafsack und war offenbar gar nicht vor dem Zelt gewesen.

Seppo fragt weiter:

»Wie kam es überhaupt, dass Sie dort waren?«

»Ich war dort oben und ... Ich war da oben. Und ich bin nicht mit dem Auto hingefahren, also zu, zu dem ...«

»Nee. Wie sind Sie dann hingekommen?«

»Mit dem Fahrrad, das hab ich ...«

»Sie sind dahin geradelt???«

»Ja.«

»Waren Sie allein?«

»Ja.«

Thomas Quick erzählt, er sei am Tag vor der Tat mit dem Zug von Falun nach Jokkmokk gefahren und habe dann die 80 Kilometer lange Strecke nach Appojaure mit dem Fahrrad zurückgelegt.

»Das Fahrrad war gestohlen.«

»Aha. Und was war das für ein Fahrrad?«

»Äh ... das war ein ... äh ... ein ... das war ein Herrenrad mit drei Gängen äh ... und ... die beiden großen Gänge funktionierten oder die Gangschaltung sprang immer hin und her ...«

Quick hatte das Fahrrad vor dem Samischen Museum in Jokkmokk gestohlen und war zuerst zu einem Supermarkt gefahren, in dem er Limonade gekauft hatte, bevor er nach Appojaure gefahren war. Er konnte keine Gründe nennen, weshalb er losgefahren war, und ein bestimmtes Ziel hatte er auch nicht gehabt.

»Hatten Sie auch eine Tasche dabei?«

»Ja, ich hatte Strümpfe und Unterhosen und so Wäsche zum Wechseln mit ... das hatte ich.«

Quick hatte auf dem Weg nach Appojaure am Wegesrand haltgemacht und draußen unter freiem Himmel geschlafen.

»Wie war denn das Wetter?«, erkundigt sich Penttinen.

»Das Wetter war gut.«

Auch später in der Vernehmung kommen sie wieder auf das Wetter zurück, das als leicht bewölkt bezeichnet wurde. Das ist keine gute Nachricht, denn es ist bekannt, dass es am Abend Nieselregen gab, der im Laufe der Nacht in Schauer überging.

Penttinen weiß, dass der Mörder eine Tasche und ein Transistorradio aus dem Zelt gestohlen hat, und fragt:

»Sie haben nichts gebraucht, was dort vorhanden war, was Sie dazu veranlasst haben könnte, etwas mitzunehmen?«

»Nee.«

»Sie weichen meinem Blick aus, wenn ich frage«, versucht Penttinen, aber kann Quick nicht dazu bringen zuzugeben, dass er etwas aus dem Zelt gestohlen hat.

PENTTINEN: Wenn ich trotzdem noch mal kurz darauf zurückkommen kann ... auf die Tat an sich, sie nur kurz streifen ...
ähm ... die Messerstiche, die Sie ausführen ...

TQ: Mmm.

PENTTINEN: ... Sie sagen, es waren etwa zehn, zwölf. Wie genau
und wie sicher ist diese Angabe? Können Sie ...

TQ: Es waren mehrere ... äh ... das ist ja wohl das, was ...

PENTTINEN: Können Sie das vielleicht nach oben und unten
eingrenzen, um auszuschließen, dass es so und so viele
waren?

TQ: Äh ...

PENTTINEN: [unverständlich]

TQ: Es sind über zehn.

PENTTINEN: Mm.

TQ: So könnte man das sagen: Es sind nicht weniger als zehn.

Bezüglich der Anzahl von Messerstichen ist Quick nicht nur vage, sondern außerdem sehr weit von der korrekten Antwort entfernt. Das Ehepaar Stegehuis wurde mit rund 50 Messerstichen getötet, von welchen mehrere einzelne zum Tode hätten führen können.

Penttinen hat die ganze Zeit darauf gelauert, die Frage loszuwerden, die zu stellen Christer van der Kwast ihn gebeten hatte. Die Frage kam wie aus heiterem Himmel nach einer Zusammenfassung dessen, was Quick in der Vernehmung ausgesagt hatte.

PENTTINEN: Wenn ich Sie richtig verstehe, sind Sie mit dem Zug nach Jokkmokk gefahren. Haben ein Fahrrad gestohlen und an dem Tag, als Sie das Fahrrad entwendet haben, sind Sie in die Gegend hochgeradelt, von der Sie gesprochen haben ...

TQ: Mmm.

PENTTINEN: Haben übernachtet ... und irgendwo ein paar Stunden geschlafen.

TQ: Ja, genau.

PENTTINEN: Und dann passiert am Abend das.

TQ: Ja.

PENTTINEN: Und danach haben Sie den Ort wieder verlassen und sind sofort wieder nach Jokkmokk zurückgeradelt ...

TQ: Dann fahre ich wieder zurück.

PENTTINEN: Bis nach Falun?

TQ: Ja. Das ist ein weiter Weg.

PENTTINEN: Mmm. Kennen Sie einen Mann namens Johnny Larsson?

Quick wird von der Frage überrumpelt. Ihm wird klar, dass es im Zusammenhang mit dem Appojaure-Mord Fakten gibt, die er nicht kennt.

»Das ist kein unbekannter Name«, antwortet Quick vage.

»Wir reden hier von einem Doppelnamen, Johnny Larsson-Auna.«

»Mmm.«

»Kennen Sie ihn?«

»Ich assoziiere eine Person damit, aber ich glaube, das ist eine falsche Assoziation.«

»Er kann auch Farebrink heißen.«

Quick seufzt tief, aber so sehr er auch grübelt, er kann nicht dahinterkommen, welche Rolle dieser Johnny in dieser Geschichte spielt.

Penttinen fragt nochmals:

»Wissen Sie, wer das ist?«

»Nein«, sagt Quick.

Am 9. Dezember 1994, ein Samstagabend, saß Thomas Quick an seinem Schreibtisch und versuchte herauszufinden, wer dieser Johnny war und welche Rolle er bei dem Vorfall in Appojaure gespielt hatte. Quick schrieb oft Erinnerungen und Geschichten nieder, die er Birgitta Ståhle und Seppo Penttinen zukommen ließ, die diese später in der Therapie und in den Vernehmungen verwendeten. Nun schrieb er:

9/12 1994
Mehr Wörter.

Ich war in Norrbotten. An dem Zeltmord war ein dunkler Mann beteiligt, ein Norrbotte, 15–20 Zentimeter größer als ich und mit einem offensichtlichen Alkoholproblem. Ich war nüchtern, er betrunken. Wir waren uns früher schon einmal begegnet, ich weiß nicht mehr, wann, wo oder wie.

Ich habe ihn als schwer paranoid erlebt. Er war etwa zehn Jahre älter als ich. Eine »verlebte« Erscheinung.

Das Zelt war klein, niedrig. Wenn ich mich recht erinnere, stand unweit des Zeltes ein kleineres Auto – ein

Renault oder Peugeot –, das Auto war jedenfalls klein. Ich meine mich zu erinnern, dass meine Begleitung zuvor eine Art Streit mit dem Holländer gehabt hatte, ich hingegen habe kein Wort mit ihnen gewechselt.

Nach der Tat forderte mein Begleiter mich auf zu trinken – ich lehnte ab.

Als Quick zu Bett ging, löschte er das Licht und schlief ein. Aber sein Schlaf sollte nicht lange dauern.

»Mikael, Mikael.«

Thomas Quicks Rufe veranlassten den Pfleger Mikael, den Sessel im Aufenthaltsraum zu verlassen. Quick saß im Bett, eine Plastiktüte über dem Kopf. Er hatte sich einen Spanngurt um den Hals gewickelt und festgezurrt.

Mikael löste den Gurt und riss die Tüte weg.

Quick glitt kraftlos zu Boden und blieb in der Hocke sitzen. Er massierte sich den schmerzenden Hals und Nacken.

»Thomas!«, versuchte Mikael. »Warum? Warum wollten Sie sich das Leben nehmen?«

Mikael suchte Quicks Blick, aber fand keinen Kontakt. Schließlich konnte er seinen Patienten dazu überreden, sich anzuziehen, indem er eine Zigarette im Raucherzimmer vorschlug.

Nach eineinhalb Zigaretten flüsterte Quick:

»Ich hatte mich entschlossen. Ich wollte mehr Material ans Licht bringen. Material für die Ermittlung und für die Therapie ...«

Er rauchte mit geschlossenen Augen und dachte lange nach, bevor er fortfuhr:

»Ich habe es getan, es hat geklappt. Aber jetzt ist mir klar geworden, dass das nicht geht. Ich schaffe das nicht.«

Sie hatten schon länger im Raucherzimmer gesessen, als Mikael zum Telefon ging und Ståhle anrief. Quick redete eine Stunde mit ihr. Nach dem Telefonat ging er wieder auf sein

Zimmer, wo er vom diensthabenden Arzt auf eventuelle Verletzungen untersucht wurde, bevor er sich wieder zu Bett legte.

Am folgenden Tag blieb Quick den ganzen Tag lang im Bett und stand wegen des bestehenden Selbstmordrisikos unter Aufsicht.

Mikael notierte in der Akte:

Dieses Erzwingen hat Material ans Licht gebracht, das mit den Ermittlungen zu tun hat und für ihn so belastend ist, dass er damit nicht richtig umgehen kann. Den einzigen Ausweg, nicht mit diesen Gefühlen und Gedanken konfrontiert zu werden, sah er im Suizid. Bei diesem Ereignis ist er psychotisch.

Die Ermittlung der Polizei wurde dennoch in gewohnter Weise fortgesetzt, und zwei Tage später war Seppo Penttinen für eine weitere Vernehmung zur Stelle.

Als Seppo Penttinen am 12. Dezember 1994 die zweite Vernehmung im Fall Appojaure durchführte, lieferte Thomas Quick eine komplett neue Version. Die lange Fahrradtour von Jokkmokk nach Appojaure hatte nie stattgefunden. Dafür wusste er jetzt aber, dass Johnny Larsson-Auna an dem Mord beteiligt gewesen war, und dass sie von Jokkmokk nach Appojaure mit seinem Volkswagen-Pick-up gefahren waren.

Verwunderlich war, dass Quick trotz der vielen exakten Angaben nicht wusste, ob er an dem Mord beteiligt gewesen war oder nicht. Penttinen schien seine Zweifel zu teilen.

PENTTINEN: Und Sie sind wirklich überzeugt, dass Sie das getan haben?
TQ: Nee ...
PENTTINEN: Warum haben Sie denn Zweifel?

TQ *seufzt*: Äh ... warum ich zweifle, das – das ist ... äh ... teils ...
äh ... ja, wegen der Art der Gewalt ... vor allen Dingen ...
PENTTINEN: Gibt es da noch etwas anderes, worüber Sie sich
wundern?
TQ: Ja, dass eine Frau dabei war.

Dass Thomas Quick eine Frau ermordet hatte, passte nicht in
sein Profil als Jungenmörder. Aber nun war eine Frau im Zelt,
und so unsicher Quick auch war, erzählte er von seinen Erinnerungen an Appojaure.

Die Frau habe zu Beginn des Angriffs versucht, aus dem Zelt
zu kriechen, erzählte Quick. Sie war halb aus dem Zelt draußen und ihr Oberkörper war unbekleidet. Er beschrieb ihr lan-
ges dunkles Haar.

Wieder einmal war Quicks Schilderung so verkehrt, wie sie
nur sein konnte. Jannys Haar war grau und fünf Zentimeter
lang, sie hatte das Zelt nie verlassen, und ihr Oberkörper war
vollständig bekleidet.

Penttinen bat Quick, den Zeltplatz zu skizzieren. Er zeich-
nete das Zelt nahe beim See ein, das Auto weiter weg. Es war
genau umgekehrt.

Bei der folgenden Vernehmung sitzen Thomas Quick, Birgitta
Ståhle und Seppo Penttinen beisammen und unterhalten sich,
anscheinend unwissend, dass diese Unterhaltung aufgezeichnet und protokolliert werden wird.

»Ich hab dich doch dann angerufen und gesagt, dass das
nicht sehr glaubhaft war«, sagt Penttinen zu Quick.

Der Leiter der Vernehmung hatte also den Verdächtigen
angerufen und ihm gesteckt, dass einige Angaben fehlerhaft
waren. Sture Bergwall zufolge fand während laufenden Ermittlungen diese Art von informellen Kontakten sehr häufig statt,
aber dies ist einer der wenigen Zufälle, bei dem ich über den
eindeutigen Beweis stolpere, wie wichtig sie waren.

In den Dokumenten des Ermittlungsverfahrens suche ich nach Seppo Penttinens Gedächtnisprotokoll, das er von dem Telefonat angefertigt hat. Demzufolge hatte Quick am Telefon gesagt, er habe drei falsche Angaben in der Vernehmung gemacht: dass der Oberkörper der Frau nackt, eine Wäscheleine aufgespannt und das Zelt gelb gewesen sei. Penttinen schreibt, Quick habe absichtlich falsche Angaben gemacht, in der Hoffnung, die Ermittlungen im Fall Appojaure würden daraufhin eingestellt. Die Erklärung liege »auf psychologischer Ebene«.

Die Aufzeichnungen erwecken den Eindruck, Penttinen habe die Information, die Quick ihm mitteilen wollte, passiv erhalten – und nicht, dass der Leiter der Vernehmung aktiv auf die Fehler hingewiesen hatte.

Im Musikzimmer in Säter wird die Vernehmung fortgesetzt:

PENTTINEN: Dieser Name, den ich Ihnen vor einer Woche gegeben habe ...
TQ: Ja.
PENTTINEN: Ist das überhaupt die Person, von der Sie sprechen? Oder ist das jemand anders?
TQ: Da will ich den Namen Johnny festlegen, nicht John.
PENTTINEN: Und der Nachname, gehört der zu Johnny dazu?
TQ: Ja, Johnny Larsson.
PENTTINEN: Johnny Larsson-Auna?
TQ: Farebrink sagt mir so direkt nichts.

Unglücklicherweise hatte Seppo Penttinen nach Johnny Larsson-Auna gefragt. Diesen Nachnamen hatte Johnny Farebrink als Kind getragen, hatte aber bereits 1966 den Namen Farebrink angenommen. Seither hatte er jemals weder Larsson noch Auna verwendet. Nicht einmal Kriminalinspektor Ture Nässén, der in den 6oer-Jahren beruflich viel mit Johnny zu tun gehabt hatte, war der Nachname Larsson-Auna bekannt.

Thomas Quicks Zweifel an seiner Beteiligung hinderten ihn nicht daran, dass er wahnsinnig wurde, weil Seppo Penttinen den Mordverdacht im Fall Stegehuis nicht offiziell gemacht hatte. Am 14. Dezember rief er Penttinen an.

»Ich bin nicht erfreut, nur ›zu Informationszwecken‹ verhört zu werden. Ich habe über so viele Details berichtet, dass der Mordverdacht amtlich sein müsste«, sagte er.

Ferner sagte er, er denke nicht, sich weiterhin an den Ermittlungen zu beteiligen, und beendete das Gespräch.

Aber es dauerte nicht lange, und er rief wieder an, um zu sagen, dass er weitermachen wolle. Aber wie oft er auch aufhören und wieder dabei sein wollte, quälte Quick seine innere Unruhe so sehr, dass er es nur schwer aushalten konnte.

In der Zeit hatte Mikael Nachtdienst. Er saß im Personalraum, als er das Geräusch zum ersten Mal hörte. Es war so leise, dass er nicht sicher war, ob er es sich nur eingebildet hatte. Er hielt den Atem an und horchte in die Stille. Wieder ertönte dieses merkwürdige, tonlose Knurren.

Es war kurz nach 0.30 Uhr, als Mikael den Personalraum verließ. Am Ende des Korridors konnte er eine hochgewachsene Gestalt ausmachen, die sich knurrend und murrend umdrehte und nun Richtung Personalraum schlurfte. Quick war wieder als Nachtwanderer unterwegs.

»Thomas, was machst du mitten in der Nacht hier?«, sagte Mikael, ohne eine Antwort zu erwarten.

Quick kam langsam auf ihn zu, fortwährend knurrend und murmelnd, abwesend und verschreckt zugleich.

Mikael verstand, dass in dem Murren »Ellington« vorkam. Quick sagte, er sei dabei zu regredieren und habe Angst, Ellington könne sich wieder zeigen.

Dieser Ellington war schwer zu fassen. Manchmal war er eine Umschreibung für den Vater, der ihm so viel Leid angetan hatte, manchmal eine fremde Identität, die sich Quicks Körper bemächtigte, wenn er mordete. Das war nicht so einfach zu verstehen, dachte Mikael, der Quick vorsichtig einhakte und ins Raucherzimmer führte, wo er versuchte, ihn durch Reden in die Wirklichkeit zurückzuholen. Als das nichts half, holte er eine Xanor, die Quick so weit beruhigte, dass er allein in sein Zimmer zurückgehen konnte.

Gegen 2.30 Uhr hörte Mikael Angstschreie aus Quicks Zimmer. Es fiel schwer, das mit anzuhören, aber auf Quicks ausdrücklichen Wunsch hin sollte das Personal davon absehen, zu im reinzugehen, wenn er nachts schrie.

Es war nicht leicht, diese Bitte zu befolgen, denn Mikael brachte dem Serienmörder großes Mitgefühl entgegen, der schon im irdischen Leben alle Höllenqualen zu leiden schien.

Am 19. Dezember kam Seppo Penttinen für eine weitere Vernehmung Quicks in die Psychiatrie Säter. Diesmal kam er gleich zur Sache.

»Ja, zunächst, Thomas, möchte ich Sie fragen, ob Sie das Geständnis bezüglich der Morde in Appojaure 1984 aufrecht halten?«

»Ja«, erwidert Quick.

Der Serienmörder war zurück, die Ordnung wiederhergestellt.

Eine andere Vernehmungssituation

Als Thomas Quick beschlossen hatte, zusammen mit Johnny Farebrink das Ehepaar Stegehuis ermordet zu haben, bekam die Ermittlung Aufwind.

Bereits am Tag darauf fuhr Jan Olsson nach Sundsvall und traf sich mit Seppo Penttinen und Christer van der Kwast, um den Fall durchzusprechen. Penttinen rekapitulierte die Vernehmungen mit Quick, verschwieg aber die schrägen Töne in seiner Geschichte.

Bislang war die Quick-Ermittlung von Seppo Penttinen und Christer van der Kwast bestritten worden. Nun wurden die beiden Appojaure-Untersuchungen unter dem Dach der Staatlichen Kriminalpolizei zu der »Quick-Kommission« zusammengefasst.

Dem Leiter des Ermittlungsverfahrens, van der Kwast, wurden in seiner Eigenschaft als Chef der ersten Serienmörder-Ermittlung Schwedens sämtliche Ressourcen zur Verfügung gestellt, und Penttinen wurde zu seinem Dienst bei der Staatlichen Kriminalpolizei beordert und mit dem Grad des Kriminalinspektors ausgezeichnet. Die Staatskriminaler arbeiteten umgehend einen Operationsplan aus, nach dem die Kriminalinspektoren Jan Karlsson und Stellan Söderman die operative Verantwortung trugen.

Aus der Profiler-Gruppe wurde Kriminalkommissar Jan Olsson geholt, der zusammen mit dem Psychiater Ulf Åsgård die Taten analysieren sollte. Olsson war außerdem der Experte für Kriminaltechnik in der Quick-Kommission.

Der Chef der Palme-Gruppe, Hans Ölvebro, wurde Chef der Fahndung. Ebenfalls aus der Palme-Gruppe wurde der erfahrene Fahnder Ture Nässén geholt. Ferner stießen die Kriminalinspektoren Ann-Helene Gustafsson und Anna Wikström dazu sowie der Kriminaltechniker Lennart Kjellander aus der Arbeitsgruppe für Forensische Archäologie der Staatspolizei.

Kurz gesagt heuerte die Quick-Kommission die qualifiziertesten Kriminalbeamten des Landes an, die nun die Ermittlung im Fall Quick mit allen professionellen und wissenschaftlichen Mitteln in Angriff nehmen konnten, die zur Verfügung standen.

Seppo Penttinen trifft am 17. Januar 1995 gegen 10.00 Uhr vormittags in der Psychiatrie Säter ein. Thomas Quick wartet im Musikzimmer und hat schon so viele Benzodiazepine intus, dass die geplante vierte Vernehmung über Appojaure gefährdet ist.

Penttinen beginnt damit zu eruieren, warum Quick und Johnny Farebrink zu diesem einsamen Rastplatz gekommen waren, wo die Holländer ihr Lager aufgeschlagen hatten.

»Johnny fühlt sich angegriffen von diesen Leuten«, sagt Quick.

Farebrink hatte gesagt, der Mann sei unverschämt geworden, und Quick glaubte, das Ehepaar hätte ihn in irgendeiner Weise beleidigt.

Thomas Quicks Behauptung, Johnny Farebrink habe das Ehepaar Stegehuis schon vor dem Mord getroffen, war problematisch. Die Reise der Holländer war im Detail rekonstruiert worden. Die beiden letzten Tage im Leben des Paares waren von der Polizei bis auf die Stunde genau erfasst worden.

Am 12. Juli um kurz nach 10.00 Uhr fuhr das Ehepaar Stegehuis auf der E45 in südlicher Richtung nach Gällivare. Sie tankten in Skaulo bei Shell um 11.15 Uhr und fuhren zum Nationalpark Stora Sjöfallet weiter.

Von Stora Sjöfallet fuhren sie wieder zurück und machten zum Fotografieren ein letztes Mal 40 Kilometer westlich von Appojaure halt. Aus dem Reisetagebuch geht hervor, dass sie um 16.30 Uhr ihr Zelt aufstellten.

Johnny Farebrinks Treffen mit den Holländern, bevor sie nach Appojaure kamen, hat gar nicht stattfinden können, sodass Penttinen das Thema wechselt und stattdessen nach den Messern fragt, die bei dem Mord zum Einsatz kamen.

Quick bleibt dabei, er habe das Jagdmesser mit der merkwürdig breiten Klinge verwendet, das er bei der ersten Vernehmung gezeichnet hatte, während Farebrinks Messer kleiner war und einen Griff aus Rentierhorn hatte.

Es war jedoch ausgeschlossen, dass die breiten Klingen dieser beiden Messer die Stichkanäle in den Körpern der Opfer verursacht haben konnten. Diese stammten von einem Messer mit einer weitaus schmaleren Klinge, die höchstens 20 Millimeter breit war.

Ein solches Messer, das Filetiermesser des Paares, war am Tatort gefunden worden. Dem Obduktionsprotokoll zufolge hatte es sämtliche Verletzungen verursachen können. Für Quicks Glaubwürdigkeit ist es nun wichtig, dieses Messer in seine Schilderung einzubauen, und der weitere Verlauf der Vernehmung zeigt, wie Penttinen dies mit eindeutigen Suggestivfragen gelingt.

»Gibt es auch ein drittes Messer?«, fragt er.

»Ich denke, es geht um drei Messer in dem Zusammenhang, aber da bin ich unsicher.«

»Woher stammte in dem Fall das dritte Messer?«

»Johnny«, entgegnet Quick.

Diese Antwort will Penttinen nicht hören. Also sagt er:

»Was haben Sie gesagt?«

»Von Johnny eben«, wiederholt Quick. »Oder aus dem Zelt.«

»Sie wirken sehr verstört, wo Sie sagen, das dritte Messer könne aus dem Zelt stammen«, meint Penttinen.

Dass Quick »verstört wirkt« bedeutet im Zusammenhang mit der Vernehmung, dass er sich psychologisch belasteten Informationen nähert, wahren Tatsachen, die oftmals zu schmerzhaft sind, als dass er darüber sprechen kann.

»Ja, das ist ja klar«, antwortet Quick.

Quick geht es so schlecht bei dem Gedanken an das Messer des Paares, dass Penttinen die Vernehmung abbrechen muss, damit Quick sich ausruhen und seine Präparate einnehmen kann.

Nach einer Pause erzählt Quick, dass er das Messer im Zelt entdeckte.

»Warum haben Sie das benutzt?«, will Penttinen wissen. »Es hatte doch jeder von Ihnen ein Messer.« Aber jetzt kann Quick

nicht länger folgen. Er hat zu viel von den Medikamenten genommen und ist völlig neben der Spur.

»Sie sind nicht mehr ganz da, glaube ich«, bemerkt Penttinen.

Er erkundigt sich, ob Quick berichten kann, wo sie nach den
Morden hinfahren. Neue Unsicherheit.

»Mich verwirrt es, dass ich meine, dass er mich nach Messaure fährt, oder wie das da heißt. Er fährt und bringt mich
dorthin.«

Dass er in dem Dorf Messaure abgesetzt worden war, war
eine weitere entscheidende Information, die Quick bisher
nicht erwähnt hatte. Als der Ortsname gefallen ist, ist er nicht
mehr in der Lage, weiterzureden.

»Mir fällt auf, dass Sie vermutlich Medikamente eingenommen haben und deshalb nicht mehr so gut mitkommen. Oder
geht es Ihnen schlecht?«, erkundigt sich Penttinen.

»Mir geht es schlecht«, sagt Quick. »Die Medizin ist schon
in Ordnung …«

Die Vernehmung wird nach der Mittagspause fortgesetzt.

»Wir waren bei Messaure«, informiert Penttinen. »Wie passt
dieser Ort ins Bild?«

»Wir kommen nach Mitternacht nach Messaure«, berichtet
Quick. »Ich erinnere mich deutlich, dass ich am Vormittag
dann den Schienenbus in Messaure nehme.«

Sowohl Quick und Penttinen sind skeptisch, ob in Messaure
überhaupt ein Schienenbus verkehrte. Wie üblich haben sie sich
in der Mittagspause über die Mordermittlungen unterhalten.

»Wir haben ja schon angesprochen, dass Sie dort auch jemanden besucht haben, aber es fällt Ihnen ein bisschen schwer,
darüber zu sprechen, oder?«

Quick bestätigt, dass dem so ist.

Bei der nächsten Vernehmung erzählt Seppo Penttinen, dass
er eine Streckennetzkarte konsultiert und festgestellt hat, dass
nach Messaure kein Schienenbus fährt. Aber Quick ist beharrlich.

»Er hat mich in Messaure rausgelassen und mir ist, dass ich den Schienenbus am frühen Vormittag nehme, aber hier bin ich ...«

»Sie sind sich nicht sicher«, ergänzt Penttinen. »Die Fahrradalternative, die Sie schon einmal erwähnt haben, was ist denn damit?«

»Ich kann mich nicht erinnern, dass ich mit dem Fahrrad in Messaure los bin«, sagt Quick.

Die Vernehmungen haben oft Verhandlungscharakter, und Penttinen und Quick versuchen beide, eine Lösung zu finden, die nicht im Widerspruch zu den bekannten Fakten steht.

Bei der Zusammenkunft der Quick-Kommission am 23. Januar fasst Stellan Söderman den Stand der Dinge zusammen:

»Gegenwärtig wurde ein Urteil für einen Mord gefällt, der 1976 im Polizeibezirk Piteå stattgefunden hat«, erläutert er. »Die Zeitspanne der Taten umfasst etwa 30 Jahre, und die aktuelle Fallzahl liegt bei sieben. Zwei sind verjährt, eine wurde in Norwegen begangen.«

Anschließend wird die heikle Frage diskutiert, welche Rolle Seppo Penttinen bei den Ermittlungen spielt. Sämtliche Teilnehmer der Konferenz sind überzeugt davon, es sei nicht korrekt, dass eine Person allein sämtliche Vernehmungen mit Thomas Quick durchführt. Penttinen weist auf die »besonders außergewöhnlichen Umstände« hin, die während der Vernehmungen herrschen. Die Konferenz endet deshalb mit der Entscheidung, abzuwarten bis jemand anders dafür »gebrieft« wird.

Eine Woche später kommt die Quick-Kommission im Präsidium der Staatlichen Kriminalpolizei Stockholm ein zweites Mal zusammen. Jan Olsson, der die Morde in Appojaure analysiert hat, unterbreitet den Vorschlag, eine Rekonstruktion durchzuführen, bei der Quick den Tatverlauf beschreiben soll. Außerdem soll der Fall mit Quick und dem Gerichtsmediziner Anders Eriksson durchgesprochen werden, um so Quicks Aussage bestätigen oder widerlegen zu können.

Es wird eine Rekonstruktion in Appojaure für das Frühjahr diskutiert, woraufhin Seppo Penttinen den Anwesenden erneut »die speziellen Bedingungen während der Vernehmung« im Falle Quick erklärt:

»Quick versucht, stark verdrängte Erinnerungen zurückzuholen und diese Fragmente zu einem glaubwürdigen Handlungsablauf zusammenzufügen. Den Psychologen zufolge, gehört diese Form der Verarbeitung für Quick dazu, um wieder einen Schritt weitergehen zu können.«

Er schildert auch Sven Åke Christiansons Rolle in der Ermittlung und erzählt, dass der Experte für Gedächtnisfunktionen regelmäßig mit Quick in Kontakt stünde.

Nach vier Jahren in Säter hatte Thomas Quick seine letzten Kontakte außerhalb der Psychiatrie und der Justiz verloren. Die sozialen Kontakte beschränkten sich auf Vernehmungen durch die Polizei und Therapiesitzungen, in denen es um Mord und Missbrauch ging. Er war komplett abgeschnitten von der Außenwelt.

Die sporadischen und kurz gefassten Vermerke in der Patientenakte zeigen, dass es Quick Anfang 1995 zunehmend schlechter ging, er gleichzeitig immer mehr Benzodiazepine einnahm, was schwere Nebenwirkungen zur Folge hatte.

Zufällig aus der Akte ausgewählt:

26. Januar 1995
Hat Panikattacke im Raucherzimmer, kann das Zimmer nicht mehr verlassen. Hyperventiliert und verkrampft sich. Atmet in Plastiktüte. Mithilfe des Personals erreicht er im Rollstuhl sein Zimmer und legt sich aufs Bett. Erhält zwei Klysmen Stesolid à 10 Milligramm.

18. Februar 1995
Um 16.00 Uhr hat Thomas eine Panikattacke. Sitzt im Raucherzimmer und ruft: »Ich schaffe das nicht, ich schaffe das nicht.«

Plötzlich springt Thomas vom Stuhl auf und rennt ins Treppenhaus, wo er mit dem Kopf voran gegen die Wand prallt.

Thomas versucht mehrmals, mit dem Kopf auf den Boden zu schlagen. [...]

Er ist so unsicher auf den Beinen, dass er nicht gehen kann und stattdessen ins Raucherzimmer kriecht. Als er zu Ende geraucht hat, will er wieder in sein Zimmer gehen, aber das gelingt ihm nicht. Vor dem Personalraum fällt er um. Ich und ein Kollege holen den Rollstuhl aus dem Personalraum und setzen ihn hinein.

21. Februar 1995, Chefarzt Erik Kall
Dem Patienten ging es in den letzten Tagen eher schlecht. Erhielt gestern einen Brief von einem Elternteil eines Opfers, das wissen wollte, was dem Sohn widerfahren sei. Der Patient überlegt, ob sich die Mühe überhaupt lohnt. Beschließt jedoch, den Prozess fortzusetzen.

Thomas Quicks Dasein bestand aus einem Kreislauf aus Panikattacken, Todessehnsüchten, permanenter Medikation und Gesprächen über Mord und Missbrauch – Tag für Tag, Monat für Monat, Jahr für Jahr.

Am 2. März schrieb Birgitta Ståhle eine Zusammenfassung der Therapie über den Zeitraum, aus dem die oben genannten Zitate stammen.

Nach dem Prozess in Piteå fahren wir mit unserer Arbeit fort und schauen uns die frühen Zusammenhänge an und wie diese nach der Volljährigkeit nachgeahmt worden waren. Das geschieht parallel zu den polizeilichen Vernehmungen. Neue Erinnerungen, in denen die Gewalt gegen die Erwachsenen gerichtet ist, sind ans Licht gekommen. Diese Information wird der Polizei und dem Staatsanwalt zur weiteren Untersuchung überbracht.

Thomas steht nun offiziell unter Mordverdacht im sogenannten »Zeltmord« bei Gällivare 1984.

Das Buch seines Bruders Sten-Ove über Thomas hat großes Aufsehen erregt. Das hat gleichzeitig dazu geführt, dass Thomas in vermehrten Kontakt mit den Erinnerungen getreten ist, in denen der Bruder ihm in seiner Kindheit extrem brutale Gewalt angetan hat.

Im Herbst unternahm Thomas zwei Selbstmordversuche, seine starke Angst hat die Sehnsucht zu sterben ausgelöst, um so der großen Qual zu entgehen, welche die Psychotherapie und die Vernehmungen zufolge haben.

Birgitta Ståhle weist darauf hin, sie als Therapeutin stehe »mit der Station in engem Austausch darüber, wie sein aktueller psychischer Status des jeweiligen Tages ist«. Trotz Quicks starker Panikattacken, der Todessehnsucht und seiner Medikation behauptet Ståhle, der psychotherapeutische Prozess befände sich in einer positiven Entwicklung.

Die Bilder und Erinnerungsfragmente, die in der Therapie zurückkommen, werden immer klarer, und die Zusammenhänge bezüglich der Morde werden daraufhin ebenfalls klarer. Es hat sich eine tiefer gehende Fähigkeit des Kontakts entwickelt, sowohl, was die eigene Lebensgeschichte anbelangt, als auch, wie er später als Erwachsener funktionierte. Sogar eine Entwicklung hin zu einer engeren Verbindung mit problematischen Gefühlen wie Hass und zügelloser Wut sowie auch Verzweiflung und Schuld für das, was er anderen Menschen angetan hatte. [...]

Durch Thomas' Offenheit und dadurch, dass er seine extrem schwierige Situation anderen mitteilt, hat sich auch unser Kontakt in der Therapie zunehmend gefestigt.

Einige Stunden nachdem Birgitta Ståhle ihre positive Sichtweise der Fortschritte in der Therapie niedergeschrieben hatte, wurde von einer Krankenschwester ein für jene Zeit typischerer Eintrag vorgenommen:

19.30 Uhr: Im Laufe des Abends hat Thomas starke Panikattacken. Erhält ein Klysma Stesolid à 10 Milligramm, zwei Stück rektal. Sagt, er hat keine Kraft mehr zu leben. Wird überwacht.

Am späten Abend des 12. März klingelt bei dem stellvertretenden Bezirkspolizeimeister Bertil Ståhle das Telefon. Er wusste sofort, dass es ein Patient seiner Frau war, der unglücklicherweise die Privatnummer erhalten hatte. Er rief Richtung Schlafzimmer:

»Hier ist ein Verrückter, der mit dir reden will. Er sagt, er heißt Ellington.«

Seine Frau greift schlaftrunken nach dem Telefonhörer.

»Sture, hier ist Birgitta«, sagte sie.

Ein theatralisches und höhnisches Gelächter drang aus dem Hörer.

»Hier ist Ellington, und ich will mit der Therapeutin reden.«

Birgitta Ståhle kam die heisere Stimme bekannt vor.

»Sture!«

Sie fertigte später ein Gedächtnisprotokoll des Telefonats an und fügte eigene Kommentare ein, die sie in Klammern setzte.

»Sture liegt im Bett. Er hat Angst. *(Lacht)* Die glauben seine Angst und seine Geschichten. Er simuliert nur.«

»Wer sind Sie denn?«

»Ich bin Ellington, wir haben uns schon ein paarmal gesehen.« *(Lacht)*

(Habe hier das Gefühl, dass Sten-Ove in der Leitung ist, was mir unheimlich ist. Ich bin es gewohnt, Sture

zu treffen, aber nicht Sten-Ove. Gibt mir gegenüber zu verstehen, dass er Sture verachtet wegen seiner Angst und Schwachheit. Und dass er die Therapie verachtet, in der er mich als Therapeutin bezeichnet.) Ellington fuhr fort:

»Ich will über die Norwegenreise reden.«

(Nun weiß ich, dass es Sture in Ellingtons Gestalt ist. Ich höre mir an, was er zu berichten weiß, und arbeite gleichzeitig darauf hin, zu Sture vorzudringen.)

»Patrik und ich. Wir fahren nach Oslo. Kurz davor, vorher ...« *(Fängt wieder an zu lachen.)*

»Es gelingt mir, Patrik dazu zu bringen, *(Triumph in seiner Stimme ob seiner Macht und Kraft)* aus dem Auto zu steigen. *(Lacht wieder)* Er steigt aus und tötet den Jungen. Er ermordet den Jungen. Er wollte es ja so! Und ich habe ihn dazu gebracht.«

(Beginnt lautlos zu weinen. Ich höre Sture flüstern: Birgitta. Weiß sofort, dass ich Sture sehen muss, ihn dazu bewegen muss, deutlicher und selbstsicherer gegenüber Ellington zu werden.

Ellingtons Stimme knurrt im Hintergrund, aber Sture beginnt mit mir zu reden und ich merke, dass er wieder zu sich zurückgefunden hat.)

Als Margit Norell die Aufzeichnungen von Birgitta Ståhles Telefongespräch gelesen hatte, war sie entzückt, dass Ellington außerhalb der Therapiesitzungen Gestalt angenommen hatte. Sie analysierte die Bedeutung dieses eigenartigen Vorfalls in ihrem Manuskript über Thomas Quick:

Als Ellington erscheint und versucht, seine Macht zurückzugewinnen, indem er Sture und seiner Schwachheit Verachtung entgegenbringt, was ihm jedoch misslingt, passieren zwei Dinge:

298

1. Sture erlangt zum ersten Mal in seinem Leben Objekt-
konstanz. P und Ellington sind ein und dieselbe Person.
Es war ein verständliches Bedürfnis, P als denjenigen
zu behalten, der Sture dennoch brauchen konnte, für
den Sture trotzdem etwas bedeutete und der Sture
manchmal vor der noch gefährlicheren M beschützen
konnte – es war ja auch Ps rettende Hand gewesen,
die Sture aus dem Eisloch gezogen hatte. Die Beziehung zu P spielte sich, bis zu dem Mord an Simon, in
einem überschaubaren Rahmen ab, den Sture selbst
beschreibt – aus Erfahrung erkannte Sture den Ablauf
recht schnell wieder und wusste daher, wann P eja-
kulieren, der Schmerz aufhören und P wieder nett
sein würde, ein paar sentimentale Tränen verdrücken,
Stures Bauch tätscheln und davon reden würde, wie
gern er seinen Sture-Burschen hatte, in die Küche gehen
und Sture etwas Preiselbeeren oder Milch oder sonst
etwas geben würde.

2. Wie sich später zeigen sollte, wurde dieser vorher-
sagbare Rahmen durch den Mord an Simon und die
Zerteilung seiner Leiche vollständig gesprengt, und
Sture erlebte zu Recht die absolut unerträgliche Angst,
P könne das Gleiche mit ihm tun. Natürlich musste
Sture das so empfunden haben, als M ihm die Schuld
für Simons Tod gab: »Sieh dir doch an, was du gemacht
hast!« Was allerdings auch geschieht, wenn Ellington
Gestalt annimmt, ist, dass seine Macht gebrochen wird.
Er hatte die Telefonnummer von Birgitta, Stures Thera-
peutin, notiert. Er ruft an, und nachdem sie sich eine
Weile mit Ellington unterhalten hat, erhält Birgitta
Kontakt zu Sture und ergreift mit ihm gegen Ellington
Partei. [...] Kurz darauf nimmt auch M – Nana – Gestalt
an. Das ist noch unheimlicher, denn sie verkörperte für
ihn von Anfang an Bosheit und dann den Tod. Die ein-

zige Zeit, in der das nicht so war, muss seine Zeit in der Gebärmutter gewesen sein, die auch die einzige Zeit war, in der Sture nicht allein war, sondern einen Zwilling hatte.

Der letzte Vorarbeiter

Am 18. März 1995 saß Thomas Quick in seinem Zimmer in Säter, als im Schwedischen Fernsehen SVT2 ein Dokumentarfilm über das Dorf Messaure gesendet wurde.

Der Ort, in dem Thomas Quick nach den Morden an den Holländern abgesetzt worden sein soll, liegt 37 Kilometer von Jokkmokk entfernt. Dort begann Vattenfall 1957, die gigantische Staumauer eines Wasserkraftwerks am Fluss Stora Luleälv zu bauen. Das Projekt sollte für einen Zeitraum von fünf Jahren 1300 Arbeitsplätze schaffen. Mitten im Nichts wurde eine komplette Ortschaft mit Straßen und Plätzen, Wohnsiedlungen, Geschäften, einem Postamt, einer Kirche und Schule, einem Gemeindehaus, einer Polizeiwache, einer Ambulanz, einem Café und allem, was sonst zu einem Ort dazugehört, hochgezogen. Das Dorf Messaure zählte Anfang der 60er über 3000 Personen mit festem Wohnsitz.

Das Kraftwerk Messaure wurde 1962 eingeweiht, Staatsminister Tage Erlander hielt eine Rede. Dann wurde die Siedlung Stück für Stück abgerissen, und schließlich blieb von der blühenden Ortschaft nur noch das Straßennetz in der Landschaft Lapplands.

Die Fernsehdokumentation handelte von Rune Nilsson, einem Einwohner von Messaure, der bis 1971 als Vorarbeiter an dem Bau gearbeitet hatte. Nach der Fertigstellung der Kraftwerksanlage versuchten Vattenfall und die Gemeinde Jokk-

mokk mit immer rücksichtsloseren Methoden, die Dorfein-
wohner zum Wegzug zu bewegen, was die meisten freiwillig
akzeptierten.

»Vattenfall hat ja versucht, mich mit Zähnen und Klauen zu
vertreiben, aber ... aber man ist ja stur, also habe ich gesagt:
›Ich ziehe nicht weg!‹«, sagt Rune Nilsson.

Die Gemeinde Jokkmokk versuchte, Rune Nilsson zu vergraulen, der Streit zog sich in die Länge. Das Wasser wurde
ihm abgestellt, man bat und drohte, aber Rune blieb. Nach
zehn Jahren gab die Gemeinde auf und ließ ihn als einzigen
Einwohner von Messaure bleiben.

Thomas Quick verfolgte die Dokumentation ungläubig und
begriff, was für eine schlechte Idee die Sache mit dem Schienenbus gewesen war. Aber nun wusste er, wer Rune Nilsson
war und wie es dort aussah, wo er wohnte.

Das war Pech für Rune Nilsson, der als freundlicher und
friedlicher Zeitgenosse galt.

Abgeschriebene Geschwister

Thomas Quicks sechs Geschwister verfolgten mit Ekel, was
ihr kranker Bruder erzählte. Einigen von ihnen setzte die
Quick-Geschichte so zu, dass sie bald sämtliche Informationen über ihren Bruder, den Serienmörder, vermieden, den
Kontakt zu ihm abbrachen und weder über Sture Bergwall
noch über Thomas Quick redeten. Er existierte für sie nicht
mehr.

Diejenige, die den Kontakt mit ihm am längsten aufrecht-
erhielt, war seine jüngere Schwester Eva. Als ich mich mit ihr
unterhielt, erzählte sie von der Zeit, nachdem Sture den Mord
an Johan Asplund gestanden hatte. Es war für sie der reine
Albtraum gewesen.

»Jedes Mal dachte ich, jetzt kann es nicht mehr schlimmer kommen. Aber es kam schlimmer! Es wurde schlimmer und schlimmer und schlimmer ...«

Schließlich sah auch Eva sich gezwungen, den Kontakt zu Sture abzubrechen.

Daher löste es gewisse Verwunderung aus, als Sten-Ove Bergwall Anfang 1995 stellvertretend für alle Geschwister das Wort ergriff und gegenüber seinem Bruder einen feindseligen Ton anschlug. In mehreren Interviews verkündete er seine unversöhnliche Forderung an die Psychiatrie und die Gerichte:

»Lassen Sie Thomas Quick nie wieder frei!«

Sten-Ove war zehn Jahre älter als Sture und hatte das Elternhaus bereits verlassen, als Sture noch ein kleiner Junge gewesen war. Später fanden die Brüder wieder zusammen, dank ihres gemeinsamen Interesses für die Natur, für Windhunde und Rennräder. Im Juni 1982 nahmen sie an dem Radrennen »Die große Kraftprobe« teil, das von Trondheim nach Oslo führte, und ein paar Monate darauf eröffneten sie ihren Kiosk auf dem Koppartorget, Hälsinggården in Falun, eine abenteuerliche Geschäftsidee, die knapp vier Jahre Bestand hatte.

Neun Jahre später war Sture seinem Bruder Sten-Ove fremd geworden. Er schrieb das Buch »Mein Bruder Thomas Quick«, in dem er sich die Frage stellte, wer sein jüngerer Bruder eigentlich war. Er warnte vor dem manipulativen Thomas Quick, der all die Jahre seine dunkle Seite vor der ganzen Familie verborgen hatte. Sten-Oves Fazit lautete, sein Bruder trage ein abscheuliches Wesen in sich, das nur seine Opfer zu Gesicht bekommen hätten.

Sten-Ove Bergwall wollte mit seinem Buch vor allen Dingen seinen Eltern Gerechtigkeit widerfahren lassen. Er versicherte, er und seine Geschwister hätten gute Erinnerungen an ein liebevolles und fröhliches Elternhaus.

Für die sechs Kinder war es vollkommen undenkbar, dass der Vater Sture vor den Augen der Mutter vergewaltigt oder ihre geliebte Mutter ihn in einem Eisloch zu ertränken versucht haben soll.

»Ich zweifle nicht daran, dass das für ihn die Wahrheit ist«, sagte Sten-Ove Christian Holmén vom *Expressen*. »Dass Patienten in der Therapie dazu ermutigt werden, falsche Erinnerungen hervorzubringen, ist nicht unbekannt.«

Als das Buch etwa einen Monat im Handel war, wollte Thomas Quick bezüglich seines Bruders »einiges klarstellen«. In einer Vernehmung durch die Polizei am 10. April 1995 behauptete er, Sten-Ove sei an dem Mord an Johan Asplund beteiligt gewesen.

Quick gibt an, Sten-Ove Bergwall habe schon auf der Fahrt nach Sundsvall gewusst, dass sie beide nach einem Jungen suchten, der als Opfer dienen sollte. Sten-Ove habe Quick angestachelt, indem er in etwa sagte: »Zeig doch, dass du einen Jungen töten kannst.«

Am Tatort, wo Johan ermordet wird, gibt Sten-Ove sich herablassend und provoziert Quick verbal. Sten-Ove Bergwall sagt unter anderem: »Bring ihn jetzt um!«

Die Quick-Kommission hatte bei ihrer zweiten Besprechung beschlossen, die Personen aus Quicks Umfeld zu befragen. Dadurch sollte eine Basis geschaffen werden, um darauf aufbauend seine Glaubwürdigkeit beurteilen zu können. Ganz oben auf der Liste standen seine Geschwister, die zu der gemeinsam verbrachten Kindheit Auskunft geben sollten.

Jan Olsson und Ture Nässén bestätigen Jenny Küttim und mir, dass die Vernehmungen im Zusammenhang mit den Ermittlungen im Doppelmord in Appojaure durchgeführt wurden. Der Auftrag wurde unter anderem von den Kriminalinspektorinnen Anna Wikström und Ann-Helene Gustafsson ausgeführt. Aber in den Dokumenten des Ermittlungsverfahrens gab es keine Spur dieser Befragungen, ebenso wenig in denen des sogenannten Ausschusses.

Wir fahnden beim Landgericht Gällivare nach den vermissten Akten und erfahren, dass sie dort nicht sind. Wir schicken einen Antrag an die Polizeibehörde in Sundsvall und erhalten die gleiche Antwort. Christer van der Kwast verweist an Seppo Penttinen, der wiederum meint, er »weiß nichts davon und kann deshalb nichts dazu sagen«, oder dass »die Dokumente, die Sie suchen, nicht in dem Material vorhanden sind, das mir zur Verfügung steht«, kurz und gut, Ausflüchte dafür, dass diese Vernehmungsprotokolle schlicht fehlen.

Parallel bestätigen Sture Bergwalls Geschwister der Reihe nach, von Anna Wikström und Ann-Helene Gustafsson befragt worden zu sein. Was haben sie also gesagt?

Örjan Bergwall hatte seit der ersten Schlagzeile über Thomas Quick versucht, jede Zeitungsnachricht, jede Fernseh- und Radiosendung über seinen Bruder zu ignorieren. Aber er wusste auch so sehr viel mehr, als ihm lieb war. Die beiden Polizeibeamtinnen wollten wissen, welche Erinnerungen Örjan an seine Kindheit hatte, und er antwortete, dass er seine Kindheit als sehr geborgen empfunden habe.

Die Familie war 1956 nach Korsnäs bei Falun gezogen, wo Örjan eingeschult wurde. Sie bestand aus sieben Kindern und zwei Erwachsenen, denen es gelang, in einer Dreizimmerwohnung auf 98 Quadratmetern zusammenzuleben. Der Vater Ove arbeitete in einer Kartonfabrik, und die Mutter Thyra hatte Arbeit als Hausmeisterin in einer Schule bekommen.

Örjan erinnert sich, dass Sture begabt, sehr kreativ und energisch, aber auch »motorisch ungeschickt« war. Er war außerdem, als er noch klein war, schon auffallend selbstständig.

Der Vater war etwas autoritär, vielleicht ein wenig streng, aber auch sehr kameradschaftlich und hatte einen feinen Humor. Die Mutter war eine vertrauensvolle, besonnene Frau, die sich rührend um ihre Kinder kümmerte. Großen Streit gab es zu Hause nie, und Örjan kann sich auch nicht an irgendwelche Spannungen erinnern. Es kam nie vor, dass die Kinder von ihren Eltern geschlagen wurden. Sexueller Missbrauch? Nein, das hatte Örjan nie bemerkt, und eine solche Annahme war ihm vollkommen unverständlich. Wäre so etwas geschehen, wäre sicher jemandem aus der großen Geschwisterschar etwas aufgefallen.

Örjan war bekannt, dass Sture verschiedene Straftaten begangen hatte, unter anderem, dass er sich als Minderjähriger im Krankenhaus in Falun an einem Jungen vergriffen hatte und deshalb in verschiedenen Institutionen in Behandlung gewesen war. In den 70er-Jahren besuchte Örjan zusammen mit den Eltern Sture in der Klinik in Säter beziehungsweise in Sidsjön. Örjan zufolge war es Sture danach besser gegangen, und Anfang der 80er-Jahre war sein Zustand bedeutend stabiler geworden.

Der Kontakt wurde jedoch immer sporadischer, und dann kam 1990 der Bankraub. Sture hatte damals mehrere Briefe geschickt, in denen er schrieb, er vermisse seine Familie. Das letzte Gespräch zwischen Örjan und Sture fand im Zusammenhang mit Kjell Perssons bevorstehender Therapie statt. Örjan erinnerte sich, dass Sture sagte, er »sieht ein Licht«. Örjan wertete das positiv und sagte zu Sture, er hoffe, er könne auch in Zukunft dem Leben positive Seiten abgewinnen.

Mir erzählt Örjan, er werde nie vergessen, wie er zur Tankstelle fuhr und sein Bruder ihn von den Titelseiten beider Abendzeitungen anstarrte. An dem Tag hatte der Albtraum angefangen, und es sah nicht so aus, als würde er bald wieder vorüber sein. Aber das hatte er den beiden Inspektorinnen nicht gesagt.

Stattdessen weiß er noch, dass sie am Ende der Vernehmung eine Frage stellten, die für die Ermittler von großem Interesse hätte sein sollen: Stures Fahrkünste. Örjan erwähnte, dass Sture sehr spät seinen Führerschein gemacht hat, irgendwann Ende der 80er. Örjan übte einmal mit ihm, und er hatte den Eindruck, dass Sture bis dato überhaupt nicht Auto fahren konnte.

Torvald Bergwall erinnert sich, dass er die beiden Kriminalinspektoren Anna Wikström und Jan Karlsson in der Mikaelikirche in Västerås empfing, wo er Vikar war. Sie erklärten, die Befragung sei Teil der Ermittlung in den Appojaure-Morden, aber beträfe auch die Morde an Johan Asplund und Olle Högbom.

Auch Torvald Bergwall weiß von einer unbeschwerten Kindheit ohne Missbrauch und Gewalt zu berichten. Ihm zufolge waren die Behauptungen, die in der Presse auftauchten, einfach nicht wahr. Es war ihm bewusst, dass Sture psychische Probleme hatte, aber die Eltern redeten nicht offen darüber, denn zu jener Zeit war das ein Tabu. Sie kümmerten sich aber sehr um Sture und kehrten ihm nie den Rücken. Sie sorgten für ihn und besuchten ihn oft, als er in den 70ern in der Psychiatrie Säter behandelt wurde.

Torvald weiß auch, dass Sture in seiner Kindheit Probleme mit der Motorik hatte, lispelte und »die Wörter verdrehte«, was bisweilen dazu führte, dass die anderen Kinder ihn auslachten. Er erzählt von der Begebenheit, als seine Geschwister Sture halfen, Fahrrad fahren zu lernen, aber in ihrem Eifer vergaßen sie ihm zu erklären, wie man bremste. Sture fuhr direkt in eine Wand, stürzte und verletzte sich so schwer, dass die Kinder vollkommen verschreckt waren. Das war laut Torvald ein typisches Beispiel für »ihr fehlendes Verständnis für sein motorisches Handicap«.

Torvald erzählt ebenfalls, dass Sture erst spät den Führerschein gemacht hat und mehrmals zur Fahrprüfung antreten musste. Torvald hatte Sture vorher nie Auto fahren sehen und hatte viel darüber nachgegrübelt, wie er zu all den Tatorten hatte fahren können, um die Morde zu begehen. Es sei völlig illusorisch, dass er selbst gefahren sei, so der Vikar.

So ging es weiter: Sämtliche Geschwister erinnern sich daran, wie sie von der Quick-Kommission vernommen worden sind, und alle haben ein Bild von Sture Bergwall gezeichnet, das in völligem Widerspruch stand zu dem, was in den Therapie-sitzungen in Säter ans Licht gekommen war. Einige würden sagen, diese übereinstimmenden Aussagen zeigen, dass Thomas Quick mit größter Wahrscheinlichkeit ein falsches Bild seiner Kindheit gezeichnet und seine Eltern zu Unrecht sehr schwerer Verbrechen beschuldigt hat.

Was geschah mit den Protokollen von den Vernehmungen der Bergwall-Geschwister?

Die Polizeibehörde Sundsvall hat sie nicht katalogisiert, und sie wurden offenbar sowohl der Öffentlichkeit als auch den Medien, den Juristen und Richtern, die Thomas Quick verur-teilten, bewusst vorenthalten.

So wie ich es sehe, wurden sie nie ausgewertet und nie von jemand anderem gelesen, als von denen, die die Quick-Ver-nehmungen durchgeführt haben: Seppo Penttinen und Chris-ter van der Kwast.

Eine gestrichene Stunde

Am Sonntag, dem 9. Juli 1995, landete der zehnsitzige Viking-arnas-Privatjet auf dem Flugplatz in Gällivare, aber anstelle von Christer Sjögren und seinen Musikern stieg Thomas Quick in Begleitung von Birgitta Ståhle, vier Pflegern und mehreren Polizeibeamten aus.

Nachdem die Gruppe auf der psychiatrischen Station des Krankenhauses Gällivare übernachtet hat, fährt sie am nächsten Morgen in einem Toyota Hiace auf der E45 nach Süden Richtung Porjus.

Sven Åke Christianson, der Experte für Gedächtnisfunktionen, hatte großen Einfluss darauf, wie die Ermittlung vonstattengehen sollte, nicht zuletzt bei den Rekonstruktionen. Und Quick war empfänglich für die neuen Ideen, sodass er verlangte, der Minibus solle nicht nach Appojaure abbiegen, sondern zunächst nach Porjus fahren und dort wenden, da er und Johnny Farebrink auf diesem Weg zum Tatort gefahren waren. Auf diese Weise würde die Reise mit dem übereinstimmen, was am 12. Juli 1984 geschah.

Es ist 13.15 Uhr, als der weiße Toyota auf den Vägen Västerut Richtung Stora Sjöfallet und Appojaure biegt. Quicks Panikattacken werden immer häufiger, und er sagt, er kenne sich hier aus. Der Bus hält, da Quick sich übergeben muss.

»Das darf nicht wahr sein, das darf nicht wahr sein«, stöhnt er.

Die kleine Abzweigung zum Rastplatz in Appojaure ist kaum zu verfehlen, da die Polizei die Gegend abgesperrt und Beamte postiert hat. »Beim Eintreffen muss Quick Xanor einnehmen«, schreibt Penttinen in das Protokoll der Tatortbegehung.

Anschließend steigt Quick mit Baseballcap, grüner Windjacke, schwarzen Jeans und schwarzen Turnschuhen aus dem Auto. Zusammen mit Seppo Penttinen schaut er sich ein wenig um und wartet darauf, dass die Kriminaltechniker die letzten Handgriffe für die Rekonstruktion vornehmen.

Vernehmung um Vernehmung hat Quick Auto und Zelt falsch platziert, und er hat die Plätze von Mann und Frau im Zelt vertauscht. Bei der Ankunft in Appojaure haben die Techniker allerdings alles genau so vorbereitet, wie es aussah, als die Morde begangen wurden. Die Polizei hat sogar ein Zelt aus Holland bestellt und ein grünes Auto aus den 70ern aufgetrieben, das dem Wagen der Mordopfer ähnelt.

308

Das alles geschieht gemäß Sven Åke Christiansons »kognitiven Vernehmungsmethoden«. Indem der Tatort so detailliert wie möglich nachempfunden wird, soll Quick leichter den Kontakt zu seinen verdrängten Erinnerungen herstellen können. Penttinen stellt die Fragen, die Christianson ihm vorgegeben hat: Erinnern Sie sich an die Gefühle, die sie hatten? Welche Geräusche hören Sie? Erinnern Sie sich an die Gerüche? Alles, um Quick zu helfen, die Erinnerungen an das traumatische Ereignis zurückkehren zu lassen.

»Wenn Sie die Augen geschlossen lassen und versuchen, in Gedanken zurückzugehen, bis ins Jahr 1984«, sagt Penttinen.

Die erfahrenen Ermittler Ture Nässén und Jan Olsson sehen sich das Schauspiel missgestimmt an. Olsson erzählt mir später:

»Der Verdächtige soll doch alles so arrangieren, wie es in seiner Erinnerung war. Aber hier war alles schon so aufgebaut, wie es am Tatort ausgesehen hat, die Figuranten lagen genau so da wie die Opfer. Quick konnte sich also sozusagen an den gedeckten Tisch setzen. Mit Rekonstruktion hatte das überhaupt nichts mehr zu tun.«

Jan Olsson regt sich darüber auf, wie Christianson am Tatort schalten und walten durfte.

Christianson ging mit ernster Miene und gemessenen Schrittes umher. Er hatte sehr viel Einfluss. »Ihr müsst weg, damit er euch nicht sieht«, sagte Christianson zu mir und den anderen Polizeibeamten. Wir wurden weggescheucht und konnten nicht sehr viel verstehen von dem, was Quick und Seppo sagten.

Dann taucht der Figurant für Johnny Farebrink auf, und die beiden Mörder schleichen jeweils mit einer Messerattrappe in der Hand flüsternd zu dem braunen kleinen Zelt. Als Quick das Zelt erreicht, attackiert er wie ein Wahnsinniger die Zeltplane auf der Seite, die zum See zeigt. Nach einigen Stichen gibt er »Farebrink« sein Messer, der nun mit zwei Messern gleichzeitig auf das Zelt losgeht. Quick nimmt sein Messer wieder an sich und stürzt durch den Zelteingang.

Im Zelt liegen Hans Ölvebro und Anna Wikström, die schreien: »Nein! Nein! Nein!«

Im Zelt bricht ein Tumult aus, Quick knurrt und grunzt, denn nun hat er regrediert und sich in den Mörder Ellington verwandelt. Er wirft das Zeltgestänge ins Freie. Anna Wikström schreit noch immer, während Penttinen die Katastrophe mitansieht. In dem Augenblick kommt Birgitta Ståhle mit den Pflegern aus Säter angelaufen, um noch rechtzeitig eingreifen zu können.

»Jetzt ist aber gut! Jetzt ist genug!«, ruft Penttinen Quick zu.

Er scheint sich beruhigt zu haben und verfällt in ein monotones Knurren. Er knurrt immer noch, als die Videokamera ausgemacht wird. Die Uhr der Kamera zeigt 16.09.

Als die Rekonstruktion wiederholt wird, wirkt Thomas Quick in dem Videofilm der Polizei gefasst und entschlossen. Er und der Figurant nähern sich vorsichtig dem Zelt, während Quick kommentiert, was passiert.

»Hier schleichen wir uns an und sehen nach, ob alles ruhig ist. Und jetzt machst du in der Mitte und hinten auf.«

Johnny Farebrink löst die Verankerungen vom Außenzelt und klappt es zurück. Das ist ein entscheidendes Detail, da mehrere Messerstiche nicht das Außenzelt, sondern nur die Plane des Innenzelts aufgeschlitzt hatten.

Danach geht die Rekonstruktion in Form eines langen Dialogs zwischen Quick und Penttinen weiter, bei dem der Leiter der Vernehmung immer wieder Feedback gibt. Er erinnert Quick an Dinge, die er in der Vernehmung erwähnt hat, erklärt und macht eigene Vorschläge.

Etwa 30 Zuschauer werden Zeuge, wie Quick überzeugend demonstriert, wie er zwölf Jahre zuvor zwei Menschen kaltblütig an diesem einsamen Ort ermordete. Ein halbes Jahr später wird davon bekanntermaßen auch das Landgericht Gällivare beeindruckt sein, als ein bearbeitetes Video der Tatortbegehung bei der Gerichtsverhandlung gezeigt wird. In dem Film hat Penttinen auch die Sprecherrolle übernommen: »Während Quick am Tatort agierte, ist im Zusammenhang mit dem Angriff ein technischer Fehler aufgetreten. Die Unterbrechung dauerte nur wenige Minuten.«

Penttinens Behauptung, die Unterbrechung dauere nur wenige Minuten, ist nicht wahr. Die Kamera wird um 17.04 Uhr wieder eingeschaltet. Was passiert in der guten Stunde, die von der Filmaufnahme verschwunden ist? Jan Olsson erinnert sich:

»Thomas Quick und Seppo Penttinen gingen ein Stück abseits und unterhielten sich. Dann wurde uns mitgeteilt, das Zelt würde wieder in Ordnung gebracht und die Rekonstruktion wiederholt.«

Mehreren der anwesenden Beamten zufolge unterhielt sich Quick in der Pause auch mit Christianson. Sture Bergwall weiß noch, dass Penttinen ihm bei der Unterredung die Hand auf die Schulter legte und sagte: »Sie wissen doch, dass Sie erzählt haben, wie Sie die Verankerungen vom Außenzelt gelöst und es hochgeklappt haben?«

»Dank dieser kleinen Information wusste ich, wie ich weiter vorgehen musste«, sagt Sture Bergwall.

Jan Olsson beschreibt die Fortsetzung:

»Thomas Quick wirkte sehr gefasst, als er mit angedeuteten Messerstichen den Hergang genau so nachstellte wie in der Analyse, die wir ausgeführt hatten.«

Aber es war weitaus schlimmer. Nachdem Olsson ein Jahr zuvor eine Analyse des Tatablaufs angefertigt hatte, hatte er einsehen müssen, dass Quicks Beschreibung keinen Sinn ergab. Auf den Fotos, die ihm zur Verfügung standen, ist innen vor dem Schlitz in der Zeltplane eine Mülltüte zu sehen. Der Beutel steht schief und neigt sich in Richtung Schlafsack des Mannes. Ein paar Bierdosen sind offenbar aus der Tüte gefallen und liegen am Boden. Auf dem Foto sieht es so aus, als sei der Täter durch den Schlitz ins Zelt gekommen.

Später waren andere Fotos aufgetaucht, welche die Polizeipatrouille gemacht hatte, die zuerst am Tatort gewesen war. Sie hatte das Zelt vorsichtig wieder aufgestellt und ein paar Fotos gemacht. Diesmal stand der Müllbeutel gerade und zuoberst, auf der übervollen Tüte lag eine Bierdose. Jan Olsson zufolge war es unvorstellbar, dass der Täter sich durch den Schlitz gezwängt hatte, ohne den Müllbeutel dabei umzustoßen. Zumindest wäre die Bierdose heruntergefallen, so Olsson.

Als Jan Olsson Quick durch den Schlitz ins Zelt klettern und das Paar mit dem Messer attackieren sah, ging ihm auf, dass Quick so vorging, wie er es in seinem Text geschrieben hatte – nicht so, wie es der Wahrscheinlichkeit nach wirklich gewesen war. Irgendetwas lief hier völlig falsch.

Olsson stand im Gebüsch und verfolgte aus gebührendem Abstand die Rekonstruktion. Er empfand einen starken Widerwillen bei zwei Fragen, die sich ihm aufdrängten: Warum spielte Quick einen Tatverlauf vor, den er mit Sicherheit nicht selbst erlebt hatte? Und – was noch bedenklicher war – woher kannte Quick die Tatanalyse der Ermittlung?

Die naheliegendsten Antworten auf diese Fragen waren schockierend.

Jan Olsson beruhigte sich damit, dass er keinen Überblick über den Fall hatte. Er hatte die Protokolle der Quick-Vernehmungen nicht gelesen und hatte keine Kenntnis der angeblich schwerwiegenden Beweise.

Während des weiteren Verlaufs der Rekonstruktion wiederholte Thomas Quick die Behauptung, es sei Johnny Farebrinks Idee gewesen, zum Rastplatz in Appojaure zu fahren, da er wusste, dass das holländische Paar dort sein Lager aufgeschlagen hatte. Farebrink wollte die Holländer töten, denn sie hatten ihn wenige Tage zuvor beleidigt.

Kaum hatte Quick den Rastplatz erreicht, hatte er auch schon ein Motiv, weshalb er das Paar töten wollte. Am Vortag war ihm ein deutscher Junge auf dem Fahrrad begegnet, erzählte er, den er für den Sohn des Paares hielt, was Quick die beiden in holprigem Englisch und Deutsch fragte. Die Holländer hatten geantwortet, dass sie keinen Sohn hätten.

Für Thomas Quicks psychotischen Charakter bedeutete die Leugnung des eigenen Sohnes einen Verrat, aufgrund dessen das holländische Paar den Tod verdiente. Johnny Farebrink war der gleichen Meinung:

»Ja, du siehst ja, was das für Arschlöcher sind! Wir regeln das hier!«

Als Farebrink und Quick sich mit diesen kuriosen Wahnvorstellungen ihr jeweiliges Motiv zusammengereimt hatten, um die fremden Touristen zu töten, blieb Quick auf dem Rastplatz zurück, um die Opfer zu bewachen, während Johnny nach Gällivare fuhr, um eine Schrotflinte auszuborgen.

Jan Olsson war Quick inzwischen so nahe gekommen, dass er hören konnte, was Quick sagte. Er nahm Christer van der Kwast auf die Seite und sagte:

»Es fährt ja wohl niemand los, um eine Schrotflinte zu leihen und dann zwei Menschen umzubringen! Das könnt ihr doch wohl nicht glauben!«

Olssons Frage blieb unbeantwortet, während Quick fortfuhr.

Farebrink war ohne Schusswaffe zum Rastplatz zurückgekehrt, sodass sie drei Messer verwendeten, mit denen sie unzählige Male auf das schlafende Paar einstachen. Nach der Tat waren Quick und Farebrink zu dem kleinen Haus zurückgefahren, um den Mann zu holen, bei dem sie in der Nacht zuvor geschlafen hatten. Der Mann wurde gezwungen, sich die massakrierten Leichen im Zelt anzusehen, damit er begriff, wie es denen erging, die nicht auf Johnny hörten.

Wer der alte Mann war, sollte erst am nächsten Tag verraten werden.

Am folgenden Morgen fährt Kriminalinspektor Ture Nässén den weißen Toyota-Bus Richtung Messaure. Er kennt sich in der Gegend gut aus und hat gewisse Bedenken bezüglich Thomas Quicks Rolle als Führer.

»Es war richtig peinlich, denn es war ganz offensichtlich, dass er keine Ahnung hatte, wo er war oder wo er hinwollte«, erzählt mir Nässén.

Schließlich kommen sie an dem Ortsschild von Messaure vorbei. Die überwucherten Straßen zeugen davon, wo das Dorf einst lag, aber niemand im Bus lässt sich anmerken, was offensichtlich ist: dass es das Dorf Messaure nicht mehr gibt.

In diesem Ort, ohne Häuser, ohne Menschen, hat Thomas Quick, wie er sagt, den Schienenbus genommen.

Nachdem sie eine ganze Weile umhergefahren sind, steuert die Gruppe auf das Haus zu, in dem der letzte Einwohner von Messaure noch immer wohnt: Rune Nilsson. Der Kleinbus hält an und Quick steigt aus. Er streckt die Hand Richtung Haus, als wolle er den unerträglichen Anblick abwehren. Pathetisch sinkt er auf die Knie und beginnt, ängstlich zu weinen. Als er sich wieder beruhigt hat, sagt er:

»Das ist nichts Persönliches gegen Sie, Seppo.«

»Nee«, sagt Penttinen.

»Aber Sie bringen ihn um!«

Quick weint erneut so verzweifelt, dass er krampft und stöhnt.

»Hier riecht es auch muffig.«

»Wirklich?«, sagt Penttinen.

»Und Johnny ist sehr gefährlich!«

Bei dem Gedanken an Johnnys Gefährlichkeit beginnt Quick so hemmungslos zu weinen, dass er nicht weiterreden kann. Schließlich bringt er die Worte nur stoßweise und eines nach dem anderen hervor:

»›Nein!‹, sagt der Mann. Und ... das ... be ... kommt ... ihm ... nicht ... so ... gut.«

Quicks Pfleger sitzen im Wagen, bemerken plötzlich, wie es um ihn steht, und kommen mit mehr Benzodiazepinen zuhilfe. Quick nimmt, was ihm gereicht wird.

Auch Birgitta Ståhle schließt sich dem Grüppchen an, um Quick aus dieser Krise zu helfen.

»Ich schaffe das nicht«, sagt Quick.

»Ist Johnny so fies zu dem alten Mann? Was macht er denn, was so gemein ist?«, will Ståhle wissen.

Quick erklärt, dass Johnny Farebrink den alten Mann mit dem Messer bedroht hat, während er selbst machtlos danebenstand und nicht helfen konnte.

»Ich verstehe«, sagt Ståhle. »Sie waren paralysiert.«

»Versprechen Sie, dass Sie nett zu ihm sind«, sagt Quick an Penttinen gewandt.

Nachdem die Unterhaltung vor Rune Nilssons Haus fortgesetzt wird, will Quick weiterfahren. Aber als er zum Kleinbus gehen will, kann er sich nicht auf den Beinen halten. Er hat so viele Medikamente intus, dass ihn die Pfleger stützen und führen müssen.

Sie steigen wieder ein und fahren zurück nach Gällivare. Damit ist die letzte Aufgabe dieser Reise nach Lappland erledigt. Ture Nässén verlässt Messaure nachdenklich und niedergeschlagen.

»An dem Tag, als wir in Messaure waren, habe ich mich wirklich geschämt, Polizist zu sein«, fasst er mir gegenüber seine Erinnerungen an den 11. Juli 1995 zusammen.

Einen guten Monat später, am 17. August gegen 7.00 Uhr früh, wird Rune Nilsson von der Polizei abgeholt und zur Wache in Jokkmokk gebracht, um »bezüglich seiner Vorhaben und Beobachtungen im Sommer 1984« befragt zu werden. Es werden Fingerabdrücke von ihm genommen, und er wird so behandelt, als sei er der Tatverdächtige der Appojaure-Morde.

Aber Seppo Penttinen stellt keine Fragen zu Appojaure, Thomas Quick oder Johnny Farebrink. Stattdessen geht es in der Vernehmung um Rune Nilssons persönliche Situation. Er muss seine Familienverhältnisse im Detail darlegen, die Scheidung von seiner Frau, das Sorgerecht für die Kinder, das Arbeitsleben, welche Reisen er unternommen, welche Freunde er gehabt hat, welche Fahrzeuge ihm zur Verfügung standen, und so weiter. Seppo Penttinen vermerkt im Protokoll:

Er wird gefragt, inwieweit er jemand namens Larsson aus Jokkmokk kennt. Rune sagt: »Nicht, dass ich wüsste.« Im Zusammenhang damit bemerkt er spontan: »Sie stellen aber komische Fragen.«

Rune Nilssons Kommentar ist äußerst berechtigt. Penttinens Fragen erwecken den Eindruck, Nilsson sei ein abgebrühter Verbrecher, der lügt und mit hinterhältigen Fragen überlistet werden muss.

Penttinen fragt Nilsson über eventuelle Wilderer in seinem Bekanntenkreis aus, ob er Kontakte mit der Volkshochschule der Samen hatte (die Quick besucht hat), ob er Personen kennt, die mit der Polizei zu tun hatten, und ob er jemand aus Mattisudden kennt (Farebrinks Geburtsort). Nilsson beantwortet geduldig, aber verneinend alle Fragen.

Penttinen legt ihm acht Fotos von Männern vor, von denen eins Farebrink zeigt. Nilsson sagt aus, er erkenne keinen dieser Männer wieder.

Als ihm eine andere Fotoserie gezeigt wird, sagt Nilsson, er erkenne Nummer 7 als denjenigen wieder, »der durch die Presse gegangen ist, mit einem Bild, das den sogenannten Säter-Mann Thomas Quick darstellt«.

Rune Nilsson wird nichts zur Last gelegt, aber er wird fast vier Stunden lang befragt.

In der folgenden Woche wird er zu einer weiteren Befragung geladen. »In der heutigen Vernehmung wird es um das Jahr 1984 gehen«, schreibt Penttinen ins Protokoll.

Rune Nilsson berichtet, sein damals 17-jähriger Sohn habe nach dem Schulabschluss in den Betriebshallen des Wasserkraftwerks in Messaure gearbeitet und den ganzen Sommer über bei ihm gewohnt. Nilsson war meist zu Hause und »wartete mit dem Essen, bis er abends nach Hause kam«.

Danach wird er wieder über sein Privatleben ausgefragt. Er hatte erzählt, dass er früher einmal versucht hatte, Schnaps zu brennen, und dabei fast die ganze Apparatur in die Luft geflogen wäre. Es blieb bei diesem einen misslungenen Versuch, aber Nilsson wird gezwungen, in allen Einzelheiten zu erläutern, wie er vorgegangen war, wie er die Kartoffeln gemahlen, was für einen Kanister er verwendet hatte, und so weiter.

Nilsson wird auf den Zahn gefühlt, was er 1984 gemacht hat.

»Also hören Sie, das weiß ich nicht mehr«, sagt er. »Nee. Das ist das Einzige. Ich habe meinen Sohn angerufen und gefragt, ob er noch weiß, was er '84 gemacht hat. Und ja, er hat gesagt, er hat bei Vattenfall gearbeitet. Und dann sind wir Wasserski gefahren, als seine Arbeit da zu Ende war.«

Penttinen erklärt, Thomas Quick habe Nilsson auf den Fotos erkannt und auch sein Haus, wo er eigenen Angaben zufolge schon mal vorbeigeschaut hat.

»Ja, das kann schon sein, aber ich kann mich nicht erinnern, dass er da war.«

»Aber können Sie erklären, aus welchem Grund er Sie 1984 zu Hause besucht hat?«

»Ja, das weiß ich nicht.«

»Mir erscheint das doch seltsam, dass er ausgerechnet auf Sie kommt und sagt, dass Sie in diesem Haus in Messaure wohnen, und dann beschreibt er mehrere Einzelheiten in Ihrer Nähe, die offensichtlich auch stimmen.«

»Mmm. Ja, aber das Haus kann man von außen auch ganz gut beschreiben. Man ist ja viel im Fernsehen gewesen und so.«

Penttinen wird vermutlich klar, dass das nicht gut ist. Er fragt:

»Viel im Fernsehen und so?«

Was Penttinen nicht wusste, war, dass mindestens drei Fernsehbeiträge über Rune Nilsson produziert worden waren und mehrere Zeitungen eine Reportage über ihn gemacht hatten. Über den einzigen Einwohner von Messaure.

»Wurde in der Reportage Ihr Haus von innen gezeigt?«

»Das auch, ja.«

»Was wurde denn da gezeigt?«

»Die Küche haben sie gezeigt.«

Auch das war nicht gut. Ausgerechnet Nilssons Küche hatte Quick ausführlich beschrieben. Penttinen greift nach dem letzten Strohhalm, dass die Reportage vielleicht produziert, aber nie gesendet wurde. Er fragt:

»Ist das in einer Sendung mit dabei? Wurde der Beitrag mit der Küche gesendet?«

»Ja.«

Der letzte Einwohner von Messaure ist also ein Fernseh-Promi. Der Wert von Quicks Angaben ist mit einem Schlag zunichtegemacht worden. Penttinen lässt sich von dieser Information jedoch nicht beirren und setzt die Vernehmung fort.

Er erklärt, dass bei der ersten Vernehmung Nilssons Fingerabdrücke genommen wurden, weil aus dem Zelt in Appojaure Gegenstände entwendet wurden. Befinden sich möglicherweise Gegenstände von dem Appojaure-Mord in seinem Besitz?

»Nein, auf keinen Fall!«

Nilsson erläutert, dass er sich da unter keinen Umständen eingemischt hätte, wenn er über diese Wahnsinnstat in Appojaure Informationen erhalten hätte.

»Das hätte das Aus bedeutet. Dann hätte ich doch die Polizei eingeschaltet. Ja, solche, die sich so aufführen, haben kein Recht zu leben. Die sollten einfach erschossen werden, so wie in Finnland!«

»Meinen Sie?«

»Ja klar doch! Solche Leute dürfen nicht leben. Was die hier in Schweden mit denen machen, ist viel zu harmlos.«

Später sucht die Polizei Rune Nilssons Sohn an seinem Arbeitsplatz auf, wo er zu den Vorhaben seines Vaters im Sommer 1984 befragt wird. Er erzählt, dass er den ganzen Sommer über für Vattenfall in Messaure gearbeitet und bei seinem Vater gewohnt hatte. Er versichert, dass »absolut keine Fremden zu Besuch gekommen und über Nacht geblieben sind«.

Der Sohn kann außerdem angeben, dass es den Safe zu Hause bei Rune Nilsson, den Quick erwähnte, nie gegeben hat.

Die umfangreiche Ermittlung der Messaure-Spur hatte ergeben, dass Quick fälschlicherweise behauptet hatte, er habe Messaure mit dem Schienenbus verlassen, und er sei dort gewesen, ohne zu bemerken, dass es das Dorf gar nicht mehr gab, ferner, dass er eine Person beschuldigt hatte, die in mehreren Reportagen im Fernsehen und in den Zeitungen vorgekommen war. Außerdem stellten sich mehrere Angaben, die Quick über Rune Nilsson gemacht hatte, als falsch heraus.

Nilsson liebte die Natur und hatte keinen Grund, die Täter eines solch grausamen Verbrechens zu schützen. Bislang war er in den Vernehmungen wie ein Lügner behandelt worden.

Überraschenderweise wurde er ein weiteres Mal am 1. September 1995 vernommen, diesmal zu Hause. Die Polizei machte in diesem Teil der Ermittlung den wichtigsten Fund – eine ältere Decke, die auf einem Stuhl im Schlafzimmer lag.

Der Leiter der Vernehmung konfrontierte Nilsson mit der Tatsache, dass es sehr suspekt war, dass sich diese Decke in seinem Besitz befand:

»Thomas Quick erwähnt in der Vernehmung eine ältere Steppdecke mit Karomuster, vermutlich blau.«

»Ja, aber die ist doch gar nicht blau! Die ist doch weiß und blau, sehen Sie! Und sie ist auch nicht kariert, sondern geblümt.«

»Aber ich frage Sie, seit wann Sie diese Decke haben. Können Sie das beantworten?«

Nilsson wusste nicht, wann er diese Decke gekauft hatte. Obwohl sie weder blau noch kariert war, beschlagnahmte die Polizei sie als Beweis für dieses oder jenes.

Doch nun hatte Rune Nilsson genug und weigerte sich, länger an der Ermittlung teilzunehmen, deren Sinn er ohnehin nicht verstand.

Mehrere Persönlichkeiten

Das Paradoxe an der Reise nach Appojaure war, dass Quicks erste und völlig missratene Rekonstruktion, die sich vor der Pause auf dem Videofilm abspielte, im Nachhinein als großer Triumph dieser Reise hingestellt wurde. Die Sequenz, in der er sich in Ellington verwandelte, sich knurrend auf das Zelt warf und die Figuranten attackierte, wurde im Fernsehen gezeigt und brannte sich ins Gedächtnis des schwedischen Volkes ein. So wurde ein Grundstein des Gebäudes Marke Thomas Quick gelegt.

Nach der Rückkehr nach Säter schrieb Birgitta Ståhle einige Gedanken in die Patientenakte, die bestätigen, dass dieser Hergang auch intern als großer Fortschritt gewertet wurde: ein Beleg dafür, dass Quick mit seinen verdrängten Erinnerungen in Kontakt gekommen ist, indem er regredierte.

Der erste Tag der Rekonstruktion verläuft ohne Probleme, und Thomas kann die Rekonstruktion zufriedenstellend ausführen. Durch die beginnende Regression stellt er den Kontakt mit dem gesamten Vorfall her, und er kann somit auch eine vollständige Erinnerung zurückholen. Wie in der Therapie, wo er regredierte, um Kontakt mit früheren Begebenheiten und Gefühlen zu erlangen, wird es möglich, sich auch in diesem Zusammenhang dieses Prozesses zu bedienen.

Eine Woche nach der Rekonstruktion in Appojaure nimmt ein Oberarzt einen Eintrag in die Patientenakte vor, die Quicks psychischen Status eingehender als jemals zuvor ausleuchtet.

Klinisch befindet sich der Patient in einem Zustand, der wahrscheinlich mit Schizophrenie gleichgesetzt werden kann. Der Patient zeigt oberflächlich gute Funktionen, er ist verbal geschickt und logisch. Es gibt tiefe Risse in seiner Persönlichkeit, die unter ungünstigen Umständen so disparate Reaktionsmuster verursachen, dass man von einer Psychose sprechen kann. Man kann sogar von MPD [multiple personality disorder] sprechen.

Multiple Persönlichkeitsstörung (MPD) ist eine mystische und umstrittene Störung, die im 16. Jahrhundert zum ersten Mal beschrieben wurde, als eine französische Nonne von fremden »Persönlichkeiten«besessen war. 1791 veröffentlichte der Arzt Eberhardt Gmelin die Fallstudie einer 20-jährigen Frau aus Stuttgart, die abrupt ihre Identität wechseln und sich in eine alternative Persönlichkeit verwandeln konnte, welche perfekt Französisch sprach. Als sie ihre ursprüngliche Identität wieder annahm, hatte sie keinerlei Kenntnis von dem, was sie als »Französin« getan hatte. Gmelin schilderte in seinem 87-seitigen Bericht, wie er die Frau mit einer einfachen Handbewegung dazu bringen konnte, ihre französische und deutsche Identität zu tauschen.

Bis 1980 gab es 200 bekannte Fälle dieser Störung, aber dass in den USA eine Vielzahl von oft an größere Praxen für Psychiatrie angegliederte Kliniken für Multiple Persönlichkeitsstörung entstanden, ging merkwürdigerweise einher mit einem Anstieg der diagnostizierten Fälle. Zwischen den Jahren 1985 und 1995 wurde allein in Nordamerika 40 000 Mal die Diagnose Multiple Persönlichkeitsstörung gestellt.

Diese explosionsartige Entwicklung wurde damit begründet, dass Bücher, Filme und Fernsehdokumentationen Beachtung fanden und neuen Fällen als Inspiration dienten. In der amerikanischen Literatur gibt es Beispiele von Personen, die über 1400 »alternative Persönlichkeiten« entwickelten, jede von ihnen mit eigenen Charakterzügen und Namen. Die verschiedenen Persönlichkeiten wissen nichts von der Existenz und den Eigenschaften der jeweils anderen.

Die besonderen Therapieformen, die verdrängte Erinnerungen zurückholten und multiple Persönlichkeiten entdeckten, entwickelten sich zu einer profitablen Industrie. Auf die goldenen Jahre folgte jedoch die große Ernüchterung, die schon Anfang der 90er-Jahre einsetzte.

Die Patienten, die eine MPD entwickelten, waren zu 95 Prozent in ihrer Kindheit sexuellem Missbrauch ausgesetzt gewesen. Meist hatten diese Patienten nichts davon gewusst, dass sie Missbrauchsopfer waren, als die Therapie begann, und die Therapeuten ihnen dabei halfen, verdrängte Erinnerungen des Missbrauchs zurückzuholen. Eine große Anzahl von Patienten fand heraus, dass diese zurückgeholten Erinnerungen falsch waren, und dass der Therapeut derjenige war, der sie dazu gebracht hatte, die multiplen Persönlichkeiten zu entwickeln. Viele Therapeuten wurden wegen Falschbehandlung verklagt und zu Schadensersatzzahlungen in Höhe von über zehn Millionen Kronen verurteilt.

Später wurde die Diagnose stark infrage gestellt, und viele Experten sind heute der Meinung, diese ernst zu nehmenden Zustände würden stattdessen durch den Einfluss der Medien und verantwortungsloser Therapeuten in Kombination mit Medikation, vor allem in Form von Benzodiazepinen, hervorgerufen. Die multiple Persönlichkeitsstörung ist inzwischen als Hauptdiagnose abgeschafft worden und ist Teil der Diagnose »Dissoziative Identitätsstörung«.

Als Thomas Quick im Jahr 1995 immer öfter die Identität wechselt, verursacht dies große Verwirrung bei den Pflegern auf Station 36.

Eines Tages trifft ein Pfleger Thomas Quick in der Dusche an, der ein Handtuch um den Kopf gewickelt hat und mit den Armen fuchtelt. Er wiederholt: »Nano kommt, Nano kommt.« Zwei Xanor, zwei Klysmen Stesolid und beruhigende Gespräche helfen ihm durch diese Krise. Der Pfleger ruft Birgitta Ståhle an, um zu fragen, was »Nano« bedeutet. Ståhle korrigiert ihn und erklärt, Nana sei die Bezeichnung für Quicks Mutter.

»Nana ist seit einiger Zeit Teil der Therapie und ist eine stärkere Gestalt als Ellington.«

Quicks neue Persönlichkeiten sollten bald zum Alltag auf der Station gehören. In der Patientenakte lese ich nach, wie das war, etwa bei einem Telefongespräch von dem Münzfernsprecher auf der Station, das Ståhle wortgetreu mitgeschrieben und mit Kommentaren versehen hat.

»Sind Sie die Therapeutin?«

»Ja, das bin ich. Hej Sture! Wie geht's?«

»Hier ist nicht Sture. Hier ist Ellington«, grunzt Quick und lacht sein hohles Ellington-Lachen.

»Wo ist Sture?«, fragt Ståhle.

»Ich bin Ellington, und Sture ist in seinem Zimmer. Haha! Hier ist er nicht. Er ist ein Schlappschwanz, der gerne Opfer spielt. Eigentlich will er jetzt ins Musikzimmer gehen. Sich

ausziehen und Opfer spielen. Ich habe der Therapeutin etwas
zu sagen. Ellington hat einen Brief geschrieben.«

Ståhle fragt:

»Haben Sie den Brief dabei und können ihn mir vorlesen?«

Ellington liest:

Hallo!
Sture ist ein Mythomane, ein verdammtes Schwein.
Gegen mich hat er keine Chance!
Heute Nacht werde ich ihn dazu bringen, sich zu erhängen.
Mit Behagen werde ich dabei zusehen. Ich habe die
Wahrheit, nicht Sture. Sture hat das Kind, das er Simon
nennt, getötet.
Jetzt sollen seine Anschuldigungen verstummen. Ich bin
nicht in Gefahr, aber Sture hat die Kontrolle verloren, und
zwar deshalb, weil er nicht auf mich hört.
ICH BIN STARK!
Er soll sich umbringen, mit meiner Hilfe natürlich, aber
das versteht er nicht. Jetzt spiele ich mit seiner
sogenannten Angst. Ich muss töten, aber da kann ich den
Schlappschwanz nicht gebrauchen.
Ich wünsche Ihnen ein schöne Entdeckung und ein
angenehmes Reinemachen.
Ich scheiß drauf, wenn mein Abschiedsgruß nicht in Ihre
prüde Welt passt.
Mit TÖDLICHEN Grüßen
Ellington

PS: Grüßen Sie seine »vortreffliche« Therapeutin!!!

»Sture ...«

»Ich bin Ellington!«

»Ich möchte Sture sprechen.«

»Das geht nicht. Hier ist nur Ellington.«

»Können Sie mir helfen?«

»Sie meinen, ich darf bei einem Therapiespiel mitmachen? Darf ich beim Therapiespiel mitmachen?«

Ståhle notiert, dass Ellington plötzlich »nach dem strengen, verachtenden Ton zu betteln beginnt«.

»Das dürfen Sie. Aber dann möchte ich, dass Sie zuerst die Tür der Telefonkabine aufmachen und das Personal rufen.«

»Sie meinen, ich soll die rufen, die da draußen sind? Warum?«

»Ich muss mit denen reden.«

Ellington öffnet die Tür und ruft: »Personal! Personal!«

In der Akte hat das diensthabende Personal notiert, Thomas habe nach ihnen gerufen und gesagt: »Die Therapeutin will euch irreführen!«

Birgitta Ståhles schriftlicher Kommentar endet hingegen so:

Nun wird Ellingtons Macht über Sture gebrochen. Er ist zuerst stumm, dann höre ich Stures Stimme ganz leise, danach lauter, teilweise dadurch, dass ich ihn dabei unterstütze, den Kontakt mit der Wirklichkeit wiederzufinden. Als er die Telefonkabine verlässt, sieht er die friedlichen Gesichter der toten Jungen an die Wand projiziert.

Am folgenden Tag zeigt Birgitta Ståhle Thomas Quick ihre Mitschrift des Telefongesprächs mit Ellington. Quick liest, was Ellington in der Nacht angestellt hat, und beide sind begeistert über das, was passiert ist. Mir sagt Sture, er tat, als wisse er nichts von dem Telefonat, da die alternierenden Identitäten, gemäß der gängigen Theorien über multiple Persönlichkeitsstörung, keine Kenntnis voneinander haben.

In einem Akteneintrag erklärt Birgitta Ståhle die Mechanismen hinter Stures verschiedenen Identitäten und wie diese sich äußern:

Die gravierende gespaltene Persönlichkeit, die Teil seiner Störung ist, ist im Therapieprozess zutage getreten. Diese Persönlichkeitsspaltung kann mit einer multiplen Persönlichkeit verglichen werden, da Thomas beide Gestalten mit eigenen Namen und Charaktereigenschaften belegt.

Auch für einen Außenstehenden ist die Verwandlung eindeutig, da sich das Temperament und die Stimme ändern. Psychologisch betrachtet, sind die abgespaltenen Teile dazu da, mit extremer Angst aus der frühen Kindheit umzugehen. Indem sich diese inneren Gestalten manifestiert haben und aus ihm herausgetreten sind, ist es möglich, in der Therapie die Bedeutung und die Zusammenhänge zu sehen und nachzuvollziehen, in denen Thomas diese Erfahrungen internalisiert hat, und festzustellen, wie diese dissoziiert werden.

Die frühen Traumata in Form von sexuellem Missbrauch und Gewalt sowie dem großen emotionalen Mangel, mit dem Thomas aufgewachsen ist, haben seine Persönlichkeit und seine Störung geprägt. Unsere Arbeit besteht darin, seine Lebensgeschichte zu vervollständigen und die Wehrlosigkeit und die abgewehrte Angst aus frühen Tagen zuzulassen.

Durch die Regression stellt er gleichzeitig Kontakt zu diesen frühzeitigen Erfahrungen und zu deren Auslebung und Nachahmung als Erwachsener her. Wie er als Erwachsener mit seiner frühen Angst umgegangen ist, indem er Jungen in Todesangst versetzt und anschließend ermordet hat. Dadurch kommt es zu einer vorübergehenden Angstminderung und dem Gefühl, die Illusion von Leben aufrecht zu halten. Durch diese Arbeit wird das Bild immer deutlicher, und es kommt zu einer allmählichen Annäherung an die Wirklichkeit, die abgewehrt und verzerrt wurde.

In der darauffolgenden Zeit nimmt das Personal nur sporadisch Einträge in die Patientenakte vor, über Quicks Todessehnsucht, dass er sich mit einer Flasche in den Hals schneidet, abwechselnd weint und Medikamente einnimmt, nicht mehr isst, »unter der Decke lebt«, gegen Wände rennt, versucht, sich das rechte Bein abzutrennen, und sich ganz allgemein bizarr verhält.

Birgitta Ståhle nennt das hingegen in der Akte »intensive therapeutische Bearbeitung« und fährt fort:

Klarheit und Deutlichkeit bezüglich der persönlichen Lebensgeschichte hat eine schrittweise Stabilisierung und eigene Aktivität zufolge. Das kommt auf verschiedene Arten zum Ausdruck. Thomas existiert in Wirklichkeit in der Therapiearbeit in größerem Umfang und hat einen tieferen Kontakt.

Einige Tage später äußert sich Quicks Entwicklung, indem er nichts mehr isst und trinkt und »panische Angst davor hat, dass jemand etwas von ihm sehen könnte«. Wenn er die Station verlassen muss, ist er völlig vermummt, trägt Handschuhe und die Mütze tief in die Stirn gezogen.

Als ich mit Sture über diese Zeit spreche, erinnert er sich vor allem daran, wie seltsam glücklich seine Therapeutin war, wenn er seine alternativen Persönlichkeiten herausholte. Er kramt einen Zeitungsausschnitt aus dem *Svenska Dagbladet* hervor, den Birgitta Ståhle ihm gegeben hat, damit er besser nachvollziehen könne, was er durchmachte. In dem Artikel geht es um multiple Persönlichkeitsstörung, er berichtet von der Amerikanerin Truddi Chase, die nach achtjähriger Therapie 92 Persönlichkeiten entwickelt hatte. Außerdem wurden Beispiele genannt, bei denen die »alternativen Identitäten« einer Person Fremdsprachen beherrschten, die die »Wirtsperson« nicht konnte.

Thomas Quick, der trotz mehrjähriger Therapie bislang »nur« zwei Persönlichkeiten entwickelt hatte – Ellington und Nana –, bediente sich in gewohnter Weise dieser Information. Zwölf Tage nachdem Ståhle ihm den Artikel überlassen hatte, konnte Quick ihr stolz vermelden, es habe sich eine neue Persönlichkeit zu erkennen gegeben. Er hieß »Cliff« und hatte in der Nacht einen Brief auf Stures Computer geschrieben – auf Englisch! »Cliff« redete nämlich nur Englisch, eine Sprache, die Thomas Quick ja nicht beherrschte. Cliff schrieb:

Hello babyface!
This isn't a dream!
I've looked at you and I find a little crying child – oh I like it!
I'm so glad that you name him Tony ... You can't remember his real name, because you are a tired, uglified fish!
How are you???
I'm fine, because I like the feeling of your deadline!

Birgitta Ståhle ist entzückt. Nun stehen ihr noch mehr Komponenten zur Verfügung, mit denen sie hantieren und Theorien aufstellen kann, die sie analysieren kann. Zu einem späteren Zeitpunkt schreibt sie in ihr Manuskript:

Sture hat die Persönlichkeit gewechselt. Er ist auf dem Korridor der Station. Redet Englisch und sagt, er sei Cliff. Er verharrt in einer katatonischen Haltung, sein Gesicht ist bleich, wächsern. Wendet sich vom Personal ab und sagt: »Er hat Angst (Sture). Nicht gucken.« Dann fragt er nach Ellington. Sagt danach: »Cliff ist stark. Er ist schwach – Sture.«

Das Personal verabreicht ihm Medizin, und er kehrt in die Wirklichkeit zurück. Cliff ist ein Schatten von Nana.

Ein wütender Schrei

Nach der Rückkehr von der Rekonstruktion in Appojaure wartete ein Brief mit norwegischen Postwertzeichen auf Thomas Quick. Der Kriminaljournalist Svein Arne Haavik hatte eine ausführliche Artikelserie über Quick geschrieben, die kürzlich in der größten norwegischen Tageszeitung *Verdens Gang*, *VG*, erschienen war. Nun fragte er an, ob es möglich sei, zur Ergänzung ein Interview zu machen.

Quick rief Haavik sofort zurück und bot der *VG* ein Interview gegen einen Unkostenbeitrag von 20 000 Kronen an. Aber zunächst sollte Haavik das Material schicken.

Die Artikelserie der *VG* war journalistisch betrachtet kein großer Wurf. Dennoch sollte sie schwerwiegendere Konsequenzen für die Ermittlung haben als jede andere Veröffentlichung.

Aber das norwegische Abenteuer ließ noch eine Weile auf sich warten, denn jetzt hatten wir den Monat Juli, im Jahr 1995, und alle waren vollauf mit dem Doppelmord in Appojaure beschäftigt. Quick erwähnte die Artikel niemandem gegenüber und versteckte sie für eine zukünftige Verwendung.

Am 1. August 1995 blätterte ein Philatelist in einer alten Ausgabe der posteigenen Zeitschrift für Briefmarkensammler, *Nyhets Posten*. Ein Artikel über eine Briefmarkenauktion in Malmö 1990 war mit einem Foto der Auktionsteilnehmer bebildert worden, auf dem er einen glatzköpfigen Mann mit einem Brillengestell aus Metall erkannte, der dem Serienmörder Thomas Quick täuschend ähnlich sah. Statt die Polizei zu informieren – vermutlich weil diese im Unterschied zu den Abendzeitungen keine Belohnung zahlte –, rief er beim *Expressen* an und sprach mit dem Quick-Experten Pelle Tagesson.

Tagesson fuhr bei dem aufmerksamen Mitbürger vorbei und überzeugte sich selbst davon, dass es Quick war, den man auf dem Foto sah.

»Gibt es einen Mordfall, der mit Thomas Quicks unbekannten Reise nach Skåne in Verbindung gebracht werden kann?«, überlegte Tagesson. Der Mord an Helén war naheliegend.

Am 20. März 1989 hatte die elfjährige Helén Nilsson den Abendbrottisch verlassen, sich ihre rosafarbene Jacke übergezogen und ihrem Vater versprochen, spätestens um 19.00 Uhr wieder zu Hause zu sein. Sie wollte sich mit ihren Freundinnen Sabina und Linda vor dem Discounter im Einkaufszentrum von Hörby treffen.

Sechs Tage später wurde Heléns Leiche neben einem Hügel aus aufgeschichteten Steinen in einem Müllsack in Tollarp, 25 Kilometer von ihrem Zuhause entfernt gefunden. Der Gerichtsmediziner stellte fest, dass Helén mehrere Tage von einem Pädophilen gefangen gehalten, vergewaltigt und zu Tode misshandelt worden war.

Mehrere Tatsachen sprachen dagegen, Quicks Anwesenheit auf der Briefmarkenauktion mit dem Mord an Helén Nilsson zu verknüpfen. Wie etwa der Umstand, dass ein Jahr zwischen diesen beiden Ereignissen lag. Aber es gab noch stichhaltigere Gründe, diese Geschichte nicht zu veröffentlichen. Der glatzköpfige Mann auf dem Foto war nämlich gar nicht Thomas Quick.

Als man Quick das Foto zeigte, hätte man den Irrtum bemerken und die Sache einfach unter den Tisch fallen lassen müssen. Aber so sollte es nicht kommen.

»Ich war geschockt, als ich das Bild sah«, sagte Quick dem *Expressen*. »Ich habe die Reise verdrängt, aber jetzt erinnere ich mich wieder.«

Quick konnte selbst das Problem aus der Welt schaffen, dass der Mord an Helén ein Jahr vor der Auktion in Malmö passiert war.

»Ich war sowohl 1989 als auch 1990 in Malmö auf der Auktion«, erklärte Quick.

Der Serienmörder von Säter versicherte, er sei nach Skåne gefahren, um einen weiteren Mord zu begehen, und er stritt nicht ab, dass Helén sein Mordopfer gewesen war.

Der *Expressen* brachte die Story an zwei aufeinanderfolgenden Tagen.

Am ersten Tag unter der Überschrift:

»Ich habe in Skåne gemordet.«

Am zweiten Tag mit:

»Dieses Foto zeigt, dass Quick in Skåne war.«

Auf dem Bild der Briefmarkenauktion ist Quick eingekreist, und der »Massenmörder« kommentiert im Artikel das Bild.

Ein Leser hätte sich fast an seinem Kaffee verschluckt, als er das alte Foto in der Zeitung sah. Er erkannte »Thomas Quick« auf dem Bild wieder und rief die Konkurrenz des *Expressen*, die *Kvällsposten* in Skåne an.

»Ich glaube kaum, dass Sven-Olof Karlsson besonders erfreut darüber sein wird, vom *Expressen* als Serienmörder hingestellt zu werden«, sagte er.

Diese Vorhersage sollte sich als richtig erweisen. Als der Philatelist von einer Geschäftsreise aus Paris zurückkehrte und sich im *Expressen* als Serienmörder wiederfand, platzte ihm der Kragen. Er rief bei der *Kvällsposten* an:

»Das ist doch vollkommen falsch! Und einfach unglaublich, wie jemand sich so eine Geschichte ausdenken kann, ohne die Fakten zu überprüfen. Ich fühle mich gekränkt, auf diese Weise als Mörder bezichtigt zu werden«, sagte Karlsson dem Reporter der *Kvällsposten*.

Er wolle den *Expressen* verklagen und Pelle Tagesson anzeigen, sagte er.

Die falsche Beschuldigung war schon schlimm genug, aber für die Ermittler war es eine noch größere Niederlage, dass Thomas Quick wieder einmal gelogen und behauptet hatte, er habe eine weite Reise unternommen und einen Mord begangen, der großes Aufsehen erregt hatte. Er hatte die an den Haaren herbeigezogene Geschichte des *Expressen* bestätigt, obwohl ihm klar gewesen sein musste, dass er die Briefmarkenauktion nicht besucht hatte und dass nicht er auf dem Foto zu sehen war.

In den folgenden Jahren ließ Quick dennoch Andeutungen fallen, er habe mit Helén Nilssons Tod etwas zu tun. Als die Ermittler recherchierten, was Quick tatsächlich in dieser Zeit gemacht hatte, stellte sich heraus, dass er regelmäßig bei der Psychologin Birgitta Rindberg in die Psychotherapie gegangen war. Sie hatte Sture Bergwall in den 70er- und 80er-Jahren zeitweise in der säterschen Klinik behandelt.

Staatsanwalt Christer van der Kwast schickte Ture Nässén und Ann-Helene Gustafsson nach Avesta, um Birgitta Rindberg zu befragen. Aus dem Vernehmungsprotokoll:

> Birgitta Rindberg wird gefragt, ob Thomas Quick am 21. März 1989 in der Psychiatrie Säter bei ihr in Behandlung gewesen sei, oder ob sie per Telefon miteinander kommuniziert hätten. Birgitta Rindberg antwortet, sie meine, es sei ein persönlicher Besuch gewesen. Sie sagt aus, wenn es sich um ein Telefonat gehandelt hätte, hätte sie das vermerkt, und ihrem Eintrag in der Patientenakte zufolge war er aller Wahrscheinlichkeit nach persönlich dort gewesen.

Rindberg gab Thomas Quick somit ein Alibi für den Mord an Helén Nilsson. Ann-Helene Gustafsson begnügte sich jedoch nicht mit dieser Frage, sondern dachte sich, Quicks Psychologin könne noch andere wichtige Angaben beisteuern. Das war auch der Fall:

Sie erzählt, sie habe im Frühjahr 1996 eine Reportage über Thomas Quick gesehen. Die Sendung hieß »Die Reporter«. Thomas Quick erzählte dort unter anderem, er sei von seinem Vater sexuell missbraucht worden.

Birgitta Rindberg sagt, das mit dem sexuellen Missbrauch durch den Vater stimme nicht damit überein, was in der Zeit, als Quick ihr Patient war, zur Sprache gekommen ist. Was ihr aus der Fernsehsendung bekannt vorkommt, ist, dass er seinen Vater nicht mochte. Birgitta Rindbergs Erinnerungen an die Therapiesitzungen zufolge war der Vater der »schwächere« und die Mutter die »dominante« in der Familie.

Rindberg berichtet ferner, Quick habe sie 1974 von einem Hotelzimmer aus angerufen und gesagt, er wolle Selbstmord begehen. Sie konnte den Anruf jedoch zurückverfolgen und so sein Leben retten.

Im Nachhinein fand sie es, unter Berücksichtigung aller Informationen, die sie über die Morde gelesen hat, eigenartig, dass er sich ihr gegenüber nicht ausgesprochen hatte, als er anrief, um sich vor seinem Ableben zu verabschieden. Sie war der überzeugten Auffassung, das Motiv des Selbstmordversuchs bestand in seinem Problem, mit anderen Menschen zusammenzuleben.

Birgitta Ridberg wird gefragt, wie sie Thomas Quick Mitte der 70er, als er ihr Patienten gewesen war, und dann 1989 erlebte. Sie sagt spontan, er habe auf sie nicht wie ein Mörder gewirkt. Sie hatte nie Angst vor ihm, es war zwar ein aggressives Potenzial in ihm vorhanden, aber er zeigte ihr gegenüber keine Anzeichen von Gewalt. Die einzige Gewalt, die sie erlebt hatte, war gegen ihn selbst gerichtet gewesen. Birgitta Rindberg ist der Ansicht, auch Oberarzt Mårten Kalling teilte ihre Meinung über Thomas Quick als Patient.

In der Vernehmung sagte Rindberg, der Thomas Quick, den sie aus den Medien kenne, sei viel redseliger und exhibitionistischer als der aus der Zeit als ihr Patient. Weder sie noch Mårten Kalling hielten Quick für einen Serienmörder.

Nach der Rückkehr nach Stockholm fertigte Ann-Helene Gustafsson das Protokoll der Vernehmung an und legte den Ausdruck in Stellan Södermans Büro.

Mir schildert Gustafsson, was einige Tage darauf geschah. Es begann damit, dass sie einen wütenden Schrei aus Stellan Södermans Büro hörte, aus dem dann jemand nach ihr rief. Das war Christer van der Kwast, der soeben die Vernehmung von Birgitta Rindberg gelesen hatte und extrem ungehalten war.

»Er hat mich beschimpft und geschrien, ich hätte meine Befugnisse überschritten«, sagt sie.

Van der Kwast zufolge hätte sie nur zu Quicks Therapiesitzung am 21. März 1989 Fragen stellen sollen. Zu sonst nichts!

»Es interessiert mich nicht, was irgendeine dämliche Psychologin von Thomas Quick hält«, bellte er.

Ann-Helene Gustafsson war schockiert; sie hatte genau das getan, was ihre Aufgabe gewesen war: eine Person vernommen und anschließend das Gesagte in Protokollform gebracht.

»Es ist noch nie vorgekommen, weder davor noch danach, dass ich wegen einer Vernehmung, die ich durchgeführt habe, zusammengefaltet wurde.«

Christer van der Kwast wollte die Vernehmung in dieser Form nicht akzeptieren, sondern verlangte ein neues Protokoll, das nur das enthielt, was Quicks Alibi für den Mord an Helén Nilsson betraf.

»Ich habe mich geweigert, die Vernehmung umzuschreiben, weil das eine Urkunde ist«, sagt Gustafsson. »Er verlangte von mir, eine Straftat zu begehen.«

Nachdem sie die Sache mit der Urkundenfälschung mit ihrem Chef erörtert hatte, löste sie das Problem, indem sie das Protokoll so ließ, wie es war, aber sie schrieb ein kurzes Gedächtnisprotokoll, das nur das Alibi für den Helén-Mord enthielt. Nur dieses wurde in das Ermittlungsverfahren aufgenommen. Van der Kwasts Forderung nach Gehorsam und Loyalität, auch um den Preis von professioneller Arbeit, kann sie nicht kommentarlos durchgehen lassen:

»Wir sollen objektiv sein und sowohl, was für, als auch, was gegen den Angeklagten spricht, berücksichtigen. Es ist nicht unsere Aufgabe, Vernehmungen zu zensieren!«

Konfrontation

Parallel wurde die Ermittlung gegen Thomas Quick und Johnny Farebrink fortgesetzt, jedoch ohne dass Letzterer daran beteiligt war. Es gab keinen Grund zur Eile, fanden die Ermittler. Farebrink war sicher verwahrt in der geschlossenen Justizvollzugsanstalt Hall, Bereich C.

Aber wie gewohnt sickerten Informationen aus den Quick-Ermittlungen durch, und bald wussten sowohl Pelle Tagesson als auch Gubb Jan Stigson, dass Farebrink der Mittäterschaft im Appojaure-Mord verdächtigt wurde.

Johnny Farebrink zählte zu der schwedischen Elite der Schwerkriminellen und war in 24 Fällen wegen schwerer Straftaten verurteilt worden. Aber das hier war so weit von seinem gewöhnlichen Tätigkeitsfeld entfernt, wie es nur ging.

»Ich bin keiner, der Touristen umbringt«, erklärte er Tagesson. »Es gibt genug andere Arschlöcher, denen man das Hirn wegpusten kann.«

Die Presseartikel schadeten laut van der Kwast der Ermittlung sehr, und nun legte sich die Staatliche Kriminalpolizei ins Zeug. Johnny Farebrink wurde nach Stockholm gebracht, ins Präsidium in der Polhemsgatan, wo am 9. Mai 1995 die erste Vernehmung stattfand.

Farebrink stritt die Morde in Appojaure rundweg ab und beteuerte, er sei Thomas Quick niemals begegnet. Er sagte, er habe zu dem Zeitpunkt vermutlich gesessen. Aber es stand fest, dass er zwei Wochen vor dem Mord aus der Haftanstalt Tidaholmen entlassen worden war. Farebrink erinnerte sich daran, dass er sich nach der Freilassung mit seiner damaligen Frau Ingela traf. Sie nahmen den Zug nach Stockholm und fuhren direkt nach Bagarmossen, um Drogen zu kaufen. Aus dem Vernehmungsprotokoll:

> Als sie nach Hause kommen, erinnert Johnny sich, dass er und Ingela »sich zugedröhnt« haben und danach sowohl in der Wohnung als auch draußen auf der Straße »auf einem Trip waren«. Er sagt, er wisse noch, dass sie sowohl zu Hause als auch in der Stadt »total zugedröhnt waren«, wie er sich ausdrückt.

Das war kein gutes Alibi. Und seine Exfrau machte es noch schlimmer, indem sie erzählte, sie seien kurz nach ihrer Ankunft in Stockholm getrennter Wege gegangen.

Johnny Farebrink hatte kein Alibi und stand unter Verdacht, den Doppelmord in Appojaure begangen zu haben. Dadurch, dass Quick ihn der Mittäterschaft bezichtigte, sah es sehr schlecht für ihn aus.

Mir erzählt Ingela, dass sich Johnny Farebrink für sie erledigt hatte, als die Polizei sich bei ihr meldete. Sie hatte ein neues Leben mit Job und Haus in Norrland. Ein gutes Leben. Sie konnte Johnny kein Alibi geben, aber das spielte hier keine Rolle.

Erst später, als die Polizei wiederkam und Fragen über Johnny Farebrinks sexuelle Neigung stellte, begann Ingela nichts Gutes zu ahnen. Quick hatte gesagt, er und Farebrink hätten »sich in einer Sauna wie Schwule benommen«.

»Da war mir klar, dass irgendetwas nicht stimmte«, sagt Ingela.

Quicks und Farebrinks Verurteilung rückte immer näher, als Ingela darüber nachzusinnen begann, was in dem verrückten Sommer 1984 eigentlich passiert war.

Am 30. Juni 1984 fuhr Ingela nach Tidaholmen, um ihren Mann nach seiner Haftentlassung zu treffen. Nach ein paar Bieren auf einer Parkbank hatte Johnny die Toilette eines Zeitschriftenkiosks benutzt, und beim Verlassen war sein Blick unweigerlich auf einen Geldschrank gefallen, der offen stand. Ohne, dass jemand achtgab. Johnny nahm ein paar Bankkassetten mit 7000 bis 8000 Kronen an sich.

Nach dieser unerwarteten Aufbesserung seiner Kasse fuhr das Paar nach Stockholm, wo beide eine solide Menge Amphetamine erstanden.

Zwölf Tage darauf wird das holländische Ehepaar Stegehuis in Appojaure ermordet. Aber was tat Farebrink zu dem Zeitpunkt?

»Ich weiß nicht, was da los war, aber plötzlich erinnere ich mich wieder, dass ich in Stockholm eine Psychose hatte«, sagt Ingela.

Ingela konnte den Zeitpunkt nicht mehr genau angeben und wusste nicht einmal das Jahr. Sie wusste nur, dass Farebrink sie in die Ambulanz des Södersjukhuset gebracht hatte.

Johnny Farebrink würde lebenslänglich bekommen, wenn er für die Appojaure-Morde verurteilt würde, und Ingela konnte ihre Grübeleien nicht für sich behalten. Sie rief Ture Nässén von der Kriminalpolizei an und erzählte von der Psychose, die Farebrink vielleicht ein Alibi für die Morde liefern konnte.

Ingelas Patientenakte wurde beim Södersjukhuset angefordert, dann begann das Warten. In der Zwischenzeit kamen immer mehr Erinnerungen an den Juli 1984 zurück.

»Wir hatten ziemlich viele Amphetamine gekauft, verdammt gutes Zeug. Wir sind in der Früh aus der Wohnung raus und haben meine Freundin Eva in der Krukmakargatan besucht. Bei Eva hatte ich dann eine Psychose und tierische Angst. Am Ende rief Johnny Jerka an. ›Ich komm mit Ingela nicht mehr klar‹, hat er gesagt. Jerka kam mit dem Auto seiner Mutter vorbei. Ich habe mich gewehrt, und die haben mich zu dritt kaum ins Auto reingekriegt.

Im Krankenhaus wurde ich auf der Trage festgegurtet. Ich war überzeugt, dass das Krankenhaus von fremden Mächten okkupiert war. Johnny, Jerka und Eva versuchten, mich auf die Trage zu drücken, als ein Arzt mit einer Spritze kam. Ich wusste, das war Gift. Ich habe Eva angeguckt und gesehen, was sie dachte. ›Jetzt musst du sterben!‹ Ich habe um mein Leben gekämpft.

Dann habe ich eine Spritze Haldol bekommen und nichts mehr mitgekriegt.

Als ich am nächsten Morgen aufwachte, stand Johnny am Bett. Er hatte meinen Kimono an. ›Hej Mama! Ich war in Värmland. Und wo warst du?‹

Dann holte er jede Menge Amphetamine aus den Taschen, zwei große Haufen lagen auf meinem Bett. Er hat die Taschen nach außen und innen gewendet. Dann sind wir zusammen nach Hause gegangen. Er im Kimono und ich in meinem Rock mit Blutflecken. Diese Liebe, die mir Johnny an dem Morgen entgegengebracht hat ... So eine Liebe werde ich nie wieder erleben.«

Rechtzeitig zur Mittagspause am 26. September 1995 spuckte das Faxgerät Ingelas Krankenakte aus der Psychiatrie des Södersjukhuset aus. Sie bestätigte Ingelas Aussage in allen Punkten.

»Das war ungeheuerlich«, dachte Ture Nässén damals. »Johnny Farebrink hat ein Alibi!«

Farebrink saß mit mehreren Schwerverbrechern des Landes in der Sektion der Sicherheitskategorie C der JVA Hall ein. Als die Zeitungen von seinem Umgang mit Thomas Quick zu schreiben begannen, hatte er sich aus der Schusslinie manövrieren wollen und Isolationshaft verlangt. Er fürchtete um sein Leben, sollte jemand dem Geistesgestörten in Säter Glauben schenken, der ihn als Komplizen bezichtigte.

Außerdem war Farebrink sehr betroffen von der Einsicht, dass er mit relativ großer Wahrscheinlichkeit für den Doppelmord in Lappland lebenslang hinter Gitter kommen würde. Die selbst gewählte Isolation bedeutete auch, dass er keine Informationen über sein überraschendes Alibi in Form von Ingelas Patientenakte erhalten konnte.

Trotz dieses Alibis wurde Farebrink am 12. Oktober nach Säter gebracht, um in einem »Konfrontationsverhör« Thomas Quick gegenüberzutreten. Die Videoaufzeichnung zeigt, dass er Thomas Quick gegenübersaß, jeder hatte seinen Rechtsanwalt an der Seite. Auch Christer van der Kwast, Seppo Penttinen, Anna Wikström und Ture Nässén waren anwesend.

Die Vernehmung beginnt damit, dass Penttinen Quick fragt, ob die Person, die ihm gegenübersitzt, dieselbe ist, die ihm zufolge an der Tat beteiligt war.

»Das ist Johnny Larsson, ja«, antwortet Quick ohne Zögern.

Dann berichtet Quick ein weiteres Mal, wie er und Farebrink sich in den 70ern in Jokkmokk kennenlernten, und nennt die Namen einiger gemeinsamer Bekannter.

Farebrink schwieg verdrossen während Quicks langem Bericht, bis ihm das Wort erteilt wurde.

»Ich habe dich nicht in Jokkmokk getroffen. Und ich weiß auch nicht, wer diese Männer sind. Aber das lässt sich ja einfach überprüfen. Das ist doch ganz einfach!«

Die Ermittler verraten nicht, dass sie die »Männer« bereits vernommen haben. Alle, die Quick nannte und die ihn und

Farebrink getroffen haben sollen, haben übereinstimmend ausgesagt, Farebrink nie getroffen zu haben.

Farebrink wendet sich direkt an Thomas Quick.

»Du behauptest, dass du mich getroffen hast«, sagt er mit kaum merklichem Lächeln. »Welches Auto bin ich zum Beispiel zu der Zeit gefahren?«

»Das weiß ich nicht«, murmelt Quick.

»Das musst du doch wohl wissen, was für ein Auto ich da hatte!«

»Nein«, wiederholt Quick, obwohl er in mehreren Vernehmungen behauptet hatte, Johnny Farebrink habe einen Volkswagen-Pick-up gefahren.

Penttinen bittet Quick, von seinen Treffen mit Farebrink an der Volkshochschule zu erzählen.

»Wie oft fanden diese Treffen statt, und was geschah in der Schule?«

»Das muss so ... vier-, fünfmal gewesen sein. Wir haben uns immer abends getroffen, und zusammen mit GP und J haben wir in der Sauna der Schule gesessen, Bier getrunken und gequatscht«, sagt Quick.

»Sie waren zusammen in der Sauna?«

»Ja, genau.«

Farebrink schüttelt mit einer Miene den Kopf, die so einiges davon verrät, was er über Quick denkt.

»Ich hasse Sauna. Ich gehe freiwillig in keine Sauna rein, weil ich da keine Luft kriege!«

Farebrink wendet sich wieder an Quick mit einem hinterhältigen Lächeln:

»Du sagst, ich war mit dir in der Sauna und habe Bier getrunken? Weißt du, was für eine Tätowierung ich auf einem meiner Beine habe?«

»Nein«, entgegnet Quick.

»Nein? Und was ich für eine Tätowierung auf dem Rücken habe?«

»Nein, weiß nicht ...«

»Wenn man die Tätowierung auf meinem Oberschenkel gesehen hat, dann vergisst man die nie wieder. Das schwöre ich dir! Wenn du mein Kumpel wärst, würdest du dich an diese Tätowierung erinnern. Das schwöre ich dir, die hättest du nie vergessen.«

Ture Nässén ist der Einzige im Raum, der weiß, wovon Farebrink spricht. In Polizeikreisen heißt es über Farebrink: »Hier kommt der, der ständig bewaffnet ist.« Auf einem Oberschenkel hat er einen großen Revolver tätowiert.

Quick hatte weder eine Ahnung, was für eine Tätowierung Farebrink auf dem Rücken noch auf dem Bein hatte, aber hatte nach dieser Vernehmung offenbar ausführlich und lange darüber nachgedacht. In einem Brief an Birgitta Ståhle schrieb er vier Monate später, dass Farebrink ein Motiv aus »1001 Nacht« auf dem Rücken hatte. Diese zurückgekehrte Erinnerung war jedoch weit von der Wahrheit entfernt. Farebrinks Rücken zierte ein elektrischer Stuhl.

Farebrink blieb beinhart, in der Vernehmung nicht zu verraten, wie seine Tätowierungen aussahen, wohl wissend, dass das einer seiner wenigen Trümpfe war. Aber Anna Wikström war eher davon beeindruckt, was Quick über ihn erzählt hatte.

»Er beschreibt Ihre Neigung, Ihre äußere Erscheinung. Er ist absolut sicher, dass er Sie getroffen hat. Folglich muss er ein extrem gutes Erinnerungsvermögen haben, da er so ausführlich ist«, meint Wikström.

»Ja klar, das wundert mich schon. Ich wundere mich überhaupt darüber, wie er diesen ganzen Kram behaupten kann. Das kapiere ich einfach nicht«, sagt Farebrink.

Er kann keine schlüssige Erklärung dafür liefern, dass Thomas Quick ihn, einen Fremden, in die Ermittlung hineingezogen hat. Farebrink ist nicht bekannt, dass Quick ihn als Handwerker beschrieben hat, der in Jokkmokk mit seinem Werkzeug auf der Ladefläche herumfährt. Ebenso wenig ist ihm bekannt, dass Seppo Penttinen derjenige war, der seinen Namen Quick gegenüber genannt hat, und nicht umgekehrt.

Aber so stellt Anna Wikström den Sachverhalt in der Vernehmung nicht dar.

»Am 23. November [1994] wurden mündlich etwa zehn Männernamen genannt, mit Vor- und Zunamen. Alle diese Namen stehen mit Norrbotten in Verbindung, und die Liste enthält auch den Namen Johnny Larsson.«

Dass dies nicht den Tatsachen entspricht, wissen sowohl Seppo Penttinen als auch Christer van der Kwast sowie Thomas Quick und Claes Borgström. Doch keiner von ihnen lässt sich etwas anmerken.

Farebrink ist trotzdem nicht sehr beeindruckt von Quicks Kenntnissen über seinen Namen, eher misstrauisch:

»Ich hieß da gar nicht Johnny Larsson! Sondern Johnny Farebrink.«

»Ich erinnere mich aber an den Namen Johnny Larsson-Auna. An Farebrink erinnere ich mich nicht«, beharrt Thomas Quick.

Aber das hätte er nicht tun sollen, denn jetzt kommt Johnny Farebrink erst richtig in Fahrt.

»Diesen Namen Larsson-Auna, wo hast du den denn aufgeschnappt?«

»Von dir, natürlich.«

»Von mir? Das kann gar nicht sein, ich hieß nämlich Farebrink. Und dieses Auna, das ist ein alter Familienname von meinem Vater.«

Den Namen Auna hat Johnny nie benutzt. Nicht einmal seine alten Freunde und Bekannte wissen davon. Er existiert nur im Melderegister.

Quick berichtet ferner von einem Bekannten, der in einer Hütte wohnte, und den er und Johnny besuchten.

»Ich erinnere mich besonders gut an das eine Mal«, beginnt Quick. »Ich kann mir denken, dass das ziemlich unangenehm ist für dich ... wir hatten also sexuellen Kontakt, du und ich. Wir haben zu Hause bei der Person gegenseitig onaniert.«

»Ha! Soll ich dir sagen, was ich von solchen Schweinen halte? Soll ich dir das einmal sagen?«, will Farebrink von Quick wissen.

»Das brauchst du nicht«, antwortet Quick.

»Wollen Sie behaupten, dass Johnny homosexuell ist?«, fragt van der Kwast.

»O Mann«, stöhnt Farebrink.

Anna Wikström wendet sich an Farebrink und schlägt vor, er solle auf das, was Quick eben gesagt hat, eingehen.

»Nein, auf solche idiotischen Fragen kann ich nicht eingehen. Das mache ich nicht, verstehen Sie? Das ist ja dermaßen zusammengesponnen, einfach unfassbar.«

Johnny deutet auf Quick, die Augen zu schmalen Schlitzen zusammengekniffen.

»Eins muss dir mal klar sein! Mir damit zu kommen, ich wäre homosexuell, das ist ...«

»Das habe ich nicht gesagt«, erwidert Quick.

»Bist du pathologischer Mythomane, oder was? Glaubst du das eigentlich selbst, was du da sagst? Glaubst du das?«

Nach einer Pause berichtet Quick detailliert von dem Treffen in Jokkmokk, von der Reise nach Messaure und den Morden in Appojaure. Nach Quicks Zusammenfassung wendet Anna Wikström sich an Farebrink.

»Was sagen Sie zu dem Treffen mit Thomas Quick schräg gegenüber vom Konsum in einem Restaurant?«

»Äh! Blödsinn. Ich war in dem Jahr gar nicht in Jokkmokk.«

»Und das Restaurant gegenüber vom Konsum, kennen Sie das in Jokkmokk?«, fragt Wikström.

»Nein. Ich weiß, dass es dort einen Konsum gibt, aber kein Restaurant«, antwortet Farebrink.

Auch die Ermittler wussten, dass es das von Quick erwähnte Restaurant nicht gab, was eine recht große Schwachstelle in Quicks Geschichte darstellte.

»Sagt Ihnen der Namen Rune Nilsson etwas?«, unternimmt Wikström einen weiteren Versuch.

»Nein, gar nicht«, sagt Farebrink.

»Thomas Quick sagt weiter, dass Sie und er sich mit ein paar Personen getroffen haben, auf die Sie vorher schon gestoßen waren, Personen, die in Appojaure gezeltet haben sollen.«

»Was sollen das denn für Leute sein?«, wundert sich Farebrink. »Ich kenne keine verdammten Holländer.«

»Dieser Kommentar, den Thomas Quick hier macht, dass Sie den Eindruck hatten, diese Personen hätten schlecht über Sie geredet ...«

»Äh ... der spinnt doch, der Idiot! Merken Sie nicht, dass der verrückt ist? Was der sagt, ist doch der reinste Quatsch. Das ist ein pathologischer Mythomane!«

Dann erzählt Quick die Geschichte von Rune Nilsson in Messaure, den Farebrink mit dem Messer bedroht haben soll, bevor er nach Appojaure gefahren ist und das Paar umgebracht hat. Nach dem Mord hat er Nilsson geholt, um ihm die misshandelten Leichen im Zelt zu zeigen.

»Johnny demonstrierte, wie übel es laufen kann, wenn einer ihm blöd kommt«, erklärt Quick.

»Wer zum Henker ist denn Rune Nilsson?«, erkundigt sich Farebrink.

»Ja, das ist also ein Mann, der in Messaure wohnt«, informiert Christer van der Kwast.

»Haben Sie ihn erreicht? Was sagt Rune Nilsson denn?«

Alle aus der Einheit wissen, dass Rune Nilsson ebenso beharrlich wie Farebrink abstreitet, Quick getroffen zu haben.

»Ich stelle hier die Fragen«, verkündet van der Kwast.

Die Vernehmung hat fast drei Stunden gedauert, und Johnny Farebrink geht auf, dass er ein ernsthaftes Problem hat. Er wendet sich an Thomas Quick:

»Du bist mir doch nie begegnet. Wie kannst du mich verdammt noch mal da mit reinziehen? Und diese verfluchten Holländer ... Haben Sie einmal nachgeforscht, woher ich diese Holländer kennen soll?«

Er fragt nun van der Kwast:

»Wann soll ich die denn getroffen haben?«

»Sie werden hier von mir befragt!«

Ture Nässén erzählt mir, dass er sich die Vernehmung anhörte und Qualen litt. Er wusste, dass van der Kwast Johnny Farebrink für nichts und wieder nichts ausquetschte und dass die Vernehmung ein Schauspiel war, dessen Ausgang schon feststand. Wieder schämte er sich, Polizist zu sein.

Schlussendlich scheint van der Kwast einzusehen, dass er zu weit gegangen ist, und die Vernehmung wird in Richtung Farebrinks eigener Version dessen gelenkt, was im Juli 1984 geschah.

»Wie ging es Ingela in dieser Zeit, im Juli?«

»Ingela war ja total fertig, als ich rausgekommen bin, sie war ja die ganze Zeit, die ich gesessen hatte, auf Drogen gewesen. Sie war echt am Ende.«

»Wie ging es ihr so im Allgemeinen?«

»Es war halt alles verloren.«

»Ist irgendetwas Besonderes passiert?«

»Nein, nichts.«

Christer van der Kwast wendet sich an Anna Wikström. Es ist Zeit, dass die Wahrheit auf den Tisch kommt.

»Dann können Sie uns mitteilen, was wir gefunden haben«, sagt er.

»Im Zusammenhang mit unseren Nachforschungen sind wir auf eine Patientenakte von Ingelas Krankenhausaufenthalt im Södersjukhuset gestoßen.«

Das genügt. Farebrink weiß genau, wovon Wikström spricht. Monatelang hat ihn das beschäftigt, aber erst jetzt erschien ihm das alles ganz klar.

»Jaha! Ja genau«, sagt er. »Als sie die Psychose hatte!«

»Mm.«

»Das ist gut, wissen Sie«, fährt er fort. »Ja, das weiß ich noch.«

Alle Anwesenden hören Johnny Farebrinks Bericht über Ingelas Psychose aufmerksam zu. Was er erzählt, stimmt exakt mit Ingelas Aussage überein. Er hatte keinen Kontakt mit Ingela haben können, und folglich kann keiner bezweifeln, dass die Geschichte stimmt. Ihre Aussagen plus die Krankenakte bedeuten, dass Johnny Farebrink ein wasserdichtes Alibi für die Appojaure-Morde hat.

Das »Schalom-Ereignis«

Im Sommer 1995 brachte die Sendung »Gesucht« auf *TV3* einen ausführlichen Beitrag über den ungelösten Mord an einem israelischen Touristen.

Yenon Levi war 24 Jahre alt, als er am 3. Mai 1988 in Arlanda landete, um seinen Traumurlaub in Schweden zu verbringen. Einen guten Monat später, am 11. Juni, wurde seine Leiche an einem Waldweg in Rörshyttan in Dalarna gefunden. Die Leiche wies mehrere Verletzungen auf, die von stumpfer Gewalt herrührten, zwei Schädelverletzungen waren tödlich gewesen.

Neben dem Toten lag ein 118 Zentimeter langer Knüppel, ein Ast ohne Rinde, den der Täter dort gefunden hatte. An dem Knüppel, der als Tatwaffe identifiziert wurde, klebten Spritzer von Yenon Levis Blut. Dieses Detail verriet die Polizei in dem Fernsehbeitrag jedoch nicht.

Der Gerichtsmediziner konnte den Todeszeitpunkt lediglich auf die Zeit zwischen dem 8. und 10. Juni 1988 eingrenzen. Zuletzt gesehen wurde Yenon Levi am Sonntag, dem 5. Juni, am Stockholmer Hauptbahnhof. Wo er sich aufgehalten hatte, bis er am 11. Juni gefunden worden war, war und blieb ein Rätsel, obwohl die Polizei in Avesta zahlreiche Beamte dafür einsetzte, viele Vernehmungen durchzuführen. Die Polizei hatte nicht die geringste Ahnung, wann, wie und warum er nach Dalarna gekommen und letztendlich auf dem einsamen Waldweg ermordet worden war. Der Mordfall sollte allem Anschein nach nie gelöst werden.

Quicks Geständnis des Mordes an Yenon Levi begann zwei Wochen nach dem Beitrag in »Gesucht« mit kryptischen Andeutungen des »Schalom-Ereignisses«.

Am Abend des 19. August rief Quick Seppo Penttinen an. Es ging ihm nicht gut, und er erzählte, wie er zusammen mit einem Komplizen Yenon Levi getötet hatte. Sie hatten ihn in Uppsala aufgegabelt und waren Richtung Garpenberg gefahren. Dort hatte Quick Levi festgehalten, der durch einen Schlag des Mittäters »mit einem schweren Gegenstand aus dem Kofferraum« das Bewusstsein verloren hatte. Die Leiche war am Tatort verblieben und »lag mehr auf dem Rücken als auf der Seite, und definitiv nicht auf dem Bauch«.

Als Penttinen die erste Vernehmung zu Yenon Levi durchführte, hatte Quick seine Geschichte in entscheidenden Punkten korrigiert. So sagte er nun, er habe die Tat allein begangen:

Ich habe ihn in Uppsala in mein Auto steigen lassen ... ich bot an, ihn mitzunehmen. Wir haben uns auf Englisch unterhalten, mein Englisch ist allerdings schlecht. Ich habe gesagt, dass ich aus Falun komme, habe die Grube erwähnt und gesagt, ich würde sie ihm gerne zeigen.

Yenon Levi ließ sich überreden und fuhr mit Thomas Quick nach Dalarna, wo sie außerhalb von Heby ein Ferienhaus ansteuerten. Dort hatte Quick Levi mit einem Schlag in die Magengegend überrascht, danach »den tödlichen Schlag oder vielleicht zwei Schläge mit einem Stein auf die Stirn oder den Kopf« ausgeführt.

Nach der Tat hievte Quick den Toten auf die Rückbank seines grünen Volvo 264 und fuhr in einen Waldweg, wo er die Leiche ablegte. Levis Gepäck – ein Koffer, der einem »Seesack« ähnelte – wurde neben ihn gestellt. Quick erinnert sich, dass Levi eine Uhr mit Lederarmband hatte, die er zuerst hatte an sich nehmen wollen, doch schließlich entwendete er nichts.

Nach zwei Stunden brach Penttinen die Vernehmung ab, um sie an einem anderen Tag fortzusetzen.

»Zuerst müssen wir das, was Sie ausgesagt haben, analysieren, bevor Sie fortfahren können«, sagte Penttinen.

Quicks Tatbeschreibung stand im Widerspruch zu zahlreichen bekannten Fakten der Ermittlung. Hingegen stimmte sie einwandfrei mit der Rekonstruktion der Tat überein, die in »Gesucht« gezeigt worden war.

Sten-Ove nimmt Kontakt auf

Am Dienstag, dem 7. November 1995, rief Christian Holmén, Reporter des *Expressen*, auf der Station 36 in Säter an und bat, mit Thomas Quick zu sprechen.

»Ihr Bruder Sten-Ove hat einen offenen Brief an Sie geschrieben, der im *Expressen* veröffentlicht wird. Wir finden, Sie sollten ihn vorher lesen«, sagte Holmén.

Kurz darauf konnte Quick Sten-Oves Brief im Personalraum aus dem Fax nehmen. Er nahm ihn mit in sein Zimmer, schloss die Tür und setzte sich aufs Bett.

Offener Brief an meinen Bruder Thomas Quick

Seit mein Buch »Mein Bruder Thomas Quick« erschienen ist, sind nun ein paar Monate verstrichen [...]. Da die Diskussion über das, was ich geschrieben habe, in der Öffentlichkeit stattgefunden hat, wird das, was du jetzt liest, als offener Brief veröffentlicht. [...]

Das Buch brachte unter anderem mit sich, dass ich meine große Jugendliebe wiedergefunden habe, und vor Kurzem haben wir geheiratet. Meine Frau hat großen Anteil daran, dass ich dein und mein Verhältnis nun in einem anderen Licht sehe.

Ich bin zu dir als Mensch auf Distanz gegangen. Habe gar behauptet, deine Kindheit sei nicht meine gewesen, deine Eltern seien nicht meine gewesen.

Ich habe keine Nachsicht mit deinen Taten. Aber Taten trennen Bruder und Bruder nicht. [...]

Du selbst hast in verschiedenen öffentlichen Zusammenhängen Bestürzung über mein fehlendes Verständnis, mein Auf-Distanz-Gehen und mein Urteil geäußert. Das kannst du mit Fug und Recht tun. Mir war jedoch nicht klar, dass es ein lebenslanger Kampf ist, dich, »Thomas Quick«, als Bruder zu haben.

Nun kann ich es akzeptieren, dass ich diesen Kampf austrage, und dass es dabei um den Versuch geht, dir den Platz in meinem Herzen zu lassen, mich nicht von dir als Bruder loszusagen und nicht zu leugnen, dass dasselbe Blut durch unsere Adern fließt.

Im Kampf gegen das Böse in dir stehe ich auf deiner Seite.

Ich verstehe noch immer nicht die Beweggründe oder die Prozesse hinter deinem Handeln, wenn aus dir ein blutrünstiges Monster wird. [...]

Aber du bist mein Bruder, und ich liebe dich. [...]

Sten-Ove

Sture Bergwall erzählt, dass er mit dem Brief seines Bruders in der Hand dasaß und zu verstehen versuchte, was geschah. War das ein Trick? Gab es einen Hintergedanken? Er las den Brief wieder und wieder und überzeugte sich von Sten-Oves Aufrichtigkeit.

Es war, als hätte der versöhnliche und brüderliche Ton des Briefes die Dämme gebrochen, und die Emotionen kamen hoch. Er wurde von der Sehnsucht überwältigt, seinen Bruder wiederzutreffen.

Am Tag darauf sprach Quick wieder mit Christian Holmén. Sie vereinbarten, Sten-Ove solle in wenigen Tagen nach Säter kommen. Quick notierte in seinem Tagebuch:

Ich bin natürlich angespannt und nervös, aber ich habe keinen Zweifel, dass Sten-Ove und ich zueinanderfinden werden. Diese ersten Begegnung wird etwas eigenartig sein, weil ein Journalist dabei sein wird. Ich stelle mir vor, dass S-O später wiederkommt und wir dann ausführlicher über alles reden können, was gewesen ist, über seine und meine heutige Situation.

Am folgenden Tag hatte Quick weder Vernehmungen noch Therapiesitzungen eingeplant. Niemand in der Psychiatrie Säter wusste, was im Gange war, sodass das Wiedersehen der beiden Brüder ein unverdorbenes Geheimnis war, über das Quick sich noch freuen konnte. Er notierte in sein Tagebuch:

9/11 1995
Sten-Ove und sein offener Brief haben mich natürlich beschäftigt. Ich weiß nicht. Meine Situation hat sich durch den Brief verändert, und ich stehe vor einer schwierigen Wahl. Morgen treffe ich Birgitta, dann klärt sich das vielleicht.

Am nächsten Morgen erzählte Quick Birgitta Ståhle von dem Brief seines Bruders. Ihre Reaktion war eine jähe kalte Dusche. Sie reagierte sehr bestürzt und erklärte, sie müsse Chefarzt Erik Kall darüber Bericht erstatten.

Sobald Kall von Quicks Kontakt mit seinem Bruder erfahren hatte, kontaktierte er Christer van der Kwast. Dann war es nur noch eine Frage der Zeit, bis Seppo Penttinen und Claes Borgström informiert waren.

Thomas Quick schreibt in sein Tagebuch:

Seppo hat mich angerufen und war wirklich empört. Ich war nicht darauf vorbereitet, dass Sten-Oves Besuch einen solchen Aufruhr bei Kwast und Seppo verursacht.

Warum war ein Treffen der beiden Brüder so bedenklich?

Quick hatte von fürchterlichen Dingen erzählt, die Sten-Ove ihm als Kind angetan haben soll. Außerdem hatte er ihn der Mittäterschaft im Mordfall Johan Asplund beschuldigt. Seine ungebremste Begeisterung, Sten-Ove zu treffen, schade seiner Glaubwürdigkeit, meinten Penttinen, van der Kwast und Ståhle.

Thomas Quick hörte sich ihre Argumente an, sah ein, dass sie Sinn machten, war aber nicht bereit, nachzugeben. Er notierte in sein Tagebuch:

Ich *will* Sten-Ove treffen, sehe aber ein, dass das unpassend ist. Doch ich kann und will nicht Nein sagen. Seppo schlug vor, er könne mit dabei sein, aber das ist für mich völlig undenkbar. Für mich wäre es das Einfachste, wenn Kwast mich festnähme, dann bräuchte ich keine Kraft mehr darauf verwenden, mich damit zu befassen – ich kann Sten-Ove nichts abschlagen.

Als Quicks Umfeld klar wurde, dass das Treffen stattfinden würde, brach Panik aus. »Sturm wegen Sten-Oves Besuch«

schrieb Quick in sein Tagebuch. Alle versuchten ihn dazu zu bewegen, das Treffen abzusagen.

> Seppos Gerede über Glaubwürdigkeit in einem Prozess bezüglich Johan ist mir egal, er und Kwast sind für die Glaubwürdigkeit zuständig!! Verflucht – gibt es denn niemanden, der tief in seinem Innern meinen Zwiespalt bezogen auf die Begegnung mit Sten-Ove versteht!? Ich *will* ihn treffen und ich kann verstehen, dass das unpassend ist, aber mein Wille ist viel stärker als mein Verstand.

Der Sonntag war die letzte Chance, das Treffen zu stoppen, und es wurden alle Kräfte mobilisiert, um Quick dazu zu bringen, einen Rückzieher zu machen. Andernfalls musste Sten-Oves Besuch auf juristischem Wege verhindert werden.

Thomas Quick war den ganzen Sonntag über am Telefon und redete mit Ståhle, Penttinen, Kall und Borgström. Alle waren sich einig, Quick solle sein Treffen mit Sten-Ove absagen.

Schlussendlich wurde die Sache von Erik Kall entschieden, der ein Besuchsverbot für Sten-Ove Bergwall verhängte. Quick akzeptierte diesen Beschluss. Im Tagebuch hielt er Penttinens Kommentar fest: »Jetzt kommen wir gerade noch mal davon.«

Man kann sich fragen, warum alle in Thomas Quicks Umgebung eine Heidenangst davor hatten, dass die beiden Brüder sich wiedersahen. Reaktionen dieser Art werden normalerweise mit extrem abgeschotteten Sekten in Verbindung gebracht.

Sture selbst ist sich über die Folgen, die ein Treffen gehabt hätte, völlig im Klaren.

»Wenn ich und Sten-Ove uns wiedergesehen und miteinander geredet hätten, dann wäre die Quick-Ära mit Sicherheit 1995 schon zu Ende gewesen. Es hätte keine Ermittlungen mehr gegeben, denn wenn ich und Sten-Ove hätten reden dürfen, hätte ich meine Lügen nicht aufrechterhalten können. Birgitta

Ståhle hat das erkannt, vielleicht auch Seppo Penttinen. Deshalb waren sie bereit, alles dafür zu tun, um ein Treffen zu verhindern.«

In den darauffolgenden Tagen blieb Thomas Quick im Bett, reagierte nur einsilbig auf Ansprache und aß nicht mehr.

Der Prozess am Landgericht Gällivare

Jan Olsson und der Gerichtsmediziner Anders Eriksson hatten die Aufgabe, gemeinsam eine Präsentation der rechtsmedizinischen und kriminaltechnischen Funde vorzubereiten, die mit Quicks Aussage im Appojaure-Mord übereinstimmten.

Olsson erzählt, dass er an dem Tag, an dem er und der Gerichtsmediziner vor Gericht aussagten, zusammen mit Christer van der Kwast im Hotel Dundret in Gällivare frühstückte. Olsson war in verschiedenen Gerichtsverhandlungen als Sachverständiger aufgetreten, sodass in der Hinsicht ein ganz gewöhnlicher Arbeitstag auf ihn wartete. Dennoch und obwohl ihre Präsentation so gut wie hundertprozentig war und für den Ausgang des Falles von großer Bedeutung sein würde, verspürte er ein leichtes Unbehagen bei dem Gedanken an die bevorstehende Aussage.

Nach dem Frühstück gingen Jan Olsson und van der Kwast zu Fuß zum Gericht, obwohl es beißend kalt war. Olsson war mit den Gedanken bei seinen Zweifeln bezüglich des Appojaure-Mordes und weiß noch, wie er sagte:

»Dieser Müllbeutel. Die Tüte, die im Zelt stand. Quick kann gar nicht ins Zelt gekommen und so vorgegangen sein, wie er sagt, ohne sie dabei umgestoßen zu haben.«

Zu einem früheren Zeitpunkt hatte Thomas Quick erzählt, er sei durch die aufgeschlitzte Öffnung ins Zelt eingedrungen, woraufhin dieses zusammengestürzt sei.

Wenn Christer van der Kwast etwas über Jan Olssons Fazit dachte, dann behielt er es für sich. Olsson dachte an die Fotos vom Innern des Zeltes, die er so genau mit der Lupe studiert hatte, dass er jede Einzelheit im Kopf hatte. Und nicht nur die aufrecht stehende Mülltüte mit den Bierdosen störte ihn. Das kleine Schnapsglas war fast noch schlimmer, dachte er.

Auf die kleine Fläche zwischen den beiden Mordopfern, wo Quick während seines Überfalls gestanden haben will, war ein Schnapsglas mit Likörwein gestellt worden. Und das Glas war nicht umgestoßen worden.

»Das konnte einfach nicht stimmen«, sagte Jan Olsson, der genau dies dachte, als er und van der Kwast, beide mit grimmigen Mienen, von der Storgatan links in die Lasarettsgatan bogen. Sie waren vor dem Gericht angelangt.

Jan Olsson und Anders Eriksson waren ihre Präsentation sorgfältig durchgegangen und zeigten mithilfe eines Overheadprojektors abwechselnd die Schlitze in der Zeltplane und die Verletzungen der Mordopfer. Die Präsentation war pädagogisch aufgebaut und sehr überzeugend. Es war offensichtlich, dass Thomas Quick während des Ermittlungsverfahrens im Prinzip jeden einzelnen Messerstich beschrieben hatte.

Sture Bergwall erinnert sich an die Situation im Landgericht:

»In einem Gerichtssaal können die Emotionen auch richtig hochkochen, und so war es, als Jan Olsson und der Gerichtsmediziner ihre Aussage machten. Das war unglaublich wichtig. Dass ich die Verletzungen des Paares in Appojaure beschrieben hatte, war fast genauso wichtig wie Thereses Knochenstück in Ørje.«

Jan Olsson teilt diese Meinung.

»Wir haben gute Arbeit geleistet, Anders Eriksson und ich.«

Dieses Gesprächsthema ist ihm unangenehm, auch wenn er die heiklen Fragen nicht umgeht. Er ist der Ansicht, dass das

Landgericht Gällivare hinters Licht geführt wurde, da zu vielen Umständen, die eindeutig gegen Quicks Aussage sprachen, vor Gericht keine Angaben gemacht worden waren. Er denkt an das Schnapsglas, er denkt an die eigenartigen Abläufe der Rekonstruktionen und an das Radio der Holländer, das in Vittangi gefunden wurde. Und er denkt an den Müllbeutel, der laut Olsson zeigte, dass Quick keine Ahnung von dem Tathergang hatte.

»Im Nachhinein habe ich gedacht, ich hätte das vor Gericht sagen sollen. Aber gleichzeitig – das ist wohl eine schlechte Ausrede – bin ich Sachverständiger, der Fragen beantworten soll, anstatt eigene Schlussfolgerungen zu ziehen. Ich habe mit Fragen vonseiten des Verteidigers gerechnet. Aber da kam überhaupt nichts.«

Jan Olsson wusste aus Erfahrung, dass der Verteidiger alle Unklarheiten der technischen Beweisführung hinterfragt, sodass Claes Borgströms Passivität völlig unerwartet kam.

»›Er muss doch nach dem Müllbeutel fragen?‹, dachte ich. Schließlich ist er im Protokoll aufgeführt. Es muss einen Rechtsanwalt geben, der Fragen stellt – das ist absolut notwendig«, sagt er.

Olsson erzählt, dass er und Eriksson stattdessen viele positive Kommentare und Lob für ihre gemeinsame Arbeit erhielten.

Im Prozessprotokoll lese ich, dass selbst Sven Åke Christianson anwesend war, um über Quicks Zuverlässigkeit auszusagen. Claes Borgström fragte ihn, ob das Risiko einer Falschaussage bestünde. Christianson antwortete zusammenfassend, dass »nichts vorgefallen ist, was dafür spricht, dass Quick ein falsches Geständnis abgelegt hat«.

Merkwürdigerweise ging in diesem Moment ein Fax beim Landgericht ein, das den langen, ausführlichen Brief eines Gerichtspsychologen enthielt, der vor den Risiken falscher Geständnisse und falscher Erinnerungen warnte. Das Fax wurde dem Präsident des Landgerichts überreicht.

Gubb Jan Stigson, Kriminalreporter und Quick-Experte, berichtete darüber am folgenden Tag im *Dala Demokraten*:

> Es kam zu einer Diskussion, in der Richter, Staatsanwalt und Verteidiger darüber berieten, wie mit dem Brief umgegangen werden solle. Da meldete sich Quick selbst zu Wort:
> »Ich finde, das brauchen wir uns gar nicht erst anzugucken. Wenn ein Quacksalber aus Älmhult was herschickt, dann wandert das sofort in den Papierkorb!«
> Dem Wunsch wurde stattgegeben!

Im Landgericht entstand eine gewisse Heiterkeit ob der eleganten Lösung, die dem folgenschweren Brief des »Quacksalbers aus Älmhult« zuteilwurde. Allerdings war der Absender Nils Wiklund, Dozent der Psychologie aus Stockholm, Spezialist für Aussagepsychologie.

Nils Wiklund hat den Brief noch, den das Landgericht in den Papierkorb wandern ließ, und zeigt ihn mir, als ich ihn aufsuche. Er schließt mit den folgenden Zeilen über Warnsignale bei falschen Geständnissen, denen das Landgericht Beachtung hätte schenken sollen:

1. Hat der Patient über einen längeren Zeitraum keinerlei Erinnerungen an die fraglichen Vorfälle, die im Verlauf der Therapie »zurückgekehrt« sein sollen? Das erhöht das Risiko einer falschen Erinnerung.
2. Gibt es Tonbandaufnahmen der Gespräche, in denen über diese Erinnerungen gesprochen wurde? In dem Fall können eventuelle Einflussnahmen gegebenenfalls analysiert werden. Andernfalls ist der Therapeut sich nicht darüber im Klaren, welche Interaktionen zu falschen Erinnerungen führen können.

3. Existiert in unabhängiger Form die Bestätigung des Verdachts, die nicht von den Aussagen des Patienten ausgeht (in Form von Fingerabdrücken, DNA-Analysen, technischen Beweisen)? Erhärtet allein der Inhalt der Aussagen den Verdacht, sollte sorgfältig analysiert werden, ob dieser Inhalt aus anderen Quellen, z. B. den Massenmedien, stammen könnte.

Wenn das Risiko für durch die Therapie hervorgerufene Erinnerungen besteht, sollten die Aussagen der Prüfung durch einen Sachverständigen (einen Psychologen mit Universitätsausbildung in Aussagepsychologie) unterzogen werden. [...] Wenn durch die Therapie hervorgerufene Erinnerungen ohne eine solche Analyse eines Gerichtsbeschlusses zugrunde gelegt werden, besteht das Risiko eines Fehlurteils.

Mit freundlichen Grüßen

Nils Wiklund
Psychologe,
Dozent der Psychologie,
Spezialist für klinische Psychologie

Am letzten Verhandlungstag geschah etwas Ungewöhnliches, als dem Angeklagten Thomas Quick die Möglichkeit gewährt wurde, ein letztes Wort an das Gericht, die Zuhörer und Journalisten zu richten. Er erhob sich und las den Text von sechs dicht beschriebenen A4-Seiten laut vor:

»In diesem Prozess haben wir eine Grausamkeit erlebt, die für die meisten unfassbar ist, ein Verbrechen schauerlichster Art«, begann Thomas Quick mit zittriger Stimme und den Tränen nahe.

Jan Olsson erzählt, dass er mit einem Gefühl der Unwirklichkeit der salbungsvollen Rede Quicks an die Versammelten lauschte. Quick fuhr fort:

»Was ich zu sagen habe, soll nicht als Rechtfertigung der Taten, die dieser Verrückte verübt hat, nicht als quasi-psychologische Auseinandersetzung damit aufgefasst werden und nicht als kläglicher Versuch, meine Menschenwürde wiederzufinden.«

Quick berichtete von seiner Kindheit in dem gefühlskalten Elternhaus, das ihn zum Mörder gemacht hatte. Als er über seine permanente Angst und seine Todessehnsucht als Kind sprach, begannen einige der jungen Zuhörer zu weinen.

Jan Olsson rutschte unruhig auf seinem Platz hin und her und sah abwechselnd Quick, die weinenden Zuhörer und den Gerichtspräsidenten Roland Åkne an.

»›Warum sagt ihm niemand, dass er aufhören soll?‹, dachte ich. Es war einfach nur abstoßend! Es war, als hätte sich der Gerichtssaal in eine Art Gemeindesaal verwandelt.«

Als die gefühlsduselige Rede zu Ende war, musste das Landgericht eine Pause einlegen, bevor Rechtsanwalt Borgström sein Schlussplädoyer halten konnte.

Claes Borgström war mit dem Staatsanwalt einer Meinung, dass Quicks Schuld in der Hauptverhandlung überzeugend bewiesen wurde, und dass das einzig denkbare Resultat in der weiteren Unterbringung in der geschlossenen Psychiatrie bestehen konnte.

Am 25. Januar 1996 wurde das Urteil verkündet. Thomas Quick wurde für seinen zweiten und dritten Mord verurteilt. Die Strafe lautete auf Weiterführung der psychiatrischen Behandlung.

Es ist oftmals die Beschuldigung ausgesprochen worden, Seppo Penttinen und andere hätten in den Gerichtsverhandlungen zu Thomas Quick Meineid geleistet. Was auch immer dran gewesen sein mag, diese Frage wird nie von einem Gericht geprüft werden. Jede denkbare Straftat in diesem Zusammenhang ist verjährt. Ein eventueller Meineid am Landgericht Gällivare ist seit Januar 2006 verjährt.

Was jedoch mit Sicherheit festgestellt werden kann, ist, dass mehrere Fakten in dem Appojaure-Fall dem Gericht vorenthalten wurden, während andere auf irreführende Art und Weise präsentiert wurden:

Die einzige Tatwaffe, mit der ohne Zweifel auf das Ehepaar Stegehuis eingestochen wurde, war das Filetiermesser des Paares. Trotz 15 Vernehmungen, die 713 Protokollseiten umfassen, konnte Thomas Quick dieses Messer nie beschreiben. Das war eine offenkundige Schwäche seiner Aussage, aber davon erfuhr das Landgericht nie etwas.

Dieses zeigte sich von Seppo Penttinens Aussage beeindruckt, der angab, Quick habe bereits in seiner ersten Vernehmung »eine detaillierte Skizze vom Zeltplatz anfertigen können«. Das stimmte zwar, doch Penttinen verschwieg, dass Quick dem Auto und dem Zelt vollkommen falsche Plätze zugewiesen hatte.

Ein weiterer wichtiger Fakt war laut Urteil das Damenfahrrad mit kaputter Gangschaltung, das Quick, wie er sagte, vor dem Samischen Museum in Jokkmokk gestohlen hatte. Ein solches war in dem Zeitraum vor dem Mord verschwunden, und die Besitzerin bestätigte dies in ihrer Aussage vor Gericht. Ursprünglich sagte Quick in seiner Vernehmung zu Seppo Penttinen, er habe ein Herrenfahrrad und kein Damenfahrrad gestohlen.

Birgitta Ståhle war bei sämtlichen Quick-Prozessen anwesend, in denen es um Mord ging. Während der Gerichtsverhandlung in Gällivare schrieb sie ausführlich mit, was gesagt wurde, und große Teile ihrer Mitschrift tauchen in dem nicht veröffentlichten Buch über Thomas Quick auf. Daraus geht eindeutig hervor, auf welche Weise das Landgericht an der Nase herumgeführt wurde.

Am zweiten Verhandlungstag finden Vernehmungen statt, darunter auch die von Kriminalinspektor Seppo Penttinen.

Seit März 1993 hat Penttinen Sture verhört, und die erste Vernehmung bezüglich des Doppelmords in Appojaure wurde am 23. November 1994 durchgeführt.

Penttinen beschreibt seine Erfahrungen mit diesen Vernehmungen mit einem Bild. Es ist so, als hätte Sture eine heruntergelassene Jalousie vor sich, mit einigen aufgeklappten Lamellen. Er erzählt eine zeitlich unzusammenhängende Geschichte, aber es kommt eine Regression in Zeit und Raum vor. Dann ändert Sture seine Körpersprache und bekommt plötzlich extreme Panik. Penttinen beschreibt den Vorgang, wie einzelne Erinnerungen an den Doppelmord zurückkehren. Stures Art, zu erzählen, ist die Gleiche wie in früheren Fällen. Er berichtet von gewissen Erinnerungsfragmenten, aber im Laufe der Vernehmung »öffnet sich« der Ablauf immer mehr.

Die Geschichte ist anfangs in keiner Weise zusammenhängend. Sture sagt selbst, er müsse aufgrund seiner Panik sein inneres Ich schützen, indem er sich etwas ausdenkt, das der Wahrheit nahe kommt. Schon in der folgenden Vernehmung korrigiert er die eine oder andere zuvor gemachte Angabe.

Quicks Erinnerungen sind Seppo Penttinens Auffassung nach klar und deutlich, was die entscheidenden Punkte einer Tat betrifft. Hingegen sind die weniger zentralen Umstände, wie etwa die Fahrten zu und von einem Ort, in seiner Beschreibung ziemlich vage.

Was den Ort der betreffenden Taten angeht, lieferte Quick bereits in der Vernehmung vom 23. November 1994 Angaben sowie eine detaillierte Skizze vom Zeltplatz und dem Weg, der dorthinführt. Er beschrieb die Bodenbeschaffenheit an der Stelle, wo das Zelt stand, einen aus Baumstümpfen bestehenden Sitzplatz und den Abstand zwischen dem Seeufer und dem Zelt und Auto der Holländer.

Ståhles Mitschrift zeigt deutlich, dass ihre und Margit Norells Theorien, wonach Thomas Quick durch Regression die verdrängten Erinnerungen zurückholt, auch wegweisend für die polizeilichen Ermittlungen waren. Seppo Penttinen kann es kaum entgangen sein, dass er in seiner unter Eid abgelegten Aussage dem Gericht ein falsches Bild geliefert hat, inwiefern Quicks Geschichte im Laufe der Ermittlung korrigiert wurde. Aber wir lassen Ståhle weiterschreiben, denn Penttinens Irreführung des Gerichts steigert sich noch.

In den Vernehmungen vom 23. November und 19. Dezember erwähnte Quick, dass die Zeltplane aufgeschlitzt wurde und längere Risse sowie ein kurzer Riss dort entstanden, wo er auf den Mann einstach.

Er beschrieb ferner die äußere Erscheinung des Paares und wo im Zelt sie sich befanden. Die jetzigen Angaben wurden völlig spontan gemacht. Penttinen zufolge besteht kein Unterschied zwischen dem, was Quick während des Ermittlungsverfahrens gesagt hatte, und dem, was er in der Hauptverhandlung behauptete.

Die erste Vernehmung von Quick umfasst 81 Protokollseiten. So gut wie alle Angaben, die Quick bei dieser Gelegenheit gemacht hat, sind sachlich falsch und werden zum großen Teil korrigiert, oft mehrmals, bis es bei einer endgültigen Version bleibt. Die falschen Angaben der ersten Vernehmung sind kursiviert:

- Er stiehlt ein *Herrenrad*.
- Damit *radelt* er nach Appojaure.
- Das Wetter ist *heiter bis wolkig*.
- Er ist *allein*.
- Der Rastplatz ist *500 bis 1000 Meter* von der Hauptstraße entfernt.
- *Mitten auf dem Platz* steht ein *braunes Viermannzelt*.

- Das Zelt steht *am Seeufer.*
- Ein Auto steht *am Waldrand,* der Kühler zeigt *zum Wald.*
- *Über dem Platz sind Wäscheleinen gespannt.*
- Quick tötet das Paar mit *zehn bis zwölf* Messerstichen.
- Die Tatwaffe ist ein *großes Jagdmesser mit breiter Klinge.*
- *Die Frau erscheint in der Zeltöffnung.*
- Ihr Oberkörper ist *unbekleidet.*
- Sie hat *lange braune Haare* und ist *etwa 27 Jahre* alt.
- Die Frau liegt auf der *rechten,* der Mann auf der *linken* Seite im Zelt.
- Quick *schlitzt* nach dem Mord *eine Längsseite des Zeltes auf.*
- Er stellt fest, dass sich *ihre Rucksäcke im Zelt* befinden.
- Es herrscht *Unordnung im Auto.*
- Quick *entwendet nichts aus dem Zelt,* sondern *radelt* nach dem Mord *nach Jokkmokk zurück.*
- Er kennt Johnny Farebrink *nicht.*
- Er weiß *nicht,* ob er den Doppelmord tatsächlich begangen hat.
- *Er hat nie mit dem Paar gesprochen.*

Widerstände

Durch die Appojaure-Morde entstand in Norwegen ein ernsthaftes Interesse für Thomas Quick, und im Frühjahr 1996 nahmen mehrere norwegische Journalisten die Zusammenarbeit mit dem gesprächigen Serienmörder auf.

Das norwegische Quick-Abenteuer hatte allerdings bereits im November 1994 seinen Anfang genommen, als Quick Penttinen von einem Mord erzählte, der zwischen 1988 und 1990 passiert sein sollte. Es handelte sich um einen Jungen mit slawischem Aussehen und einem viel zu großen Fahrrad.

Quick nannte den Ort Lindesberg, außerdem den Namen Dusjunka. Einen Monat später lautete der Name des Jungen Dusjka und wurde mit dem Ortsnamen Mysa in Norwegen verknüpft.

Im Dezember 1994 fragte Penttinen die norwegische Polizei, ob ein Junge vermisst wurde, auf den Quicks Beschreibung passte. Bekanntermaßen lautete die Antwort, dass kein Dusjunka oder Dusjka vermisst wurde, aber 1989 zwei männliche Jugendliche aus Afrika aus einem Flüchtlingslager verschwunden waren. Der Journalist Svein Arne Haavik von der *Verdens Gang* bekam Wind von der Geschichte, und im Juli 1995 veröffentlichte er die Angaben über die beiden Asyl suchenden Jungen in seiner Artikelserie über Thomas Quick – dieselbe Artikelserie, durch die Quick vom Verschwinden der neunjährigen Therese Johannesen im Juli 1988 erfahren hatte.

Die norwegischen Mordopfer – Therese Johannesen und die beiden afrikanischen Flüchtlinge – wurden durch Quicks »Therapiewand« in die Ermittlungen eingebracht, eine von Brigitta Ståhle für ihre Therapie verwendete Pinnwand, an die eine Collage aus symbolischen Bildern geheftet wurde. Die Pinnwand wurde regelmäßig von Seppo Penttinen fotografiert, der nach bestem Wissen die mehr oder weniger versteckten Botschaften zu deuten versuchte.

Im Februar 1996 war die Therapiewand durch eine Karte von Norwegen erweitert worden sowie durch Fotografien eines etwa neun Jahre alten, blonden Mädchens und zweier Jugendlicher mit afrikanischem Aussehen. Penttinen verstand genau, was Quick sagen wollte.

Nach dem Urteil von Gällivare wurden in Norwegen und Schweden Tatortbegehungen durchgeführt, mit dem Ziel, dass Thomas Quick zeigen sollte, wie die Entführung und Ermordung der beiden Jungen vonstattengegangen war. Die Begehungen in Norwegen waren wahre Medienereignisse, was keinem der Beteiligten entging – am allerwenigsten Quick.

»Wir haben ja die Zeitungen für ihn gekauft. Er wollte die *VG* und das *Dagbladet*«, erzählt Ermittler Ture Nässén.

Am 23. April 1996, als sich Quick und seine Entourage in Norwegen befanden, stand im *Dagbladet* ein Artikel mit Foto über die beiden Jungen. Die Ermittler wussten, dass Quick jeden Tag die Zeitung las, aber welche Information er auf diese Weise erhielt, spielte für sie keine Rolle.

Bei den Übernachtungen im Krankenhaus Ullevål in Oslo gab einer der Pfleger Quick eine Baseballkappe mit der Aufschrift ULLEVÅLS SYKEHUS, und er kam mit ihm ins Gespräch. Quick war unbedacht genug, ihm den Artikel des *Dagbladet* zu zeigen. Darin war ein Gruppenbild abgedruckt, und Quick zeigte auf zwei eingekreiste Jungen und sagte: »Die beiden kenne ich.« Der Pfleger informierte die norwegische Polizei und meldete den Vorfall.

Es kam also nicht durch die Wachsamkeit der Ermittler heraus, dass Quick das Foto der »Norwegenjungen« gesehen hatte, sondern dank eines Pflegers, der eigentlich nichts mit der Sache zu tun hatte.

Von Quicks vermeintlichen Opfern waren in Norwegen vor ihrem Verschwinden Fingerabdrücke genommen worden, und im Zusammenhang damit, dass in Guldsmedshyttan nach den Überresten der Jungen gesucht wurde, beschloss man, die Fingerabdrücke sicherheitshalber durch das schwedische Register laufen zu lassen. Das ergab zwei Treffer.

Der eine war nach Stockholm gekommen, wo er bei der Polizei auf Kungsholmen um politisches Asyl ersucht hatte. Dort war eine Daktyloskopie angefertigt worden, das heißt, er wurde fotografiert und es wurden Fingerabdrücke von ihm genommen.

Die Polizei erhielt Name, Personennummer und Adresse aus dem Melderegister dieses angeblichen Mordopfers, und bald darauf traf Ture Nässén mit ihm zusammen.

»Er war ein netter Mann. Er wohnte mit Frau und Kind in Fisksätra, aber Thomas Quick war er nie begegnet«, erzählt mir Nässén.

Quicks zweites Opfer war bis nach Ljungby gekommen, von wo er weiter nach Kanada gereist war, wo Nässén ihn telefonisch erreichte. Danach war sein Fazit über Quick klar.

»Das ist doch alles gelogen! Sie haben gesagt, sie seien aus Oslo weg, weil sie wussten, dass sie kein politisches Asyl in Norwegen bekommen würden.«

Ohne diese Ergebnisse zu enthüllen, bereitete die Polizei eine Vernehmung vor, bei der Quick Fotos von zwölf afrikanischen Jungen gezeigt werden sollten, darunter auch die der beiden Verschwundenen. Sie wurde im Polizei-Van in Guldsmedshyttan durchgeführt, während die Kriminaltechniker draußen nach zwei Mordopfern suchten, die jedoch, wie sich herausgestellt hatte, noch am Leben waren.

Penttinen begann damit, Quick daran zu erinnern, dass er seine Aussage mehrmals korrigiert hatte.

»Wenn man alles zusammennimmt, was Sie in den verschiedenen Vernehmungen und bei den Begehungen, die wir durchgeführt haben, gesagt haben, dann wirkt das schon recht verwirrend.«

Penttinen fragte Quick auch, ob er Fotos von den beiden Jugendlichen gesehen hatte, doch das verneinte Quick resolut.

An dieser Stelle mischte sich van der Kwast in die Vernehmung ein. Diesmal setzte er Quick unter Druck, wenn auch behutsam.

»Wir haben also unter der Hand eine Information aus dem Krankenhaus Ullevål erhalten, die besagt, dass Sie von diesen Jungs Fotos in der Zeitung gesehen haben«, sagte van der Kwast.

»Welche Zeitung soll das sein?«, fragte Quick verständnislos.

Quick wollte nichts davon wissen, dass er ein Foto gesehen haben soll, und er blieb dabei, dass er die beiden Jungen ermordet hatte.

»Mir ist nicht klar, ob Sie von dem zweiten Jungen gesprochen haben, der noch am Leben war, als er aus Mysen wegge-

bracht wurde«, verdeutlichte van der Kwast. »Wo ist er ge-
storben?«

»Er starb hier«, entgegnete Quick ohne Zögern.

Die Jungen waren von Oslo nach Guldsmedshyttan gebracht
worden, und die Polizei würde beide Leichen finden, wenn sie
nur weitergrub, lautete Quicks Botschaft.

Als Quick die Fotomontage gezeigt wurde, musterte er ein-
gehend die Gesichter der zwölf dunkelhäutigen Jungen.

»Ein Gesicht erkenne ich auf Anhieb wieder«, sagte Quick
und legte den rechten Zeigefinger auf Foto Nummer 5, das
einen Jungen mit schmalem Gesicht, traurigem Blick und halb
geöffnetem Mund zeigte.

»Und möglicherweise ...«, sagte er zweifelnd und zeigte auf
Nummer 10.

»Die 5 und die 10«, fasste Penttinen zusammen. »Die 5 haben
Sie sofort erkannt, sagen Sie.«

Christer van der Kwast entschuldigte sich und sagte, er
müsse »etwas nachsehen«, woraufhin Penttinen das Tonbandgerät ausschaltete und mit van der Kwast den Bus
verließ. Fünf Minuten später waren sie wieder da. Van der
Kwast war derjenige, der den entscheidenden Schlag austeilen
sollte.

»Dann kann ich Ihnen noch eine Information mitteilen, die die Person mit der Nummer 5 betrifft«, sagte er energisch.

Quick brummelte und ahnte, dass keine guten Nachrichten
auf ihn warteten.

»Der Information zufolge, die mir vorliegt, ist die Person
am Leben«, sagte van der Kwast. »Das wurde anhand von Fingerabdrücken überprüft.«

Dazu hatte Quick nichts zu sagen, aber er wirkte geschockt.

Ture Nässén hörte sich die gesamte Vernehmung mit an, einschließlich der Vorlage der Fotos und der Enthüllung, dass

Quicks afrikanische Opfer in Schweden beziehungsweise Kanada lebten.

»Da brach Panik aus! Ich musste Quick wieder in die Psychiatrie Säter zurückbringen. Es ist ein Rätsel, wie die Ermittlung nach diesen Jungs weitergeführt werden konnte.«

Selbst nach diesem Vorfall ignorierten Christer van der Kwast und Penttinen die Tatsache, dass Quick aus Zeitungen und von Journalisten Informationen über die Morde erhielt. Aber die Sache in Guldsmedshyttan hatte Ture Nässén endgültig davon überzeugt, dass Quick ein Schwätzer war.

»Daraus zog ich die Konsequenz, mich von der Ermittlung zurückzuziehen. Für mich war Thomas Quick erledigt.«

Parallel zu den Ermittlungen in Norwegen lief die Arbeit an dem Mordfall Yenon Levi weiter, und es wurde beschlossen, dass im Mai 1996 eine Rekonstruktion stattfinden sollte.

In der ursprünglichen Levi-Ermittlung existierten umfangreiche gesicherte Spuren, die Jan Olsson und der Kriminaltechniker Östen Eliasson durchsahen. Ausgehend von dieser Grundlage formulierten sie einen glaubwürdigen Tathergang für den Mord. Doch nach den Erfahrungen, die er bei der Rekonstruktion in Appojaure und dem Prozess in Gällivare gemacht hatte, hatte Olsson den Verdacht, dass Seppo Penttinen Informationen zu Quick durchsickern ließ. Er und Eliasson beschlossen deshalb, Penttinen vor der Rekonstruktion nichts von ihren Schlussfolgerungen zu erzählen.

Am 20. Mai 1996 um 11.00 Uhr vormittags soll Thomas Quick am Tatort erzählen, wie er Yenon Levi getötet hat. Die ganze Entourage – Polizeibeamte, Pfleger aus Säter, Therapeuten, ein Experte für Gedächtnisfunktionen, der Oberstaatsanwalt und Kriminaltechniker – ist versammelt.

Thomas Quick, der eine schwarze Kappe, eine blau-weiße Bomberjacke, schwarze Hosen und Laufschuhe trägt, ist jedoch nicht geneigt. Vor dem Beginn der Rekonstruktion möchte er etwas sagen. Es ist nicht zu übersehen, dass er stark mitgenommen ist.

»Ich möchte mich zunächst an Oberstaatsanwalt Christer van der Kwast wenden und ihm mitteilen, dass ich noch immer empört und frustriert bin wegen der Sache, die am Montag geschah. Ich verstehe nicht ganz, warum Christer van der Kwast nicht auf mich zukommen und sich entschuldigen kann!«

Es war gerade einmal eine Woche nach dem blamablen Fiasko in Guldsmedshyttan vergangen. Danach wurde Quick zusammen mit Birgitta Ståhle für ein Treffen mit van der Kwast nach Stockholm gebracht. Dieses fand am späten Abend in den Räumlichkeiten des Staatlichen Kriminalamts statt, und van der Kwast schlug einen harschen Ton an, verlangte konkrete Beweise und »ein vernünftiges Benehmen« Quicks. Das war Quick nicht gewohnt, und er verließ wütend das Treffen.

Nun bietet sich eine günstige Gelegenheit, van der Kwast vor versammelter Mannschaft eine Retourkutsche zu verpassen.

»Ob mich das in dieser Arbeit heute beeinträchtigen wird oder nicht, weiß ich nicht. Ich hoffe, es ist nicht der Fall. Aber das liegt dann nicht an Christer van der Kwast. Ich finde, er ist in dieser Frage seiner Verantwortung nicht nachgekommen. Er geht nicht auf Distanz zu seiner Person, und er trennt nicht zwischen Rolle und Person, denke ich. Ich bin sehr enttäuscht und hoffe, dass Christer van der Kwast den Anstand hat, mich persönlich um Entschuldigung zu bitten.«

Seppo Penttinen schenkt diesem peinlichen Präludium keine Beachtung und versucht, Quick aufzumuntern, indem er erzählt, dass für die Rekonstruktion fast allen Forderungen nachgekommen werden konnte, die Quick gestellt hatte. Es war nicht ganz einfach, das seltene Mazda-Kombimodell 929L aufzutreiben. Ein solches stand Quick 1988 zur Verfügung, obwohl es Patrik Olofssons Mutter gehört hatte. Und jetzt steht es hier.

Außerdem ist eine Puppe vorhanden, die Yenon Levi darstellen soll, sowie ein Figurant, der die Rolle von Quicks Komplizen übernimmt.

»Zu den Grundvoraussetzungen zählt auch, dass Thomas zusammen mit einem Komplizen, dem von ihm genannten Patrik Olofsson, mit Yenon Levi in Kontakt kommt und dass sie in diesem Auto von Uppsala zu dem Haus in Ölsta fahren«, erklärt Penttinen.

Thomas Quick wirkt nun nicht mehr so aufgebracht und beginnt, sich für die Ausgestaltung des Tatorts zu interessieren.

Die Rekonstruktion beginnt auf der Straße, von der aus sie auf den Hof fahren. Alles muss genau so sein, wie bei der Ankunft aus Uppsala mit Yenon Levi. Der Komplize wird von Anna Wikström gespielt, während Seppo Penttinen für den Anfang Yenon Levi mimt. Später, wenn es um Yenon Levis Ermordung geht, wird Penttinen durch die Puppe ersetzt.

Als Quick, Patrik und Yenon Levi am Auto angekommen sind, sagt Quick, sie müssten einen Hemdsärmel abreißen, um damit Penttinens/Levis Hände zu fesseln. Es sei wichtig, die Situation und die Umgebung ganz exakt wiederzugeben, nur dann könne er sich erinnern, wie es wirklich war. Das wissen alle Beteiligten – und das sind die Elemente von Sven Åke Christiansons seit Langem praktizierter Verhörmethode –, also wird ein Hemdsärmel abgerissen und Quick gereicht.

Der Knoten ist nicht ganz so gelungen, aber Penttinen sitzt nun gefesselt auf dem Beifahrersitz, und Quick fordert Anna Wikström auf, sich auf die Rückbank zu setzen und die Tür zu schließen.

»Und du zeigst, dass du ein Messer hast.«

»Okay«, sagt Wikström/Patrik.

»Kannst du das Fenster runterkurbeln, damit man mit der Kamera besser filmen kann?«, sagt Quick, dem es wichtig ist, dass auf dem Film eindeutig zu sehen ist, wie Yenon Levi bedroht wird.

»Während der Fahrt drückst du ihm auch das Messer an die Kehle«, erklärt Quick Anna Wikström.

Jan Olsson registriert alles, was passiert, und notiert jeden Schritt des Ablaufs. Ihm fällt auf, dass Quick sich genauso benimmt, wie die Regisseure bei den Filmaufnahmen, die er miterlebt hat. Bisweilen stellt Quick sich abseits, um nachzudenken, steckt sich eine Zigarette an, um dann seine Akteure wieder weiter zu dirigieren.

Es dauert unglaublich lange, bis alles so ist, wie Quick es haben will, doch schließlich kommt ein Fahrer, der als Quicks Stellvertreter fungiert, weil er nicht selbst fahren darf. Die kurze Strecke von der Straße bis zum Haus wird zurückgelegt und mit zufriedenstellendem Ergebnis gefilmt.

In den sechs Vernehmungen zu dem Levi-Mord, die bislang mit Quick durchgeführt wurden, hat er viele verschiedene Versionen des Tathergangs geliefert: ein oder zwei Schläge mit einem Stein auf den Kopf; ein Schlag auf den Kopf mit einem Wagenheber; ein Schlag gegen die Stirn mit einer Brechstange; ein Hieb auf den Kopf mit einer Campingaxt und so weiter. In den Vernehmungen wurde auch der Ort geändert, an dem Yenon Levi starb; einmal passierte es bei dem Ferienhaus in Ölsta, dann am Fundort in Rörshyttan.

Bei der Rekonstruktion entsteht nun eine gewisse Spannung, wo und mit welcher Waffe Quick Levi diesmal umbringen wird. Jan Olsson weiß genau, wo und mit welcher Tatwaffe Levi ermordet wurde. Aber das will er für sich behalten. Quick soll selbst erzählen, ohne Hilfe.

Quick scheint mit diesen Fragen zu ringen. Er sagt zu Seppo Penttinnen, dass er »den Wagenheber anfassen will«, während er versucht, sich mit dem englischsprachigen Yenon Levi zu unterhalten. Trotz seiner dürftigen Englischkenntnisse kam es zu einer gewissen Verständigung.

»Ich sagte also ›Take it cool‹ und solche Sachen«, erläutert er.

Seppo Penttinen hat den Wagenheber geholt, damit Quick ihn anfassen kann, aber Quick ist nicht begeistert ob dieses Anblicks. Das ist das falsche Modell, es muss ein Wagenheber mit Stange sein, sagt er.

»Kennt sich hier niemand mit Wagenhebern aus?«, erkundigt sich Quick.

»Ich bin da nicht sehr bewandert«, gesteht Penttinen.

Die beiden Männer beginnen, lang und breit über Wagenheber zu diskutieren, kommen allerdings beide zu dem Schluss, dass sie auf diesem Gebiet nicht zu Hause sind. Schlussendlich wird die Rekonstruktion fortgesetzt.

Quick holt seine Messerattrappe hervor und schneidet Yenon Levis Handfesseln durch, woraufhin eine wilde Jagd beginnt. Levi flüchtet Richtung Straße, Quick holt ihn ein. Levi stürzt und verletzt sich an der Schulter, erklärt Quick.

Der Komplize hält Levi fest, während Quick ihm »ein paar solide Schläge« verpasst und ihm mit dem Messer eine Schramme auf dem Brustbein zufügt.

»Und jetzt kommt es zu einem schwungvollen Fußtritt in die Magengegend, noch ein paar Fußtritte, so und – wie ich meine – hier in die Flanke.«

»Jetzt würde ich einen Wagenheber und einen Stein in die Hand nehmen«, sagt Quick, der bis zuletzt bezüglich der Tatwaffe zweifelt.

Doch zunächst will Quick demonstrieren, mit welch unerhörter Kraft er Levi tritt. Die Puppe, die am Boden liegt, wiegt etwa 80 Kilogramm.

Quick holt aus und tritt mit voller Wucht gegen die Puppe, die aufgrund ihres Gewichts an Ort und Stelle liegen bleibt; es ist so, als trete man gegen eine Wand, und der Schmerz ist unbeschreiblich.

»Au, au, au«, jammert Quick und hüpft auf einem Bein herum, während er sich den verletzten Fuß hält.

Mehrere der Zuschauer wenden sich diskret ab oder tun so, als hätte etwas anderes ihr Interesse geweckt.

Als Quick sich wieder gefasst hat, ist ihm die Tatwaffe klar.

»Es ist ein Stein«, sagt er und zeigt, wie er mit dem Stein Levis Schläfe trifft. Zu dem Zeitpunkt ist Levi nicht mehr bei Bewusstsein.

Im Anschluss daran will Quick eine Pause einlegen, und Penttinen nutzt die Gelegenheit, um zu Jan Olsson hinüberzugehen.

»Wie läuft's mit Thomas?«

Olsson weicht aus und murmelt etwas Unverständliches. Seine schlimmsten Befürchtungen sind wahr geworden, und umso mehr ist er darum bemüht, nicht zu verraten, ob Quicks Schilderung mit den Ergebnissen der Spurensicherung übereinstimmt oder nicht.

Nun muss Quick noch zeigen, wie er und sein Komplize den blutüberströmten Levi auf die Rückbank legen und unter einer Decke verstecken.

»Wie wirkt Levi jetzt auf Sie?«, fragt Penttinen.

»Tot«, antwortet Quick kurz angebunden.

»Gibt er irgendein Geräusch von sich?«

»Nein«, erwidert Quick.

Das ist die falsche Antwort, und Penttinen gibt zu verstehen, dass er die Aussage, Levi sei an diesem Ort getötet worden, nicht akzeptiert.

»Sie sagen, dass er sich übergibt und Blut hustet, wie können Sie das feststellen?«

Quick hat während der Rekonstruktion nichts dergleichen gesagt, aber er schaltet schnell.

»Das passiert während der Autofahrt.«

Dass Levi noch nicht tot war, als er auf den Rücksitz gelegt wurde, ist äußerst wichtig für den zweiten Teil der Rekonstruktion, der in dem Waldgebiet vor Rörshyttan durchgeführt werden soll, wo Levis Leiche gefunden wurde.

»Wie ist denn sein Zustand?«, will Penttinen wissen.

»Das erzähle ich, wenn wir da sind«, gibt Quick kryptisch zurück.

Bald fährt eine Autokarawane auf der Landstraße 762 von Rörshyttan Richtung Ängnäs. Ein paar Hundert Meter vor dem Ende der Straße, auf einem Wendeplatz mitten im Wald, hält die Kolonne an. Thomas Quick soll nun demonstrieren, wie er Yenon Levi tötete.

Der Mazda-Kombi mit Levi auf der Rückbank parkt in der richtigen Position, und Quick versucht, die Puppe auszuladen. Quick und sein Komplize zerren an der Decke, auf der die Puppe liegt, und bugsieren sie schließlich ins Freie.

»Hier ist er also nicht tot«, sagt Quick.

Die Information, Levi sei schon vor dem Ferienhaus in Ölsta tot gewesen, ist nicht mehr aktuell, und mit Anna Wikströms Hilfe stellt Quick die Puppe auf die Beine. Sie ist sehr schwer, und nach wenigen Sekunden lässt Quick sie los, und die Puppe fällt um. Quick sagt, dass es so zugegangen sei und die Beine ihn nicht mehr getragen hätten.

Aus dem Kofferraum wird das Brecheisen geholt, und Quick demonstriert in Zeitlupe, wie der Schlag Yenon Levis Hinterkopf trifft.

»Meiner Meinung nach ist es ein Brecheisen«, sagt Quick.

»Sind Sie unsicher?«, erkundigt sich Seppo.

»Da bin ich unsicher.«

»Was kann es gewesen sein, wenn es kein Brecheisen war?«

»Es kann ein Spaten gewesen sein, aber ich tendiere eher zu einem Brecheisen.«

Quick setzt sich ins Auto, das hin und her gefahren wurde, und versucht »nachzuspüren«, wo er die Leiche ablegte. Nach langem Nachdenken legt er sie an die falsche Stelle, falsch herum und in falscher Körperhaltung. Quick sagt, er habe seine Hand unter Levis Pullover geschoben und die Behaarung an Brust und Bauch befühlt.

Yenon Levi hatte überhaupt keine Brustbehaarung, denkt Jan Olsson. Er schreibt eine Anmerkung in seinen Notizblock, verrät aber mit keiner Miene, was er denkt.

Das wichtigste Fundstück, das die Polizei 1988 vor Ort sicherstellte, war eine Brille, die vermutlich der Mörder dort verloren hatte. Quick hat nichts von einer Brille erwähnt. Überprüfungen haben gezeigt, dass sie nicht Quick gehört, und auch sonst passt sie überhaupt nicht in diese Geschichte hinein.

Anna Wikström hat die Rolle des Yenon Levi übernommen, und als sie sich auf den Boden legen soll, schlägt Quick vor, sie möge die Brille absetzen, woraufhin die Rekonstruktion weitergeht.

Als sie sich dem Ende nähern, fragt Penttinen:

»Wollen Sie noch etwas sagen, Thomas?«

»Nein.«

»Sie haben da etwas gesagt, worüber ich nachdenke. Warum Sie das mit der Brille gesagt haben. Sie haben gesagt, dass sie dort liegt. Sie liegt ja auch hier. Ist das etwas, was Ihnen eingefallen ist oder wo Sie überlegen oder sonst irgendetwas?«, will Penttinen wissen.

»Ja, sie lag ja ... Nein, ich weiß nicht, warum ich das gesagt habe.«

»Fällt Ihnen das schwer, darüber zu reden?«

»Nein, nein.«

»Hatte er eine Brille?«

»Nein, ich glaube nicht.«

»Weshalb sprechen Sie dann auf die Brille an?«

»Ich dachte, als ich ihn mit der Brille gesehen habe, dass sie auf der Seite lag, aber ich weiß darüber nichts«, sagt Quick abschließend.

Penttinens beharrliches Interesse für Quicks Kommentar über die Brille des Figuranten war kein sonderlich subtiler Hinweis. In den folgenden Vernehmungen sollte Quick erzählen, dass sie in einer Tankstelle gekauft worden war, um den 16-jährigen Komplizen Patrik zu maskieren.

Die gefundene Brille hatte die Stärke +4 und korrigierte somit Weitsichtigkeit. Warum für Patrik eine Brille mit so starken Gläsern ausgewählt worden war, obwohl er gar keinen Sehfehler hatte, erklärte Quick nicht. Und es fragte auch niemand danach. Das Alter der Brille wurde auf etwa zehn Jahre geschätzt, als sie gefunden wurde, was bedeutete, dass sie gekauft worden war, als Patrik sechs Jahre alt war. Eine weitere Unstimmigkeit bestand in der Aussage des Großhändlers, dass das Modell nie in Tankstellen angeboten worden war.

Als es Abend wurde, war Jan Olsson überzeugt, die soeben durchgeführte Rekonstruktion bedeute das Ende der gesamten Quick-Ermittlung.

»Ich war absolut sicher, dass nun feststand, dass Quick diesen Mord nicht begangen haben konnte. Das war eindeutig.«

Olsson wusste, dass Quick den falschen Tatort und die falsche Tatwaffe angegeben hatte. Yenon Levis Leiche war an der falschen Stelle abgelegt worden, und Quick war zudem entgangen, dass die Kleidung durchsucht und die Taschen geleert worden waren. Die Techniker hatten einen Schuhabdruck Levis sichergestellt, der bewies, dass er nicht nur bei Bewusstsein gewesen war, sondern sich auch mit aller Kraft gewehrt hatte, sodass die Erde aufgewühlt war.

Zusammen genommen ergaben die Spuren, dass dem Mord Geschehnisse vorausgegangen waren, die der Mörder darlegen können musste. Aber Quicks Schilderung widersprach Punkt für Punkt den Funden, die am Tatort gemacht worden waren. Quicks Geschichte war ganz einfach nicht wahr, meinte Olsson.

Nach Beendigung der Rekonstruktion fragte Claes Borgström, ob Jan Olsson ihn nach Stockholm mitnehmen könne.

»Im Auto versuchte ich Borgström klarzumachen, dass die Rekonstruktion gezeigt hatte, dass Quick nicht der Täter war. Das stimmte doch hinten und vorne nicht.«

Aber Borgström hatte ausweichend geantwortet und stattdessen von dem großen Segelboot geredet, das er gekauft hatte. Er brachte oft das Gespräch darauf, auch bei seinem Mandanten. Quicks Resonanz war jedoch gebremst, denn er hatte kein Interesse für Segelboote und kannte sich nicht damit aus.

Was geschah tatsächlich mit Yenon Levi?

Zweieinhalb Jahre nach dem Mord, am 10. Januar 1991, machte eine Sachbearbeiterin vom Dezernat für Asylsuchende und Flüchtlinge in Borlänge eine interessante Entdeckung. Sie fand, dass eine Brille auf einem Passbild frappierende Ähnlichkeit mit der Brille hatte, die die Polizei neben Yenon Levis Leiche gefunden hatte.

Die Brille und das Passfoto wurden zur Analyse ins Kriminaltechnische Labor eingeschickt. In dem Gutachten schrieb das Labor, dass »entscheidende Fakten dafür sprechen«, dass die Brille am Tatort dieselbe ist wie die auf dem Passbild. Das war ein schlagendes Argument, das kaum zu überbieten war.

Die Firma Hoya-Optik AB führte eine aufwendige Untersuchung durch, die ergab, dass die Brillengläser auf dem Passfoto dieselbe Stärke hatten wie die der am Tatort gefundenen Brille, also +4.

Das Passfoto mit der Brille vom Tatort zeigte einen Mann, den wir Ben Ali nennen wollen, einen 50-Jährigen mit nordafrikanischen Wurzeln, der praktischerweise bereits bei der Polizei in Falun in Haft war. Er war kürzlich wegen Körperverletzung, Anstiftung zu gefährlicher Körperverletzung, Bedrohung und Diebstahl zu einer Strafe von fünf Jahren Gefängnis verurteilt worden.

Ben Ali hatte durch Bedrohung und Beeinflussung einen Bekannten dazu gebracht, das Gesicht seiner Freundin mit einem Messer zu entstellen. Die zwölfjährige Tochter der Frau hatte mitangesehen, wie ihrer Mutter durch diese brutale Misshandlung das Gesicht verletzt worden war. Die rechte Halsschlagader war getroffen worden, und die Frau hatte nur knapp überlebt. Der Täter sagte aus, Ben Ali habe ihn gebeten, ihr auch ein Auge auszustechen, doch er hatte sich geweigert.

Durch das Gutachten des Kriminaltechnischen Labors war Ben Ali mit dem Tatort verknüpft, und durch die Straftaten hatte er gezeigt, dass er dazu fähig war, andere gewaltsam zu verletzen und sogar zu töten. Nun galt es noch zu klären, wie er mit Yenon Levi in Kontakt gekommen war und wie sein Motiv lautete.

In den alten Unterlagen des Ermittlungsverfahrens gab es Hinweise, die knapp zwei Wochen nach dem Mord bei der Polizei in Avesta eingegangen waren. Die anonyme Mitteilung in ordentlicher Handschrift füllte eine A4-Seite.

An die Ermittler der Mordkommission
Am Hauptbahnhof gibt es eine Gruppe Araber mit extremem Judenhass (verehren Hitler). Diese Araber haben eine Verbindung nach Borlänge (u. a. eine Fotofirma). Es wäre nicht verwunderlich, wenn es sich um eine Vergeltungstat handelt, vielleicht ist Levy mit denen aus Stockholm weg.
Eine weit hergeholte Idee?

Eine schwedische Freundin sagte in ihrer Vernehmung aus, dass Ben Ali zum Stockholmer Hauptbahnhof fuhr, um junge

Araber zu holen, die er für sich arbeiten ließ. Die Arbeit bestand darin, in Dalarna, Nordschweden und Norwegen auf dem Land von Tür zu Tür zu gehen, um älteren Menschen Bilder zu verkaufen. Oftmals arbeiteten sie zu zweit, und während der eine das Telefon auslieh oder auf die Toilette ging, nutzte der andere die Gelegenheit, alle Wertsachen mitgehen zu lassen, die er in der Wohnung auf die Schnelle auftreiben konnte.

Mehrere der jungen Araber, die für Ben Ali gearbeitet hatten, sagten in den Vernehmungen aus, dass er sie am Hauptbahnhof in Stockholm angesprochen und ihnen Arbeit und schwedische Frauen versprochen hatte. Einige dieser Männer waren auch bei Frauen in Dalarna einquartiert worden.

Die Ermittlung ergab, dass eine große Anzahl junger arabischer Männer von 1986 bis 1988 für Ben Ali gearbeitet hatte. Ein paar seiner Freundinnen sagten in ihrer Vernehmung, sie hatten Yenon Levi im Sommer 1988 in Ben Alis Wohnung getroffen.

»Diesen Mann habe ich gesehen. Ich erinnere mich an die Nase«, sagte eine der Frauen, als die Polizei ihr ein Foto von Levi zeigte.

Der Frau zufolge hatte er mit Ben Ali im Wohnzimmer gesessen und ferngesehen.

Anfang Juni war Ben Ali in Stockholm gewesen und hatte zwei junge Marokkaner geholt, Mohammed und Rachid. Unmittelbar nach ihrer Ankunft in Borlänge hatten sie den Ort verlassen. Als sie ein paar Tage später zurückkehrten, trug einer eine gebrauchte Steppjacke, die er vorher nicht besessen hatte. Sie war rot, weiß und blau und sah genauso aus wie Yenon Levis verschwundene Jacke.

Zuletzt war Yenon Levi von einem Halleninspektor im Stockholmer Hauptbahnhof gesehen worden, der schon nach dem Mord 1988 ausgesagt hatte, Yenon Levi habe zusammen mit ein paar Männern, die arabisch sprachen, in der Wartehalle gesessen. Levi hatte ihn auf Englisch nach der Zugverbindung Mora–Falun gefragt.

Ein anderer Halleninspektor erkannte Ben Ali auf einem Foto wieder und wusste »mit hundertprozentiger Sicherheit«, dass Ben Ali sich am Stockholmer Hauptbahnhof aufhielt, um nach neuen Ausländern Ausschau zu halten, und dabei so tat, als suche er nach einem Bekannten.

Yenon Levis Familie stammte aus dem Jemen, er sah unverkennbar arabisch aus, und er sprach arabisch. Deshalb konnte er für einen Araber gehalten werden, aber er war israelischer Jude und hatte im Libanonkrieg in der israelischen Armee als Sergeant gedient.

Im Hinblick auf Ben Alis Judenhass wäre Yenon Levi in Gefahr gewesen, wenn sich in Ben Alis Beisein herausgestellt hätte, dass er ein israelischer Jude war.

Ben Ali stand unter Verdacht, Yenon Levi ermordet zu haben, es wurde jedoch keine Anklage erhoben, sondern er wurde aus Schweden ausgewiesen, nachdem er seine Haftstrafe abgesessen hatte.

Im Frühjahr 1996 befand sich die Quick-Ermittlung in einer besonders intensiven Phase. Abgesehen von Vernehmungen, Rekonstruktionen und Tatortbegehungen Yenon Levi und die »Norwegenjungen« betreffend, wurde Quick wegen des Mordes an Therese Johannesen nach Drammen und Ørjeskogen gebracht. Zu dem Zeitpunkt erzählte Quick, er habe Thereses Leiche zerstückelt und in einem Waldsee versenkt.

Am 28. Mai versammelte sich ein enormes Polizeiaufgebot im Präsidium in Ørje: die Norwegische Staatliche Kriminalpolizei Kripos, die Therese-Ermittler, Beamte des Polizeidistrikts Ørje, Kriminaltechniker, Biologen, ein Anatomieprofessor, Hundeführer, Spürhunde, die Norwegische Feuerwehr, Taucher sowie Personal der Norwegischen Zivilen Verteidigung. Die schwedische Einheit wurde von Seppo Penttinen und Anna

Wikström repräsentiert, die das Logbuch über dieses makabre und kostspielige Unterfangen führte.

Am ersten Tag werden die Pumpen am Ufer des Ringen-Sees angeworfen. Eine halbe Armee von Arbeitern ist auf verschiedene Stationen verteilt, die Wassermassen passieren ein Sieb, das sorgfältig überwacht wird, Taucher untersuchen den Grund des Sees, Spürhunde sind im Einsatz, das Seeufer wird abgesucht, und Wikström notiert in ihr Logbuch:

Seppo und die Unterzeichnete wechseln einen Blick und denken immer wieder denselben verzweifelten Gedanken: Stimmt das wirklich, was er uns gesagt hat?

Der Anatomieexperte Professor Peter Holck steht neben dem feinmaschigen Sieb, das Überreste von Therese auffangen soll. Holck hat das Skelett eines Kindes in Thereses Alter nach Ørje mitgebracht, das den Ermittlern, die eigentlich darin ausgebildet sind, zeigt, wie derartige Funde aussehen können.

Die Arbeit am See nimmt ihren Gang, mit langen Arbeitstagen, sieben Tage die Woche. Es regnet in Strömen. Das Ausbleiben eines Fundes löst bei Wikström und Penttinen frühzeitige Beunruhigung aus. Bei den Treffen mit ihren norwegischen Kollegen gehen sie das Material der Quick-Begehungen durch, und Wikströms Logbuchaufzeichnungen lassen Zweifel durchscheinen:

Selbstverständlich werfen TQs Ausdrucksweise, seine Glaubwürdigkeit und so weiter permanent Fragen auf … Wie sollen wir das beurteilen??
Ja … wer das wüsste (Saida …)* […]

---

* Gemeint ist die schwedische Hellseherin Saida Andersson, 1923–1998. – *Anm. d. Übers.*

Kann das nicht einfach so akzeptieren, mir fällt es auch manchmal schwer, dass wir uns in »TQs Rangfolge einordnen müssen«, aber die Zielsetzung lautet, den Angehörigen eine Antwort zu liefern. TQ sitzt ja, wo er sitzt.

Die sorgenvollen Einträge wechseln mit Schilderungen über das gesellige Beisammensein der norwegischen und schwedischen Kollegen. Die Logbucheinträge enden nach acht Tagen, da Wikström und Penttinen wegen Ermittlungen im Fall Yenon Levi vorübergehend nach Schweden zurückkehren müssen.

Wikströms Besorgnis über die Konsequenzen, die sich aus den fehlenden Funden nach der umfangreichen Untersuchung des Sees ergeben, sind nun offensichtlich.

Sie zitiert eine Strophe aus Karin Boyes Gedicht »In Bewegung«:

Wohl wird dich viel durch unsre Fahrt gelehrt, doch ist der Weg an sich der Mühe wert.* Die Unterzeichnete muss versuchen, sich mit dieser Tatsache abzufinden, egal, wie das Ergebnis ausfällt. Seppo und die Unterzeichnete haben den Fluchtweg schon geplant, Ziel: unbekannt. Vielleicht kommen wir zuerst an Säter vorbei [...] wir spielen ein gewagtes Spiel, zum Glück haben unsere Nachbarn keine Schulden.

Hiermit endet das Logbuch am Dienstag, dem 4. Juni 1996.

Anna Wikström, krinsp

Die Arbeit am See dauerte vom 28. Mai bis zum 17. Juli 1996 an, die Kosten beliefen sich auf mehrere Millionen Kronen, ohne dass etwas gefunden wurde.

---

* Übersetzt von Hildegard Dietrich, aus: *Brennendes Silber,* © 1997. – *Anm. d. Übers.*

Die Quick-Kommission scheitert

Trotz des Debakels der ersten Rekonstruktion im Mordfall Yenon Levi wurde die Ermittlung fortgesetzt, und Jan Olsson nahm mit großer Verwunderung zur Kenntnis, dass Quick eine neue Rekonstruktion durchführen sollte. Mir versucht er zu erklären, wie eigenartig diese Entscheidung war.

»Eine Rekonstruktion zu wiederholen, ist schon sehr selten – das macht man einfach nicht. Warum sollte man?«

Vor dieser zweiten Rekonstruktion hatte Seppo Penttinen Zugang zu der von den Kriminaltechnikern vor einem halben Jahr erstellten Analyse des Tathergangs, und er hatte in der Zeit Quick erneut vernommen.

Unter diesen Voraussetzungen verlief die Rekonstruktion für Quick bedeutend besser, aber seine Geschichte stand in vielen Punkten im Widerspruch zu dem gerichtsmedizinischen Gutachten und den Funden der Kriminaltechnik. Christer van der Kwast ließ eine Konferenz einberufen, um das Problem aus der Welt zu schaffen.

Olsson erzählt:

»Es war an einem Abend bei der Staatlichen Kripo, und sämtliche Beteiligte waren anwesend: Gerichtsmediziner Anders Eriksson, die Ermittler aus Falun und Stockholm, Christer van der Kwast und ich. Bei diesem Treffen kam es mir von Anfang an so vor, dass van der Kwast einen anderen Ton anschlug.

Olsson hatte bislang erlebt, dass van der Kwast und Penttinen voll und ganz hinter ihm standen, obwohl er schon früh Zweifel an Quicks Glaubwürdigkeit angedeutet hatte.

»Sie haben oft gesagt, dass sie meine Arbeit schätzten und es begrüßten, dass ich kritisch war. Sie fanden, ich war eine Bereicherung für die Ermittlung«, erklärt Olsson.

Aber er sollte bald feststellen, dass es eine Grenze für van der Kwasts Toleranz gab, auch anderen Beteiligten gegenüber.

Auf der Konferenz im Präsidium der Kriminalpolizei brachte Christer van der Kwast nämlich seinen Unmut darüber zum Ausdruck, wie das gerichtsmedizinische Gutachten formuliert war. Unter anderem stand dort schwarz auf weiß, dass das meiste von dem, was Quick in der Ermittlung gesagt hatte, sich nicht mit Yenon Levis Verletzungen deckte. Ebenso wenig hatte Quick für einen Großteil der tödlichen Verletzungen, die Levi zugefügt worden waren, eine glaubhafte Erklärung geliefert. Das Gutachten war von Assistenzärztin Christina Ekström unterschrieben und von ihrem Chef Anders Eriksson beglaubigt worden.

»Christer van der Kwast verlangte, Anders Eriksson, Chef und Professor in Umeå, solle das Gutachten ändern«, erzählt Olsson. In seiner Eigenschaft als Abteilungsleiter und Professor hatte Anders Eriksson die Befugnis, die Beurteilung abzulehnen und eine neue zu schreiben, und Jan Olsson wunderte es, dass Eriksson van der Kwasts Forderung nachkam.

Nachdem das Problem mit dem gerichtsmedizinischen Gutachten auf diese elegante Weise gelöst worden war, nahm Christer van der Kwast die kriminaltechnische Ermittlung in Angriff, die laut Staatsanwalt einiges zu wünschen übrig ließ.

»Dann hat sich van der Kwast mich vorgeknöpft, auch in so einem Ton. Das war wie eine Art Verhör vor irgendeinem Gericht. Mir war klar, dass er fest entschlossen war, den Fall zur Anklage zu bringen. Also sagte ich zu ihm: ›Wie wollen Sie denn um die Brille herumkommen?‹ Damit endete das Ganze, er wollte nicht weiter darüber reden.«

Olssons scheinbar so unschuldige Frage an van der Kwast war eine Kriegserklärung, die noch ein Nachspiel haben sollte.

»Ich habe noch nie erlebt, dass ein Staatsanwalt versucht hat, Sachverständige auf diese Weise zu manipulieren«, sagt Olsson.

Die Geschichte über das geänderte Gutachten über Yenon Levis Verletzungen ist viele Jahre durch die Quick-Mythologie gegeistert, doch trotz Nachforschungen durch Journalisten und Rechtsanwälte ist das ursprüngliche Gutachten nie wieder aufgetaucht, weder in den Materialien des Ermittlungsverfahrens noch beim Institut für Rechtsmedizin in Umeå. Deshalb bin ich skeptisch bezüglich Jan Olssons Schilderung des Treffens im Präsidium in Stockholm, bei dem ein Staatsanwalt den Gerichtsmediziner so unverhohlen unter Druck setzt, das Gutachten umzuformulieren.

Am 23. September 2008 suche ich einen der am Levi-Fall beteiligten Ermittler auf, den ehemaligen Kriminalkommissar Lennart Jarlheim. Er empfängt mich in der selbst gebauten Glasveranda seines Hauses in Avesta. Nach seiner Pensionierung bei der Kriminalpolizei Avesta arbeitet er mehr als je zuvor, erzählt er. Er führt Umbauarbeiten in den Häusern seiner Kinder durch, arbeitet in ihren Firmen, hat ständig irgendeine sinnvolle Aufgabe und genießt das Leben.

»Ach so, Sie interessieren sich für Quick«, sagt er mit einem schiefen Lächeln, das alles Mögliche bedeuten kann. »Da sind Sie nicht der Erste«, fügt er hinzu, zündet sich seine frisch gestopfte Pfeife an und lehnt sich zurück.

Jarlheim war Fahndungsleiter in Avesta, als die Staatliche Kriminalpolizei im Herbst 1995 bei ihm klingelte und sagte, ein Patient aus Säter habe den Mord an Levi gestanden.

Lennart Jarlheim und sein Kollege Willy Hammar begannen mit gründlichen Nachforschungen über Thomas Quicks Leben und seinen Umgang zu der Zeit, als der Mord geschah, aber sie fanden rasch heraus, dass diese Ermittlung nach ganz eigenen Regeln funktionierte.

»Normalerweise ist es ja so, dass der Fall beim Polizeibezirk liegt und er Hilfe von der Staatlichen Kripo anfordern kann, aber in diesem Fall war das genau umgekehrt. Wir konnten kaum mitreden, wenn es darum ging, was gemacht werden sollte und was nicht.«

Jarlheim und Hammar waren sehr überrascht, als ihnen Christer van der Kwast in seiner Position als Leiter der Ermittlungen untersagte, eine ehemalige Freundin von Quicks angeblichem Komplizen zu vernehmen. Lennart Jarlheim wollte außerdem eine Durchsuchung in einem Lager durchführen, wo Quicks Habseligkeiten aufbewahrt wurden, weil dort Briefe, Tagebücher und anderes Beweismaterial vorhanden sein konnten. Van der Kwast ließ das nicht zu, das Gleiche galt für kriminaltechnische Untersuchungen von Quicks früheren Wohnungen.

Lennart Jarlheim und seine Kollegen waren der Ansicht, es gäbe zwei potenzielle Täter im Fall Levi: Der »Brillenmann« Ben Ali und ein bekannter Mörder, der vor dem Mord in der Gegend gesehen worden war. Aber Christer van der Kwast untersagte es, diesen Spuren nachzugehen.

»Mir kam es so vor, als seien Christer van der Kwast, Seppo Penttinen und Anna Wikström völlig auf Thomas Quick fixiert und hätten auf Teufel komm raus eine Anklage gewollt, obwohl ganz wenig für Thomas Quick als Täter sprach«, sagt Jarlheim.

Er war frustriert, weil er daran gehindert wurde, so umfassend wie möglich zu ermitteln. Er sagt, er habe da verstanden, warum Ture Nässén von der Staatlichen Kriminalpolizei abgesprungen war.

»Ich und Willy Hammar haben auch unsere Beteiligung an der Quick-Ermittlung infrage gestellt. Es gab nichts, was darauf hindeutete, dass TQ in den Mord an Levi verwickelt war. Nichts!«

Dennoch blieben Jarlheim und Hammar loyal und taten, was Christer van der Kwast ihnen antrug.

Draußen ist es schon dunkel und ich will aufbrechen, als Jarlheim aufsteht und in das Nebenzimmer geht. Als er zurückkommt, trägt er einen schweren Karton.

»Das können Sie mitnehmen, ich habe auf die passende Gelegenheit gewartet, und die ist jetzt gekommen«, sagt er und stellt mir den Karton vor die Füße.

Ich danke dem netten Kriminalkommissar, nehme den Karton, fahre in mein Hotel und packe ihn aus.

Er enthält Unterlagen aus den Ermittlungen in den Fällen Levi und der jugendlichen Asylanten und andere Sachen, die in dem Zeitraum aktuell waren, als Jarlheim ermittelte.

Zuoberst liegt das erste Gutachten der Gerichtsmedizin über Yenon Levi – das, wie Olsson behauptet hatte, van der Kwast zufolge umformuliert werden sollte. Es ist auf den 17. November 1996 datiert und von Assistenzärztin Christina Ekström und Professor Anders Eriksson unterzeichnet. Auf die erste Seite hat jemand mit Kugelschreiber geschrieben:

»Arbeitsex. Laut Kwast fehlerhaft, wird revidiert.«

Zwei weitere Versionen des Gutachtens liegen im Karton, die letzte trägt nur Anders Erikssons Unterschrift.

Jetzt, wo ich das ersehnte Gutachten in Händen halte, ist es ein Leichtes, die Textabschnitte zu finden, die van der Kwast als »fehlerhaft« angesehen hatte.

Gerichtsmedizinerin Christina Ekström hatte die Ergebnisse der rechtsmedizinischen Untersuchung mit Quicks Aussagen in den Vernehmungen abgeglichen und fasste zusammen:

»Quick hat bei der Schilderung des Tathergangs viele verschiedene Versionen geliefert, die sich in mehreren Punkten widersprechen.«

Den Ermittlern war eine besonders außergewöhnliche Verletzung Yenon Levis lästig, eine Fraktur der rechten Darmbeinschaufel. Dem gerichtsmedizinischen Gutachten zufolge konnten Quicks verschiedene Angaben das Zustandekommen dieser tödlichen Verletzung nicht erklären.

Seppo Penttinen hatte Christina Ekström persönlich aufgesucht und versucht, sie davon zu überzeugen, dass Quick die Darmbeinschaufelfraktur durchaus mit einem Fußtritt oder einem Sprung hätte verursachen können. »Bedenken Sie, was für große Füße Quick hat«, hatte Penttinen gesagt. Aber Ekström blieb dabei, dass die Verletzung ausschließlich durch einen Sturz aus großer Höhe, einen Verkehrsunfall oder Ähnliches hervorgerufen worden sein konnte.

Ich erkundige mich bei einem unabhängigen Gerichtsmediziner, der bestätigt, dass Yenon Levis Fraktur des Darmbeins äußerst ungewöhnlich war. Sie war tödlich und konnte nur durch Gewalteinwirkung mit sehr großer Wucht entstanden sein, vermutlich, indem ein Auto das Opfer überrollt hatte.

Anders Eriksson löste das Problem des Staatsanwalts, indem er zirka 90 Prozent des Materials außer Acht ließ, was Christina Ekström als Grundlage für ihr Gutachten gedient hatte. In der endgültigen Version wurde lediglich das berücksichtigt, was Quick bei der zweiten Rekonstruktion und in den darauffolgenden Vernehmungen ausgesagt hatte.

Die drei Gutachten, die nun vor mir liegen, belegen eindeutig, dass Jan Olssons Bericht über das Treffen im Präsidium der Staatlichen Kriminalpolizei korrekt war.

»Aber wie wollen Sie um die Brille herumkommen?«, hatte Jan Olsson Christer van der Kwast gefragt.

Das war eine rhetorische Frage, denn an der Brille führte kein Weg vorbei.

Obwohl Olsson die Verantwortung für die Kriminaltechnik im Levi-Fall oblag, schickte van der Kwast Anna Wikström nach Avesta, um die Brille abzuholen. Sie wurde ins Kriminaltechnische Labor geschickt mit der Anfrage, ob es jüngere Untersuchungsmethoden gäbe, die zu einem anderen Ergebnis führen könnten.

Das Labor blieb jedoch bei seiner früheren Erkenntnis, dass »schwerwiegende Gründe dafür sprechen«, dass die Brille am Tatort mit jener identisch war, die Ben Ali auf dem Passbild trug. Das bestätigte auch die Untersuchung der Firma Hoya-Optik AB.

Daraufhin beschloss Christer van der Kwast, auf die ausführliche Untersuchung der Ingenieure für Forensik zu verzichten, und kontaktierte stattdessen das Dezernat für Forensik in Stockholm, das zu einem gegenteiligen Ergebnis kam. Das Gutachten eines dienstbeflissenen Beamten – der sich für das Sachverständigengutachten an ein gewöhnliches Brillengeschäft in der Hantverkargatan in Stockholm wandte, das zufälligerweise den Polizeibeamten Rabatt auf ihre Brillengestelle gab – konnte somit das Kriminaltechnische Labor übertrumpfen.

Als die Quick-Kommission Ende 1995 ins Leben gerufen wurde, war es deren aufrichtige Absicht, mithilfe wissenschaftlicher Methoden und den besten Ermittlern des Polizeikorps Klarheit in die gestandenen Morde des unbegreiflichen Thomas Quick zu bringen.

Das Frühjahr 1997 hatte diese aufkommenden Pläne zunichtegemacht, einige Kriminalbeamte aus Stockholm sagten rundheraus, sie glaubten Quick nicht, ein anderer war abgesprungen, Sachverständige waren von den Ermittlungen ausgeschlossen worden, und bei der Staatlichen Kripo hatten sich zwei Lager gebildet. In seiner Eigenschaft als Chef der Fahndung hatte Kommissar Sten Lindström die Verantwortung für das Personal, und für ihn brachte die in jeder Hinsicht aufwendige Quick-Ermittlung große Probleme mit sich.

Bei der ersten Zusammenkunft der Kommission war die Frage diskutiert worden, ob ausnahmslos Seppo Penttinen Quick verhören dürfe. Lindström hatte gefragt, ob man das nicht in Erwägung ziehen könne, aber in dem Punkt gab es keine Änderung.

»Nein, zum Teufel! Kein anderer als Penttinen kann Quick verhören«, hatte Christer van der Kwast geantwortet.

Und dabei blieb es. Es war auch der Vorschlag gemacht worden, sämtliche Vernehmungen mit Quick zu analysieren. Wenn es um Vernehmungen ging, galt Kriminalkommissar Paul Johansson, der spätere Chef der Profiler, als bester Analytiker der Truppe, und er sollte sämtliche Vernehmungen der Ermittlung durchgehen.

Für solch eine umfassende Maßnahme musste natürlich zunächst ein Beschluss vorliegen, den der Leiter des Ermittlungsverfahrens fassen musste. Johansson begann, die Vernehmungen zu lesen, aber einen Beschluss von van der Kwast gab es nie, und das Projekt verlief im Sand.

Paul Johansson hatte aber die Akten im Fall Yenon Levi gelesen, und als ich ihn erreiche, will er sich nur ungern über die Quick-Ermittlung äußern, da er nicht das gesamte Material eingesehen hat. Aber er hat eine klare Meinung über die Vernehmungen, die er trotz alledem gelesen hat.

»Ich behaupte, das Ermittlungsverfahren zeigt, dass Quick keine Ahnung hatte, wie der Mord an Yenon [Levi] abgelaufen ist.«

Johansson war extrem überrascht, als er das Urteil las.

»Nichts davon stimmt mit dem überein, was Quick im Ermittlungsverfahren ausgesagt hat. Er hat jedes Mal etwas anderes gesagt. Aber dann erhält er Zugang zu den Ermittlungsakten, und plötzlich weiß er was. Ich finde es merkwürdig, dass das Gericht ihn schuldig sprechen konnte.«

Jan Olsson, Paul Johanssons Vorgänger auf dem Chefposten der Profiler-Gruppe, schrieb am 16. Februar 1997 einen Brief an den Leiter der Ermittlungen, in dem er seine Auffassung in dieser Sache in Worte fasste.

An Christer van der Kwast:
Bei meiner Arbeit mit den Ermittlern besteht das Ziel darin herauszufinden, ob Quick Levi umgebracht hat, und meine Vorgehensweise war so objektiv wie mög-

lich, um dies zusammen mit den Ermittlern zu prüfen.
[...]

Natürlich ist mir klar, dass der Staatsanwalt die schluss-
endliche Beurteilung vornimmt, aber ich kann nicht die
Rechtsauffassung außer Acht lassen, die wegweisend für
meine Arbeit ist. Ich bin deshalb sehr bestürzt über die
Entscheidung, dass gegen Quick Anklage erhoben und
die Person, die die Tat begangen hat, damit indirekt freigesprochen wird.

In dem Brief wird eine Vielzahl kriminaltechnischer Fakten
aufgezählt, die Olsson von Quicks Unschuld im Mordfall Levi
und davon überzeugen, dass er auch keine Kenntnisse von der
Tat hat. Olssons Meinung nach gibt es nichts in Quicks Aussage, was bestätigt, dass er am Tatort war, als Levi getötet
wurde, auch wenn er sich im Laufe der Ermittlung dem tatsächlichen Tathergang genähert hat. Olsson hat auch eine
mögliche Erklärung dafür.

Mir ist Quicks eindringlicher Blick aufgefallen, mit dem
er vor allem die Leiter der Vernehmung angesehen hat,
und ich bin überzeugt, dass er ein feines Gespür dafür
hat, Tonfall, Blicke und Empfindungen der Personen in
seiner Umgebung zu deuten.

Christer van der Kwast las den Brief, heftete ihn in seinen Ordner, und Jan Olsson hörte nie wieder von ihm.

Trotz dieser Widerstände, die gegen eine Anklage Quicks sprachen, war van der Kwast fest entschlossen, die Ermittlung in
eine Verurteilung münden zu lassen.

Der Levi-Prozess

Thomas Quick wurde so behandelt wie bisher – hoch dosierte Benzodiazepine und dreimal in der Woche Therapiesitzungen mit Birgitta Ståhle. Die Einträge in die Patientenakte aus jener Zeit sind so alarmierend, dass es nur schwer nachvollziehbar ist, weshalb niemand etwas gegen Quicks schwere Medikamentenabhängigkeit unternahm.

Am 19. November 1996 wurde Quick von den Pflegern im Musikzimmer gefunden, wo er versucht hatte, sich mit seinem Gürtel zu erhängen, den er an einem Heizkörper befestigt hatte. Er war nackt und schweißüberströmt, und wechselte von einer Persönlichkeit zur anderen. Neben ihm lag ein Zettel: »Ich will nicht Nana sein, denn ich heiße Simon.« Schließlich gelang es dem Personal, ihm mehr Xanor und Stesolid (Klysma) zu verabreichen.

Eine Woche später wacht Quick mitten in der Nacht mit starker Panik auf, »gleitet in verschiedene Persönlichkeiten (unter anderem Ellington). Redet englisch und alle möglichen Dialekte. Etwa zwei Stunden später kehrt Thomas aber mithilfe des Personals und Medikamenten in die Wirklichkeit zurück.«

Birgitta Ståhle schrieb über diese Zeit:

> Trotz des schwierigen und belastenden existenziellen Zustands wird die psychotherapeutische Arbeit fortgesetzt. Hoffentlich gibt es vor Weihnachten Nachricht von einer Anklage bezüglich Rörshyttan [Levi], damit Thomas die dringend notwendige Ruhe bekommen kann.

Doch die Anklage ließ auf sich warten, und Quicks Zustand verschlechterte sich nach dem Jahreswechsel zusehends. In der Patientenakte tauchen immer wieder Einträge über extreme Panik, Selbstmordgedanken und schwere Apathie auf.

Sämtliche Leiden werden mit mehr Benzodiazepinen behandelt. Ein Eintrag in die Patientenakte vom 28. Januar 1997 liefert ein typisches Bild von Quicks Zustand:

Thomas regredierte während der Therapiesitzung mit schweren Panikattacken und Krämpfen. Das Personal musste ihn festhalten und ihm zwei Klysmen Stesolid à 10 Milligramm verabreichen. Nach einer Stunde leichte Besserung. Es wurde oft nach ihm gesehen. Schlief etwa eine Stunde nach dem Mittagessen. Um 14.00 Uhr stand er auf, es ging ihm rasch schlechter, starke Verzweiflung und Panik. Erhielt Xanor, 1 Milligramm, zwei Tabletten, nach etwa 45 Minuten leichte Besserung, aber antriebslos und matt. Um 19.00 Uhr verordnet Doktor Erik Kall Heminevrin, 300 Milligramm, drei Kapseln für die Nacht sowie Überwachung, da Thomas aktiv ans Sterben denkt. Am Abend ist er beeinträchtigt durch die Wirkung der Medikamente, aber er kann Musik hören und sich mit dem Personal über Belanglosigkeiten unterhalten. Bricht um 18.00 Uhr erneut zusammen, weint und ist verzweifelt. Erhält nochmals Xanor, 1 Milligramm, zwei Tabletten, und mithilfe des Personals kehrt er in die Realität zurück. Um 20.50 Uhr Einnahme von Heminevrin, 300 Milligramm, drei Kapseln. Schläft bis 1.00 Uhr. Wacht mit Kopfschmerzen auf. Nimmt Panodil (= Paracetamol), zwei Tabletten, sowie zusätzlich Voltaren, 50 Milligramm, und nach etwa einer Stunde Xanor, 1 Milligramm, eine Tablette. Schläft gegen 3.00 Uhr ein und wacht um 7.00 Uhr auf. Nach der Therapie heute Vormittag kann er sich nur mit Mühe bewegen, das Gehen fällt ihm schwer. Der Körper gehorcht ihm nicht. Er erhält zwei Stück Xanor, 1 Milligramm. Nach etwa einer Stunde Besserung, liegt auf dem Bett und ruht. Auf der Runde wird bis auf Weiteres Fortsetzung der Überwachung beschlossen.

Als Christer van der Kwast Anfang April 1997 Anklage wegen Mordes an Yenon Levi erhob, verschlechterte sich Quicks Zustand. Die Medikation wurde erhöht, und er erhielt Benzodiazepine nun auch intravenös. Am 13. April verordnete Oberarzt Jon Gunnlaugsson eine Injektion 20 Milligramm Diazepam (Schlafmittel, auch eingesetzt bei Angstzuständen und gegen epileptische Anfälle. Mögliche Nebenwirkungen: Artikulationsstörungen, Beeinträchtigung von Motorik und Reaktionszeit, Wutanfälle, Halluzinationen, Suizidalität. Derealisation und Depersonalisation sowie Gefühlskälte und Kritikschwäche), und Quick »wird auf zwei mal vier Heminevrin (Kapsel, 300 Milligramm) und zwei Stück Rohypnol (starkes Schlafmittel) nachts (Tablette, 1 Milligramm) gesetzt«. Trotz dieser starken Medikation schlief Quick nur eineinhalb Stunden in der Nacht. Ein Pfleger schrieb: »Ist jetzt am Morgen fast katatonisch. Ist zittrig, schwitzt und kann nur mit Mühe sprechen«.

Um 8.45 Uhr kam ein Arzt und gab Quick eine Spritze Diazepam 20 Milligramm »ohne merkliche Wirkung«. Um 10.30 Uhr kam er mit einer weiteren Spritze. »Nach einer halben Stunde lässt die enorme Anspannung nach.« Der Arzt verordnete eine höhere Dosis des äußerst starken Präparats Heminevrin auf drei mal vier Kapseln plus eine zusätzliche Injektion am Abend.

Kurz vor der Gerichtsverhandlung erhielt Thomas Quick mehrere Morddrohungen. Das Landgericht in Hedemora entschied deshalb, die Hauptverhandlung aus Sicherheitsgründen nach Falun ins Präsidium zu verlegen.

Am ersten Verhandlungstag, dem 5. Mai 1997, waren unter den Zuhörern im Saal mehrere Angehörige von Quicks Opfern. Johan Asplunds Eltern zweifelten an Quick und wollten mit eigenen Augen sehen, wie die Quick-Prozesse abliefen. Olle Högboms Vater Ruben war aus demselben Grund dort.

»Er sagt, moralische Beweggründe gegenüber den Angehörigen brächten ihn dazu, zu gestehen. Dann kann er ja zeigen, wo Johan ist, Beweise liefern. Stattdessen streut er nur neue falsche Fährten«, sagte Björn Asplund laut *Expressen* am folgenden Tag.

Kriminalkommissar Lennart Jarlheim war als Staatsanwalt van der Kwasts Assistent ebenfalls im Prozess anwesend und kümmerte sich um Karten, Fotos, die Tatwaffe und anderes Beweismaterial. Jarlheim hatte das Protokoll des Ermittlungsverfahrens selbst verfasst und kannte die Ermittlung in- und auswendig. Er erzählt mir, er sei überrascht gewesen, dass Quick überhaupt angeklagt worden war. Seiner Meinung nach gab es keine Beweise für seine Schuld.

Da es keine technischen Beweise gab, die eine Verbindung zwischen Quick und der Tat herstellten, galten stattdessen seine Aussage im Ermittlungsverfahren und sein Geständnis als Beweise. In der Gerichtsverhandlung spielten auch Quicks verschiedene Identitäten eine Rolle. Auf die Frage, wie er mit seinen begrenzten Sprachkenntnissen mit Yenon Levi kommunizieren konnte, lieferte Quick eine unerwartete Erklärung:

»Aus mir wurde Cliff, und der kann einwandfrei Englisch.«

Seppo Penttinen erklärt in seiner Aussage den Ablauf der Ermittlung: »Thomas Quick hat während der laufenden Ermittlungen seine Aussage geändert, diese Änderungen hat er ohne Beeinflussung von außen vorgenommen. Also können Thomas Quick ›Fehler‹ nicht dadurch aufgefallen sein, indem immer wieder dieselbe Frage gestellt oder gefragt wurde, ob er sich sicher sei.« Das Landgericht maß Penttinens positiver Beurteilung und der Qualität der von ihm selbst durchgeführten Vernehmungen große Bedeutung bei.

Als ich sie lese, entsteht allerdings ein völlig anderes Bild.

In den ersten Vernehmungen hatte Quick angegeben, er habe Yenon Levi in Uppsala getroffen und dieser habe nach Falun mitfahren wollen. Penttinen wusste jedoch, dass Levi zuletzt in Stockholm gesehen worden war. Das ist ein anschauliches Beispiel dafür, wie Penttinen Quicks psychische Signale permanent interpretierte und kommentierte und dadurch Quicks fehlerhafte Angabe korrigiert wurde. Diese psychologischen Schlussfolgerungen konnten jedoch nicht darüber hinwegtäuschen, dass Penttinen Quick im Prinzip mitteilte, dass seine Antwort falsch war.

PENTTINEN: Sind Sie hundertprozentig sicher, dass Sie Yenon Levi in Uppsala begegnet sind?

TQ: Ja.

PENTTINEN: Kein Zweifel?

TQ: Nein.

PENTTINEN: Dann muss ich diese Reaktion interpretieren. Wenn ich die Frage in dieser Form stelle, haben Sie so darauf reagiert, dass es mir so vorkommt, als gäbe es eine Unsicherheit in Ihrer Ausdrucksweise. Ihre Mimik vermittelt diesen Eindruck.

TQ: Mmm.

PENTTINEN: Es ist eine ganz wesentliche Frage, ob es so ist, dass Sie die ganze Zeit dabei geblieben sind, dass die Begegnung in Uppsala stattgefunden hat, und dann geben Sie mir zu verstehen, dass in dem Punkt vielleicht Unklarheit herrscht.

Einige Seiten später im Vernehmungsprotokoll korrigiert Quick sich und sagt, er sei Levi in Stockholm begegnet. Auf diese mühevolle Weise wurde die Untersuchung vorangetrieben, und ein Detail nach dem anderen wurde so angepasst, dass Quicks Geschichte nicht allzu sehr den Fakten widersprach.

Auch Christer van der Kwast konnte es nicht lassen, Quick auf die Sprünge zu helfen. In den ersten beiden Vernehmungen hatte Quick angegeben, Levis Gepäck sei am Tatort verblieben. Dennoch wurde Quick in der dritten Vernehmung die

Frage gestellt, was mit dem Gepäck geschehen sei. Er entgegnete, es sei neben die Leiche gelegt worden. Diese Antwort wurde nicht akzeptiert, sondern van der Kwast kam wenig später nochmals auf die Frage zurück.

KWAST: Noch mal, was geschah mit diesen Sachen?
TQ: Die befinden sich dort, neben der Leiche.

Quick gab daraufhin an, wo die Leiche lag, und sagte fälschlicherweise, sie sei von der Straße aus nicht zu sehen gewesen. Van der Kwast nutzte erneut die Gelegenheit, um nach dem Gepäck zu fragen:

KWAST: Und das Gepäck? Das unförmige Gepäckstück?
TQ: Jaaa.
KWAST: Wo war das?
TQ: Das lag hinter ihm.

Quicks klarer Antwort zum Trotz ließ van der Kwast nicht locker. Die Frage war einfach zu wichtig, und er stellte sie ein viertes Mal:

KWAST: Und wie ist das, als Sie den Tatort verlassen? Was passiert mit dem Gepäck?
TQ: Das bleibt dort.
KWAST: Ja, sehen Sie, genau da haben wir ein Problem. Es ist nämlich so, dass dieses Gepäckstück nie wieder aufgetaucht ist.

In der folgenden Vernehmung berichtet Quick, das Gepäck sei vom Tatort mitgenommen worden. Das Landgericht war über diesen Verlauf nicht informiert und blieb es auch. Dieses Manko lastet Lennart Jarlheim hauptsächlich Quicks Rechtsanwalt an.

»Der Prozess war die reinste Farce! Claes Borgström hat in der gesamten Verhandlung keine einzige kritische Frage gestellt. Es war ganz offensichtlich, dass alle nur darauf aus waren, dass TQ verurteilt wurde«, sagt er.

Die Hauptverhandlung im Landgericht hatte auch Johan Asplunds Eltern nicht überzeugt, im Gegenteil: Sie gab noch mehr Wasser auf ihre Mühlen.

»Der Prozess ist ein einziges Theater, und Quick ist der Regisseur«, sagte Björn Asplund dem *Expressen* am 8. Mai.

Der Richter und die Laienrichter am Landgericht in Hedemora teilten die Auffassung des Ehepaars Asplund nicht, sondern sprachen Thomas Quick schuldig im Mordfall Yenon Levi. Das Landgericht schrieb in das Urteil, es sei »durch die Aussage von Seppo Penttinen erwiesen, dass die Vernehmung vorbildlich durchgeführt wurde, ohne etwaige Suggestivfragen oder auffällige Wiederholungen«.

Claes Borgström kommentierte Herrn und Frau Asplunds Zweifel im selben *Expressen*-Artikel mit den Worten, ihre Einstellung bezüglich Thomas Quicks Glaubwürdigkeit sei verständlich.

»Doch die grundsätzliche Frage bleibt: Woher hat er die Informationen bekommen, und wie konnte er all diese Einzelheiten kennen?«, sagte Borgström.

Der Reporter Pelle Tagesson rundete die Argumentation mit ein paar ausgewählten Zitaten aus Christer van der Kwasts Schlussplädoyer ab:

»Er liefert ein dichtes, schlüssiges Bild, weit von jeglichen Vermutungen entfernt. [...] Mehr kann man nicht verlangen. Das muss über jeden Zweifel erhaben sein.«

Auf nach Ørjeskogen!

Wenige Wochen später ging auf der Station 36 der Psychiatrie Säter ein Fax ein. Es kam aus dem Institut für Psychologie der Universität Stockholm und war an Thomas Quick adressiert. Das Deckblatt mit persönlichen Grüßen des Absenders an den Empfänger schob sich langsam durch das Gerät. Gefolgt von einem siebenseitigen Dokument mit der Überschrift »Richtlinien für die Tatortbegehung durch Thomas Quick in Norwegen am 11. Juni im Zusammenhang mit der Ermittlung im Fall der seit 1988 vermissten Therese Johannesen«.

Ein Jahr war seit dem Norwegen-Fiasko, den ergebnislosen Tatortbegehungen und dem ebenso resultatlosen Leerpumpen des Waldsees vergangen, und nun erntete der Plan, Quick erneut nach Ørjeskogen zu fahren, damit er die Ermittler zu Thereses Leiche führte, Stirnrunzeln.

Die Hoffnungen der Ermittler waren aufs Neue geweckt und basierten darauf, dass Christer van der Kwast Ende Mai 1997 einen Spürhund aus privatem Besitz nach Ørjeskogen hatte bringen lassen, der ein großes Waldgebiet durchsucht hatte. Das Resultat war verblüffend.

Bislang hatten sich die Beamten auf die Umgebung des Sees Ringen konzentriert, doch nun war das Areal um mehrere Quadratkilometer erweitert und in die »Senke«, die »Lichtung« und »Kahler Stein« aufgeteilt worden. Der Hund hatte an allen drei Orten angeschlagen. Nach diesem Durchbruch galt es nun, Quicks psychologische Barrieren zu beseitigen, damit er die Stelle zeigte, wo er Thereses Leiche versteckt hatte. Sven Åke Christianson durfte völlig frei verfahren, um optimale Voraussetzungen für ihn zu schaffen, damit er sich erinnerte und es schaffte, sich bis zu Thereses Grab vorzuwagen.

Nun tickerte das Ergebnis von Christiansons Gedankengang aus dem Faxgerät. Dass ich im Nachhinein davon erfuhr, lag an einem erstaunlichen Fund.

Sture Bergwall ist ein Hamster und hat über die Jahre eine beeindruckende Menge Dokumente gesammelt, die in einem Kellerraum in Säter verwahrt werden. Nach jedem Besuch in seinem Fundus förderte er neue, unvorstellbare Dokumente zutage, die in die Ermittlungsverfahren gegen ihn Einblick geben – und eines Tages erzählt er mir gut gelaunt, dass er dieses Fax gefunden hat.

Das Schreiben ist viel zu umfangreich, als dass es komplett wiedergegeben werden könnte, aber auch viel zu unfassbar, um in glaubwürdiger Weise zusammengefasst zu werden. Deshalb folgen einige Auszüge aus Christiansons umfassenden Richtlinien. Zunächst Vorschriften auf Betriebsanleitungsniveau, die von den Ermittlern als Beleidigung aufgefasst werden konnten:

Damit die Begehung des Ortes/der Orte und die Annäherung an die Stelle, wo Thereses Leiche begraben liegt, auf optimale Weise geschehen kann, gelten zwei Grundvoraussetzungen:

1. Thomas Quicks (TQs) Verhaltensweise: »Ich schaffe das, ich schaffe das vielleicht nicht, wir werden sehen.« [...]
2. Wir sollten versuchen, die Begehung so unkompliziert wie möglich zu machen. Wir fahren von Säter zu einem Versteck in Norwegen. TQ wird uns dorthinführen, und wir werden prinzipiell nur als seine Stütze fungieren (um u. a. das Gefühl des Alleinseins zu mindern, das er bei diesem Unterfangen fühlen kann).

Um optimale Voraussetzungen zu schaffen, ist jede Einzelheit von größter Bedeutung:

Bereiten Sie sorgfältig Kleider, Proviant und die übrige Ausrüstung vor. Für die Fahrt: Kaffee, Wasser, belegte Brote, Schokoladenkekse (Süßigkeiten) und Zigaretten.

Damit die Ermittler Bescheid wissen, hat Christianson einen »möglichen Tagesablauf für TQs Begehung« notiert:

Die Abfahrt von Säter so früh wie möglich am Morgen. TQ bitten, einzusteigen. »Jetzt fahren wir.« TQs Verhalten: »Na gut, wenn es sein muss«, er steigt ein, und wir fahren los, ohne konkretes Vorhaben und ohne darüber zu reden, was bevorsteht. [...]
Ein Discman kann eingepackt werden zur Entspannung.
Wenn wir die norwegische Grenze passieren, wenden wir uns an TQ: »Jetzt sind wir über die norwegische Grenze. Hallo! Aufwachen!« TQ bitten, den Discman abzusetzen.

Auf dem Weg zum »Versteck« empfiehlt Christianson, Quick den Weg selbst bestimmen zu lassen, ohne Suggestivfragen. Wenn er nach rechts zeigt, obwohl Seppo Penttinen weiß, dass es links sein muss, soll er nicht korrigiert werden.

Wenn TQ dann sagt: »Anhalten, jetzt steigen wir aus«, ist es wichtig, dies zu befolgen und zu respektieren, dass TQ entscheidet, wann das Auto anhält oder zurücksetzt.

Christianson stellt sich vor, dass Quick vielleicht »zu schwitzen anfängt, Panik kriegt oder immer langsamer geht«, wenn er ausgestiegen ist.

In dieser Situation kann ein milder Zwang erforderlich sein. Eine physische Aufmunterung in milder Form. Das ist der entscheidende Schritt, mit dem Körper die Angstschwelle zu überschreiten. Seppo oder Anna können das gern übernehmen.

Christianson empfiehlt, dass Quick während der Reise Medikamente, die unter das Betäubungsmittelgesetz fallen, zur freien Verfügung stehen, und erinnert, dass auch die harten Präparate nicht vergessen werden dürfen.

Die Medikamente Xanol (?), wie TQ die Dosis bestimmt. Auch eine Bereitstellung von Medikamenten, falls TQ es schafft, das Versteck zu zeigen, z. B. Heminivrin (?), wenn die Reaktion sehr heftig ausfällt.

Professor Christiansons Empfehlung von »Xanol« und »Heminivrin« scheint nicht auf pharmakologischen Kenntnissen zu basieren (sowohl Xanor als auch Heminevrin sind falsch geschrieben!), sondern wirkt eher wie Quicks Wunsch.

»Ich habe ihm sicher gesagt, dass sie mit dem Xanor nicht geizen durften und ich so viel bekommen musste, wie ich wollte«, sagt Sture. »Heminevrin ist ja ein sehr starkes Präparat, das rasch wirkt. Es hat in etwa den gleichen Effekt, wie einen Viertelliter Branntwein zu kippen. Kürzlich hat mir eine Schwester hier in Säter erzählt, dass ich gesungen habe, wenn ich Heminevrin eingenommen hatte. Es ist genauso, als wäre man betrunken.«

Christianson schreibt, dass alle Umstände, die TQs Konzentration auf die Stelle, wo Therese liegt, beeinträchtigen können, beseitigt werden müssen. Fragen über das Geschehen zum Zeitpunkt der Tat sollen später geklärt werden. Denn bei der Begehung am 11. Juni geht es ausschließlich darum, das Versteck zu finden.

Einer der größten Störfaktoren, die Christianson beunruhigen, ist das Interesse der Journalisten, und er schlägt sehr weitreichende Maßnahmen vor, um diese in ihre Schranken zu weisen.

Belagerung durch die Medien zuvorkommen. Das gesamte Areal absperren, inklusive Überwachung aus der Luft. Das Wissen um die Anwesenheit der Medien beeinträchtigt die Konzentration.

Im Unterschied zu den anderen Rekonstruktionen mit Quick wurde diese zweite in Ørjeskogen nicht auf Video aufgezeichnet, was Sven Åke Christiansons Richtlinien entsprach.

»TQ wenn möglich nicht auf seinem Weg zum Versteck filmen«, schreibt der Professor. »Das stört seine Fokussierung auf Therese.«

In Christiansons imaginärem Ablauf nähert sich Quick nun dem Versteck:

Wenn TQ so weit kommt, könnte er sagen: »Nun öffne ich dieses Grab.« Oder: »Können Sie es öffnen ... Heben Sie das hoch, damit ich das anfassen kann.«

Christianson war klar, dass es eine Schande wäre, das Grab nicht öffnen zu können, wenn sie es so weit gebracht hatten. Er schlägt deshalb Folgendes vor:

Eventuell werden Werkzeuge benötigt, wenn sich Erdschichten abgelagert haben, z. B. etwas, um den Boden zu lockern, eine Hacke, ein kleiner Spaten oder etwas in der Art. [...]
Wenn TQ ein Versteck (Grab) erreicht, soll ihm die Möglichkeit einer kurzen privaten Stunde gewährt werden. TQ oder – mit seinem Einverständnis – jemand anderem die Gelegenheit geben, das Versteck offenzulegen und TQ dann rein physisch ein Knochenstück berühren lassen, z. B. eine Rippe. Es ist wichtig, diesen Wunsch zu respektieren, und dass er darüber keine Scham empfinden muss
Es werden auch keine Fragen nach dem Warum gestellt.

In dem Buch »Im Kopf eines Serienmörders« (Norstedts, 2010) schreibt Christianson, es würde dem Serienmörder helfen, »das Lustvolle der Tat noch einmal zu erleben« und es schaffe »Intimität und sexuelle Erregung«, wenn er Leichenteile verwahrt. Christianson zufolge können Leichenteile auch »als Onanie-Objekte oder satanische Symbole verwendet werden«.

Im Hinblick auf das oben beschriebene Szenario schien die vorgeschlagene Absperrung des Waldes in Ørje inklusive Überwachung durch Polizeihubschrauber als gerechtfertigtes Mittel.

Aber diese Rekonstruktion sollte nicht so ablaufen, wie Christianson sich das dachte.

Am Morgen des 11. Juni bricht die Expedition nach Norwegen auf. Quick fährt in einem Bus zusammen mit seinem Pfleger und Birgitta Ståhle, um nicht dem Druck durch die Ermittler ausgesetzt zu sein. Hinter ihm fahren Anna Wikström, Sven Åke Christianson und Seppo Penttinen. Zunächst werden Christiansons Richtlinien genau befolgt. Die Medikamente sind da, Kaffee, belegte Brote und Süßigkeiten ebenfalls. Wikström notiert den Verlauf der Reise.

> Auf halber Strecke wurde kurz pausiert, damit Kaffee getrunken und Brote gegessen werden konnten. Um 12.00 Uhr erreichen wir Örjeskogen und fahren in das sogenannte »Ringen-Gebiet«.

Die Tatortbesichtigung beginnt um 13.20 Uhr, die Fahrzeuge werden gewechselt. Im Bus der Staatlichen Kriminalpolizei sitzen Quick, Borgström, Ståhle, Penttinen, Christianson, Wikström, ein Tontechniker und der Fahrer Håkon Grøttland von der Polizei Drammen.

Die Fahrt geht langsam voran, es wird am See haltgemacht, der vergangenen Sommer leer gepumpt worden ist. Die Karawane zieht weiter und kommt links an einem anderen See vorbei. »Thomas Quick fährt bei dem Anblick zusammen und schaut nach rechts«, schreibt Wikström.

Der Polizeibus fährt durch das weitläufige Waldgebiet, und Quick reagiert mit Panik bei dem Anblick einer Anhöhe. Nach diversen Manövern stoppt der Wagen, und Quick sagt: »Ja, jetzt sind wir da.«

Um 14.00 Uhr machen wir in der sog. »Senke« eine Kaffeepause. Thomas Quick geht zirka 50 Meter in Richtung Felsformation und trinkt am Wegesrand Kaffee. So allein, beginnt Thomas Quick verzweifelt zu weinen und redet mit sich selbst. Was genau er sagt, kann die Unterzeichnete nicht verstehen, aber ich meine, es geht darum, dass er an der Stelle angekommen ist und dass es möglicherweise »so weit ist«.

Quick geht umher und zeigt eindeutige Paniksymptome. Er fleht seinen Therapeuten um Hilfe an.

In dem Zusammenhang schreit sich Thomas Quick seine Angst aus dem Leib: »Nomis, komm und hilf mir!« Das ruft Quick laut in die Landschaft. Nomis ist der Name Simon rückwärtsgeschrieben. Der Name Simon ist ein Arbeitsthema, das häufig in Thomas Quicks Therapiewelt auftaucht.

»Um 14.25 Uhr verlassen wir diesen Ort der Angst«, notiert Wikström, und die Fahrt geht ein paar Kilometer weiter bis zu einer Felsformation, die Quick hinaufgehen will. Dort beginnt er »ein Spiel, die Panikvariante«, bei dem es darum geht, dass er mit seinem Komplizen Patrik spricht. Er geht weiter in den Wald, wo er an der Borke eines Baumes riecht und sie probiert, sich hinlegt und zusammenkrümmt. »Thomas Quick ringt mit starker Panik, und das Personal greift ein«, heißt es im Protokoll. Danach verrät Quick, dass er nur 20 bis 25 Meter von einem Versteck entfernt war.

Der Polizeibus fährt weiter zur »Lichtung«, wo Quick sagt, er kenne sich hier gut aus. Er erzählt Penttinen von einem »bestimmten Abschnitt des Zerstückelungsvorgangs«. Er ruft mehrmals »fünf Eingeweide«. Den Sinn zu deuten überlässt er den Zuhörern. Plötzlich rennt Quick einen Abhang hinauf, auf die Bergkuppe zu, stürzt, wo es am steilsten ist, und schlägt sich Wange und Nase auf.

Thomas Quicks Angstzustand hält an, er bleibt liegen und erzählt, nachdem er sich etwas beruhigt hat, was er an den verschiedenen Stellen versteckt hat. Am Anfang, es ist 16.30 Uhr, sagt er: »Jetzt bin ich ganz nah«, als er aus seinem Sturz und der Auferstehung erwacht. Dann erzählt er mit Panik in der Stimme vom ersten Ort, das heißt, dem ersten Ort der heutigen Begehung, wo sich der Rumpf befindet. An Ort Nummer zwei, also an dem Abhang mit der Kies- und Sandgrube, befindet sich Thereses Kopf. Am dritten Ort, wo wir uns jetzt befinden, sollen Thereses Oberschenkel, ihre Arme und Füße zu finden sein. Er sagt: »Ich habe die Füße abgetrennt.«

Quick wird darüber informiert, dass die norwegische Polizei einen Baum »mit einer Markierung im Baumstamm« gefunden hat. Das wird einer der belastenden Beweise gegen Quick sein, der jedoch sagt, er sei »nicht ganz sicher, wo der Baum steht«.

Er erfährt außerdem, dass ein Spürhund in dem Areal angeschlagen hat, und wird gebeten, einen letzten Versuch zu unternehmen, um zu einem seiner Verstecke vorzudringen. Das ruft bei Thomas Quick eine eindeutige Reaktion hervor, doch er hat zu diesem Zeitpunkt »nicht mehr viel Kraft«, schreibt Wikström.

Quick schildert, dass Thereses Hand »ein Stück weiter weg« liegen soll, und versucht dorthinzugehen, schafft es aber nicht. »Er wird von Panik übermannt und weint hemmungslos etwa 10–15 Meter vom Team entfernt.«

Nach fünfeinhalb Stunden in Ørjeskogen wird der Rückzug nach Säter angetreten, ohne dass Hacke oder Spaten zum Einsatz kamen.

Nach der zweiten Tatortbegehung in Ørjeskogen wurde mit umfangreichen Untersuchungen des Erdbodens begonnen. Aber an den drei Orten, wo Quick angeblich Thereses Kopf, ihren Rumpf, ihre Arme und Hände versteckt haben wollte, wurde nichts gefunden.

Nach dieser Information änderte Quick seine Geschichte erneut. Er sagte, er sei im folgenden Jahr in die Gegend zurückgekehrt und habe Thereses Überreste mitgenommen. Quick erfuhr, dass ein Spürhund in dem Areal angeschlagen hatte. Da meinte er, dass eventuell kleinere Teile dort verblieben sein könnten.

Professor Per Holck, der auch schon als Anatomieexperte hinzugezogen worden war, als der See leer gepumpt wurde, nahm nun seine Arbeit in Ørjeskogen wieder auf. Im Oktober und November 1997 trug er zahlreiche Gegenstände von den Orten zusammen, an denen die Spürhunde oder Quick Reaktion gezeigt hatten.

Die Funde bestanden so gut wie ausschließlich aus verkohltem Holz, aber darunter meinte Per Holck ein paar Stücke von der Feuerstelle der »Lichtung« gefunden zu haben, bei denen es sich vermutlich um verbrannte Knochenfragmente handelte. Seiner Meinung nach waren es Splitter von Röhrenknochen, außen harte und innen poröse Substanz, die Spongiosa. Der Übergang von der porösen Spongiosa in die harte

406

Periostschicht deutete darauf hin, dass es sich um menschliche Knochen handle, so Professor Holck. Eines der Knochenfragmente wies eine »Wachstumsfuge« auf, was dafür sprach, dass es von einem Menschen zwischen fünf und 15 Jahren stammte.

Diese Fragmente wurden an Professor Richard Helmer geschickt, ein Kollege von Holck in Deutschland, der bestätigte, dass es sich mit großer Wahrscheinlichkeit um das Knochenstück eines Kindes handelte.

»Das Fragment mit der Wachstumsfuge war so stark verbrannt, dass keine DNA sichergestellt werden konnte, sodass sich auch nicht feststellen ließ, ob es von Therese stammte. Dennoch war dieser Fund der größte Triumph der Quick-Ermittlung überhaupt.«

Sowie Gubb Jan Stigson am 14. November davon erfuhr, war das der ganzseitige Aufmacher im *Dala Demokraten*:

QUICK-OPFER GEFUNDEN!
Der Ermittlung gelingt der Durchbruch

Dieser Fund bedeutete, dass die Ermittler zum ersten Mal in der seit fünf Jahren andauernden Quick-Ermittlung von einem bruchstückhaften Geständnis Quicks bis zum Fundort seines Opfers vorgedrungen waren.

Also den Durchbruch, auf den die Ermittler, Quick und vielleicht vor allem alle Kritiker so lange gewartet hatten. Der Triumph, den die Ermittler und alle »Überzeugten« um Quick herum spürten, war nachvollziehbar angesichts des Knochenfundes. Im Nachhinein galt das Knochenfragment als großes Rätsel der Quick-Ermittlung.

Für mich war das auch ein äußerst konkretes Problem. Die gesamte Ermittlung zeigt eindeutig, dass Quick nichts über Therese und den Verbleib ihrer Leiche wusste. Wie sollte man da den Fund verbrannter Knochen eines Kindes an einem

Ort erklären, wo Quick, wie er sagt, Thereses Leiche verbrannt hatte?

Wenn es nur wirklich ein menschlicher Knochen war.

Ein eingeschworenes Team

Zwei Tage lang hatten die beiden Richter am Landgericht Hedemora, Lennart Furufors und Mats Friberg, die Aussagen von Thereses Mutter Inger-Lise Johannesen, norwegischen Polizeibeamten und Thomas Quick gehört. Es stellte sich heraus, dass Quick den 16-jährigen Patrik Olofsson nach Norwegen mitgenommen hatte und dass dieser an der Entführung und der Ermordung Thereses beteiligt gewesen war. Quick zufolge hatte Patrik Therese auf dem Weg nach Ørjeskogen auf einem Aussichtspunkt vergewaltigt.

Nachdem sie das erfahren hatten, erkundigten sich die Richter bei Christer van der Kwast und Claes Borgström, weshalb Patrik nicht als Zeuge geladen worden war.

Van der Kwast und Borgström lehnten ein solches Ansinnen kategorisch ab, und damit gab sich das Gericht zufrieden.

Bezeichnenderweise hatten weder van der Kwast noch Borgström Interesse daran, jemanden von Quicks angeblichen Zeugen oder Komplizen vor Gericht zu hören.

Johnny Farebrink, laut Quick der Fahrer und Mittäter im Doppelmord in Appojaure, wurde nicht angeklagt und sagte nicht aus – obwohl er selbst dazu bereit war, nicht zuletzt deshalb, weil er in der Beschreibung des Tathergangs erwähnt wurde und deshalb die Chance haben wollte, die Anschuldigungen aus der Welt zu schaffen. Nicht einmal Rune Nilsson aus Messaure, der angeblich zum Tatort gebracht worden war, damit er sich die Leichen des ermordeten Ehepaares ansehen konnte, wurde als Zeuge geladen.

Patrik sollte ebenso an dem Mord an Yenon Levi beteiligt gewesen sein, und das Landgericht hatte ihn auch in der Sache hören wollen. Aber es war das Gleiche – Staatsanwalt und Verteidigung waren sich einig, dass das nicht nötig sei, und dabei blieb es.

Der Komplize, der laut Quick bei dem Mord an Charles Zelmanovits dabei gewesen war, war praktischerweise tot, als der Prozess stattfand. Aber Quick hatte auch Mittäter in Mordfällen genannt, für die er nie angeklagt wurde.

All diese Personen, die von Quicks Morden gewusst hatten oder an ihnen beteiligt gewesen waren, warfen Fragen auf: Wie gewöhnlich ist es, dass Serienmörder Komplizen haben?

Der Psychiater Ulf Åsgård aus der Profiler-Gruppe erhielt von der Staatlichen Kripo den Auftrag, zu untersuchen, wie schlüssig Quicks Behauptungen von seinen Mittätern war.

»Um das herauszufinden, brauche ich die genaue Anzahl der Mittäter«, sagte Åsgård zu Jan Olsson. »Ich muss außerdem wissen, in welcher Beziehung die Mittäter zu Quick standen. Und vor allem muss ich die Vernehmungen lesen.«

Olsson brachte Åsgårds Wunsch van der Kwast und Penttinen vor, aber erhielt kein grünes Licht.

»Sie sagen, das ist völlig undenkbar«, sagte Olsson.

Nachdem er die ihm zugänglichen Informationen über Serienmörder, die im Team arbeiten, zusammengetragen hatte, konnte Åsgård trotzdem die Frage beantworten, wie häufig dieses Phänomen im Allgemeinen vorkommt. Für mich fasst er den Bericht, den er für die Quick-Kommission anfertigte, folgendermaßen zusammen:

»Quicks fünf verschiedene Mittäter sind Weltrekord, absolut. Das Fazit war, dass dies hier einfach nicht wahr sein konnte.«

Der niederschmetternde Bericht wurde kommentarlos zur Kenntnis genommen. Niemand von der Kommission hat sich jemals wieder bei Åsgård gemeldet.

»In der Ermittlung wurde niemand toleriert, der anders dachte«, sagt er. »Tat man das dennoch, war man draußen.«

Ulf Åsgård erhielt keinen weiteren Auftrag für die Quick-Ermittlung, und er beschreibt das eisige Schweigen, das herrschte, nachdem er, wie er sich ausdrückt, Tacheles geredet hatte.

»Ich behaupte nicht, dass das eine Sekte war, aber es herrschten dort sektenähnliche Mechanismen; niemand war offen für Diskussionen, und die Autorität gewisser Personen wurde maßlos überhöht.«

Seit seinem einmaligem Einsatz verfolgte Ulf Åsgård weiterhin die Urteile und die Verfahren. Rasch hatte er die Gewissheit, dass Quick unmöglich der Serienmörder sein konnte, der zu sein er vorgab.

»Nichts stimmt mit der Erfahrung, die wir aus unserer polizeilichen Arbeit mit den Täter haben, überein. Es gibt keine Funde, und sämtliche Kenntnisse über Serienmörder sprechen eindeutig gegen Thomas Quick als Serienmörder.«

Sven Åke Christiansons verschiedene Aufgaben in seiner Arbeit mit Thomas Quick waren noch immer unklar, aber er hatte einen Auftrag als Berater des Staatsanwalts und einen als Berater des Gerichts. Im Therese-Prozess gab er an, Quicks Gedächtnisfunktionen getestet zu haben, die er für normal befand.

Quicks Schilderungen enthielten zwei schwer miteinander vereinbare Phänomene: Was er über Therese und die Wohnsiedlung Fjell in den ersten Vernehmungen erzählt hatte, war komplett falsch, aber es gelang ihm im weiteren Verlauf dennoch, sich an Details zu Opfer, Umgebung und Tat zu erinnern, wie sie ein Unbeteiligter nach so vielen Jahren kaum mehr präsent gehabt hätte.

Christianson löste das Problem, indem er dem Gericht in Hedemora erklärte, dass »traumatische Erlebnisse sehr gut im Gedächtnis gespeichert werden, aber dass es Schutzmechanismen geben kann, die unbewusst die Verdrängung dieser Erinnerungen bewirken«, was die wissenschaftliche Erklärung dafür war, dass Quick sich bisweilen erstaunlich irrte und sich manchmal verdächtig genau erinnerte.

Zwischen den Einsätzen für die Quick-Ermittlung hielt Sven Åke Christianson Vorlesungen über Quick als seinen Patienten, Gesprächspartner und sein Forschungsobjekt. Nach seiner eidesstattlichen Aussage im Therese-Prozess las er – allerdings bevor das Urteil gefällt worden war – im voll besetzten Auditorium in Göteborg zum Thema: »Wie kann man einen Serienmörder verstehen?«.

Die Zuhörer bekamen ein Foto von Thomas Quick und seiner Zwillingsschwester zu sehen, das von einem Overheadprojektor auf eine große Leinwand projiziert wurde. Auf dem Bild ist Sommer, die Rosen in der Rabatte vor dem großelterlichen Sommerhaus stehen in voller Blüte. Die Zwillinge haben ihre Sonntagskleider an, halten sich an der Hand und sehen fröhlich aus.

»Kann man sehen, welches dieser beiden Kinder zum Serienmörder wird?«, fragte Christianson rhetorisch. »Meiner Meinung nach wird man zum Serienmörder gemacht und nicht dazu geboren.

Was Quick mit Therese Johannesen gemacht hat, ist unfassbar. Aber wir können nachvollziehen, wie es mit ihm so weit kommen konnte, das ist die Logik des Täters. Bei einem Verbrechen geht es oftmals darum, die Gedanken, Gefühle und Erinnerungen, von denen man nicht weiß, wie man damit umgehen soll, in die Tat umzusetzen.«

Niemand schien sich daran zu stören, dass Christianson die Schuldfrage vorwegnahm, dass er seinen Patienten auf diese Weise öffentlich zur Schau stellte oder dass er eine Fotografie der Zwillingsschwester zeigte, die zu dem Zeitpunkt alles dafür tat, nicht mit ihrem Zwillingsbruder in Verbindung gebracht zu werden.

Die Zuhörer lauschten wie gebannt Christiansons Erklärungen von so viel Bösem, die Erläuterungen waren ein Echo der Objekt-Beziehungs-Theorie, die in Säter praktiziert wurde.

»Man kann die Morde als Nacherzählung der eigenen traumatischen Erlebnisse des Täters betrachten«, behauptete Christianson mit Formulierungen, die ebenso gut von Margit Norell hätten stammen können.

Nun arbeitete ein eingeschworenes Team um Thomas Quick herum, und alle teilten die gleiche Auffassung von Quick und seiner Schuld. Und sie alle hielten unerschütterlich an ihren Standpunkten fest. In seinem Buch »Vernehmungs- und Befragungsmethodik für Fortgeschrittene« (Lawrence Erlbaum, 1992) richtet Sven Åke Christianson einen besonderen Dank an Margit Norell und Birgitta Ståhle für den »umfassenden Beitrag ihrer Fachkenntnisse«.

Es gab nur einen Weg nach vorn – weitere Ermittlungen und weitere Verurteilungen.

Quick wurde wegen Mordes an Therese verurteilt. Das Urteil war sehr detailliert und offensichtlich sehr fundiert. Merkwürdig an dem Fall war, dass es eindeutige Anzeichen dafür gab, dass Quick sich seine Geschichte mithilfe von Informationen zusammengereimt hatte, die er offenkundig der norwegischen Presse entnommen hatte. Außerdem war die ganze Geschichte grotesk. Er hatte fast ausnahmslos falsche Angaben gemacht. In endlosen Vernehmungen mit Penttinen war ein Fehler nach dem anderen korrigiert worden. Dieses Unterfangen hatte dreieinhalb Jahre gedauert.

Wie konnte das Urteil fundiert sein?

Wieder forstete ich das Material durch und stellte fest, dass die »Beweise« zum größten Teil vollkommen wertlos waren.

Die Ermittler behaupteten, Quick habe ein Symbol in die Rinde eines Baumes geritzt, der später an der richtigen Stelle in Ørjeskogen stand. Was Quick tatsächlich berichtet hatte, war, dass am See Ringen angeblich ein Baum mit einem Stamm – so dick wie ein Männeroberschenkel – stand, in dessen Stamm er ein Quadrat geritzt hatte. In das Quadrat hatte er ein liegendes Y eingefügt, das in einer der unteren Ecken des Quadrats begann. Die Beamten suchten und suchten, ohne einen solchen Baum zu finden. Schließlich entdeckten sie eine kleine Birke mit einer Art Markierung in der Rinde, aber ganz woanders im Wald. Sie hatte keinerlei Ähnlichkeit mit dem von Quick beschriebenen Symbol, und im Hinblick darauf, wie viel Zeit seit Thereses Verschwinden verstrichen war, muss der Durchmesser 1988 wenige Zentimeter betragen haben, was keine glaubwürdige Wahl für jemanden war, der ein Symbol für die Zukunft in den Stamm ritzen wollte.

Ein weiterer Beweis bestand darin, dass Quick gesagt hatte, in Fjell waren Bretter angeliefert worden, von denen die Kinder einige verteilt hatten. Es stellte sich jedoch heraus, dass die Bretter erst nach Thereses Verschwinden nach Fjell geliefert worden waren.

Quick hatte Fjell als kleinen ländlichen Ort mit Einfamilienhäusern beschrieben und gesagt, es gebe dort eine Bank oder ein Geschäft. Seppo Penttinen hatte sich wie immer nur auf die Bank konzentriert und es an die große Glocke gehängt, dass Quick mit der Bank einen Treffer gelandet hatte.

So ging es weiter, bis zu dem Beweis, den das Landgericht als wichtigsten des ganzen Falls ansah. Aus dem Urteil:

Seine Kenntnis von Thereses Ekzem in der Armbeuge ist jedoch bemerkenswert. Darüber war selbst der Polizei nichts bekannt, und Thereses Mutter hatte nichts dergleichen erwähnt, bis die Polizei sie dazu befragte, nachdem Thomas Quick davon gesprochen hatte.

Was sagen die Kriminalakten über diese offenbar so entscheidende Information?

Während einer Tatortbegehung in Fjell am 25. April 1996 hatte Quick gesagt, dass er »sich daran erinnert, dass Therese Narben am Arm hatte, und als er das sagt, deutet er auf seinen rechten Arm«. Mehr konnte er dazu nicht sagen.

Als Therese verschwand, hatte ihre Mutter die besonderen Kennzeichen ihrer Tochter in eine Tabelle eingetragen. In der Spalte »Narben und andere besondere Merkmale« war ein Muttermal auf der Wange vermerkt worden, aber nichts von einer Narbe oder einem Ekzem in der Armbeuge. Die norwegischen Beamten kontaktierten deshalb umgehend Thereses Mutter, die erzählte, ihre Tochter habe ein atopisches Ekzem in der Armbeuge. Die Beschwerden waren über den Sommer abgeklungen, und sie konnte nicht mehr sagen, ob Therese zum Zeitpunkt ihres Verschwindens das Ekzem oder Narbengewebe in der Armbeuge hatte.

Vor der darauffolgenden Vernehmung am 9. September 1996 hatte Seppo Penttinen von den Norwegern die Information erhalten, dass Therese ein Ekzem in der Armbeuge hatte, und er spricht die Frage erneut an.

PENTTINEN: Im Zusammenhang mit der Tatortbegehung, die wir durchgeführt haben, hatten wir, oder Sie haben beschrieben, wie Therese aussah. Sie erwähnen unter anderem, dass sie Narben hatte, auf dem Arm oder den Armen, ich weiß nicht mehr genau, nur dass es eben um den Bereich geht.

TQ: Ja.

PENTTINEN: Was wissen Sie heute noch davon?

TQ: Nein, davon weiß ich nichts.
PENTTINEN: Wissen Sie noch, dass Sie das erwähnt haben?
TQ: Nein, das weiß ich nicht mehr.

Penttinen spricht von »den Armen«, während Quick nur von einer Narbe am rechten Arm gesprochen hat. Außerdem gibt er Quick unterschwellig zu verstehen, irgendetwas mit Thereses Armen könne von Bedeutung sein.

Bei der Vernehmung vom 14. Oktober kommt Penttinen ein weiteres Mal auf die Frage zurück.

PENTTINEN: Ich habe Ihnen die Frage schon einmal gestellt, Sie haben bei der Begehung erwähnt, Sie würden sich an ihre Arme erinnern, an eine Art Hautkrankheit oder so etwas.
TQ: Ich habe nicht gesagt, dass ... etwas gerötet ...
PENTTINEN: Ja, aber Sie haben das nicht genau, Sie haben nicht genau beschrieben, was Sie meinten, Sie haben nur gesagt, dass Sie sich daran erinnern.
TQ: Ja.
PENTTINEN: Können Sie das präzisieren?
TQ: Es ist eine, eine Rötung. Ich hoffe, dass wir dasselbe meinen mit einer Rötung.
PENTTINEN: Ist das nur etwas Sporadisches oder etwas Dauerhaftes – ist das eine Krankheit oder eine natürliche Rötung, die vorübergeht?
TQ: Das weiß ich nicht, weiß ich nicht, es kann eine Rötung sein, die wieder vergeht. Es kann auch etwas sein, was sie immer hat, weil die Rötung gut zu erkennen ist.
PENTTINEN: Sie zeigen auf die Oberseite Ihres Arms?
TQ: Ja.
PENTTINEN: Sehen Sie dort die Rötung oder am ganzen Arm, oder an beiden Armen?
TQ: An beiden Armen, ja.
PENTTINEN: Es ist an beiden Armen?

TQ: Ja.

PENTTINEN: Geht das um den ganzen Arm herum, oder ist es eher ein Fleck?

TQ: Es ist ein Fleck. Eine fleckige Rötung also.

Obwohl Quick die Angaben »die Arme« und »Hautkrankheit« erhielt, konnte er nicht die korrekte Antwort liefern. Aber die Antwort war trotzdem ausreichend »richtig«, dass sich die Ermittler in ihren Aussagen vor dem Landgericht aus seinen vagen, aber immer auf ein Ekzem hindeutenden Angaben zusammenreimen konnten, dass er bereits zu Beginn der Ermittlung gesagt hatte, Therese habe Narben von einem Ekzem in der Armbeuge.

Aber ob sie diese bei ihrem Verschwinden überhaupt hatte, wusste nicht einmal ihre Mutter. Dennoch galt das als belastender Beweis.

Von allen Angaben, die Quick machen konnte und die vom Landgericht als Beweis dafür angesehen wurden, dass er Therese ermordet hatte, stieß ich nur auf ein Detail, das weder falsch noch von Seppo Penttinen suggeriert worden war noch aus Zeitungsartikeln stammte: dass Quick bei der Tatortbegehung in Fjell gesagt hatte, die Balkone an den Häusern hätten eine andere Farbe.

TQ: Mmm, mmm, ich weiß nicht genau, ob die Häuser die Farbe hatten, die sie jetzt haben, haben ... äh ...

PENTTINEN: Welche Farbe sollte es denn sein, wenn sie geändert wurde?

TQ: Ich würde weiße Balkoneinfassungen wollen ... dann müssen Sie bedenken, dass die Bäume hier ... es hatte ja alles ... eine andere Farbe, es war ja grün ... äh ... das stört in gewisser Weise ... auch die Erinnerungen ... äh ... wenn ich an die Häuser da drüben denke ... äh ... dann gibt es da nicht so ein *(unverständlich)* wie das hier ... Hochhaus.

Quicks Information von den neu gestrichenen Balkonen stimmt. Es ist an sich bezeichnend, dass er sich nach acht Jahren und dem kurzen Besuch in einer Wohnsiedlung an die Farbe erinnern konnte, zumal die Balkone nicht auffällig, sondern in neutralem Weiß gehalten waren.

Heute weiß Quick nicht einmal mehr, dass er in Fjell herumgeführt worden war – was unter Berücksichtigung der starken Medikamente verständlich ist –, und kann nicht erklären, warum er ausgerechnet mit den Balkonen richtiglag.

»Wenn ich hundert Angaben gemacht habe, sind 98 verkehrt und zwei richtig«, erzählt er mir. »Ich habe so unglaublich viele Informationen geliefert, da ist es doch klar, dass ich auch einmal richtiglag?«

Weiter kam ich nicht – Quick hatte recht, was die Balkone betraf. Kaum ein ausreichender Beweis, um wegen Mordes verurteilt zu werden.

Aber dann gab es da ja noch den Knochenfund ...

Archäologische Grabungen

Im Urteil des Landgerichts Hedemora vom 2. Juni 1998 wurde die Beweiskraft der Knochen aufgrund juristischer Überlegungen bagatellisiert. Quick hat gesagt, er wolle nicht ausschließen, dass sich »andere Leichenteile als die von Therese« an den Stellen befanden, die er in Ørjeskogen gezeigt hat. Das Gericht wollte sich deshalb gegen die Möglichkeit absichern, dass man in der Zukunft feststellen könnte, dass genau dieses Knochenfragment von einem anderen Kind stammte, das Quick am selben Ort verbrannte hatte, und erwähnte im Urteil den Jungen Dusjka, den Quick eigenen Angaben zufolge in Norwegen entführt, ermordet und zerstückelt hat.

Der Knochenfund an sich wurde nicht infrage gestellt.

»Es war sicherlich ein äußerst wichtiger Fakt, dass Reste eines verbrannten Kindes in Ørjeskogen genau an der Stelle gefunden wurden, die Quick genannt hat«, sagt Richter Lennart Furufors.

Im Urteil ist zu lesen: »Auch wenn die Reste organischen Materials und die Gegenstände, die in jenem Wald gefunden wurden, Thomas Quick nicht mit Therese in Verbindung bringen können, zeigen sie doch in gewisser Weise, dass seine Schilderung stimmt.«

»Natürlich haben wir der Tatsache große Bedeutung beigemessen, dass in dem Wald verbrannte Leichenteile gefunden wurden. Das war ein wichtiger Beweis«, bestätigt Furufors mir gegenüber.

In der hitzigen Diskussion, die 1998 über die Quick-Ermittlung aufflammte, wurde der Knochenfund aus dem Ørjeskogen als schlagendes Argument gegen diejenigen verwendet, die die Anklägerseite infrage stellten. In dem Versuch, den Angriffen der als kritisch geltenden Psychologin Astrid Holgersson und des Psychologiedozenten Nils Wiklund, der Claes Borgströms Rolle als Rechtsanwalt und die Zwei-Parteien-Konfrontation kritisierte, zu begegnen, begann Borgström einen Artikel in *DN Debatt* vom 6. Juni desselben Jahres wie folgt:

In Ørjeskogen südöstlich von Oslo hat jemand an verschiedenen Stellen verbranntes organisches Material vergraben. An einer Stelle wurden verbrannte Knochenfragmente sichergestellt. Unabhängig voneinander haben Professor Per Holck aus Norwegen und Richard Helmer aus Deutschland festgestellt, dass die Knochenfragmente von einem Menschen stammen, wahrscheinlich von einer jüngeren Person.

Thomas Quick ist derjenige, der angegeben hatte, wo in dem großen Waldareal gegraben werden soll, um menschliche Überreste von dem norwegischen Mädchen Therese Johannesen zu finden.

Der Psychologe Nils Wiklund gibt zu bedenken (*DN Debatt* 8/5), dass Quicks Geständnisse falsch sein und in den Therapiesitzungen entstanden sein könnten, teils durch Suggestivfragen der Polizei herbeigeführt. Ich hoffe, dass Wiklund sich nun beruhigt hat.

Nicht einmal er kann wohl glauben, dass Quick von einem Dritten informiert wurde, wo er auf den Boden zeigen und »grab!« sagen soll.

Auch für Seppo Penttinen und Gubb Jan Stigson stellten die Knochenfragmente – in der *Nordisk kriminalkrönika* und Artikel um Artikel – das erste Mittel der Verteidigung gegenüber den Zweiflern dar.

Bei der Recherche vor der Ausstrahlung meiner Dokumentation erhält Jenny Küttim einen Tipp von Tom Alandh, einem Veteran beim Schwedischen Fernsehen *SVT*, der ihr sagt, sie solle die Fernsehserie »Das Leben einer Zeitung« hervorkramen. In der zwölfteiligen Dokumentation ging es um den *Dala Demokraten*, und sie wurde Ende 2003 auf *SVT1* gezeigt. In der vorletzten Sendung hält Christer van der Kwast im Stockholmer Klub der Kriminaljournalisten einen Vortrag. Die Veranstaltung hatte Gubb Jan Stigson in die Wege geleitet, der den Staatsanwalt eingeladen hatte, damit er den Ermittlern etwas über Thomas Quick erzählte.

In einer langen Einleitung tadelt van der Kwast die Journalisten, die die Ermittlung kritisch sehen, aber er erwähnt auch das seit Jahren bestehende zentrale Problem: dass den Anklagen Indizienprozesse zugrunde lagen.

Der Dokumentarfilmer Tom Alandh ist kein Klubmitglied, aber er war dennoch bei dem Vortrag und der Einzige, der stutzte:

»Ist es richtig, dass es keinen einzigen kriminaltechnischen Beweis gibt, in allen acht Fällen, in denen er verurteilt worden ist? Ist das so?«

Bei der Frage gerät van der Kwast ins Schwimmen, obwohl das nichts Neues war.

»Ja, was ist denn eigentlich ein kriminaltechnischer Beweis ...? Man muss ... ich sage ... das ist schon ein bisschen ungenau, sozusagen, wenn man sagt, es gibt keinen kriminaltechnischen Beweis. Wenn man mit technischen Beweisen so etwas wie eine über DNA-Spuren nachgewiesene Verbindung zwischen Opfer und Täter meint, dann gibt es das nicht. Allerdings gibt es anderes, sozusagen, von technischem Charakter, wie zum Beispiel verbrannte menschliche Überreste, die Schnitte aufweisen, wie die von ihm beschriebenen.«

Wieder: die Knochenfragmente. Aber damit nicht genug: Als van der Kwast die Funde von Ørjeskogen beschreibt, gibt es quasi keinen Raum für Zweifel. Vorausgesetzt, er hat recht.

Die kriminaltechnische Untersuchung ergibt, dass van der Kwasts »menschliche Überreste« aus winzigen, verbrannten Fragmenten bestehen, die zusammen genommen weniger als ein halbes Gramm wiegen. Das größte Stück, das »Schnitte aufweist wie die von ihm beschriebenen«, wog 0,36 Gramm.

War es tatsächlich möglich, ausgehend von einem so kleinen Partikel festzustellen, ob es sich um einen menschlichen Knochen handelte? Und dass er von einem Kind zwischen fünf und 15 Jahren stammte?

Der Fund des verkohlten Knochenfragments in Ørjeskogen ließ die Ermittler hoffen, auch menschliche Überreste in Schweden zu finden, und im Besonderen galt ihre Hoffnung den Überresten von Johan Asplund. Thomas Quick hatte mitgeteilt, dass er sich in »Phase 2« befinde und Angaben darüber machen könne, wo Leichenteile gefunden werden konnten.

Während die Quick-Debatte durch die Medien ging, wurde der Protagonist in Schweden herumgefahren. Er nannte Verstecke bei Sundsvall, aber auch in der Nähe von Korsnäs, Grycksbo und an anderen Orten in Dalarna, wo er in den 80er-Jahren gewohnt hatte. Schlussendlich umfasste die Liste 24 Plätze.

Als Nächstes untersuchte der Spürhund Zampo mit seinem Besitzer und Hundeführer John Sjöberg die von Quick angegebenen Orte. Zur Freude aller schlug Zampo fast jedes Mal an, insgesamt 45 Mal.

Um sicherzugehen, dass der Spürhund zuverlässig war, ließ Professor Per Holck sechs Gruben ausgraben, die mit verschiedenen Inhalten gefüllt wurden: drei mit menschlichem Material, eine mit verbrannten Tierknochen, eine mit Holzkohle, und eine Grube blieb leer. Zampo schlug bei allen Gruben an, außer bei der mit verbrannten Tierknochen. Die hohe Fehlerquote hätte zu denken geben sollen, aber der Hundebesitzer erklärte, der Spaten habe vermutlich auf die anderen Gruben Duftmoleküle übertragen. Damit wurde das Testergebnis vom Tisch gewischt, und eine weitere Prüfung von Zampos Zuverlässigkeit unterblieb.

Nach dem Test schrieb der Polizeibeamte Håkon Grøttland dem Hundeführer die aufmunternden Worte: »Du sollst wissen, dass wir ohne dich und Zampo keine Lösung dafür [den Fall Therese] gefunden hätten.«

Nachdem Zampo in Schweden angeschlagen hatte, wurde verdächtiges Material beschlagnahmt, und ein Team aus Archäologen und deren Mitarbeitern nahm an jedem Ort Grabungen vor.

Da Quick eigenen Angaben zufolge mehrere Leichen zerstückelt und verteilt hatte, wurden Proben von dem Erdboden eingetütet und zur Analyse in das Reichsmuseum für Naturgeschichte nach Stockholm verbracht, wo die Osteologin für forensische Archäologie der Staatlichen Kriminalpolizei, Rita Larje, die Funde mit Lupe und Mikroskop untersuchte. Mir erzählt sie:

»Ich bekam jede Menge Tüten, und mir wurde gesagt, dass sich eventuell Leichenmaterial darin befinden könne, da ein Spürhund angeschlagen hatte. Als Osteologe harkt man das durch, was man bekommen hat. Ist es Erde, wird sie gesiebt, um nach organischen Bestandteilen zu schauen. In diesem Fall sollte ich nach Knochen suchen.«

Rita Larje fand keine Knochenreste, also untersuchte sie das Material mikroskopisch, denn es konnte auch Reste organischen Materials geben, Fleisch, das kleine poröse Kügelchen gebildet hatte. Aber auch das fand sie nicht.

Rita Larje und ich gehen die Protokolle ihrer Bodenanalysen durch, die sie für die Quick-Ermittlungen angefertigt hat, insgesamt über 20. An einem Ort waren Knochen gefunden worden, die mit bloßem Auge erkennbar gewesen waren.

»In dem Fall handelte es sich um die angenagte Rippe einer Kuh und um Zähne eines Rindes.«

Man sollte meinen, die Ermittler wären bei ausbleibenden Erfolgen zu der logischen Schlussfolgerung gekommen, dass Quick gelogen und Zampo eher wahllos angeschlagen hatte. Aber die Grabungen wurden fortgesetzt.

Rita Larje und ich sind bei dem letzten Bericht angelangt, der über Sågmyra angefertigt worden war, wo Sture Bergwall zuletzt als freier Mann gewohnt hatte. Nachdem sich herausgestellt hatte, dass auch in allen anderen Verstecken keine Leichenteile zu finden waren, hatte Quick angedeutet, er habe seine Trophäen fortgenommen, als er umgezogen war, und deshalb hoffte man, in Sågmyra »Quicks Mausoleum« mit Überresten von vielen seiner Opfer zu finden. Larje blättert in ihrem Bericht von 1998.

»Es gibt 39 Proben, 39 Tüten mit Erde, die untersucht werden mussten. Und der Inhalt bestand meist aus Holz, Holzkohle, verkohlter Baumrinde und Kieselsteinen – alles, was von Natur aus im Wald vorkam.«

Rita Larje schrieb in ihrem Gutachten, dass weder Knochenfragmente noch etwas anderes von Interesse vorhanden war. Aber da hatte Seppo Penttinen genug, das negative Ergebnis nach der letzten Grabung konnte er nicht gelten lassen. Er schickte das gesamte Material nach Oslo zu Per Holck, der Thereses Knochenfragment in Ørjeskogen entdeckt hatte. Penttinen wollte eine zweite Meinung. Ein paar Wochen später kam Holcks Antwort: »Es wurden keine Knochenreste in den Proben gefunden.«

Rita Larje sieht zum ersten Mal das gesamte Material: alle Untersuchungen, die vor Ort gemacht wurden, alle Grabungen, zahllose Proben, deren Phosphatgehalt auf der Suche nach Leichenteilen gemessen wurde, und die Untersuchungen, die sie selbst vorgenommen hat. Sie sagt kopfschüttelnd:

»Ich finde keine Worte dafür, wie viel Arbeit darauf verwendet wurde. Nie wurde etwas gefunden, aber trotzdem wurde weitergemacht – in dem Glauben, am nächsten Ort auf etwas zu stoßen, bis zum Schluss. Aber man findet trotz allem nichts!«

Zu meiner großen Freude erklärt Larje sich bereit, mit mir über die norwegischen Knochenfunde zu reden. Ich stelle ihr mein Material zur Verfügung, und sie prüft die Dokumentation und die Gutachten der Professoren.

Anschließend möchte Larje sich nicht dazu äußern, woraus die verbrannten Knochenfragmente bestehen, aber sie hat große Bedenken, was die Gutachten der Professoren Holck und Helmer betrifft. Ihrer Meinung nach werden die Ergebnisse durch das Material nicht gestützt. Larje zufolge gelang es den Professoren nicht einmal zu bestimmen, woher die Knochenreste stammten. In ihren Gutachten nannten sie weder, um welche Knochen es sich handelte, noch von welchem Knochenteil das größte Fragment stammte.

»Kann man nicht feststellen, wo im Skelett sich der Knochen befand, kann man auch keine Aussage über seine Herkunft machen.«

Rita Larje behauptet, dass die Gutachten der Professoren mehrere Schlussfolgerungen enthalten, die sich in der Fachliteratur nicht belegen lassen und teilweise sogar falsch sind.

»Die Feststellung, es handele sich um Knochen eines jungen Menschen, entbehrt jeder Grundlage«, sagt Larje.

Weiter kommt sie mit ihrer Analyse nicht, ohne Zugang zu den Knochenfunden zu haben. Sie ist jedoch bereit, zusammen mit einem weiteren Osteologen nach Drammen zu fahren und vor Ort eine Untersuchung durchzuführen.

Ich nehme mit Christer van der Kwast Kontakt auf, der den Norwegern zufolge für eine solche Untersuchung die Genehmigung erteilen muss. Er ist nicht eindeutig dagegen, und ich erkundige mich auch bei Thereses Mutter, die sich für eine zweite Analyse ausspricht.

Ich bekomme keine Rückmeldung mehr, und uns läuft die Zeit davon.

Nach mehrfachen Erinnerungen kommt van der Kwasts Antwort: Keine unabhängigen Osteologen dürfen die Knochenfunde untersuchen.

Der geknackte Code

Die beiden Urteile, die ich noch prüfen werde, sind schon von Vornherein die unglaubwürdigsten.

Sowohl im Mordfall Johan Asplund als auch für die Morde an Trine Jensen und Gry Storvik in Norwegen muss Thomas Quick sehr große Distanzen mit dem Auto zurückgelegt haben, und das ein Jahr bevor er ein Fahrzeug lenken konnte und durfte. In beiden Urteilen stellt das Gericht fest, dass technische Beweise der Spurensicherung fehlen und dass deshalb die Urteile komplett auf Quicks eigene Aussagen aufbauen. In beiden Fällen werden frühere Verurteilungen wegen Mordes als Begründung dafür verwendet, Quick als Täter zu betrachten. Eine merkwürdige Schlussfolgerung, auch wenn man von der Erkenntnis absieht, dass die früheren Urteile haltlos sind: Nach schwedischem Recht muss jede Straftat unabhängig von anderen Straftaten geprüft werden.

Wie konnte das Gericht also nur aufgrund von Quicks Aussage urteilen?

Der Prozess in Thomas Quicks sechstem und siebtem Mordfall wurde am 18. Mai 2000 am Landgericht Falun eröffnet, war aber aus Sicherheitsgründen in den bunkerartigen Sicherheitssaal des Stockholmer Landgerichts verlegt worden. Durch einen Seiteneingang wurde Quick in den Gerichtssaal geführt, er trug ein hellgraues Sommerjackett und setzte sich zwischen Birgitta Ståhle und Claes Borgström. Alles verlief vorschriftsmäßig, und die Akteure des Dramas beherrschten ihre Rollen so gut, dass die Sicherheitsvorkehrungen gelockert und größere Risiken als sonst eingegangen worden waren.

Staatsanwalt van der Kwast trug seinen Fall vor und las den ersten Punkt der Anklage vor.

»Quick hat am 21. August 1981 in der Gegend von Svartskog der Gemeinde Oppegård, Norwegen, Trine Jensen durch einen Schlag auf den Hinterkopf und Erdrosseln getötet.«

Da Quick sich für schuldig befunden hatte, sollte er sich erklären, wurde jedoch von van der Kwast unterbrochen, der zunächst eine Videoaufzeichnung von der Rekonstruktion zeigen und wiedergeben wollte, was Quick in der Vernehmung ausgesagt hatte. Erst nachdem Quick Kwasts Wiederholung der ganzen Geschichte gehört hatte, durfte er selbst das Wort ergreifen.

Quick war mit dem Auto nach Oslo gefahren, um einen Jungen zu finden, doch stattdessen lief ihm die 17-jährige Trine Jensen vor die Nase. Er bat sie, ihm den Weg zum Schloss zu zeigen.

»Und leider stieg das Mädchen in mein Auto«, sagte Quick mit gebrochener Stimme.

Er schniefte und musste lange Pausen machen, während er sein »groteskes und bizarres Verhalten« beschrieb, das in diesem Fall beinhaltete, dass er Trine misshandelte, entkleidete und schließlich mit dem Schulterriemen ihrer Handtasche erwürgte.

Zu dem Zeitpunkt war das große Problem der Ermittler, zwischen Quicks gestandenen Morden und ihm selbst einen Zusammenhang herzustellen, kein Geheimnis mehr.

»Seine Schilderungen wurden akribisch überprüft«, sagte van der Kwast, der von Claes Borgström Rückendeckung erhielt.

»Vor Ort konnte er bis auf 30 Meter genau zeigen, wo die Leiche gelegen hatte. In einem großen Waldareal in Norwegen, 18 Jahre nach der Tat«, erklärte Borgström den Journalisten, die den Prozess verfolgten.

Birgitta Ståhle erläuterte dem Gericht die psychologischen Mechanismen, durch die Quick sich zu einem Serienmörder entwickelt hatte.

»Der Vater vergreift sich an Thomas Quick bis zu seinem 13. Lebensjahr. Die Rücksichtslosigkeit und Grausamkeit des Vaters sind erschreckend und furchtbar. Doch die Angst vor der Mutter ist noch größer.«

Anschließend erzählte sie, wie Quick als Vierjähriger die Geburt seines Bruders Simon miterlebte, der von den Eltern umgebracht wurde, und wie Quick mit dem Vater in den Wald ging, um die Leiche zu vergraben.

426

»Als Thomas Quick etwa vier Jahre und zehn Monate alt ist, versucht die Mutter, ihn in einem Eisloch zu ertränken«, führte Birgitta die schier endlosen Elendsschilderungen aus Quicks Kindheit fort.

Der Vorsitzende Richter Hans Sjöquist hörte mit wachsender Verwunderung zu und fragte schließlich:

»War es möglich, diese Angaben zu überprüfen?«

»Nein, aber wenn irgendetwas nicht stimmt, kommt das früher oder später in der Therapie ans Licht«, gab Ståhle zurück.

Es war nur schwer begreiflich, warum ein homosexueller Pädophiler und Serienmörder zweimal von Falun nach Oslo gefahren war, um Frauen zu missbrauchen und zu töten. Auch dafür hatte die Therapeutin eine Erklärung in Form eines Mordmotivs.

»Der Mord an Frauen und Mädchen ist ein Racheakt, der den gegen Frauen gerichteten Hass ausdrückt. Die Frau repräsentiert in erster Linie die Mutter. Die Zwillingsschwester ist genannt worden, und die Aggressivität, die in dem Zusammenhang aufkommt, ist die Aggressivität des Neids«, erklärte Ståhle, die ihre Aussage mit den Worten schloss:

»Es bedarf der Moral, um das zu erzählen, was jeder Moral entbehrt.«

Bengt Eklund, der Stationsleiter von Säter, war ebenfalls anwesend, um – wie es im Urteil formuliert wurde –, zu bezeugen, dass »Thomas Quick nur sehr begrenzten Zugang zu norwegischen Tageszeitungen und keine Möglichkeit hatte, sich ohne sein Wissen etwas anderes als gelegentlich eine Zeitung zu beschaffen«.

Um Quicks Glaubwürdigkeit zusätzlich zu untermauern, erzählte Sven Åke Christianson von einem Versuch, den er mit zehn Probanden am Institut für Psychologie der Universität Stockholm durchgeführt hatte. Jeder musste eine gewisse

Anzahl norwegischer Zeitungsartikel über die beiden Morde lesen und anschließend aus dem Gedächtnis den Tathergang beschreiben, der dann mit sämtlichen der Polizei bekannten Fakten und Informationen der Presseartikel verglichen wurde. Die Versionen der Versuchspersonen enthielten – wie zu erwarten war – in etwa gleich viele korrekte Angaben, egal womit verglichen wurde. Aber als Thomas Quicks Angaben dem gleichen Test unterzogen wurden, stellte man einen beachtlichen Unterschied fest: Sein Bericht enthielt weit mehr korrekte Details, die mit den Informationen der Polizei übereinstimmten, und weniger, die mit den Artikeln übereinstimmten.

Das Gericht zeigte sich beeindruckt von Christiansons Pfiffigkeit und bezog sich im Urteil umfassend auf den Test des Professors. Abschließend heißt es: »Das Resultat liegt den Schluss nahe, dass Thomas Quick Zugang zu weitaus mehr Fakten hatte, als in der Presse veröffentlicht worden sind.«

Damit das Gericht nicht in die Versuchung kommen konnte, daraus einen der beiden möglichen Schlüsse zu ziehen, nämlich den, dass Quick diese Informationen aus einer anderen Quelle, zum Beispiel von den Ermittlern oder seiner Therapeutin, erhalten hatte, sagten sowohl Seppo Penttinen als auch Birgitta Ståhle aus, dass sie ihn in keiner Weise mit Informationen versorgt hatten.

Unterm Strich wurde dem Gericht ein Bild vermittelt, das weit von der Wahrheit entfernt war.

Auf einer meiner Reisen nach Norwegen lerne ich Kåre Hunstad kennen, den Kriminalreporter, der als Erster Thomas Quick mit Informationen über Trine Jensen versorgt und damit überhaupt erst eine Verbindung zwischen ihr und der Quick-Ermittlung hergestellt hat. Wir treffen uns in einer Hotelbar in Drammen. Hunstad hatte in der goldenen Quick-Ära 1996–2000 mehr Artikel über Thomas Quick geschrieben als jeder andere norwegische Journalist und streckenweise das Geschehen haargenau mitverfolgt. Aber sein Interesse für den schwedischen Serienmörder ging noch weiter zurück.

»Anfang der 90er war ich Kriminalreporter beim *Dagbladet* und habe täglich *Aftonbladet* und *Expressen* gelesen.«

Während der Gerichtsverhandlung im Fall Appojaure war Hunstad in Gällivare vor Ort gewesen, nicht als Berichterstatter, sondern als Beobachter.

»Um zu versuchen, Quick zu verstehen«, erklärt er. »Als hungriger Reporter hoffte ich natürlich, dass Thomas Quick auch in Norwegen gewesen war, damit er mit den ungeklärten Mordfällen dort in Verbindung gebracht werden konnte.«

Als er kurz darauf aus Gällivare zurückkehrte, wurde dieser Traum des hungrigen Reporters Wirklichkeit, als Quick überraschend – und dank der Informationen, die er sich durch Hunstads Kollegen Svein Arne Haavik beschafft hatte – den Mord an Therese Johannesen gestand. Das war kein Pappenstiel.

Hunstad versucht mir klarzumachen, welche Ausmaße dieser Fall in Norwegen gehabt hatte, und erzählt, worüber er und seine Kollegen über die Jahre hinweg berichtet haben.

»Und dann kommt Quick und gesteht den Mord! Ich hatte mich in die schwedischen Fälle schon gut eingearbeitet. Die ganze Geschichte war eine einzige Farce, die aufgrund fehlender Beweise und schwacher Indizien zusammengeschustert wurde. Das war doch kein bisschen glaubwürdig. Der reinste Wanderzirkus.«

Hunstads Skepsis Quick gegenüber überrascht mich, denn er hat zahllose sachliche Meldungen über den Serienmörder Quick verfasst. Er war Norwegens angesehenster Quick-Reporter und oft der Erste, wenn es Neuigkeiten in den Ermittlungen gab.

Hunstad berichtete von der Fahrt zu dem Flüchtlingslager in Norwegen, wo Quick angeblich die beiden Jungen entführt hatte, und bereits einen Tag nach Erscheinen des Artikels, am 24. April 1996, konnte Thomas Quick im *Dagbladet* von anderen Morden lesen, die in Norwegen verübt worden waren und mit ihm in Zusammenhang stehen könnten.

Im Hinblick auf Quicks frühere Bevorzugung minderjähriger Jungen schrieb Hunstad, man solle die Ermittlungen im Fall des 13-jährigen Frode Fahle Ljøen wieder aufnehmen, der im Juli 1974 verschwunden war. Eine Quelle aus Polizeikreisen gab an, man solle schnellstmöglich in den Mordfällen der 17-jährigen Trine Jensen in Oslo im Jahr 1981 und der siebenjährigen Marianne Rugaas Knudsen aus Risør, die ebenfalls seit 1981 vermisst wurde, die Ermittlungen wieder aufnehmen.

Nach der Rückkehr in die Psychiatrie Säter konnte Thomas Quick sich unter schweren Schüttelkrämpfen in der Therapie lückenhaft an seine angeblichen Morde an Trine, Marianne und Frode erinnern, über die er im *Dagbladet* gelesen hatte.

Allerdings machte ihm der Name Frode Mühe und er nannte ihn vorläufig »Björn« in Anführungszeichen.

Der Urheber dieses nützlichen Artikels genoss das Privileg, Thomas Quicks scheinbar guter Freund zu werden – diese Freundschaft sollte beiden zum Vorteil gereichen.

»Ich hatte seine Telefonnummer und konnte anrufen, wann immer ich wollte. So konnte ich ein gutes Verhältnis zu ihm aufbauen. Wir standen in regelmäßigem Kontakt und ... er war eben ein Dealer. Jedes Mal, wenn wir ein Treffen vereinbart hatten, wollte er etwas dafür«, sagt Kåre Hunstad.

Einmal verlangte Quick für ein Interview einen neuen, exklusiven Laptop. In einem Fax vom 20. Mai 1996, das Hunstad aufgehoben hat, schrieb dieser, das *Dagbladet* habe abgelehnt, aber der Radiosender *P4* sei gewillt, Quicks Forderung nachzukommen. In einem folgenden Brief schrieb Quick: »Du kriegst vorher ein gutes Interview, aber ich habe recht hohe Ansprüche. Ich treffe dich unter der Voraussetzung, dass ich 20 000 Kronen bekomme. Claes [Borgström] weiß davon, das muss also nicht erst über ihn laufen.«

Hunstad zufolge ging es selten um Beträge, die ein paar Tausend überstiegen, aber für die Zeitung war die Forderung dennoch problematisch.

»Ich habe einen Brief aufbewahrt, in dem er schreibt, dass er etwas Neues gestehen würde, wenn er dafür bezahlt würde. Diese Art von Gegenleistung, das war sein Stil.«

Bei einem seiner Besuche in Säter hatte Kåre Hunstad eine Videokamera mitgenommen, um das Interview zu filmen. Quick war klar, dass für die norwegischen Leser seine Morde auf norwegischem Boden am interessantesten waren. Er begann das Interview damit, dass er von seiner Autofahrt nach Norwegen im Jahr 1987 erzählte, wo ihm ein etwa 13-jähriger Junge begegnete.

»Ich halte an, und er bremst sein Fahrrad. Der Herbst stand vor der Tür, es war August oder September, gegen 19.00 Uhr abends. Der Junge merkt, dass irgendetwas nicht stimmt. Er macht eine abwehrende Geste und will weglaufen. Er trägt eine dünne Jacke, die ich festhalte. Und ich verpasse ihm einen Haken, er stürzt zu Boden und ich schlage seinen Kopf auf den Asphalt, er verliert das Bewusstsein oder stirbt. Dann hebe ich ihn hoch und lege ihn ins Auto, das Fahrrad stelle ich irgendwie besonders hin. Da sind Mietshäuser, eine Kreuzung. Ich gehe zum Auto zurück und fahre das Fahrrad um. Das Auto kriegt kaum etwas ab, aber das Fahrrad ist richtig kaputt.«

Der Mord soll in Lillestrøm, nördlich von Oslo, passiert sein und sollte wie ein Verkehrsunfall aussehen, erläuterte Quick. Kåre Hunstad begriff, dass er das Geständnis eines bisher unbekannten Mordes auf dem Band hatte. Ein Knüller, dachte er.

Quick erzählte von einem weiteren Mord, den er in Norwegen verübt hatte, und zwar an einer Prostituierten in Oslo.

Ein solcher Fall – Gry Storvik – war Bestandteil der Ermittlungen, aber dieser hier war ein anderer Mord.

»Hast du das der Polizei gesagt?«, erkundigte sich Kåre Hunstad.

»Ich glaube, das erzähle ich irgendwann im Herbst. Dann rede ich über die Prostituierte«, sagte Quick und nahm einen Schluck aus der Kaffeetasse.

»Ich kann so viel sagen, dass sie eine, so wie ich das sehe, eine Drogenkonsumentin ist. Eine Drogensüchtige.«

»Kannst du sie beschreiben?«

»25 ungefähr. Sie ist ziemlich abgehärmt, dunkel, und sie starb an drei Messerstichen. Ich habe sie in Oslo getroffen. Wo genau, weiß ich nicht.«

»Und sie war ganz sicher drogenabhängig? Du hast sie als Kunde im Auto mitgenommen?«

»Ja, ja. Wir fahren eine kurze Strecke mit dem Auto zu einem Ort in Oslo, den ich nicht kenne. Eine Gegend mit einigen leer stehenden Wohnungen. Dort wird sie getötet.«

»Du gehst auf sie los? Wird sie vergewaltigt?«

»Nein.«

Quick erinnert sich nicht genau an das Jahr, meint aber, es war 1987.

Anschließend unterhielten sie sich über den Mord an Marianne Rugaas Knudsen. Quick hatte bereits gestanden und die Ermittlungen liefen in diesem Fall, aber es gab noch mehr.

Quick sagte, er sei in den 70ern nach Bergen gefahren, wo er einem 16- oder 17-jährigen Jungen begegnet war.

»Eines deiner ersten Opfer in Norwegen?«

»Ja, mein erstes Opfer, das mit dem Tod endete«, stellte Quick sachlich fest. »Er steigt freiwillig ins Auto, und wir verlassen Bergen. Ich halte im Wald und vergewaltige und erwürge ihn. Ich fahre zurück nach Bergen und lade ihn im Hafen ab. Aber nicht an der Stelle, wo ich ihn aufgelesen habe.«

»Hast du die Leiche im Auto?«

»Ja, ich habe die Leiche im Auto. Und die Leiche ist bekleidet.«

»Das heißt, du hast ihr die Kleider wieder angelegt.«

Als Kåre Hunstad die Klink in Säter wieder verließ, überlegte er, ob er einen Knüller gelandet oder einen Mythomanen
entlarvt hatte.

Hunstad nutzte seine Kontakte bei der Polizei und stellte
ausgehend von Quicks Angaben eigene Nachforschungen an.
Bald stellte sich heraus, dass es keine Todesfälle, Vermisstenmeldungen oder Morde in Norwegen gab, die zu den drei Morden passten, die Quick vor seiner Kamera gestanden hatte.
Höchstwahrscheinlich hatte Quick alles nur erfunden.

Die Erkenntnis, dass Quick wieder einmal dabei ertappt worden war, dass er Morde gestanden hatte, die nie stattgefunden
hatten, stimmt mich nachdenklich. Ich überlege, wieso Hunstad keine kritischere Haltung gegenüber Quicks Geständnissen einnahm.

»Ich habe Quick nie geglaubt«, sagt Hunstad. »Ich habe
versucht, Serienmörder zu verstehen, und erfahren, dass sie
immer einen bestimmten Opfertyp haben. Aber hier sind es
Jungen und Mädchen, jünger oder älter. Hinzu kommt, dass
es nie Zeugen gibt, keine gesicherten Spuren, und alles ist ein
einziger geheimnisvoller Zirkus.«

Hunstad sagt, er als Journalist habe versucht, den »Code zu
knacken«, aber ich weiß nicht, was er damit meint.

»Je mehr Leute im Fall Quick herumstochern, desto besser«,
meint Hunstad, wünscht mir viel Glück und verabschiedet
mich.

Was die Urteile in den Mordfällen Trine Jensen und Gry Storvik vom 22. Juni 2000 anbelangt, gibt es ohnehin nicht besonders viel, womit man den Code knacken könnte. Geht man die
Protokolle der Ermittlungsverfahren akribisch durch, stellt
man fest, dass sich die Schilderungen ändern und in engem

Zusammenspiel zwischen Quick und seinem Umfeld Form annehmen. In seinen vielen Vernehmungen greift Quick seine norwegischen weiblichen Opfer mit dem Messer an, mit einem Holzscheit, einer Axt, einem Metalldildo, oder – wenn die Fantasie nichts mehr hergibt – ohrfeigt er sie, knufft sie mit den Ellenbogen, schubst sie gegen das Auto. Entscheidende Angaben, die sich als falsch herausstellen, werden thematisiert und korrigiert, aber sie stimmen dennoch nicht und werden in den folgenden Vernehmungen erneut thematisiert – immer und immer wieder.

Trotzdem stimmten Quicks Aussagen selbst in der Endfassung kaum mit den Ergebnissen der Spurensicherung überein, sodass Christer van der Kwast sich damit zufriedengab, dem Gericht ein Gutachten vorzulegen, in dem die Gerichtsmediziner Anders Eriksson und Kari Ormstad nur die Angaben aufgelistet hatten, die mehr oder minder mit den Fakten übereinstimmten. Es wurde deshalb nie ein Obduktionsbericht angefordert, ebenso wenig wie eine DNA-Analyse des Spermas, das im Körper der vergewaltigten Gry Storvik gefunden wurde. Diese Ungereimtheit wurde gelöst, indem Quick vor Gericht behauptete, er »erinnere sich eindeutig« daran, dass er »keine Ejakulation« bei der Vergewaltigung hatte – obwohl er bei den Vernehmungen das Gegenteil behauptet hatte.

Und das genügte dem Staatsanwalt, dem Verteidiger, den Ärzten, die Quick behandelten, und den Mitgliedern der Strafkammer voll und ganz.

Was für Quicks Schilderung sprach und was im Urteil besondere Erwähnung fand, war der zu einer Würgeschlinge geknotete Stoffriemen von Jensens Handtasche, der vermutlich die Tatwaffe gewesen und neben Trine Jensens verwester Leiche gefunden worden war. Diese Information war der Presse vorenthalten worden, weshalb es das Gericht für äußerst wichtig erachtete, dass Quick von diesem Detail wusste.

Quick erwähnte den Namen Trine Jensen den Ermittlern gegenüber am 4. Oktober 1996 zum ersten Mal. An jenem Tag sollte das gesamte Quick-Aufgebot die zweite Rekonstruktion im Mordfall Yenon Levi durchführen.

Doch zunächst überrascht Quick damit, dass er eine Vernehmung außer der Reihe verlangt. Er habe Informationen, die er mitteilen möchte und die nicht warten könnten.

Seppo Penttinen, Claes Borgström und Thomas Quick sitzen in einem provisorischen Vernehmungsraum in Säter, Penttinen schaltet das Band ein. Es ist 10.15 Uhr.

»Bitte sehr, Thomas«, sagt er.

»Ich will nur eine Mitteilung machen. Eine kurze. Ich beantworte dazu keine Fragen, aber ich will das jetzt erledigen, bevor wir mit der Rörshyttan-Sache anfangen, damit mir das nicht im Wege steht. Ich will sagen, dass ich zwei Jahre nach Johans Tod, also im Sommer 1981, in Oslo war, wo ich eine junge Frau entführt habe. Sie hieß Trine Jensen, sie wurde entführt und ermordet. Das ist für heute alles.«

Penttinen stellt fest, dass die Audienz zu Ende ist. Es ist 10.17 Uhr. Sie hat zwei Minuten gedauert.

Die »Vernehmung«, in der Quick den Mord an Trine Jensen gesteht, ist in mehrerlei Hinsicht bemerkenswert. Zunächst natürlich deshalb, weil sie so kurz ist und der Verdächtige sich Fragen verbittet. Aber noch eigenartiger ist es, dass Quick in der ersten Vernehmung so konkrete Angaben über einen Mord machen kann: Das Opfer hieß Trine Jensen, sie war fast volljährig und verschwand im Sommer 1981 aus der Osloer Innenstadt. Sämtliche Angaben sind korrekt, sämtliche Angaben konnten Zeitungsmeldungen entnommen werden.

Im Februar 1997 thematisierte Thomas Quick von sich aus Trine Jensens Verschwinden erneut, doch die Ermittler ließen die Sache auf sich beruhen, vermutlich weil sie zu beschäftigt waren mit anderen Dingen. Im März 1998 war es wieder so weit – in einem Interview mit Kåre Hunstad gab Quick an, er wolle »bald mehr über den Mord an Trine erzählen«.

Erst am 27. Januar 1999 taucht der Name in einer Vernehmung wieder auf, in der Quick zu zahlreichen angeblichen Mordopfern befragt wird. Er nennt einige weitere Details, wie etwa, dass er Trines Leiche an einem Waldweg in der Nähe eines Klohäuschens abgelegt habe. Seppo Penttinen versucht, mehr aus ihm herauszukriegen:

PENTTINEN: »Sie sagen, dass Sie sie misshandelten. Was meinen Sie damit?«
TQ: »Ich misshandelte ihren Körper auf verschiedene Weise.«
PENTTINEN: »Auf verschiedene Weise, sagen Sie?«
TQ: »Mm.«
PENTTINEN: »Sie sprechen so leise. Können Sie in etwa sagen, wie ...?«
TQ: »Nein.«

Es ist, als würde man gegen eine Wand reden, doch als Quick gedrängt wird, liefert er noch eine weitere Information. Trine wurde unbekleidet im Wald zurückgelassen, vermutlich nördlich von Oslo – »ich und Orientierung, das geht ja gar nicht« –, bevor er mit den Worten »Ja, ja, das ist ja ..., dann lassen wir das jetzt« den Fragen ein Ende setzt.

Zwei Wochen später behauptet er in einer Vernehmung, dass er Trine mit einem Schlag auf den Hinterkopf erschlagen hat. Am 17. Mai ist es Zeit für die nächste Vernehmung.

PENTTINEN: Und was ihr Alter und Aussehen betrifft?
TQ: Nein, das kann ich jetzt nicht.
PENTTINEN: Warum können Sie darüber nicht reden? Ihre äußere Erscheinung, hell oder dunkel, groß oder klein, dick oder dünn?
TQ: Heller als dunkel, größer als klein, fülliger als schlank.

Thomas Quick zeichnet eine Karte von der Gegend, die ohne jeden Zweifel völlig falsch ist, wenn man nicht davon ausgeht – was manche tun –, dass sie Ausdruck von Quicks »Rechts-links-Schwäche« ist. Spiegelverkehrt ist sie nicht mehr ganz so unzutreffend.

Penttinen fragt, welche Partien des Körpers Gewalt ausgesetzt worden sind.

»Die Magengegend«, erwidert Quick.

»Wissen Sie noch, ob Sie in den vergangenen Vernehmungen etwas anderes gesagt haben?«, will Penttinen wissen.

»Nein«, entgegnet Quick.

Penttinen erkundigt sich, ob er sich neben Trine noch an eine andere Frau erinnert.

»Das bezweifle ich«, antwortet Quick.

»Hiermit besteht Tatverdacht im Mordfall Trine Jensen«, sagt Penttinen.

Am 28. Mai 1999, sechs Tage vor der geplanten Vernehmung von Quick über den Mord an Trine Jensen, rief Seppo Penttinen Quick an, damit dieser »Angaben zu Bekleidung und eventuellen Gegenständen, die dem Opfer gehörten«, mache. Der wichtigste »Gegenstand« war natürlich der Riemen von Trines Tasche, die vermutlich die Tatwaffe gewesen war.

Das Telefongespräch wurde nicht aufgezeichnet, sodass wir den Wortlaut nicht kennen, aber Fakt ist, dass Seppo Penttinen auch in diesem Fall beschloss, die entscheidenden Informationen mit Quick zu diskutieren, als das Aufnahmegerät nicht eingeschaltet war. Und Quick erzählte Penttinens Notizen zufolge, dass Trine Jensen eine »Handtasche mit Riemen hatte, die länger als ein Griff waren«. Und sobald man weiß, dass eine Tasche lange Schulterriemen hat und dass diese wichtig sind, ist es nicht besonders schwierig, sich auszurechnen, wozu die Riemen verwendet worden sind.

Als Thomas Quick am 3. Juni vernommen wird, zeichnet er wieder eine Karte, die mit gutem Willen einigermaßen stimmt – vorausgesetzt, man spiegelt sie. Quick erzählt, dass Trine aus dem Auto steigt und er sie »wie ferngesteuert« mit dem Messer attackiert. Er sticht mehrmals zu und erwähnt eine 30 Meter lange Blutspur.

Schließlich bricht Trine zusammen, und Quick merkt, dass sie stirbt. Er geht erneut auf sie los, und sie stirbt am Boden liegend. Die Messerstiche treffen ihren Oberkörper.

»Ich beziehe das auf den Brustkorb, eventuell die Magengegend«, sagt er.

Trotz des Wissens um die langen Schulterriemen, liefert Quick eine vollkommen verkehrte Beschreibung dessen, wie er Trine tötete. Anstatt ihn zu bitten fortzufahren, lenkt Penttinen die Vernehmung auf die persönlichen Gegenstände, die sie bei sich hatte.

Quick sagt, er erinnere sich an »die Handtasche mit ... äh ... diesem Riemen«. Und jetzt beißt Penttinen an.

»Was ist das für ein Riemen, von dem Sie da reden?«

Quick kann nicht antworten und seufzt nur.

Seppo Penttinen gibt das gleiche Signal, das er immer gibt, wenn Quick auf dem Holzweg ist:

»Können Sie sich an den Schulterriemen erinnern? Ich kann Ihrem Gesicht ansehen, dass es Ihnen schwerfällt, darüber zu sprechen.«

»Ja, das fällt mir schwer«, gibt Quick zurück.

»Was verbinden Sie denn mit der Handtasche und dem Riemen?«

»Ich nehme den Riemen und benutze ihn, wollte ich schon sagen ... äh ...«

»Sie wollten sagen, dass Sie ihn benutzt haben? In welcher Weise wird er benutzt? Können Sie das erläutern?«, fragt Penttinen.

»Wenn das so ist ...«, fügt er sicherheitshalber hinzu.

Quick seufzt und sagt, er wisse das nicht mehr. Aber nun kommt Penttinen in Fahrt und denkt nicht ans Aufgeben.

»Wissen Sie noch, was damit passiert?«

»Ich erinnere mich, dass ich den Riemen festhalte ... äh ...«

Quick zeigt mit zwei Fingern die Riemenbreite, ein paar Zentimeter. Das stimmt nicht mit Trines Tasche überein, aber Penttinen lässt sich nicht beirren:

»Aus welchem Material besteht er? Wissen Sie, wie er sich angefühlt hat?«, erkundigt er sich.

»Ja, das weiß ich noch und ... äh ...«

»Denken Sie an die Struktur«, versucht Penttinen.

»Ja, dann ist das eine Art Leder oder wie das heißt«, probiert Quick.

Diese Antwort ist total falsch, denn Penttinen weiß, es handelt sich um einen Stoffriemen. Er wechselt rasch das Thema.

»Was passiert mit diesem Riemen, da Sie die ganze Zeit davon sprechen?«

»Ich würde sagen, ich habe die Füße damit gefesselt, aber das ist ja falsch.«

Penttinens Fragen nehmen einfach kein Ende, und Quick versucht zu erzählen, dass Trine sich gefürchtet hat, als er den Riemen festhielt. Schlussendlich will Penttinen Quick aufrütteln.

»Versuchen Sie mal, Klartext zu reden, Thomas! Da ist etwas, wogegen Sie sich sträuben, was heraus soll, aber nicht will, merke ich.«

»Ja, das ist wirklich schwer«, bestätigt Quick.

»Sie fesseln nicht ihre Füße, sondern der Riemen kommt auf andere Weise zum Einsatz, wenn ich Sie richtig verstehe?«

Thomas Quick versucht nochmals, Trines Angst vor dem Riemen zu beschreiben, und kommt dann wieder auf das Messer zu sprechen. Aber davon will Penttinen nichts hören.

»Wenn ich Ihre Körpersprache und so weiter deuten soll, passiert etwas mit dem Handtaschenriemen. Wann kommt er zum Einsatz? Wo sind Sie da? Wenn Sie versuchen, das auszuführen.«

Die Frage lautet nicht länger, ob der Riemen zum Einsatz kommt, sondern wann und wo.

Bis zur nächsten Vernehmung am 1. September 1999 hatte Quick weitere zwei Monate Zeit, sich die Sache durch den Kopf gehen zu lassen. Ferner hat er nach Informationen suchen und welche aufschnappen können, die von schwedischen und norwegischen Polizeibeamten stammten, die im August bei der Begehung der Orte dabei waren, an denen Trine Jensen und Gry Storvik gefunden worden waren.

Und ganz recht: In einer Therapiesitzung mit Birgitta Ståhle hat Quick die wichtigen Erinnerungen preisgegeben, die zurückgekehrt waren.

In der Vernehmung gelingt es Thomas Quick, Seppo Penttinen und Christer van der Kwast mit vereinten Kräften, zu dem Schluss zu kommen, dass der Riemen als Schlinge verwendet worden ist.

Endlich – zwei Jahre und elf Monate, nachdem Thomas Quick den Mord an Trine Jensen gestanden hatte – waren sie zu einem Beweis durchgedrungen, der vor Gericht bestehen würde.

Und das Video von der Begehung? Dieser viel zitierte und im Urteil erwähnte Film zeigt, wie Thomas Quick am 16. August 1999 mehrere schwedische und norwegische Polizeibeamte sowie andere Personen praktisch bis zum Fundort von Trine Jensens Leiche führt. Während der Fahrt kommt das Auto außerdem direkt an dem Parkplatz vorbei, auf dem Gry Storvik gefunden worden war. Quick reagiert mit einer extremen Panikattacke, und jeder der anderen Insassen im Auto behauptet, von diesem Fall nichts zu wissen – nach dem, was das Gericht erfuhr, entstand überhaupt erst dann und dort der Verdacht, Quick habe auch Gry Storvik ermordet.

Seltsamerweise erzählen meine norwegischen Kollegen, dass die Osloer Polizei diese beiden Sexualverbrechen schon früh miteinander in Verbindung brachte und vermutete, Trine und Gry seien durch denselben Täter ums Leben gekommen. Ferner finde ich heraus, dass sowohl Gry als auch Trine Jensen schon in Zeitungsmeldungen über die Quick-Ermittlung erwähnt worden sind. Und im Hinblick auf die undichten Stellen und Quicks großzügigen Freigang: Welchen Wert hatte es überhaupt, dass er der Polizei zwei fast 15 beziehungsweise 20 Jahre alte Fundorte zeigen konnte, die nicht geheim gehalten worden waren?

Da capo

In der Psychiatrie Säter macht man normalerweise nicht viel Aufhebens um Weihnachten und Silvester, und die Jahrtausendwende ist da keine Ausnahme. Um Neujahr herum ist Thomas Quick der Patientenakte zufolge »zittrig und angespannt«. Die Pfleger berichten von »hemmungslosem Weinen und großer Verzweiflung«. Quick kann nicht schlafen aufgrund seines »hohen Paniklevels«.

Im März wird in der Klinik eine Therapiekonferenz abgehalten, doch der Serienmörder ist nicht in der Lage, daran teilzunehmen. Oberarzt Erik Kall ist jedoch so optimistisch wie immer und schreibt, man »sieht eine positive Entwicklung des Patienten. Dieser hat einerseits in seiner psychotherapeutischen Behandlung Fortschritte gemacht und sich andererseits als Person besser integrieren können«.

Birgitta Ståhle geht noch einen Schritt weiter und beschreibt in der Akte die positiven Effekte der langen therapeutischen Behandlung. Wie gewohnt beginnt sie ihre Einträge damit, kurz Quicks Fortschritte in der Therapie zu schildern, um dann über den Stand der Dinge in den jüngsten Mordfällen zu berichten und darüber, inwiefern diese auf Quicks traumatische Erlebnisse in seiner Kindheit zurückzuführen sind.

Unsere therapeutische Arbeit hat eine größere und tiefere Einsicht und ebensolches Verständnis sowohl der Bedeutung der verschiedenen Morde als auch der Art und Weise, wie die Erfahrungen der Vergangenheit in den Morden nachgeahmt worden sind, mit sich gebracht.

Im Verlauf des Herbstes findet eine deutliche Integration statt, die darin resultiert, dass die Zusammenhänge, sowohl die früheren als auch die späteren, klarer geworden sind. Es war wichtig, mit der Differenzierung der verschiedenen Morde zu arbeiten. Das macht der Unterschied deutlich, der zwischen der Bedeutung und dem Stellenwert der Morde an den Jungen und den Morden an den Frauen besteht.

Die enthusiastischen Beurteilungen Kalls und Ståhles stehen in vollkommenem Gegensatz zu den Aufzeichnungen, die die Pfleger zu jener Zeit vornahmen:

Thomas geht es besonders schlecht, da ihn seit einer Weile existenzielle Gedanken beschäftigen. Am 6. 4. erhielt er die Benachrichtigung, dass innerhalb von zwei Wochen die Anklage zugelassen werden und es zum Prozess kommen wird, dies verursacht zusätzlichen Druck mit gesteigerter Angst. Er hat noch mehr Benzodiazepine eingenommen, um die Angst zu hemmen und schlafen zu können. In der Nacht auf den 8. 4. schlief er nur zwei Stunden. Große Verzweiflung mit Schreien und Weinen in der Nacht, trotz zusätzlicher Medikation bei Bedarf in jener Nacht.

Die folgenden Wochen sind von schrecklichen Szenen schlafloser »Schreinächte« und Panik geprägt, und Thomas Quicks multiple Persönlichkeiten zeigen sich abwechselnd auf der Station, woraufhin Medikation erfolgt.

Am 30. Juni schreibt Birgitta Ståhle triumphierend in die Akte, dass es Thomas Quick eine Woche zuvor gelungen war, für die Morde an Gry Storvik und Trine Jensen verurteilt zu werden.

> Die Therapie wird dreimal pro Woche fortgesetzt. Weitere konstruktive Entwicklung der psychotherapeutischen Arbeit. Prozess in Stockholm 18.–30. Mai.
> Der Prozess betraf die Anklage wegen Mordes an zwei Mädchen, '81 und '85 verübt. Während dieses Prozesses zeigt sich die positive Entwicklung, indem Thomas die gesamte Verhandlung über bedeutend gefasster ist, verglichen mit früher.

Birgitta Ståhle stellt fest, dass Thomas Quick dieses Mal eine »relativ kurze Erholungszeit nach dem Prozess« hatte, und dass er in der Therapie einen »großen Schritt nach vorn gemacht hat«.

Bereits vor der Urteilsverkündung waren Seppo Penttinen und Christer van der Kwast wieder in Säter für die nächste Mordermittlung.

Acht Jahre nachdem Thomas Quick die Schuld im Mordfall Johan Asplund auf sich genommen hatte, war es endlich so weit.

Quick scheiterte immer wieder daran zu zeigen, wo er Johans Leiche versteckt hatte, was dazu führte, dass van der Kwast nach jedem neuen Versuch mit Johan feststellen musste, dass die Grundlage nicht reichte. Aber nun sollte die Ermittlung abgeschlossen werden, damit Quick angeklagt und verurteilt werden konnte.

Am 26. November 2000 beschreibt Birgitta Ståhle die Mechanismen eines Serienmörders und was mit Quick während der Tatortbegehungen geschah.

> Diese Fahrten haben zu einem sehr aktiven und äußerst konstruktiven tief schürfenden therapeutischen Prozess geführt. Die früheren Abwehrstrukturen sind zutage getreten, und es ist möglich geworden, sie umfassender zu erkennen und zu verstehen.

Sie fährt fort:

> Diese innere Arbeit bringt einen weitaus intensiveren Kontakt mit der Wirklichkeit mit sich, sowohl die eigene frühere Wehrlosigkeit als auch die Hilflosigkeit des Opfers.

Dass Thomas Quick trotz dieses »weitaus intensiveren Kontakts mit der Wirklichkeit«, menschlich gesehen, zusammenbricht, steht außer Frage. Am 12. Dezember 2000 notiert ein Pfleger in die Akte:

> Thomas kommt gegen 2.30 Uhr aus seinem Zimmer, weint hemmungslos und ist extrem verzweifelt. Er bleibt bis etwa 4.00 Uhr zusammen mit dem Personal im Aufenthaltsraum. Thomas wandert auf und ab und ist aufgewühlt und verzweifelt. Er greift sich an die Stirn und sagt immer wieder, dass er »den Druck nicht aushält«.

Das Personal löst das Problem mit Xanor und Panocod, doch ein paar Stunden später ist keine Besserung eingetreten.

> Am Morgen fühlt Thomas grenzenlose Verzweiflung. Weint hemmungslos. Sitzt mit dem Personal zusammen. Beru-

higende Gespräche und Medikation im Bedarfsfall. Telefoniert mit Birgitta Ståhle. »Die große Verzweiflung geht mit extremer Angst einher.«

Später bleibt Thomas Quick in der Tür zum Raucherraum »hängen«, krampft und kann sich nicht mehr rühren. Das Personal löst den Zwischenfall durch erneute Gabe von Xanor und Panocod. »Dazu kommt, dass jetzt am Donnerstag, dem 14. Dezember, eine Doku über den sogenannten Fall Johan gesendet wird. Das ist für Thomas natürlich problematisch«, schreibt ein Pfleger.

Bei der Runde wird Doktor Kall darüber informiert, dass Quick seit drei Tagen kein Auge zugetan hat, und Kall verordnet eine zusätzliche Rosskur Beruhigungsmittel, 50 Milligramm Stesolid. Das wirkt und Quick kann vier, fünf Stunden schlafen und scheint zufrieden damit, dass die Wirkung des Präparats anhält, als er aufwacht, sodass er »trotz der starken Panik aus dem Bett kommen konnte«.

In der darauffolgenden Zeit verschlechtert sich sein Zustand, und er spricht wiederholt von Selbstmord. Das Personal notiert, dass er ein »sehr hohes Angstlevel hat, das er durch zusätzliche Medikation bei Bedarf zu kompensieren versucht«. Die vorgegebenen Dosen für die Einnahme werden mehrmals überschritten. Die Vernehmungen durch die Polizei vor dem Prozess im Fall Johan Asplund sind laut Personal »zermürbender als erwartet«, und Thomas Quick redet wieder von Selbstmord. In den folgenden Tagen wird festgehalten, dass es ihm »sehr schlecht geht« und er ein »sehr hohes Angstlevel« hat. »Zittrig, bleich, schlapp.«

Einige Tage später, am 16. Februar 2001, fasst Birgitta Ståhle die Situation zusammen:

Ein psychotherapeutischer Durchstart nach der Weihnachtspause und das hier haben zu einer größeren emotionalen Tiefe und stärkerem Kontakt geführt, um sowohl die frühere Realität als auch die Art und Weise zu umreißen, wie diese frühen Erfahrungen als Erwachsener umgesetzt wurden und unter anderem durch Morde an Jungen zum Ausdruck kamen.

Während die Pläne für die Anklagen in drei neuen Mordfällen – an Johan Asplund, Olle Högbom und Marianne Rugaas Knutsen – geschmiedet wurden, wurden am anderen Ende der Klinik Thomas Quicks Patientenakten unter die Lupe genommen. Dies tat der ehemalige Chefarzt Göran Källberg, der als Leiter des Unternehmens wieder da war, nachdem er sich ein paar Jahre lang anderen Aufgaben gewidmet hatte. Als er feststellte, dass Quicks Konsum von Medikamenten, die unter das Betäubungsmittelgesetz fielen, die empfohlenen Dosen bei Weitem überstieg, wurde er hellhörig. Seiner Auffassung nach handelte es sich um eine Tablettensucht mit »Kick-Effekt«, die seit erschreckend langer Zeit andauerte. Letztlich war Källberg selbst für diesen offensichtlichen Fall der Fehlbehandlung verantwortlich.

In einem Gespräch am 25. April 2001 mit Källberg stritt Thomas Quick nicht ab, dass es sich um eine Abhängigkeit handelte, und er war sehr besorgt, als Göran Källberg ihm seinen Beschluss mitteilte: Die Medikation mit Benzodiazepinen sollte reduziert werden, um auf lange Sicht ganz abgesetzt werden zu können. Mir erzählt Quick, dass ihm vor dem bevorstehenden Prozess im Mordfall Johan bangte, der unglücklicherweise in wenigen Wochen begann.

Göran Källbergs Entschluss hatte unmittelbare Konsequenzen für die Mordermittlung. Am 5. Mai machte eine Schwester eine interessante Notiz, die Einblick in Quicks Entzugserscheinungen gewährt. Daraus geht auch hervor, dass er die Protokolle des Ermittlungsverfahrens liest, um vor Gericht eine zusammenhängende Schilderung liefern zu können.

[Thomas Quick] hat heute Nacht nicht geschlafen. Er versucht, für den Prozess zu »arbeiten«, der ins Haus steht. Hat die Unterlagen des Ermittlungsverfahrens, die er lesen will. Wegen seines schlechten Zustands, bedingt durch den Entzug, und die Angst kann er das nicht leisten. Bittet mich, Doktor Kall oder einen anderen Diensthabenden zu erreichen, um eine einmalige Verordnung für eine Tablette Xanor und zwei Brausetabletten Panocod zu bekommen.

Aber Göran Källbergs Entscheidung wird Folge geleistet, und Quick erhält keine Sonderration Medizin, weder an jenem Abend noch am folgenden Tag. Oberarzt Kall ist sich jedoch darüber im Klaren, dass sein Patient den Prozess nicht durchstehen wird, es sei denn, die geplante Absetzung wird vorübergehend außer Acht gelassen. Er schreibt:

Damit die Gerichtsverhandlung stattfinden kann, ist es notwendig, dass eine vorübergehende Bedarfsmedikation eingesetzt wird. Folgendermaßen:
Bei starker Panik, die den Patienten in der Weise beeinträchtigt, dass die Fortsetzung der Verhandlung in Gefahr gerät, kann bei Bedarf eine Tablette Xanor, 1 Milligramm, gegeben werden.
Bei starkem Druckkopfschmerz, der die Fortsetzung der Verhandlung gefährdet, kann eine Tablette Treo comp gegeben werden, bei Bedarf zwei.
Ist der Allgemeinzustand des Patienten derart beeinträchtigt, dass eine orale Medikation nicht möglich ist, kann bei Bedarf prefill Stesolid 5 Milligramm/2 Milliliter gegeben werden.

Der Prozess im Mordfall Johan Asplund wurde am 14. Mai 2001 in Stockholm eröffnet. Da Claes Borgström das Amt des Ombuds-

manns für Gleichstellung angetreten hatte, wurde Thomas
Quick von einem anderen Rechtsanwalt verteidigt, von Sten-
Åke Larsson aus Växjö. Ferner wurde er vor Gericht von der
gewohnten Riege flankiert: Seppo Penttinen, Christer van der
Kwast, Sven Åke Christianson und Birgitta Ståhle.

Am ersten Tag berichtete Quick von seinen höchst detaillierten Erinnerungen an Johans Entführung von vor rund
20 Jahren: Wie er Johan in sein Auto gelockt hatte, indem
er vorgegeben hatte, eine Katze überfahren zu haben, wie
er den Kopf des Jungen bis zu dessen Bewusstlosigkeit gegen
das Armaturenbrett geschlagen hatte, wie er ihn zum Norra
Stadsberget hinaufgefahren hatte und wie er ihn sexuell
missbraucht hatte. Dann, wie er Johan an einen Ort in der
Gegend um Åvike gefahren hatte, wo er ihn erdrosselt, entkleidet und anschließend die Leiche mithilfe einer Säge und
eines Messers zerstückelt hatte. Und schließlich, wie er die Leichenteile auf verschiedene Orte in Mittelschweden verteilt
hatte.

Sven Åke Christianson musste ein weiteres Mal von seinem
eigens erfundenen Gedächtnistest erzählen, der angeblich zu
zeigen vermochte, dass Quick sich seine Informationen nicht
nur aus Zeitungsartikeln angelesen hatte. Birgitta Ståhle berichtete wie gewohnt von Thomas Quicks schrecklicher Kindheit und davon, wie die zurückgekehrten Erinnerungen seine
Verwandlung in einen Serienmörder erklären konnten. Außerdem sagte sie erneut unter Eid aus, dass sie bei den Vernehmungen durch die Polizei nicht zugegen war und dass die
Polizeibeamten nichts von dem erfuhren, was in den Therapiesitzungen gesagt wurde. Auch Seppo Penttinen sagte aus,
dass zwischen Therapeuten und Ermittlern nichts durchsickerte
und behauptete außerdem, Quick habe, wenngleich er im
Laufe der achtjährigen Ermittlung etliche Punkte korrigiert
hatte, bezüglich der zentralen Aspekte »deutliche Erinnerungen« und »hielt an seinen Aussagen fest«.

John Sjöberg erzählte dem Gericht von seinem erstklassigen Spürhund Zampo und davon, wie der an mehreren Stellen anschlug, wo Quick angeblich Johans Leichenteile vergraben hatte. Falls das Gericht sich darüber wundern könnte, dass keine Leichenteile gefunden worden waren, sagte der Geologe Kjell Persson aus, dass er den Phosphatgehalt des Bodens gemessen hatte und die Messung gezeigt hatte, dass »eine Art organisches Material« am Tatort in Åvike verwest ist. Christianson konnte eine psychologische Erklärung desselben Rätsels liefern: Serienmörder verspüren den Drang, sowohl von ihren Taten zu erzählen als auch Leichenteile aufzubewahren. Diese beiden Bedürfnisse bringen den Täter in eine Konfliktsituation.

Das Landgericht Sundsvall beginnt seine Urteilsbegründung am 21. Juni 2001 unsicher: »Quick hat die Tat gestanden, die Gegenstand der Anklage ist. Damit ein Geständnis für eine Verurteilung zugrunde gelegt werden kann, muss jenes durch weitere Ermittlungen untermauert werden.

Zunächst stellt das Gericht fest, dass es keine gesicherten Spuren gibt, die Quick zum Tatzeitpunkt mit Sundsvall in Verbindung bringen, und es existiert auch keine Ermittlung, die ergeben hat, was Johan Asplund zugestoßen ist.«

Danach wird konstatiert, dass fast 20 Jahre vergangen sind und dass diese Tatsache an sich problematisch ist. Das Landgericht stellt außerdem fest, dass die Ermittlungen keinerlei Anhaltspunkte für Quicks Aussage liefern, er habe das Auto seines homosexuellen Bekannten Tord Ljungström geliehen. Aber dann gibt es kein Halten mehr: »Das Landgericht kommt, nach dem, was aus früheren Urteilen darüber hervorgeht, dass Quick längere Strecken mit dem Auto zurückgelegt hat, zu dem Schluss, dass diese Frage nicht von entscheidender Bedeutung ist.«

Weiterhin wird es für erwähnenswert gehalten, wie exakt Thomas Quicks sämtliche Beobachtungen aus Bosvedjan mit der Realität an jenem Morgen übereinstimmen, und festgehalten, dass Christiansons, Ståhles und Perssons Erklärungen bezüglich der verschwundenen Leichenteile sowie Quicks launische, aber teilweise glasklare Erinnerungen an Einzelheiten akzeptiert werden.

Dann folgt das einzig substanzielle Fazit, nämlich dass Quick zwei besondere Merkmale Johan Asplunds beschreiben konnte, von denen selbst die Ermittler keinerlei Kenntnis gehabt hatten, und dass dies dafür spricht, dass seine Geschichte stimmt: zum einen ein kleines Muttermal am Rücken, zum anderen ein verheilter Hodensackbruch.

Bei der Durchsicht der mehrere Hundert Seiten umfassenden Protokolle der Vernehmungen Quicks zu Johan Asplund stellt sich rasch ein Déjà-vu-Gefühl ein.

Quick erwähnt zum allerersten Mal während der Zelmanovits-Rekonstruktion am 21. August 1994 etwas von einem körperlichen Merkmal Johan Asplunds, indem er angibt, Johan habe eine Narbe gehabt. Neun Tage später nimmt Penttinen in der Vernehmung den Faden wieder auf, und Quick verdeutlicht, es habe sich um eine Operationsnarbe am Bauch gehandelt. »Vielleicht fünf Zentimeter lang.«

Seppo Penttinen will wissen, ob es andere besondere Merkmale gab. Quick antwortet zweimal mit Nein, aber als Penttinen keine Ruhe gibt, sagt er:

»Äh ... die Hoden.«

»Was ist damit ... waren die irgendwie verändert?«

»Ja, mir kommt es so vor, als wären sie stark zusammengezogen gewesen ... äh ...«

»Hat sich der Hodensack zusammengezogen, oder?«

»Ja, genau.«

Seppo bleibt hartnäckig und fragt schließlich, ob »die Hoden unterschiedlich waren«.

»Ja, das kann sein, aber da bin ich ein bisschen ... äh ... ziemlich unsicher ... äh ... es ist, als ob ... ja, als ob der eine, zumindest ein Hoden ... zusammengezogen war ...«

450

Seppo erkundigt sich, ob der Hodensack möglicherweise nur einen Hoden enthielt, und Quick erwidert, das könne sein.

»Wölbte sich der eine mehr als der andere?«, verdeutlicht Penttinen.

»Ja, genau«, antwortet Quick.

Ein Monat später kommt Penttinen erneut darauf zu sprechen.

Quick fällt es »schwer, im Detail zu erklären, was genau es mit dem Hodensack auf sich hat«, aber es hängt mit den Hoden zusammen, dass er Johans Körper als »asymmetrisch« in Erinnerung hat. Quick fertigt außerdem eine Skizze von Johans Narbe an, die er in die Leistengegend platziert und als entzündlich rot beschreibt.

Zwei Tage später sucht der Leiter der Vernehmung Anna-Clara Asplund zu Hause auf und erkundigt sich nach eventuellen besonderen Kennzeichen ihres Sohnes, die bisher noch nicht registriert worden waren. Er erhält eine Zeichnung von einem Muttermal auf Höhe der Lendenwirbelsäule, das einem schwachen Schatten ähnelte.

Am 14. Oktober wird Quick erneut vernommen. Penttinen spricht statt von einer Narbe von einer »Hautveränderung« und sagt, er wolle darüber reden, wo sie sich befunden habe. Quick kann nicht ganz folgen und meint, er habe bereits »eine recht genaue Beschreibung« geliefert. Penttinen hat schon nach wenigen Fragen genug und kommt zur Sache:

»Könnte es sein, dass sich die Veränderung auf der anderen Seite am Körper befand?«

»Ich denke, man sollte immer im Hinterkopf haben, dass es ein Spiegel sein kann, also spiegelverkehrt«, meint Quick.

»Und warum ist das so?«, fragt Penttinen.

»Weil ich mich ja auch mit dem Opfer identifiziere, das Opfer bin und das Opfer sozusagen aus seiner Sicht betrachte.«

Quick und Penttinen philosophieren ein wenig über diesen interessanten psychologischen Mechanismus, bevor Penttinen sich wieder dem Hautleiden zuwendet, das nun immerhin auf der richtigen Seite am Körper verortet wird.

»Dann versuchen Sie noch mal, wenn Sie die Augen schließen und zurückdenken, zu beschreiben, wie diese Hautveränderung aussah.«

Aber Quick kommt nicht weiter. Diesmal nicht.

Als die Ermittler Johan Asplunds Krankenakte einsehen, stellen sie fest, dass er einen Hodensackbruch erlitten hatte. Seine Mutter sagt aus, dieser sei vollkommen verheilt und zum Zeitpunkt von Johans Verschwinden sei nichts mehr davon zu sehen gewesen, doch das spielt keine Rolle.

In der Vernehmung vom 3. Juni 1998 hat Thomas Quick auf irgendeinem Weg davon erfahren. Nach einer ausführlichen Schilderung, wie Johan entführt wurde und seine zerstückelte Leiche verteilt wurde, kommt Penttinen auf die »physischen Besonderheiten« zu sprechen.

»So wie ich das heute sehe, hatte er eine Art Hodenbruch«, bringt Quick die Sache recht umgehend auf den Punkt.

Kurz darauf erinnert Penttinen Quick an die Hautveränderung, und Quick zeigt auf seinen Rücken.

»Sie zeigen auf die rechte Seite Ihres Rückens, kurz oberhalb der Pobacke«, beschreibt Penttinen beflissen.

Und damit ist die Sache geritzt: Genau wie mit der Schlinge außerhalb von Oslo hat der Leiter der Vernehmung dank seines beeindruckenden Einsatzes – in diesem Fall über einen Zeitraum von fast vier Jahren – einen unumstößlichen Beweis erbracht, um ihn dem Gericht zu präsentieren.

Darüber, dass Quick anfänglich die beiden besonderen Merkmale ganz anders beschrieben hatte, wird das Gericht im Ungewissen gelassen.

Sture Bergwall hat ein Alibi für den Tag, an dem Johan verschwand. Seine Mutter wurde am 7. November 1980 aus dem
Krankenhaus entlassen, was sowohl aus der Krankenakte als
auch aus einem Eintrag in seinem Kalender jenes Jahres hervorgeht. Außerdem löste er ein Rezept über Sobril zur ein-
monatigen Einnahme ein.

Wie konnte er dennoch an die Informationen kommen, die
trotz allem stimmten?

Sture erzählt mir, er habe sich an eine lang zurückliegende
Sendung von »Gesucht« über Johan Asplund erinnert. Und
er hatte sich ein Jahrbuch von 1980 geliehen, das eine Reihe
Details enthielt. Um sich in Sundsvall zurechtzufinden, hatte
er eine Seite von einem Stadtplan aus einem Telefonbuch
in einer Telefonzelle gerissen, als er auf Freigang in Stockholm gewesen war. Außerdem schrieben alle Zeitungen über
den Fall, nachdem er 1993 zu gestehen begonnen hatte. Als
der Prozess näher rückte, konnte er die Unterlagen des Ermittlungsverfahrens einsehen.

Und er borgte sich im Jahr 2000 ein Buch aus, »Der Fall
Johan« von Göran Elwin, erschienen 1986. Das half ihm, einigen Einzelheiten den letzten Schliff zu geben. Sture sucht
seine Aufzeichnungen heraus. Er hatte unter anderem die Beschreibung von Johan Asplunds Kleidung notiert, die er bei
seinem Verschwinden trug, eine Information, die ihm bis dato
gefehlt hatte und die er in seine Geschichte für das Gericht
einfügte.

Wer ihm das Buch borgte?

Gubb Jan Stigson.

Interview mit dem Staatsanwalt

Die Thomas-Quick-Urteile dienten Christer van der Kwast als Karrieresprungbrett, und er wurde zum Oberstaatsanwalt und Chef der Korruptionseinheit ernannt, als diese 2005 ins Leben gerufen wurde. Seither war er nicht mehr daran interessiert, über Thomas Quick zu reden. »Ich habe mit dem Fall abgeschlossen«, wie er sich ausdrückte.

Für mich war er bereit, eine Ausnahme zu machen – mit Sicherheit spielten Gubb Jan Stigsons Empfehlungen eine Rolle.

Dennoch befürchte ich bis zum Schluss, dass das geplante Interview mit Christer van der Kwast am 13. November 2008 nicht stattfindet, und die Sorge legt sich erst, als ich mich in den modernen Räumlichkeiten der Staatsanwaltschaft auf Kungsbron in Stockholm befinde und in van der Kwasts Büro gebeten werde.

Aus Zeitgründen haben wir entschieden, das Interview auf drei Fälle zu begrenzen, und zwar Therese Johannesen, Yenon Levi und das Ehepaar Stegehuis.

Lars Granstrand, der Fotograf, kümmert sich um Kamera und Licht, während Christer van der Kwast und ich uns unterhalten. Er findet es seltsam, dass ich mich für eine so alte Geschichte wie den Quick-Fall interessiere.

»Ich frage mich, ob es immer noch Zuschauer für so etwas gibt. Das ist ja so lange her, dass man das sowieso nicht mehr beurteilen kann.«

Ich antworte, dass es durchaus interessierte Zuschauer geben kann, aber dass vor allen Dingen ich selbst den Fall interessant finde. Bald darauf merke ich, wie Lars mir auf die Schulter tippt, was bedeutet, dass die Kamera läuft.

»Wie überzeugt sind Sie davon, dass Thomas Quick schuldig ist in den acht Mordfällen, für die er durch Ihr Zutun verurteilt wurde?«

»Ich bin überzeugt, dass die von mir dem Gericht präsentierten Beweise für eine Verurteilung ausreichend sind.«

»Offensichtlich«, sage ich, »aber das beantwortet meine Frage nicht.«

So beginnt das Interview, und so wird es fortgesetzt. Ich finde, dass er sich hinter juristischen Floskeln versteckt, und wenn das nicht funktioniert, spielt er die Relevanz meiner Behauptungen und Fragen herunter.

Van der Kwast berichtet, dass die Ermittlungen mit Johan Asplund begannen und dann der Mord an Thomas Blomgren in Växjö dazukam.

»Im Fall Blomgren haben Sie gesagt, dass Quick mit der Tat in Zusammenhang steht?«

»Ja, ich meine, so habe ich das gesehen, wenn die Tat nicht verjährt gewesen wäre, hätte ich sie vor Gericht bringen können.«

»Was hat Sie denn überzeugt?«

»Eigentlich der Aspekt, der in allen Quick-Fällen zum Tragen kommt. Er hat auf verschiedene Weise sukzessive Angaben gemacht, die Informationen enthalten, die ihn mit dem Opfer in Verbindung bringen, Informationen über das Opfer, sodass wir andere Möglichkeiten ausschließen können, als die, dass er vor Ort gewesen ist und mit dem Opfer Kontakt gehabt hat.«

Van der Kwast fährt fort:

»Es gab eine eindeutige Verbindung zwischen ihm, dem Tatort und dem Fundort. Dem Gerichtsmediziner zufolge war alles geklärt und nichts war ungeklärt. Die Beschreibung der Verletzungen, die er machte, war sehr konkret. Er konnte korrekt angeben, dass das Opfer Blomgren in einem Schuppen zurückgelassen wurde. Ich versuche das so zu beschreiben, damit Sie verstehen, wie wir vorgegangen sind.«

Ich nicke, um zu zeigen, dass ich ihre Arbeitsweise verstehe, während ich mir auf die Zunge beißen muss, damit ich nicht erzähle, dass Quick ein Alibi für diesen Mord hat. Noch nicht. Denn wenn ich das verrate, läuft das Interview Gefahr, abgebrochen zu werden.

Stattdessen gehen wir dazu über, den Doppelmord in Appojaure auseinanderzunehmen. Ich möchte wissen, wie er die Tatsache sieht, dass Quick zuerst erzählt hat, er sei mit dem Fahrrad von Jokkmokk nach Appojaure und wieder zurück gefahren, um in der darauffolgenden Vernehmung auszusagen, dass er mit Johnny Farebrink im Auto gefahren war und dass sie beide die Tat begangen haben.

»Dieses Problem ist immer wieder aufgetaucht, dass die Taten ganz oder teilweise unklar waren«, sagt van der Kwast.

»Das ist ja wohl nicht besonders unklar?«

»In dem Sinn, dass sich die Schilderungen entwickeln, genau wie Sie das eben beschrieben haben.«

»Kann man wirklich davon sprechen, dass die Schilderung sich entwickelt, wenn die ursprüngliche Version durch eine völlig andere ersetzt wird?«

»Ja, man kann das so beschreiben, wie man will«, meint van der Kwast.

Das Interview dauert bereits über eine Stunde, als ich van der Kwast frage, weshalb er Quick während laufender Ermittlungen Freigang und Reisen erlaubte, obwohl er in mehreren Fällen unter Verdacht stand, Jungen getötet zu haben.

»Das ist natürlich unbegreiflich. Aber im Grunde genommen lautet die Frage, ob es korrekt ist. Gibt es keine andere Betrachtungsweise dieser Sache? Genau die gibt es«, entgegnete er kryptisch.

»Ja, Sie wollen, dass Quick so viel wie möglich erzählt«, sage ich.

»Das ist klar. Es ist ja meine Aufgabe, ihn zum Reden zu bewegen.«

»Wissen Sie noch, ob Sie sich dafür interessiert haben, was Thomas Quick bei seinen Reisen nach Stockholm unternahm?«

»Das weiß ich nicht mehr. Wir haben ja versucht, ihn so umfassend wie möglich unter Kontrolle zu haben.«

»Haben Sie mal gefragt?«

»Wie soll ich das wissen, nach acht Jahren?«

»Und wenn ich sage, dass er in Stockholm in der Bibliothek saß? Im Zeitungsarchiv?«

»Ich weiß nicht, was er gemacht hat, war es denn so?«

»Ja, so war es.«

»Sie wissen aber eine ganze Menge.«

»Ja, ich weiß eine ganze Menge.«

Zum ersten Mal während des Interviews gerät Christer van der Kwast merklich unter Druck, und auch mir ist nicht wohl beim Anblick seiner gequälten Miene. Er bekommt feuchte Augen und knetet nervös die Hände, sagt aber mit gespieltem Desinteresse:

»Aha? Und er las was?«

»Über Thomas Blomgren, unter anderem.«

»Ja, aber es ist trotz allem so, dass unsere Beweise anders sind. Das ist es ja gerade.«

Wir wissen beiden, dass es genau das ist – dass Quick von Dingen sprach, die 1964 in den Zeitungen gestanden hatten. Das wird van der Kwast bewusst, und er macht eine Kehrtwende mitten im Satz:

»Wenn es sich herausstellen sollte, dass wir falschlagen, dann muss man die ganze Sache wohl erneut einer Prüfung unterziehen.«

»Er ist mit dem Vorsatz nach Stockholm gefahren, sich über Thomas Blomgren zu informieren«, erkläre ich.

»Ich glaube mich zu erinnern, dass ich davon schon mal gehört habe. Aber mehr auch nicht«, sagt van der Kwast.

Das ist ein ausgesprochen eigenartiger Kommentar. Als handele es sich um eine Bagatelle, dass ein bekennender Serientäter Meldungen über die Morde liest, von denen er erzählt. Ich sage dazu nichts, sondern hole ein Foto von Sture

Bergwall und seiner Zwillingsschwester hervor, auf dem die beiden in Volkstracht vor der Kirche Stora Kopparberg in Falun posieren. Ich reiche es van der Kwast.

»Dieses Foto ist am selben Tag aufgenommen worden, an dem Thomas Blomgren ums Leben kam«, sage ich.

Christer van der Kwast betrachtet zerstreut das Foto.

»Und?«

»Thomas Quick und seine Zwillingsschwester wurden an jenem Tag konfirmiert. Sie haben seine Schwester dazu befragt, und ich wüsste gern, wo sich diese Informationen befinden. Wo ist das Protokoll dieser Vernehmung?«

»Da muss ich Seppo fragen. Ich erinnere mich nicht mehr. Es würde mich schon sehr wundern, wenn ein so einfacher Sachverhalt übersehen wurde. Ich will das nicht rechtfertigen, aber ich glaube nichts, bis ich es nicht mit eigenen Augen gesehen habe.«

Christer van der Kwast weiß, dass er weder Seppo Penttinen noch jemand anderen vorschieben kann. Als Leiter des Ermittlungsverfahrens hat er die Vernehmungen abgezeichnet und ist verantwortlich für eine unparteiische Ermittlung. Informationen, die im Widerspruch zu seiner Anklage stehen, dürfen unter keinen Umständen zurückgehalten werden. Deshalb versichert er, die Ermittlung nach bestem Wissen und Gewissen durchgeführt zu haben.

»Ich bin da ganz offen; wenn etwas auftaucht, was sich als Fehler herausstellt, dann sage ich: Das war falsch, wir waren auf dem Holzweg, das ist nach hinten losgegangen, wir sind an der Nase herumgeführt worden. Aber bevor jemand sagen kann, das ist wirklich falsch, bin ich bereit zu sagen, das überzeugt. In all den Jahren habe ich niemanden gesehen, der etwas Substanzielles liefern konnte. In keinem einzigen Fall.«

Es ist so weit – ich will das Geheimnis lüften, das ich seit über zwei Monaten mit mir herumtrage.

»Es ist so, dass Sture Bergwall seine Geständnisse widerrufen hat«, sage ich so ruhig wie möglich.

»Ja, dann soll er das mal machen«, gibt van der Kwast mit einem Schulterzucken zurück. »Ich habe unter der Voraussetzung gearbeitet, dass es trotzdem überzeugend ist, auch wenn er das täte.«

Er denkt nach.

»Damit fängt Ihre Sendung an? Eingespielt, sozusagen aus dem Off?«

»Ja, jeder soll zu Wort kommen.« Etwas Besseres fällt mir nicht ein, so durcheinander bin ich.

»Ha, ha, ha! Das ist ja ganz was Neues. Dass er das getan haben soll. Und dass er Ihnen das gesagt haben soll. Rundheraus?«

»Ja.«

»Er hat also die Taten gar nicht begangen?«

»Nein.«

»Aber es ist ja so, dass es gar nicht sicher ist, dass er jetzt die Wahrheit sagt und vorher nicht die Wahrheit gesagt hat. Er muss zumindest erklären, wie das dann alles zustande gekommen ist. Ich würde mich wundern, wenn er behauptet, er wäre mit den Infos gefüttert worden, aufgrund derer er verurteilt worden ist.«

»Was man mit Sicherheit sagen kann, ist, dass er mit Medikamenten gefüttert wurde«, sage ich.

»Ja, schon ... ich bestreite ja gar nicht, dass er verschiedene Präparate erhalten hat, aber ich kann ihre Wirkung nicht beurteilen.«

»Es gibt Ärzte, die der Meinung sind, dass die Medikation das übliche Level eines Süchtigen weit überstieg. Sogar bei Ihren Rekonstruktionen kann man ihn sagen hören: Ich brauche mehr Xanor. Wenn ich eine Überdosis nehme, ist mir das egal.«

»Das hat er sicher getan, er war so schlecht beieinander, dass er dringend Hilfe brauchte. Den Eindruck hat er gemacht. Richtig oder falsch ...«

Wo wir schon über Therapie und Medikation sprechen, frage ich van der Kwast, wie er sich das erklärt, dass Quick weder Erinnerungen an seine Kindheit noch an die Morde hatte und dass sämtliche Erinnerungen verdrängt worden waren und zurückgekehrt sind. Und wie beurteilt er die Objekt-Beziehungs-Theorie und Birgitta Ståhles Therapie?

»Da bin ich sehr skeptisch! Von solchen Konstrukten habe ich nichts gehalten, ich bin nur nach den harten Fakten gegangen. Das sind eher Werkzeuge, um den Fall zu lösen. Ebenso wie die Anwendung verschiedener Techniken, zum Beispiel die kognitiven Vernehmungsmethoden. Es war einen Versuch wert.«

»Ist Ihnen der Begriff »Simon-Illusion« bekannt?«

»Ja, und die ganze Problematik in dem Zusammenhang auch. Es gibt ja die Freudianer, die mit allen möglichen Ideen experimentieren. Aber das ist ihre Sache, diese Vorgehensweise professionell zu rechtfertigen. Für mich als Staatsanwalt ist das nie von Bedeutung gewesen.«

»Aber für Quicks Schilderungen ist das ja wohl von Bedeutung?«

»Ja, das hat es überhaupt erst ermöglicht, dass ... ich weiß nicht, wie die Therapiesitzungen abgelaufen sind, da hatte ich keinen Einblick.«

»Das hatten Sie sehr wohl!«

»Ja, so in etwa. Aber ich sage immer noch, dass das nicht von Bedeutung war, sondern wichtig war das, was dabei herausgekommen ist.«

Staatsanwalt van der Kwast verwendete die zurückgekehrten Erinnerungen und baute darauf seine Mordanklagen auf, sagt aber jetzt, dass er »sehr skeptisch« gegenüber verdrängten Erinnerungen war, die im Rahmen einer Therapie zurückgewonnen wurden. Ganz offensichtlich will er sich von allem distanzieren, was als psychologischer Hokuspokus aufgefasst werden kann.

»Ich wiederhole, dass die Gerichte ihre Urteile aufgrund von harten Fakten gefällt haben. Und ich spreche mich dagegen aus – und finde es beleidigend zu behaupten, wir hätten uns in die Irre führen lassen, weil wir Quick aufgrund irgendwelcher Theorien der Psychologie Glauben schenkten. Oder dass wir vorsätzlich Situationen herbeigeführt haben sollen, um an Beweise zu kommen. Ich sage, das ist Quatsch!«

Mal werden Einzelheiten diskutiert, mal wird über Auslegungen und Beurteilungen gestritten – so verläuft das Interview. Im Nachhinein beschreibt Christer van der Kwast es so, als sei er »vier Stunden lang verhört worden«. Es stimmt, das Interview dauerte so lange. Am Ende sind wir beide ziemlich erschöpft und ratlos. Christer van der Kwast sagt, er brauche sich über diesen Fall nicht mehr zu äußern. Aber mit erhobenem Zeigefinger warnt er mich vor den Risiken, die ich eingehe.

»Da wäre ich ganz vorsichtig, einfach nur der einen oder anderen Variante nachzulaufen, die er aus unerfindlichen Gründen erzählt!«

»Danke für den Rat«, entgegne ich höflich.

»Er ist einfach eine unglaublich manipulative Person«, erklärt van der Kwast.

Lars Granstrand packt Scheinwerfer, Kabel und Stativ zusammen. Nachdem er gegangen ist, diskutiere ich fast eine Stunde mit van der Kwast weiter.

Mir wird klar, dass für uns beide viel auf dem Spiel steht. Auch wenn ich mir ganz sicher bin, dass Sture Bergwall an den acht Morden, für die er verurteilt wurde, unschuldig ist und mir das Material, das ich im Fernsehen zu präsentieren gedenke, Gewissheit gibt, führt kein Weg daran vorbei, dass sechs Gerichte, der Justizkanzler und der Oberstaatsanwalt für Korruptionsdelikte eine kaum zu übertreffende Autorität darstellen, die ich infrage stellen werde. Letztendlich werden entweder ich oder van der Kwast Schaden nehmen, wir können unmöglich beide mit heiler Haut davonkommen.

Christer van der Kwast scheint in ähnliche Gedanken versunken.

»Und wie lautet das Fazit? Er wird in die Kamera gucken und erzählen, dass er unschuldig ist und sich alles nur ausgedacht hat?«

Ich bestätige, dass Sture Bergwall durchaus etwas Derartiges in meiner Doku sagen könnte.

Dann stellen wir fest, dass wir in vielen Dingen nicht einer Meinung sind, und verabschieden uns.

Interview mit dem Rechtsanwalt

Mit Claes Borgström als Verteidiger wurde Quick in sechs Mordfällen verurteilt. Zahlreiche Kritiker meinten jedoch, Borgström habe Quick gar nicht verteidigt, sondern sei seiner Aufgabe nicht nachgekommen, Staatsanwalt Christer van der Kwasts Beweisführung kritisch zu prüfen.

Dass Borgström mehrere Millionen Kronen dafür erhielt, dass sein Mandant verurteilt wurde, war mehreren Menschen ein Dorn im Auge. Vielleicht lag hier die Erklärung dafür, dass Borgström die Urteile derart vehement verteidigt und dass er aggressiver als alle anderen diejenigen angriff, die es wagten, die Ermittlungen zu kritisieren.

Am Freitag, dem 14. November 2008, kurz nach der Mittagspause beziehe ich in einem schmuddeligen Café unweit des Carlbergska Huset am Norra Bantorget in Stockholm Stellung. Ich warte, bis es 14.00 Uhr schlägt und es Zeit für mein seit Langem vereinbartes Interview mit Claes Borgström ist.

Ich weiß nicht, ob Christer van der Kwast genügend Zeit hatte, um Borgström von der Neuigkeit zu erzählen, dass Sture Bergwall sämtliche seiner Mordgeständnisse widerrufen hat, und um zu vermeiden, mit Borgström ins Gespräch zu kommen und auf diese Weise Gefahr zu laufen, ihm vor dem Interview selbst davon zu erzählen, sitze ich in dem Café, während Lars Granstrand Kamera und Scheinwerfer aufbaut. Wenn ich Borgströms Büro um Punkt 14.00 Uhr betrete, wird alles für das Interview vorbereitet sein.

Über mehrere Monate habe ich mir angesehen, wie Claes Borgström bei nahezu allen Vernehmungen und Rekonstruktionen an den Tatorten der Quick-Ermittlungen mitgewirkt hat. Auf den Videobändern habe ich gesehen, wie Thomas Quick in den Wäldern herumgeführt wird, dermaßen zugedröhnt, dass er weder reden noch gehen konnte, ohne von seiner Therapeutin und dem Leiter der Vernehmungen gestützt zu werden. Claes Borgström ging nebenher, erwähnte aber nie, dass sein Mandant völlig dicht war. Ferner hatte Borgström mehrmals miterlebt, dass Quick Morde gestanden hatte, die erwiesenermaßen niemals verübt worden waren. Er hatte mitangehört, wie vor Gericht Tatsachen verdreht und verschwiegen worden waren – ohne einzugreifen. Warum?

Rechtsanwalt Claes Borgström hatte stets Stellung gegen Unterdrückung und für Menschenrechte bezogen, war ein engagierter Mann, der politisch ein Linker war und dem die Schwachen in der Gesellschaft am Herzen lagen. Das passte alles nicht zusammen. Wer war dieser Mann?

Als ihm die sozialdemokratische Regierung im Jahr 2000 als ersten Mann den Posten des Gleichstellungsbeauftragten von Schweden anbot, legte er kurz vor dem Prozess im Fall Johan Asplund sein Mandat als Quicks Verteidiger nieder. Nach sieben Jahren als Ombudsmann für Gleichstellung eröffnete Borgström zusammen mit Thomas Bodström in der Västmannagatan 4 die Anwaltskanzlei Borgström & Bodström.

Borgströms neues Büro – mit dem ehemaligen Justizminister als Partner in einem herrschaftlichen Haus, feiner Adresse mit der Kinder-und Jugendorganisation »Junge Adler« und dem Carlbergska Haus in der Nachbarschaft – sprach für sich.

Um 13.45 Uhr erhebe ich mich, um mich auf den Weg zu machen, als mein Mobiltelefon klingelt.

»Claes Borgström hat angerufen! Er hat nicht mit Kwast geredet und weiß von nichts«, sagt ein ungewöhnlich aufgeregter Sture Bergwall.

Borgström hat erzählt, dass er vom Schwedischen Fernsehen interviewt werden wird und dass er sich Gedanken macht wegen des Interviews.

»Aber dann hat er die Rechnungen zu drei seiner Fälle durchgesehen, und das beruhigte ihn. Er hat tausend Arbeitsstunden für die drei Fälle, über die Sie reden werden, in Rechnung gestellt.«

Mit tausend berechneten Stunden fühlt Borgström sich sicher, sie verschaffen ihm die Gewissheit, einen unerreichbaren Wissensvorteil zu haben.

»Er vermutet, dass Sie sich rund 40 Stunden vorbereitet haben«, sagt Sture und lacht.

Ich denke, wenn ich als Anwalt meine Stunden in Rechnung gestellt hätte, hätte ich jetzt finanziell ausgesorgt.

»Und wissen Sie, was er noch gesagt hat? Er hat sich ein Parteibuch zugelegt und erhofft sich nach der Wahl einen Ministerposten. Dass er mir so etwas erzählt! Ist das nicht komisch?«

»Ja, wirklich komisch«, gebe ich zurück, mit den Gedanken woanders.

Ich stelle fest, dass ich vor dem Eingang der Västmannagatan 4 stehe. Wir beenden das Gespräch, ich gehe die prunkvolle Treppe hinauf und klingele bei Borgström & Bodström.

Alles ist parat, und als Claes Borgström wenige Minuten nach mir auftaucht, kann es auch gleich losgehen. Er fragt mich nach meinen Ausgangspunkten für mein Interview. Nach meinem Standpunkt.

Ich sage wahrheitsgemäß, dass ich anfänglich keinen Standpunkt vertreten hatte, aber mit der Zeit den Ermittlungen gegenüber immer skeptischer geworden bin. Er sieht mich mit seinen blauen Augen forschend an.

»Wie viel Zeit haben Sie dafür aufgewendet?«, will Borgström wissen.

»Etwa sieben Monate«, sage ich und denke an Stures Telefonat.

»Sieben Monate? Vollzeit?«

Borgström sieht mich ungläubig an, als ich ihm erkläre, dass ich mehr als Vollzeit gearbeitet habe.

»Ich habe mir drei Urteile angesehen, an deren Zustandekommen ich beteiligt war, Therese, Appojaure und Levi«, sagt Borgström. »Als ich einen Blick auf das Honorar geworfen habe, also das waren tausend Stunden für die drei.«

»Dann sind Sie ja gut vorbereitet«, entgegne ich guter Dinge.

»Ja, das heißt, dass ich einiges weiß.«

Ich lasse es langsam angehen und bitte Borgström zu schildern, wie er Quicks Verteidiger wurde.

»Er hat mich während der laufenden Ermittlungen im Appojaure-Fall angerufen und gefragt, ob ich ihn verteidigen wolle. Es war klar, dass ich diese Frage mit Ja beantworten würde. Dann habe ich ihn in vier Fällen vertreten, die sich über mehrere Jahre hingezogen haben.«

Borgström erzählt, ohne dass ich nachfragen muss, und kommt rasch auf das Besondere zu sprechen, einen Serienmörder zu verteidigen, der aus eigenem Antrieb von seinen Verbrechen berichtet.

»Als Verteidiger ist man das gewohnt, ich habe auch andere Mandanten verteidigt, die Morde gestanden haben.«

»Auch wenn die gar nicht unter Verdacht standen?«

»Nein, meistens war es schon so, dass es ein Verdachts-moment gab und darauf dann ein Geständnis folgte«, gibt Borgström zu.

Claes Borgström weist ausdrücklich darauf hin, dass ein Geständnis nicht ausreicht, sondern durch andere Beweise untermauert werden muss. In Thomas Quicks Fall sah das so aus, dass er immer wieder Dinge ausgesagt hat, die nur der Täter wissen konnte. Er nennt den Mord an Therese Johannesen als Beispiel.

Ich zeige Borgström ein Foto der betontristen Wohnsiedlung Fjell, die Quick als ländliche Ortschaft mit Einfamilienhäusern beschrieb. Dann zeige ich ein Foto von Therese. Sie hat schwarze Haare und einen olivfarbenen Teint, doch Quick beschrieb sie als blond. Ich lasse eine Beschreibung von Thereses Kleidung zum Zeitpunkt ihres Verschwindens folgen.

»Warum lag Quick so falsch, als er von seinen Morden zu erzählen versuchte?«, frage ich.

»Wenn Sie das Material des Ermittlungsverfahrens durchgehen, finden Sie noch viel mehr falsche Angaben. Das hier sind nur ein paar«, sagt Borgström.

Quick hat ferner ausgesagt, dass Therese rosafarbene Nickihosen und Lackschuhe trug und breite Schneidezähne hatte. Borgström betrachtet meine Fotos, die Therese vor ihrem Verschwinden zeigen: Jeansrock, Mokassins und eine Lücke, wo die Schneidezähne hätten sein sollen.

»Aber er hat sich korrigiert, meine ich, und gesagt, dass sie schwarzhaarig war. Und er hat von Spangen an ihren Sandalen gesprochen. Er ist ja deshalb verurteilt worden, weil er Angaben gemacht hat, die sich bei ihrer Überprüfung als richtig herausgestellt haben und die sich nur damit erklären lassen, dass er dabei war, als die Tat begangen wurde.«

Claes Borgström ist offensichtlich ein intelligenter Mann, und ich möchte glauben, dass er auch in intellektueller Hinsicht ehrenhaft ist. In meinem Eifer versuche ich zu erklären, auf welche Weise Quick mit Informationen versorgt wurde, damit Borgström versteht. Ich erwähne die Artikelserie aus der norwegischen *Verdens Gang*, aus der Quick nachweislich die Informationen erhielt, die er für sein erstes Geständnis benötigte.

»Nicht alle Informationen«, protestiert Borgström.

»Doch«, gebe ich zurück.

»Nicht das Ekzem in der Armbeuge«, wendet Borgström ein.

»Nein, aber das kam erst viel später!«

»Aber Sie sagen doch alle Informationen!«

»Ich meine, er beschaffte sich alle Informationen, die er brauchte, um den Mord zu gestehen«, sage ich verzweifelt. »Er sagt ja, sie sei blond! Und er sagt, sie habe ganz andere Kleider als die, die sie getragen hat. Da stimmt doch überhaupt nichts!«

»Nicht ganz«, protestiert Borgström. »Die Haarspangen stimmen, und die Spangen an den Schuhen.«

Tatsache ist, dass Therese ihre Haare mit einer blauen Spange und einem Haargummi zusammengefasst hatte, als sie verschwand. Nachdem sich die Vernehmungen über acht Monate hingezogen hatten, sagte Quick am 14. Oktober 1996, dass Therese ein Haarband hatte – also weder eine Spange noch ein Haargummi –, das vielleicht orange war. Und nach einem weiteren Jahr, am 30. Oktober 1997, beharrte er auf dem Haarband.

Mir wird klar, dass meine Strategie – die Fakten darzulegen und die Interviewpartner ihre Sicht der Dinge erklären zu lassen – nicht funktioniert.

Wie konnte Claes Borgström nach tausend in Rechnung gestellten Stunden so schlecht informiert sein? Konnte ihm tatsächlich entgangen sein, dass Quick so viel Falsches sagte, dass die richtigen Aussagen durchaus Zufallstreffer hätten sein können?

Ich hatte mich zu den Besserwissern gesellt, die auf Details herumreiten, für die sich kein Mensch außerhalb dieses kleinen Kreises interessiert, geschweige denn sie begreift. Und so etwas ist richtig, richtig schlechtes Fernsehen.

»Der Teufel steckt im Detail«, murmele ich leise und wiederhole in meinem hirnverbrannten Erklärungsversuch, wie die Medien Quick mit Informationen versorgt haben. Borgström interessiert das nicht. Für ihn ist der Fall abgeschlossen. Quick wurde in acht Mordfällen schuldig gesprochen, und er selbst bereut es offenbar, dieses Fernsehinterview zugesagt zu haben.

Ich reiche ihm den Brief, den Thomas Quick an den norwegischen Journalisten Kåre Hunstad geschrieben hat. Borgström liest:

Ich treffe Sie unter der Voraussetzung, dass ich
20 000 Kronen erhalte (meine Lautsprecher sind
kaputt und ich brauche neue) und dass Sie einen
Überweisungsbeleg dabeihaben, aus dem hervorgeht,
dass das Geld auf mein Konto eingezahlt worden ist. Claes
weiß Bescheid, Sie brauchen ihn nicht zu informieren.
Wenn Sie mit diesen Bedingungen einverstanden sind,
verspreche ich Ihnen ein gutes Interview – ich werde
für meinen Einsatz bezahlt, und Sie bekommen im
Gegenzug eine gute Story.

Nachdem er den Brief gelesen hat, aus dem hervorgeht, dass Borgström von dem kommerziellen Aspekt von Quicks Geständnissen gewusst hat, wirft er mir einen verstohlenen Blick zu und sagt mit gezwungener Gleichgültigkeit:

»Wie verrückt muss man denn sein, wenn man so etwas macht? Wenn ich 20 000 kriege, gestehe ich einen Mord, den ich gar nicht begangen habe. Und verbringe den Rest meines Lebens hinter Gittern. Diejenigen, die ihn für unschuldig halten, beschreiben einen Menschen, der im Prinzip genau so verrückt ist, als wenn er die Morde wirklich begangen hätte.«

Der Rechtsanwalt scheint der Meinung zu sein, es spiele keine Rolle, ob sein Mandant schuldig ist oder nicht – verrückt ist er offensichtlich in jedem Fall. Borgström lenkt mit seiner Schlussfolgerung auf das nächste Thema über.

»Wissen Sie davon, dass Quick während der gesamten Ermittlungen süchtig nach Benzodiazepinen war?«

»Zu solchen Formulierungen sage ich nichts«, antwortet Borgström mürrisch. »Aber mir ist bekannt, dass er ein Problem mit Tablettensucht hatte, ja. Aber nicht, als er in Säter war«, fügt er hinzu.

»Doch, das hatte er.«

»Eine Sucht?«

»Ja. In der säterschen Klinik wurde die Medikation bei Bedarf genannt. Er hatte freien Zugang zu verschiedenen Benzodiazepinen«, erkläre ich.

»Diese Behauptung lasse ich nicht gelten!«

»Dies ist die Ansicht der damaligen Chefarztes, nicht meine«, sage ich.

»Das lasse ich nicht gelten«, wiederholt Borgström und unterbindet damit jede weitere Frage zu Quicks Medikation.

Ich schwenke zu den Ermittlungen im Mordfall Yenon Levi und spreche Christer van der Kwasts Verhalten im Zusammenhang mit der gefundenen Brille an, durch das er das Kriminaltechnische Labor umschiffte, um ein Gutachten zu erhalten, das Quick als Täter möglich machte.

»Ich bin nicht der Verteidiger des Staatsanwalts, aber ich werde das Gefühl nicht los, dass hier der Staatsanwalt beschuldigt wird, erst dann zufrieden gewesen zu sein, bis er ein Gutachten in Händen hielt, das in diese Richtung ging«, sagt Borgström.

»Es wundert mich, dass Sie im Gerichtssaal keine Verwendung für diese Informationen gefunden haben.«

»Ja, ich habe mitbekommen, dass Sie das wundert«, gibt Borgström sarkastisch zurück. »Kein Kommentar!«

Ich habe das nächste Dokument in der Hand, eine Tabelle mit 18 Sachverhalten, die den Kriminaltechnikern zufolge Quicks Version des Levi-Mords widerlegen. Es handelt sich um eindeutige Beweise, wie etwa, dass die Reifenspuren am Tatort nicht mit den Reifen des Autos übereinstimmen, das Quick benutzt haben will; Quick sagte, er habe Levis Leiche in eine Hundedecke gewickelt, aber es wurden weder Fasern von der Decke noch Hundehaare an der Leiche sichergestellt; die Erdspuren an Levis Kleidung stammten vom Fundort und nicht von dem Platz, den Quick angegeben hatte.

Der Kriminaltechniker Östen Eliasson hatte die Tabelle folgendermaßen zusammengefasst: »Die Spurensicherung ergab nichts Konkretes, was Quicks Aussage bestätigt.«

»Es gibt 18 kriminaltechnische Funde, die die Schilderung Ihres Mandanten widerlegen«, stelle ich fest.

»Aha? Vielleicht gibt es noch mehr?«, entgegnet Borgström.

»Haben Sie Gebrauch davon gemacht?«

»Wie sollte ich davon Gebrauch gemacht haben?«

»Mir fallen da mehrere Möglichkeiten ein, aber als Rechtsanwalt wissen Sie das besser als ich.«

»Ja, da Sie nicht selbst formulieren können, wie ich davon Gebrauch gemacht haben sollte, beantworte ich diese Frage nicht.«

Borgström ignoriert die Bedeutung von allem, was ich ihm präsentiere. Seiner Meinung nach sind die Ermittlungsverfahren so kompliziert, dass man für alle möglichen Hypothesen Belege finden kann. Es spielt keine Rolle, ob ich 90 falsche Angaben und zehn richtige finde.

»Es genügt eine korrekte Angabe«, sagt Borgström.

Ich frage, ob ich ihn wirklich richtig verstanden habe:

»99 falsche und eine richtige?«

»Ja, wenn diese eine Angabe so überzeugend ist, um einen Menschen mit einem Verbrechen in Zusammenhang zu bringen. Das zu beurteilen, ist letztendlich Aufgabe des Gerichts.«

»Können Sie ein Beispiel nennen?«

»Nein, das werde ich nicht, aber es gibt natürlich sehr viele. Da müssen Sie schon die Urteile lesen. So ist das.«

Claes Borgström kann sich beruhigt auf sechs Urteile berufen, die Sture Bergwall in acht Mordfällen ausnahmslos für schuldig befanden. Wenn Quick in 98 oder 99 Angaben von hundert falschlag, ändert das im Prinzip nichts daran, dass ein schwedisches Urteil unanfechtbar ist.

»Der Justizkanzler sagt, die Urteile sind sehr gut formuliert und zeigen, wie das Gericht zu dem Schluss gekommen ist, dass alles Hand und Fuß hat. Meine Meinung ist in diesem Zusammenhang unwichtig, das muss das Gericht beurteilen«, sagt Borgström bescheiden.

»In mancher Hinsicht spiegeln die Schlussfolgerungen des Gerichts nicht die tatsächlichen Umstände wider«, gebe ich zu bedenken. »Die Urteile liefern kein korrektes Bild von der Beweislage.«

»Sie haben vielleicht selbst falsche Schlüsse gezogen und werfen genau das den anderen vor«, wirft Borgström ein.

»Das lässt sich anhand der Fakten leicht überprüfen«, erwidere ich.

»Nein«, protestiert Borgström. »Es lässt sich *schwer* überprüfen. Sie reden von einem derart umfangreichen Material, dass man zu jeder beliebigen Hypothese eine Passage herauspflücken kann.«

Das Interview läuft seit über einer Stunde, und wir sind kein Stück weitergekommen. Borgström ist der Ansicht, dass ich auf dem Holzweg bin, obgleich er zugibt, dass ich mich gut eingearbeitet habe.

Aber ich habe die größte Enthüllung bis jetzt aufgehoben. Das Interview ist fast beendet, ich versuche mich zu sammeln und sage:

»Ihr ehemaliger Mandant Thomas Quick hat sämtliche seiner Geständnisse widerrufen und behauptet, unschuldig zu sein.«

»Ja ... na ja, vielleicht hat er das getan«, sagt Borgström verwirrt.

Er versucht, die Bedeutung dieser unerwarteten Wendung zu erfassen, blitzschnell die naheliegenden Konsequenzen für ihn selbst zu umreißen und ebenso schnell eine Strategie für den Rest des Interviews zu entwerfen. Dass er nur wenige Minuten vor dem Interview mit Sture Bergwall telefoniert hat, passt irgendwie nicht ins Bild. Borgström sieht mich von der Seite an und fragt:

»So sieht er das heute? Dass er unschuldig verurteilt worden ist?«

Ich bestätige, dass das der Fall ist. Borgström denkt fieberhaft nach, ein leichtes Schmunzeln lässt sich erahnen, und ich sehe seinem Blick an, dass der Kampfgeist zurückkehrt.

»Ich denke, Sie können nicht unbedingt sicher sein, dass das sein *jetziger* Standpunkt ist.«

»Doch, ich bin sicher«, sage ich.

Ein Schatten huscht über Borgströms Gesicht.

»Haben Sie heute mit ihm gesprochen?«, fragt er beunruhigt.

»Ja, das habe ich.«

»Wann?«

Jetzt versuchst du wirklich, den letzten Strohhalm zu fassen zu kriegen, denke ich.

»Darauf gehe ich nicht ein«, sage ich schließlich. »Das ist nicht wichtig. Ich weiß, dass das Stures aktueller Standpunkt ist.«

472

»Das ist typisch«, erwidert Borgström enttäuscht. »Das fällt ja wohl nicht unter die Schweigepflicht?«

Das Interview geht in eine Unterhaltung über, vermutlich weil wir beide nicht mehr können. Ich erzähle von Quicks Medikation und dem wahren Grund für seine Auszeit von vor sieben Jahren.

Genau wie Christer van der Kwast in dem Interview vom Vortag schwankt Borgström zwischen großer Demut angesichts der Möglichkeit, dass Quick unschuldig verurteilt worden sein könnte, und der hartnäckigen Verteidigung des Prozesses, an dem er beteiligt war.

»Egal, wie Thomas Quick sich in Zukunft stellen wird, werden weder Sie noch irgendjemand sonst eine Antwort darauf liefern, wie es wirklich gewesen ist. Bis auf Weiteres gilt das Urteil der Gerichte.«

Und er hat recht.

»Sind Sie mit Ihrem Einsatz im Fall Thomas Quick zufrieden?«, erkundige ich mich.

»Ich habe nichts dazu beigetragen, dass ein Unschuldiger verurteilt wurde«, antwortet Borgström.

»Mit dieser Behauptung gehen Sie sehr weit«, sage ich.

»Gut. Dann muss ich noch ein Wort hinzufügen: Ich habe nicht bewusst dazu beigetragen, dass ein Unschuldiger verurteilt wurde.«

Borgström findet, ich solle mehr Zeit darauf verwenden herauszufinden, warum Quick getan hat, was er getan hat. Ich antworte, dass ich auf eben diese Frage viele Monate Arbeit verwendet habe.

Borgström bezweifelt das und will mir zum Schluss noch ein paar aufmunternde Worte mit auf den Weg geben.

»Quick kam 1991 in die Klinik nach Säter, verurteilt wegen Raubes. Jetzt haben wir 2008 und er wird *nie* wieder freikommen, auch wenn er in Revision geht.«

»Liegt es nicht außerhalb Ihrer Kompetenzen, das zu beurteilen?«, frage ich.

»Schon, aber nichtsdestoweniger kann ich eine Meinung dazu haben.«

»Wann haben Sie Sture zuletzt gesehen?«

»Das ist lange her.«

Und dennoch sind Sie bereit, die Verurteilung in die eigene Hand zu nehmen und Ihrem ehemaligen Mandanten lebenslänglich zu geben, denke ich.

Die Stimmung in der Kanzlei Borgström & Bodström ist beim Abschied mehr als kühl.

Fehler im System

Claes Borgström galt stets als das größte Rätsel im Fall Thomas Quick. Er war viel zu intelligent, als dass ihm der Betrug entgangen sein konnte, der die ganzen Jahre lang stattgefunden hatte, und viel zu rechtschaffen, als dass er sich bewusst an einem Rechtsskandal wie diesem beteiligt hätte.

Wer war dieser Mann? Und was ging eigentlich hinter seinem jungenhaften Schopf vor?

Nach den Interviews mit Christer van der Kwast und Claes Borgström bleiben noch fast vier Wochen bis zum Sendetermin. Jetzt gilt es, noch ein paar letzte Details zu klären. Ich unternehme einen letzten Versuch, die Knochenfragmente für eine unabhängige Untersuchung aufzutreiben, und Jenny Küttim macht Jagd auf die verschüttgegangenen Vernehmungsprotokolle.

Stures Zwillingsschwester Gun findet ein Tagebuch, in das sie eingetragen hatte, wann und von wem sie vernommen worden ist. Sie wurde freitagmorgens am 19. Mai 1995 von Anna Wikström vernommen, die von einem Polizeibeamten aus Guns Wohnort begleitet wurde. Wir haben bereits mehrmals versucht, das Protokoll dieser Vernehmung aufzutreiben –

ebenso wie die der anderen Vernehmungen mit Stures Geschwistern –, und nun ruft Jenny Seppo Penttinen an, um ihn, ermutigt durch Guns Aufzeichnungen, darüber zu informieren, dass es strafbar ist, der Öffentlichkeit zugängliche Dokumente zu unterschlagen.

Spätabends rattert das Protokoll beim schwedischen Fernsehsender SVT durch das Fax. Es geht daraus hervor, dass die Vernehmung zu den Ermittlungen im Doppelmord von Appojaure gehört.

Am folgenden Tag setze mich an das Protokoll.

Gun beginnt mit der Familienkonstellation und den Wohnsitzen der Familie. Sie sagt, die »Schulzeit und die Zeit mit der Familie war zum größten Teil positiv«.

Gun sagt, dass sie Sture stets für sehr begabt gehalten habe. Er habe viel gewusst, immer Zeitung gelesen und die Nachrichten verfolgt. Dadurch hatte er eine gute Allgemeinbildung. Sie sagt auch, er sei schon früh politisch interessiert gewesen.

Ferner interessierte sich Sture nicht im Geringsten für Sport und hatte dadurch kaum Kontakt mit den Klassenkameraden.

Deshalb war er oft außen vor und hielt sich meist an Gun.

Gun meinte manchmal, Sture wurde möglicherweise von seinen Klassenkameraden gemobbt, und sie erinnert sich daran, dass ein paar Jungs Sture früher in ein Plumpsklo in einer Scheune eingeschlossen hatten.

Ob Sture unter dem Mobbing gelitten hatte, weiß Gun nicht mehr.

Der Zusammenhalt der Familie war sehr groß, und Gun erwähnt, dass sie selbst hauptsächlich mit ihren Brüdern zusammen war.

Während der Oberstufenzeit hatte Sture viel Zeit in die Arbeit an einer Schulzeitung investiert.

Auf die Familie bezogen, habe Gun ihre Kindheit sehr positiv erlebt. Sie erzählt, dass ihr Vater sehr temperamentvoll war und bisweilen mit Töpfen um sich warf. Sie weiß nicht mehr, worum es im Einzelnen ging, aber die Konflikte wurden immer aus der Welt geschafft.

In den Therapiesitzungen hatte Sture angedeutet, er sei sexuellem Missbrauch durch seine Eltern ausgesetzt gewesen, was Gun mit den Worten »das ist schockierend« kommentiert. Sie sagt, es sei völlig undenkbar, dass so etwas passiert sein soll. Sie habe sich auch später, nachdem sie ihre Kindheit genau analysiert hatte, nicht vorstellen können, dass so etwas vorgefallen sein könnte.

Gun liefert auch ein positives Bild von der Zeit in Jokkmokk, wo sie und Sture die Volkshochschule besuchten. Einmal hatte sie bemerkt, dass Sture vor dem Schülerwohnheim laut schrie. Sie hatte sich um ihn gekümmert, aber nie erfahren, was passiert war. Sie hatte schon damals vermutet, dass er Drogen nahm. Auch Stures Aufenthalte und Behandlungen in verschiedenen Institutionen waren ihrer Ansicht nach seinem Drogenproblem zuzuschreiben.

Die Geständnisse, die Sture während der Ermittlungen gemacht hat, und das, was sie aus den Ermittlungen und aus den Massenmedien erfahren hat, sieht Gun sehr kritisch. Stures Verhalten in jenen Jahren können sich die Geschwister beim besten Willen nicht erklären. Denn niemandem in der Familie ist je etwas Absonderliches an Sture aufgefallen, abgesehen von der Drogenabhängigkeit, die er, wie alle dachten, zu besiegen versuchte.

Zu einem früheren Zeitpunkt der Vernehmung wurde die Behauptung des sexuellen Missbrauchs Stures durch seine Eltern angesprochen. Gun sagt, diese Behauptung klänge in ihren Ohren sehr drastisch, und meint, es müsse andere Gründe für Stures Verhalten geben. Sie erwähnt, dass Sture mehrmals so heftig gestürzt war, dass er dabei das Bewusstsein verloren hatte.

Schließlich wird Gun gebeten, ihre Familie kurz zu beschreiben.

Mutter Thyra: Lag ihre Familie am Herzen. Fröhlich und stets engagiert.

Vater Ove: In sich gekehrt und grüblerisch, aber stets gerecht.

Runa, die älteste Schwester: Gut gelaunt und nett.

Sten-Ove: Pfiffig, schwierig, akribisch und temperamentvoll, aber nett.

Torvald: Unglaublich nett, lebt sein Leben.

Örjan: Wird nie erwachsen, meint es aber mit allen gut.

Sture: Nett, extrovertiert und klug.

Eva: Ist stets guter Dinge, offen und extrovertiert.

Für Jenny und mich sind diese Dokumente ein gutes Zeichen dafür, dass alle Vernehmungsprotokolle, die wir in den Ermittlungsakten vermissen, noch existieren und dass Seppo Penttinen sie hat. Allerdings hat er nur eines der beiden Protokolle von Gun Bergwalls Vernehmungen geschickt, um die wir gebeten haben – die mit der genauen Zeit- und Ortsangabe.

Von der Vernehmung, in der sie von der Konfirmation erzählt und die Sture Bergwall ein Alibi für den Mord an Thomas Blomgren gibt, sehen wir keinen Deut.

Eines Morgens in der Bahn Richtung Stockholm rufe ich Justizkanzler Göran Lambertz an. Ich frage, ob er am Vormittag Zeit für einen Kaffee habe, und er entgegnet, ich sei in seinem Büro willkommen.

Es ist ein herrlicher Wintertag, ich gehe über die Bahnhofs-brücke nach Riddarholmen und betrete den eleganten Palast des Justizkanzlers. Lambertz empfängt mich in seinem prunk-vollen Arbeitszimmer im ersten Stock.

Das Amt des Justizkanzlers ist eines mit variierenden Arbeitsaufgaben, die gelegentlich zueinander im Konflikt stehen.

Der Justizkanzler ist der höchste Ombudsmann und der Rechtsanwalt des Staates. Als solcher ist sie oder er der juris-tische Ratgeber der Regierung und vertritt den Staat bei Ver-handlungen vor Gericht. Beleidigt beispielsweise ein Staats-diener einen Mitbürger, der Wiedergutmachung verlangt, nimmt der Justizkanzler die Rolle des Rechtsanwalts des Staa-tes ein und verteidigt den Staat gegenüber dem Bürger. Der Justizkanzler hat die Aufsicht über die Behörden und Gerichte und ist gleichzeitig der höchste Garant für die Sicherheit und Integrität der Bürger. Wenn der Staat einen Fehler gemacht hat – zum Beispiel einen Unschuldigen zu einer Haftstrafe verurteilt hat –, setzt der Justizkanzler die Höhe der Entschä-digung fest.

Das ist eine eigenartige Konstruktion. So manifestiert der Justizkanzler die Vorstellung vom gerechten Staat, vom un-bestechlichen schwedischen Staatsbeamten und die Idee, dass die Obrigkeit den Mitbürgern wohlgesonnen ist und auch über die verzwicktesten Interessenkonflikte erhaben ist.

Vor dem geplanten Rücktritt des Justizkanzlers Hans Regner im Jahr 2001 wollte die Justizministerin Laila Freivalds ein paar Namen möglicher Nachfolger haben. Diese aufzulisten fiel dem Rechtsabteilungsleiter des Außenministeriums, Göran Lam-bertz zu, der viel später erzählte:

»Ich nannte Laila Freivalds einige Namen und pries die Vor-züge der jeweiligen Kandidaten. Dann beendete ich meine Aufzählung mit den Worten: ›Am liebsten hätte ich selbst den Posten.‹«

Er bekam ihn, und Göran Lambertz profilierte sich als Vorreiter für die Rechtssicherheit. Er sagte in der Öffentlichkeit, dass viele unschuldig im Gefängnis säßen, dass Polizeibeamten logen, um ihre Kollegen zu decken, und dass Richter bisweilen faul seien. Zur allgemeinen Verwunderung engagierte sich Lambertz gar in einzelnen Wiederaufnahmeverfahren und stellte einen entsprechenden Antrag für einen verurteilten Mörder, der Lambertz zufolge zu Unrecht in Haft saß. Schweden hatte einen furchtlosen Justizkanzler bekommen, der in den Medien präsent war und den Einflussreichen und Mächtigen die Stirn bot, und man kann durchaus behaupten, dass er die Herzen der Bevölkerung gewann.

Im Mai 2004 startete Göran Lambertz das »Projekt Rechtssicherheit« und zwei Jahre darauf kam der Bericht »Zu Unrecht Verurteilte«. Der Bericht enthält sämtliche Wiederaufnahmeverfahren seit 1990 von Fällen mit mindestens dreijähriger Haftstrafe und einem Freispruch, der in Berufung erzielt worden war.

Aus dem Bericht ging hervor, dass diese Wiederaufnahmeverfahren bis 1990 extrem selten waren. Bei drei der Verfahren ging es um Mordfälle, die durch alle Medien gegangen waren. Die übrigen machten aus dem Bericht Sprengstoff: Bei acht von den elf Fehlurteilen handelte es sich um Sexualstraftaten, deren Opfer zum Großteil Kinder und Jugendliche gewesen waren.

Hauptsächlich waren es Mädchen im Teenageralter gewesen, die durch den Kontakt mit Psychologen und Therapeuten ihre Väter und Stiefväter des sexuellen Missbrauchs bezichtigt hatten.

Einige renommierte Juristen, darunter auch Madeleine Leijonhufvud und Christian Diesen, die seit Langem viel für die Bekämpfung von sexuellem Missbrauch von Kindern taten, übten harte Kritik an dem Bericht und forderten Göran Lambertz' Rücktritt.

Es ist angezeigt, darauf hinzuweisen, dass ich selbst in diesem Zusammenhang als befangen gelten könnte, da zwei der Wiederaufnahmeverfahren im Bericht des Justizkanzlers zu einem Fall gehören, den ich untersucht und über den ich mehrere Reportagen gemacht hatte: die beiden Männer im »Fall Ulf«, bei dem es um eine Tochter ging, die in ihren Therapiesitzungen in einer Klinik von höchst dramatischen Misshandlungen mit satanischem Charakter und rituellen Morden erzählte, während von der Polizei, dem Staatsanwalt und dem Generalstaatsanwalt große Mengen Beweismaterial zurückgehalten wurden, das zeigte, dass das Mädchen nicht die Wahrheit sagte.

Die Argumentationslinie in der Debatte um den Bericht des Justizkanzlers – Welche Zeugenaussagen sind verlässlich? Welche Rolle sollten Therapeuten und Staatsanwälte im Rechtssystem einnehmen? – stimmte größtenteils mit der bei Thomas Quicks Verurteilungen wegen Mordes überein, und diejenigen, die in der Diskussion über Rechtssicherheit auf Lambertz' Seite standen, waren bezeichnenderweise meist auch skeptisch, was Quick betraf.

Deshalb kam es nicht unerwartet, dass Göran Lambertz zu Beginn seiner Amtszeit große Zweifel hatte, ob Thomas Quick die Morde tatsächlich begangen hatte, für die er verurteilt worden war. Johan Asplunds Eltern trafen sich mit Göran Lambertz und fühlten sich zum ersten Mal von einem Staatsbeamten verstanden und ernst genommen.

»Er hat uns geraten, ihn mit Fakten zu versorgen, damit er sämtliche acht Quick-Urteile prüfen konnte«, erzählt mir Anna-Clara Asplund.

Rechtsanwalt Pelle Svensson, der das Paar Asplund vertrat, als sie 1984 Anzeige gegen Anna-Claras ehemaligen Partner erstatteten, wurde gebeten, eine Anzeige zu verfassen. Am 20. November 2006 reichte Svensson einen 63 Seiten umfassenden Bericht ein, der durch ein paar Umzugskartons mit sämtlichen Urteilen, Ermittlungsakten, Videoaufnahmen und mehr ergänzt wurde.

Hinter Pelle Svenssons Anzeige standen Anna-Clara und Björn Asplund sowie Charles Zelmanovits' Bruder Frederick, der auch nie an Quicks Schuld geglaubt hatte.

Als der Justizkanzler eine Woche später seinen Entscheid im Fall Quick mitteilte, waren alle überrascht. Hatte er wirklich sämtliches Material durchgehen und binnen einer Woche einen Beschluss verfassen können? Dieser lautete:

> Der Justizkanzler leitet in dieser Sache kein Ermittlungsverfahren ein und ergreift auch keinerlei sonstige Maßnahmen.

Die Entscheidung des Justizkanzlers umfasste acht Seiten und schloss mit einer zusammenfassenden Beurteilung.

> Die Urteile, die über Thomas Quick erlassen worden sind, sind im Wesentlichen sehr kompetent und ausführlich. Sie enthalten unter anderem umfassende Erläuterungen der Beweisanalyse, die das Gericht vorgenommen hat.

Auch Christer van der Kwast und Seppo Penttinen wurden von Lambertz gelobt.

> Anlässlich der schwerwiegenden Kritik, die die Gegenseite vor allem gegen den Staatsanwalt und den Leiter der Ermittlungen gerichtet hat, möchte ich besonders darauf hinweisen, dass die Ermittlung keinen anderen Schluss zulässt als den, dass diese Personen den Umständen entsprechend gute Arbeit geleistet haben.

Der Entscheid war Anlass für Spekulationen über Göran Lambertz' tatsächliche Motive, die Quick-Angelegenheit so rasch und leichtfertig vom Tisch zu wischen. Besonders verwunderlich war Lambertz' Anerkennung, mit der er die außerordentlichen Leistungen von Polizei, Staatsanwalt und Gerichten in diesem schwierigen Fall bedachte.

Zu dem Zeitpunkt war Göran Lambertz übel in die Bredouille geraten, nachdem er sich in Polizeikreisen, in der Staatsanwaltschaft und im Richterverband Feinde gemacht hatte. Dazu kamen Mitglieder des Journalistenverbands, da er den verantwortlichen Herausgeber des *Expressen* wegen Missbrauchs der Pressefreiheit angezeigt hatte, sowie verschiedene Gruppierungen, die jegliche Form von Sexualstraftaten bekämpften. Seine Zukunft als Justizkanzler war alles andere als gesichert.

Göran Lambertz wies kategorisch zurück, ihn habe dies beeinflusst. Ich zählte selbst zu denjenigen, die sich wunderten, und nun habe ich die Gelegenheit, ihn selbst zu fragen, wie tief er sich vor dem übereilten Entscheid in die Materie einarbeiten konnte.

»Ich habe nur die Urteile gelesen«, gibt er zu. »Ich habe sie zweimal gelesen, das zweite Mal mit Rotstift.«

Darüber hinaus hatte er sich auf seine Mitarbeiter verlassen, die die Hintergrundinformationen zumindest teilweise gelesen hatten. Bei meinem Besuch treffe ich auf einen der Untergebenen, auf die Lambertz sich verlassen hatte – ein offensichtlich frisch gebackener Jurist, der Pelle Svenssons Anzeigeschrift sicherlich wenig beeindruckend fand. Als wir uns am Kaffeeautomaten begegnen, ruft Göran Lambertz fröhlich:

»Sie beide haben ja ein gemeinsames Interesse!«

Wir geben uns die Hand, und der junge Jurist sagt kühl:

»Ja, aber wir sind uns in keinem Punkt einig.«

»Nee«, sage ich. »Aber wir können uns ja in ein paar Jahren noch mal darüber unterhalten.«

Irgendwie tut er mir leid. Er hatte maximal fünf Arbeitstage, um sich ein Bild von diesem extrem umfangreichen und komplexen Fall zu machen. Sein bedeutend erfahrenerer Anwaltskollege Thomas Olsson hatte mehrere Monate darauf verwendet, nur einen der Mordfälle zu prüfen. Nun war dieser rotbackige Jurist es gewesen, der Lambertz mit den Informationen versorgt hatte, die zweifellos den fatalsten Beschluss des Justizkanzlers heraufbeschworen haben.

Lambertz' Entscheid war der letzte Nagel in dem Sarg, der Pelle Svensson, den Asplunds und vielen anderen die letzte Hoffnung nahm, jenen, die in Lambertz denjenigen gesehen hatten, der dem Justizskandal endlich ein Ende setzen würde. Gleichzeitig war das in allen Diskussionen der Trumpf des Staatsanwalts: Der Fall war trotz allem geprüft und von allerhöchster Instanz für korrekt befunden worden. Dieses Argument hatte ich mir immer wieder anhören müssen: Von Gubb Jan Stigson bei unserem frühen Treffen in Falun und kürzlich von Claes.

Deshalb bin ich erstaunt darüber, wie leichtsinnig Göran Lambertz mit meiner Frage umgeht, als wir darüber reden. Ich zeige ihm das Ergebnis meiner Nachforschungen, beginne mit dem ersten Urteil und erkläre, wie ich zu dem Schluss gekommen bin, dass überhaupt keine Beweisführung existiert. Ich weise darauf hin, dass es im Gegenteil jede Menge gibt, was dafür spricht, dass Quick mit Charles Zelmanovits' Verschwinden nicht das Geringste zu tun hatte und dass der Staatsanwalt sich entsprechend verhalten hat, um dieses Problem unter den Teppich zu kehren.

Lambertz hört interessiert zu, und unser Treffen wird in offenem und ehrlichem Dialog fortgesetzt. Ich erzähle von Stures widerrufenen Geständnissen und gehe Fall für Fall durch. Schlussendlich ist es Mittagszeit, und ich muss aufbrechen. Da erklärt Lambertz, mehr oder weniger alles, was ich gesagt hatte, sei interessant, doch es spiele eigentlich keine große Rolle. Denn das große Rätsel bleibe bestehen: Wie konnte Quick von Trine und Gry berichten? Wie konnte er die Polizei zu den Fundorten führen?

Ich muss zugeben, dass dies die Fälle sind, auf die ich mich am wenigsten vorbereitet habe, und dass ich gegenwärtig nicht alle Antworten parat habe.

Tief enttäuscht beende ich das Interview. Ich hatte Göran Lambertz immer geschätzt und ihn für einen rechtschaffenen Mann gehalten. Was ich ihm erzählt hatte, hätte bei ihm ein Gefühl der Reue auslösen können, aber davon konnte ich nichts entdecken.

Als ich das Gebäude des Justizkanzlers verlasse, werden mir zwei Dinge klar: Zum einen sind die Kräfte, die für das Bild von der Unfehlbarkeit des Rechtssystems sorgen, noch viel unangreifbarer, als ich bislang geahnt hatte, zum anderen wird der Fall Quick so lange weitergehen, bis auch das letzte Fragezeichen geklärt sein wird, was für mich bedeutet, dass meine Arbeit noch lange nicht abgeschlossen ist.

Die Dokumentationen im SVT

Meine ersten beiden Dokumentationen über Thomas Quick wurden am 14. und 21. Dezember 2008 in der Sendung »Intern« im Schwedischen Fernsehen *SVT* gesendet.

Worum ging es da eigentlich?

In etwa darum: Eine Klinik für forensische Psychiatrie hatte einen zwangseingewiesenen Patienten mit Präparaten abgefüllt, die unter das Betäubungsmittelgesetz fallen, und aus ihm einen Tablettenabhängigen gemacht. Anschließend wurde er einer intensiven Psychotherapie unterzogen, die zusammen mit freiem Zugang zu den Benzodiazepinen den Patienten dazu brachte, rund 30 Morde zu gestehen.

Obwohl der Patient wiederholt der Lüge überführt worden war, gelang es dem Staatsanwalt, den Ermittlern, Ärzten, Therapeuten und allen möglichen Experten, acht seiner Mordgeständnisse bis zur Verurteilung zu bringen. In sechs Gerichtsurteilen wurde er in allen diesen Fällen für schuldig befunden.

In meiner Dokumentation widerrief der Patient sämtliche Mordgeständnisse und behauptete, nie einen einzigen Menschen umgebracht zu haben.

Die ersten beiden Dokumentationen behandelten relativ ausführlich die ungewöhnlichen Ermittlungen in den Mordfällen Therese Johannesen, der Eheleute Stegehuis in Appojaure und Yenon Levi in Rörshyttan. Aber die wichtigste Neuigkeit war natürlich, dass der Serienbekenner Sture Bergwall seine Unschuld beteuerte.

TEIL III

»Die Kritik ist purer Quatsch.
Ich habe nichts falsch gemacht,
nur weil die Diskussion lautstark ist.«

OBERSTAATSANWALT CHRISTER VAN DER KWAST
gegenüber der Nachrichtenagentur *TT*
am 20. April 2009

Der Wind dreht

Der Inhalt meiner Sendungen führte dazu, dass der Fall Thomas Quick ein weiteres Mal in den Nachrichtenmedien des Landes präsent war. Bereits am Abend des 14. Dezember 2008, einem Sonntag, kurz nachdem Sture Bergwall am Ende der ersten Dokumentation seine Geständnisse widerrufen hatte, erzählte Rechtsanwalt Thomas Olsson der Nachrichtenagentur *TT*, er und Sture Bergwall würden in sämtlichen Mordfällen, für die er verurteilt worden war, in Berufung gehen. Der erste Antrag betreffe den Mord an Yenon Levi und werde im neuen Jahr dem größten Oberlandesgericht, Svea hovrätt, zugesandt.

Im Studio Eins des Schwedischen Rundfunks holte Christer van der Kwast am folgenden Tag zum Gegenschlag aus.

»Das sind haltlose Behauptungen«, sagte er zu dem Vorwurf, er und Seppo Penttinen hätten die Gerichte getäuscht. »In den Unterlagen der Ermittlungsverfahren ist alles korrekt belegt. Dass wir Quick mit Informationen gefüttert hätten, ist unwahr.«

Außerdem war er angeblich noch immer von Quicks Schuld überzeugt:

»Es fällt am meisten ins Gewicht, dass er in jedem einzelnen Fall über Informationen verfügte, die nur der Täter kennen konnte. Diese sind unter anderem mit der Spurensicherung und den Berichten der Gerichtsmediziner abgeglichen worden. Seine Geständnisse sind in jedem einzelnen Fall durch Beweise untermauert worden.«

Seppo Penttinen entschied sich, die Angelegenheit nicht zu kommentieren: »Das Wiederaufnahmeverfahren läuft ja gerade, und ich will nichts dazu sagen, bevor der Prozess zu Ende geführt worden ist«, sagte er der Nachrichtenagentur *TT*. Birgitta Ståhle, Sven Åke Christianson und Claes Borgström verfolgten die gleiche Strategie.

Rechtsexperten, wie der Rechtsanwalt Per E. Samuelsson und die Generalsekretärin der Anwaltskammer, Anne Ramberg, äußerten sich über Sture Bergwalls Chancen, in Berufung gehen zu können, und meinten, sie seien gering, da der Widerruf von Geständnissen an sich keinen Grund darstelle. »Damit in einem Fall dem Antrag auf Wiederaufnahme stattgegeben werden kann, muss etwas vorgefallen sein, wozu das Gericht während des Prozesses keine Stellung nehmen konnte«, sagte Anne Ramberg der TT.

Wenige Tage später gab van der Kwast dem *Svenska Dagbladet* erneut ein eigenartiges Interview. Er bezeichnete meine Dokumentation als »Schlag ins Kontor« für den investigativen Journalismus und speiste die Reporter, die vergeblich versuchten, ihm Fragen zu stellen, damit ab, sie hätten »keinen Schimmer«, worum es eigentlich ginge. Er meinte, es seien keinerlei neue Fakten ans Licht gekommen, außer dass Sture Bergwall seine Geständnisse widerrufen habe.

Van der Kwast selbst ließ sich zu einer Reihe von Schlussfolgerungen hinreißen, die, gelinde gesagt, sonderbar waren, zumindest für alle, die mit der Sache vertraut waren. Dass der Fall mit den Flüchtlingen zeigte, dass Quick sich die Mordfälle zurechtlegte, nachdem ihm Informationen gesteckt worden waren, bezeichnete Christer van der Kwast als Nonsens.

»Tatsächlich hatte er bereits am 16. November 1996 einen der Jungen erwähnt, also noch bevor in den Medien Informationen auftauchten«, sagte er der Zeitung.

Ich konnte kaum glauben, was ich da las. Am 16. November 1994 fuhr Seppo Penttinen in die Klinik nach Säter, um – wie er es in seinem Gedächtnisprotokoll nannte – mit »Assoziationsmaterial, vermutlich mit Realitätsgehalt« versorgt zu werden. Thomas Quick spricht von dem Mord an einem Jungen, irgendwann zwischen »1988 und 1990«. Aus dem Gedächtnisprotokoll: »In diesem Zusammenhang taucht der Ortsname Lindesberg in seiner Erinnerung auf. Der Junge konnte kein Schwedisch. Quick spricht einen slawischen Namen aus, etwa: ›Dusjunka.‹ Der Junge trug Jeansjacke, einen dunkelgrünen Pullover, zu große Jeans mit hochgekrempelten Hosenbeinen. Er hatte schwarze Haare und war ein südländischer Typ.«

Wie konnte Christer van der Kwast ernsthaft denken, dass dies etwas mit der Geschichte von den beiden afrikanischen Flüchtlingen in Norwegen zu tun haben konnte?

Er fuhr fort, alle »besonderen Details« durchzugehen, die Quick während der Ermittlungen genannt hatte und die seine Unschuld bewiesen: Johan Asplunds Hodenbruch und sein Muttermal, Therese Johannesens Ekzem in der Armbeuge und die Tatsache, dass Quick »Verletzungen der Opfer von Appojaure« beschreiben konnte, die »außerhalb von Ermittlerkreisen unbekannt waren«. Und die Trumpfkarte: dass Thomas Quick im Mordfall Therese die Ermittler zu der Stelle im Wald führen konnte, an der er die Leiche zerstückelt und verbrannt hatte, ein Ort, an dem der Spürhund angeschlagen hatte – und dass bei Grabungsarbeiten verbrannte Knochenfragmente gefunden worden waren.

Auch van der Kwast hielt es für unwahrscheinlich, dass es in irgendeinem der Fälle ein Wiederaufnahmeverfahren geben würde.

»Das ist doch Schaumschlägerei. Ich rechne damit, dass die Gerichte einen kühlen Kopf bewahren und es zu keiner Wiederaufnahme kommt«, sagte er.

In der Flut von Meldungen, Kolumnen und Leitartikeln meldete sich auch eines von Sture Bergwalls tatsächlichen Opfern zu Wort: der Mann, den er 1974 in einem Studentenwohnheim in Uppsala beinahe umgebracht hatte. In einem Leserbrief der *Newsmill* beschrieb der Mann den schrecklichen Vorfall und erklärte, er sei enttäuscht von mir.

»Als ich gestern die Sendung über Thomas Quick auf SVT gesehen habe, kam sie mir sehr voreingenommen vor – es wurde der Eindruck erweckt, dass er an den Morden, für die er verurteilt wurde, unschuldig war. Für mich, der um Haaresbreite von Quick oder Sture Bergwall, wie er damals hieß, getötet worden wäre, ist es kaum zu glauben, dass er – wie Jan Guillou und andere Abendzeitungs-Kolumnenschreiber behaupten – ein ›pathetischer Klein-krimineller‹ sein soll. [...] Aus familiären Gründen habe ich nicht viel darüber gesprochen, was vor fast 35 Jahren geschah. Diese Verschwiegenheit hatte ihren Preis. Aber jetzt, da ich sehe, was für ein verzerrtes Bild von Quick geliefert wird, verlangt es meine Verantwortung, meine Geschichte zu erzählen. Von Hannes Råstams Sendung und von den Kolumnen der Abendzeitungen wird mir übel.«

Der Mann, der auch von *Dagens Nyheter* interviewt wurde, schrieb ferner:

»Ich habe im Übrigen Hannes Råstam angerufen, als ich von seinem Fernsehprojekt erfahren habe. Ich wollte ihm mitteilen, dass ich im Besitz des Polizeiberichts über den Mordversuch bin und dass Råstam ihn gerne lesen könne. Aber Råstam hatte kein Interesse, mich zu treffen – er interessierte sich nur dafür, ob Quick bei dem Vorfall zugedröhnt gewesen war.«

Einige Tage darauf, am 17. Dezember, veröffentlichte der *Expressen* ein Interview mit dem Stiefvater des Neunjährigen, an dem Sture Bergwall sich 1969 als 19-jähriger Krankenpfleger vergriffen hatte. »Er ist fähig, jeden umzubringen«, befand der Stiefvater, der sich zu Wort meldete, weil er meinte, es sei »wichtig, darauf hinzuweisen, dass Thomas Quick auch früher schon Gewaltverbrechen begangen hat«.

Der tätliche Angriff im Krankenhaus wurde erneut beschrieben, und ein weiteres Mal wurde aus dem im Frühjahr 1970 verfassten psychologischen Gutachten zitiert, in dem festgestellt worden war, dass Quick unter »hochgradiger sexueller Perversion der Kategorie *pädophilia cum sadismus*« leide und dass er unter gewissen Umständen »extrem gefährlich für Leib und Leben anderer Personen« sei.

Sogar einige meiner Kollegen meinten, ich hätte in meiner Dokumentation das Bild von Sture Bergwall beschönigt, indem ich nicht seine früheren Straftaten beleuchtet und sie nur am Rande erwähnt hätte. Die Kritik kam nicht überraschend, hat mich aber dennoch getroffen. Ich bin aus gutem Grund so verfahren: Bei meiner Recherche ging es darum herauszufinden, ob Sture Bergwall die acht Morde, für die er verurteilt worden war, auch verübt hatte, und nicht darum, die Straftaten zu beschreiben, die er nachweislich begangen hatte. Diesen äußerst komplexen Sachverhalt auf zwei Stunden Fernsehen einzudampfen war auch so schon so gut wie unmöglich.

Die Situation erinnerte schon bald daran, wie es vor fast zehn Jahren gewesen war, als die Quick-Fehde am übelsten tobte, mit dem Unterschied, dass die Zweifler, die damals zwar lautstark, aber in der Minderheit waren, nun die Mehrheit bildeten, und gleichzeitig die Schar jener, die Quick für schuldig hielten, rasch schrumpfte.

Am 17. Dezember schrieb *Dagens Nyheter* in ihrem Leitartikel:

Dass Thomas Quick für acht Morde verurteilt wurde und weitaus mehr gestanden hat, kann man als einen der größten Justizskandale unseres Landes bezeichnen. Aber es kann sich auch um einen schuldigen Mörder handeln. Wie auch immer es um Thomas Quicks Straffähigkeit bestellt ist, eines ist sicher: Das schwedische Rechtssystem weist im Fall Quick bedauerliche Schwächen auf, Schwächen, die an den Niedergang des Rechtsstaats in den 50er-Jahren erinnern. Eine rechtliche Prüfung hat unter Einsatz der Vernunft und im Einklang mit dem Gesetz zu geschehen. Das Ermittlungsverfahren soll Aufschluss darüber geben, was vorgefallen ist, die Rolle des eventuell Schuldigen klären und vor allem unvoreingenommen sein.

Der Fall Thomas Quick ist in vieler Hinsicht ungewöhnlich. Aber die Aufmerksamkeit richtet sich auch auf den Staatsanwalt, den Leiter der Vernehmungen, den Verteidiger, die Gerichte, die gesamte Konstellation um den Mörder Thomas Quick herum. Und was sich dabei findet, ist nicht schmeichelhaft.

Eindeutig ist, dass Thomas Quick »Erinnerungshilfen« erhalten hat, dass eine therapeutische Behandlung mit den polizeilichen Ermittlungen in einer Straftat verquickt worden ist und dass Sachverhalte unter den Teppich gekehrt worden sind, die die Unschuld des Geständigen erwiesen hätten. Für das Rechtssystem ist es verständlicherweise problematisch, dass so etwas passieren kann. Nun muss geprüft werden, wie einige Amtsträger im Fall Quick verfahren sind. Dem zu erwartenden Antrag auf Wiederaufnahme des Verfahrens durch Quicks Rechtsanwalt wird hoffentlich stattgegeben. Eventuelle Fehler und/oder Unterlassungen können somit nachgewiesen und die Verantwortlichen zur Rechenschaft gezogen werden.

Eine weitreichendere Frage lautet, inwieweit Thomas Quicks Behandlung etwas über unser Rechtssystem im Allgemeinen aussagt. Bezeichnend ist etwa, welche Bedeutung der Theorie über verdrängte Erinnerungen zukommt. Eine Theorie, von der später Abstand genommen wurde, die jedoch einige Jahre lang von den schwedischen Gerichten akzeptiert wurde und durch die keine geringe Anzahl Angeklagter ausschließlich aufgrund von angeblich auf Erinnerungen basierenden Aussagen zu langen Haftstrafen verurteilt wurden. Dass mehrere Jahre vergangen waren, dass es weder Zeugen noch Beweise gab, die den Wahrheitsgehalt dieser Erinnerungen bestätigten, hatte keinerlei Bedeutung. Noch bedenklicher ist es, dass sich die einzelnen Instanzen, deren Aufgabe es ist, die Ordnung des Rechtssystems aufrechtzuerhalten, ebenfalls haben mitreißen lassen und dass ihnen die kritische Vernunft abhandengekommen ist.

Der Justizkanzler ließ sich von der großen Anzahl von Urteilen gegen Thomas Quick überzeugen und tat die Einwände damit ab, es handele sich um Sachverhalte, die »für das große Ganze ziemlich bedeutungslos waren«. Wo bleibt da die hübsche Formulierung »über jeden Zweifel erhaben«?

Abgesehen von der öffentlichen Meinung, die immer stärker unter Druck geriet, und der Tatsache, dass Sture Bergwall in Berufung gehen wollte, gab es noch etwas, was denjenigen missfiel, die an Quicks Verurteilungen beteiligt gewesen waren oder auf seiner Schuld beharrten: dass sich auch der Staatsanwalt Anders Perklev des Falles annahm, nachdem zwei Zivilpersonen aus Sundsvall Seppo Penttinen und Christer van der Kwast wegen schwerer Dienstvergehen angezeigt hatten.

Offenbar spürte auch Justizkanzler Göran Lambertz, dass er sich auf unsicherem Terrain bewegte. Am Montagmorgen, dem 22. Dezember, nachdem der zweite Teil der Dokumentation gesendet worden war, war er im Morgenmagazin von *TV4* mit dabei.

»Ich weiß nicht, ob er schuldig war, aber ich bin ziemlich überzeugt davon, dass er zumindest einige der Morde begangen hat. In einigen Urteilen ist die Beweislage erschlagend«, sagte er.

»Sie sind also von seiner Schuld überzeugt?«, fragte der Moderator.

»Ja, in ein paar Mordfällen bin ich überzeugt«, sagte Lambertz. »Und man muss auch bedenken, dass er ohne jeden Zweifel das Potenzial dazu hat, solche Taten zu begehen. Mehrere Psychologen haben ihn als gemeingefährlich eingestuft mit einer sadistisch-pädophilen Neigung, und er hat nachweislich ein paar richtig schwere Gewaltverbrechen verübt, für die er früher schon verurteilt worden war.«

Damit hat er sich ganz klar ziemlich weit von seiner Ansicht entfernt, die er 2006 in seinem Beschluss vertrat. In seinem Artikel im *Aftonbladet* vom 6. Januar 2009 ging er sogar noch weiter. Nachdem er die Punkte erläutert hatte, die für Quicks Schuld sprachen, schrieb er:

1. Es ist durchaus möglich, dass er beschloss, »Massenmörder« zu werden, so viel wie möglich über die Verbrechen in den Medien las und es ihm gelang, als Schuldiger dazustehen, indem er seine Aussagen und sein Verhalten kontinuierlich dem anpasste, was nötig war, damit man ihm glaubte. Die Wirkungen von Drogen und Psychotherapie können zu diesem Verhalten beigetragen haben. Seine jetzige Aussage kann korrekt sein.
2. Zumindest in ein paar der acht Mordfälle gab es auch andere potenzielle Täter.
3. Einige sehr wichtige Passagen aus Quicks Schilderungen sind eindeutig fehlerhaft. Diese Fehler lassen sich schwer erklären, außer damit, dass er frei fabuliert hat.

Im Anschluss daran schrieb Lambertz, es gebe »nicht den geringsten Hinweis« darauf, dass die Ermittler »versucht hätten, die Gerichte und die Öffentlichkeit glauben zu machen, Thomas Quick habe die Straftaten begangen, die er ihrer Überzeugung nach nicht begangen hatte«. Und: »Polizei und

Staatsanwaltschaft könnten bisweilen die Ermittlungen zu rasch vorangetrieben haben, und vielleicht wurde nicht immer ausreichend Rücksicht genommen auf die Sachverhalte, die gegen Quicks Schuld sprachen. Das wäre nicht korrekt, aber es wäre menschlich in der Situation, in der sich die Ermittler befunden haben.«

Der Justizkanzler hatte ganz einfach nicht die geringste Ahnung, auf wessen Seite er sich schlagen sollte.

Es ist einfach, alles nur schwarz-weiß zu sehen. Zu denken, Birgitta Ståhle (Psychotherapeutin), Seppo Penttinen (Polizeibeamter), Christer van der Kwast (Staatsanwalt), Claes Borgström (Verteidiger) und ein paar Journalisten, wie zum Beispiel Gubb Jan Stigson vom *Dala Demokraten*, lägen völlig falsch und hätten sich verschworen. Oder Leif GW Persson, Jan Guillou, Ulf Åsgard (Psychiater), Pelle Svensson (Rechtsanwalt), Jan Olsson (Polizeibeamter) und Hannes Råstam (Journalist) seien völlig auf dem Holzweg. Aber es kann auch ganz anders sein. Alle können im Grunde gute Arbeit geleistet haben und sind zu schlüssigen Ergebnissen gekommen, auch wenn diese weit auseinandergehen.

Göran Lambertz' Zusammenfassung war symptomatisch: »Wenn Thomas Quick unschuldig verurteilt worden ist, dann ist das doch ein unglaublicher Justizskandal? Ja, da sind sich alle einig. Und diese Sichtweise kann natürlich richtig sein. Wir müssen auf das Ergebnis warten, das noch aussteht. Es muss festgehalten werden, dass es in jedem Fall weniger gravierend ist, wenn das Rechtssystem einen Unschuldigen verurteilt, der gesteht und verurteilt werden will, als wenn es einen Unschuldigen verurteilt, der hartnäckig leugnet.«

Das war zweifelsohne eine interessante Überlegung des Mannes, der das höchste juristische Amt des Landes innehatte.

Anne Ramberg von der Rechtsanwaltskammer formulierte ebenso ausweichend, als sie 2009 versuchte, ihren Standpunkt in einem Leitartikel der Fachzeitschrift »Der Rechtsanwalt« darzulegen. Sie schrieb darin, dass Thomas Quick sehr wohl »zu Recht, aber unschuldig verurteilt worden sein könnte«.

Am 16. Februar 2000 teilte der Generalstaatsanwalt mit, er werde kein Ermittlungsverfahren gegen die Verantwortlichen im Quick-Fall einleiten.

Er schrieb in seiner Begründung, dass die meisten der möglichen Dienstvergehen vor über zehn Jahren begangen worden und damit verjährt waren. Aber auch jene, welche später geschehen waren und damit für die Ermittlung von Bedeutung sein könnten, waren vor der Prüfung durch den Justizkanzler 2006 passiert. Und: »Der Justizkanzler kam nach einer gründlichen Prüfung zu dem Schluss, dass kein Ermittlungsverfahren eingeleitet werden solle«, da es zu keinen »groben Fahrlässigkeiten vonseiten der Staatsanwaltschaft oder der Polizei gekommen war«.

Da der Justizkanzler das höchste juristische Amt innehatte, verkündete der Generalstaatsanwalt, es liege außerhalb seiner Befugnis, sich über seinen Beschluss hinwegzusetzen. Damit war die Sache erledigt.

Doch die beiden Zivilpersonen, die Anzeige erstattet hatten, verlangten, dass auch die Staatsanwaltschaft dazu Stellung nahm, ob sie selbst über eine ausreichende Grundlage verfügte, das Wiederaufnahmeverfahren in die Wege zu leiten. In diesem Punkt gab Perklev ihnen recht, und der Fall wurde dem Dezernat für Interne Ermittlungen bei der für Amtsdelikte zuständigen Staatsanwaltschaft in Malmö übergeben, wo Oberstaatsanwalt Björn Ericson eine Arbeitsgruppe ins Leben rief, bestehend aus ihm selbst und drei weiteren Staatsanwälten sowie einem Ermittler, die gemeinsam sämtliche Quick-Ermittlungen prüfen sollten.

13 Ordner

Am 20. April 2009 stellten Thomas Olsson und sein Kollege Martin Cullberg im Namen Sture Bergwalls einen Antrag auf Wiederaufnahme des Verfahrens im Fall Yenon Levi. Die 73 Seiten umfassende und in 274 Unterpunkte gegliederte Schrift enthielt alle Ungereimtheiten, die es im Laufe der Ermittlungen gegeben hatte: die Nichtbeachtung der Ergebnisse der Spurensicherung sowie alles andere, was eindeutig für den möglichen Täter Ben Ali gesprochen hatte, die erste, gänzlich gescheiterte Rekonstruktion, die offensichtliche Lüge bezüglich des Komplizen Patrik, die Tatsache, dass Quick auf der 14 Vernehmungen dauernden Reise bis hin zu der vor Gericht präsentierten Version fast jede seiner falschen Angaben selbst korrigierte und so weiter.

Da Björn Ericsons Gruppe bereits damit befasst war, die Ermittlungsakten zu prüfen, musste sie auch zu Sture Bergwalls erstem Wiederaufnahmeantrag Stellung nehmen.

Prinzipiell ist es unmöglich, rechtskräftige Urteile aufzuheben. Dieses Prinzip stellt einen der Eckpfeiler des schwedischen Rechtssystems dar und wird Unumstößlichkeitsprinzip genannt.

Im 20. Jahrhundert wurde in vier Mordfällen ein Wiederaufnahmeverfahren beantragt – eins pro Vierteljahrhundert. Im 21. Jahrhundert war bislang kein Antrag gestellt worden. Nun hoffte Sture Bergwall, er könne für die Verurteilung in acht Mordfällen eine Wiederaufnahme erreichen und werde vielleicht freigesprochen. Die Chancen waren verschwindend gering, aber ich hatte keinen Zweifel daran, dass genau das passieren würde. Denn je mehr Nachforschungen ich anstellte, desto mehr Belege für Sture Bergwalls Unschuld fand ich.

Allerdings stellte sich rasch heraus, dass sich der Prozess in die Länge ziehen würde. In Schweden gibt es keine unabhängigen Institutionen für Wiederaufnahmeverfahren, was bedeutet, dass die nach schwedischem Recht hierfür zuständigen Staatsanwälte, die einen solchen Antrag prüfen, dies zusätzlich zu ihrem regulären Arbeitspensum tun. In einem Rechtsstaat, wo aufgrund von Personalmangel gerichtliche Verhandlungen monate- und jahrelang aufgeschoben werden, versteht es sich von selbst, dass die Prüfung eines Antrags auf Wiederaufnahme eines über zehn Jahre zurückliegenden Verfahrens nicht erste Priorität genießt.

Außerdem erhält der Verurteilte für das Wiederaufnahmeverfahren unabhängig von seinem Ausgang keine Kostenerstattung durch die Staatskasse, was bedeutet, dass der Rechtsanwalt, der den Fall übernimmt, auf Gewinn und Verlust arbeitet — und somit den Fall, wie der damit betraute Staatsanwalt, irgendwo dazwischenklemmt, wenn es die Zeit erlaubt.

Im Frühjahr 2009 beschließen Johan Brånstad, Redakteur der Doku-Serie »Intern«, und ich, eine dritte Dokumentation über Thomas Quick zu machen, um mehr über die Fälle zu berichten, auf die ich in den ersten Beiträgen nicht eingehen konnte. Aber auch mit dem Hintergedanken, den Fokus weg von Sture Bergwall hauptsächlich auf die Kreise zu richten, die die falschen Urteile ermöglicht haben.

Parallel versuche ich, die fehlenden Vernehmungsprotokolle aufzutreiben.

Gun Bergwall erinnert sich an die Vernehmung, bei der sie ihrem Bruder für den Mord an Thomas Blomgren ein Alibi gab. Zu den Umständen weiß sie nur noch, dass die Vernehmung Anfang der 90er-Jahre stattgefunden haben muss, die Beamten aus Luleå kamen und alles auf Band aufnahmen. Der eine hieß Barsk und war in Begleitung seines Kollegen da.

»Er hat viel über das Pfingstwochenende 1964 wissen wollen. Ich wunderte mich, was an jenem Wochenende passiert sein soll, aber sie wollten mir darüber nichts sagen. Sie wollten sich aber Fotos ansehen«, berichtete Gun Bergwall.

Sie zeigte ihnen eins, das Sture in seiner Konfirmations-
tracht zeigte, und das am selben Tag aufgenommen wurde,
an dem er in Växjö ein Kind umgebracht haben sollte. Als Gun
erfuhr, dass er den Mord an Thomas Blomgren gestanden
hatte, sagte sie, Sture habe Falun das gesamte Wochenende
über nicht verlassen. Er sei an jedem der Tage durchgehend zu
Hause gewesen.

Dass mir einer nach dem anderen erzählte, er habe der
Polizei gegenüber Aussagen gemacht, die stark gegen die
Behauptung sprachen, Quick sei der Täter, war absolut ausreichend, um es vor der Kamera wiederzugeben. Aber in
Form von archivierten und zurückgehaltenen Vernehmungsprotokollen schwarz auf weiß eine Bestätigung dafür zu erhalten, würde alles in einem ganz anderen Licht erscheinen
lassen.

Ich sandte Anschreiben um Anschreiben an die Polizeibehörde
in Sundsvall, die entweder überhaupt nicht reagierte oder mir
durch Seppo Penttinen einen negativen Bescheid gab.

Zur gleichen Zeit begann Oberstaatsanwalt Björn Ericsons Team,
sich mit dem Fall zu befassen. Und bald bat Ericson darum, dass
ihm sämtliche Unterlagen, die sich bei der Polizei in Sundsvall
befanden, zugeschickt werden sollten.

Mitte Oktober 2009 bekam ich plötzlich einen recht devo-
ten Brief von Seppo Penttinen, dem zwei der Vernehmungsprotokolle, die ich erbeten hatte, in Kopie beigefügt waren.
Penttinen erklärte, diese beiden Vernehmungen von Örjan
Bergwall seien nicht in den Ermittlungsakten zu finden gewesen, da sie zu dem sogenannten »Ausschuss« gehört hätten.

Bezüglich meiner ständig wiederkehrenden Frage nach dem
kompletten Inhalt dieses »Ausschusses« und wo dieser verwahrt würde, schrieb er: »Dem Unterzeichneten ist bekannt,
dass es eine geringe Anzahl von Vernehmungen gibt, die
ebenso wie die Vernehmungen von Örjan Bergwall dem ›Aus-

schuss‹ zugeordnet worden sind. Diese Vernehmungen haben keinen direkten Bezug zu einem speziellen Fall. Es handelt sich um Vernehmungen von Personen aus Sture Bergwalls Bekanntenkreis, die durchgeführt wurden, um ihn selbst und sein Umfeld zu analysieren. [...] Zu Ihrer Einsichtnahme wurden sämtliche Unterlagen der Fälle, die zur Verurteilung gekommen sind, an das Dezernat für Innere Angelegenheiten nach Malmö gesandt.«

Ich war alles andere als sicher, dass Seppo Penttinen Björn Ericson tatsächlich alle Dokumente zuschicken würde. Also schickte ich ihm eine Liste mit den acht mir bekannten Vernehmungen, um die ich bei der Polizei Sundsvall gebeten hatte. Hatte Ericson im Gegensatz zu mir all diese Vernehmungen erhalten?

Es stellte sich heraus, dass Penttinen sie nicht geliefert hatte, woraufhin sich die internen Ermittler bei ihm meldeten und vorsichtig fragten, ob er weitere Unterlagen in seinem Arbeitszimmer aufbewahrte – merkwürdigerweise wurde dort sämtliches Material zu Quick verwahrt.

Meine dritte Dokumentation über Thomas Quick wurde am 8. November 2009 ausgestrahlt. Danach waren keine weiteren Sendungen geplant, aber die Sache mit den verschüttgegangenen Vernehmungsprotokollen ließ mir keine Ruhe.

Nach mehrfacher Aufforderung schienen die internen Ermittler alles erhalten zu haben. Das zurückgehaltene Material umfasste 13 Ordner, von dem all die Jahre weder die Gerichte, die Journalisten, noch die Öffentlichkeit etwas gesehen hatten. Da diese Unterlagen nirgends erfasst worden waren, tauchten sie auch nicht im Register der Behörde auf.

Am 16. Dezember fuhr ich nach Malmö, um vor Ort die 13 Ordner durchzusehen, deren Inhalt ein ganz anderes Licht auf die Ermittlungen warf. Es gab etwa Vernehmungen, die zeigten, dass der Mann, der den jungen Sture nach Växjö gefahren haben sollte, dies unmöglich getan haben konnte, sowie Vernehmungen von anderen Komplizen und Mittätern, die gar keine waren. In einem Ordner »Verschiedene Vernehmungen« entdeckte ich unter anderem 14 Vernehmungen mit sämtlichen von Quicks Geschwistern, deren Schilderungen komplett im Widerspruch zu den schrecklichen Kindheitserinnerungen standen, die während der unter Medikamenteneinfluss durchgeführten Objekt-Beziehungs-Therapie in Säter zurückgekehrt waren. Außerdem widersprachen sie vehement der Annahme, Sture Bergwall habe vor 1987 Auto fahren können.

Die Vernehmungen, die Seppo Penttinen als für die Ermittlungen irrelevant betrachtete, hatten eins gemeinsam: Sie zeigten, dass Quick fabulierte.

Die interessanteste Vernehmung aus den Ordnern war eine mit Thomas Quick, die am 27. Januar 1999 stattgefunden hatte und ein Resümee des ganzen Falles darstellte, das ergab, dass Quick systematisch Morde erfand und diese dann gestand, und dass die Ermittler darum wussten. Zwei Wochen zuvor hatte Thomas Quick in einem Gespräch mit Kriminalinspektorin Anna Wikström und Birgitta Ståhle gesagt, es habe einen »Durchbruch in der Therapie« gegeben. Quick hatte erstmals eine Liste mit sämtlichen seiner Morde in chronologischer Reihenfolge erstellt.

Aus dem Urteil in den Fällen Trine und Gry wusste ich, dass Christer van der Kwast am zweiten Tag der Hauptverhandlung am Landgericht in Falun eine solche Liste vorgelegt hatte. Sie enthielt 29 Namen.

Als Thomas Quick am 27. Januar vernommen wurde, steckte diese Liste in seiner Gesäßtasche. Es muss dazu gesagt werden, dass Quicks Rechtsanwalt Claes Borgström und Jan Karlsson vom Landeskriminalamt bei der Vernehmung zugegen waren.

Nach einer langen Unterhaltung mit Penttinen begann Quick mit seiner Schilderung.

TQ: Das hier ist eine Chronologie, die 1964 mit Thomas Blomgren beginnt.

PENTTINEN: Mm. Der erste Name ist also Thomas, dann stehen da Lars, Alvar, der Krankenhausjunge, Björn, Michale,
Per, Björn – Norwegen, Reine, Martin, Charles, Benny, Johan,
der Värmlandjunge, der Autojunge, Olle, das Ehepaar Stegehuis, Magnus, Westküste, Levi, Marianne – Norwegen, die
Frau am Straßenrand, Therese – Norwegen, Trine – Norwegen, die Frau auf dem Parkplatz – Norwegen … […] Und dann
oben rechts M-Z. Duska – Norwegen, J. Tony – Finnland.

Penttinen liest weiter: »Ich habe ein Geheimversteck zwischen
Sågmyra und Grycksbo. Ich habe eine Stelle für Massaker in
der Nähe von Främby. Ich habe ein kleines, aber kostbares Versteck in Ölsta.«

Auf den Namen Thomas Blomgren folgte der Name Lars,
den Quick 1965 in Mittelschweden ermordet haben wollte.
Tatsächlich hatte »Lars« zusammen mit einem Freund Enten
auf dem Eis gefüttert, als die Eisdecke brach und die Jungen
ertranken. Für diesen Unfall gab es Zeugen, und die Familien
sind der Überzeugung, dass es ein tragischer Unfall war. Das
wusste ich, weil Jenny Küttim und ich Quicks Geständnisse
durchgesehen hatten – nicht nur die, die mit einer Verurteilung endeten, sondern alle. Deshalb wusste ich auch, dass die
Quick-Ermittler dieses Geständnis für so unglaubwürdig hielten, dass sie nicht einmal zu Lars' Familie Kontakt aufgenommen hatten.

Ein »namentlich bekannter Jüngling« soll laut Liste 1985 in
Norrland entführt worden sein, von wo aus er Thomas Quick
nach Falun begleitet und wo Quick seine Leiche in einem von
seinen »Verstecken« abgelegt haben soll.

»Wir wissen, um wen es sich handelt«, deutete Christer van
der Kwast in einem Interview der Nachrichtenagentur *TT* im
Frühjahr 2000 an.

Aus einer unter Verschluss gehaltenen Vernehmung geht hervor, dass es sich um den 15-jährigen Magnus Jonsson handelt, der Anfang 1985 aus Örnsköldsvik verschwand. Die Polizei hatte jedoch Magnus' Fußspuren auf dem Eis entdeckt, die bis ans offene Wasser führten, wo er offenbar hineingefallen und ertrunken war. Einige Jahre später wurden Magnus Jonssons sterbliche Überreste gefunden, die mithilfe der DNA-Analyse identifiziert werden konnten.

Die Liste der Quick-Opfer enthält ferner mehrere Namen, zu denen gemäß den Polizeibehörden gar keine Fälle existierten – das heißt, es gibt keine vermissten Personen, die mit Quicks Zeit- und Ortsangaben übereinstimmen.

Als van der Kwast im Mai 2000 die Liste dem Landgericht vorlegte, sagte er gegenüber der TT:

»Wir sind alle Morde, Unfälle und Vermisstenmeldungen durchgegangen, die möglicherweise auf Quicks Konto gehen könnten. Wir haben eine große Menge an Angaben, die sich kaum überprüfen lassen. Die eindeutigsten stehen auf der Liste, das heißt, da hat er uns selbst Informationen geliefert.«

Für die Strafkammer musste die Liste bestätigt haben, dass sie es hier mit einem einzigartigen Straftäter zu tun hatte und der aktuelle Fall nur einer von vielen war, sodass die Liste noch viel länger zu werden schien.

Es stellt sich die Frage, wie das Landgericht in den Mordfällen Trine Jensen und Gry Storvik geurteilt hätte, wenn es darüber informiert worden wäre, dass es sich bei den Mordopfern der Liste größtenteils und nachweislich um Fantasiegeschöpfe handelte.

Der Kriminaljournalist

Björn Eriscons Arbeitsgruppe kam nicht weiter, als es darum ging zu entscheiden, ob sie für Sture Bergwall ein Wiederaufnahmeverfahren beantragen sollte, aber am 17. Dezember 2009 hatte sie den Antrag im Fall Yenon Levi geprüft, und Björn Ericson konnte mitteilen, dass dieser bewilligt worden war.

Parallel forderte Ericson Unterlagen von allen Fällen an und war inzwischen bei den Knochenfragmenten im Fall Therese Johannesen angelangt. Die Norweger gaben die Fragmente frei, die zur Analyse im kriminaltechnischen Labor eintrafen.

Auch die Osteologin Ylva Svenfelt untersuchte die Knochenfragmente. Sie ist unabhängige Forscherin und hat sich auf verbrannte Knochen aus der Eisenzeit spezialisiert. Sie wunderte sich sehr beim Anblick der Fragmente, die angeblich von einem Kind stammen sollten.

Am Donnerstag, den 18. März 2010, enthüllten mehrere Medien, dass die Fragmente für den ursprünglichen Prozess nur mit der Lupe untersucht worden waren. Das heißt, Professor Per Holck und Professor Richard Helmer hatten sie nur angesehen, bevor sie ihr Gutachten verfassten. Nun war auch eine molekularbiologische Analyse erstellt worden. Es stellte sich heraus, dass es sich gar nicht um Knochen handelte, sondern um Holz mit einer Art Leim – vermutlich Masonit.

»Wenn man sich mit verbranntem Knochenmaterial beschäftigt, sieht man sofort, dass es sich nicht um Knochen handelt. Ich kann das nur als wissenschaftlichen Betrug ansehen«, sagte Ylva Stenfelt dem *Aftonbladet*.

Thomas Olsson sagte gegenüber dem *Expressen*:

»Das ist so unglaublich, dass nicht einmal wir uns das vorstellen können. Aber es ist symptomatisch für den Fall Quick, dass Personen von akademischem Rang sich für diesen Zirkus hergegeben haben.«

Zwei Tage nach dieser Neuigkeit, die vielleicht am meisten dazu beigetragen hat, die gesamten Ermittlungen ins Lächerliche zu ziehen, wurde ich für meine Dokumentation über Thomas Quick mit dem »Goldenen Spaten« des Verbands der Investigativjournalisten ausgezeichnet.

Die Dreitageskonferenz fand in jenem Jahr im Stockholmer Konzerthaus des Rundfunks statt. Sie endete am Sonntag mit einem Talk-Duell zwischen mir und Gubb Jan Stigson über die Rolle der Medien im Quick-Skandal. Unter den Zuhörern im Auditorium befanden sich, abgesehen von etwa hundert Kollegen, auch Jenny Küttim und Johan Brånstad sowie Thomas Olsson.

Mit gemischten Gefühlen wartete ich darauf, dass die Debatte begann.

Ich hatte Jan Gubb viel zu verdanken. Er hatte mich nicht nur in gewisser Weise dazu überredet, mich mit dem Fall zu befassen, er hat mich auch mit sehr viel Material versorgt, und seine Empfehlungen haben mir viele Türen geöffnet. Außerdem war er mittlerweile der Einzige, der Quick noch für schuldig hielt und diese Auffassung auch in der Öffentlichkeit zu verteidigen wagte. Auf diese Weise war er zu van der Kwasts, Penttinens, Ståhles, Christiansons und Borgströms Sprecher avanciert. Und bekam dafür nichts als Anzeichen für die wachsende Heiterkeit seiner Umgebung zu spüren.

Das war zum Großteil mein Fehler.

Seine sture Unfähigkeit, die objektiven Fakten zu akzeptieren, wurde immer unfassbarer. Außerdem war er seiner eigenen Rolle gegenüber irgendwie blind. Bei den Nachforschungen für die dritte Dokumentation ging ich unter anderem die Protokolle der Ermittlungsverfahren in den Fällen Trine und Gry durch, um herauszufinden, wer außer Kåre Hunstad Quick mit Informationen aus erster Hand versorgt hat.

In Unterlagen vom 26. Januar 2000 stieß ich auf die akribischen Aufzeichnungen des armen Polizisten Jan Karlsson, der sämtliche schwedische Zeitungen durchgesehen hatte, die Gry Storviks Namen erwähnt haben könnten, seit sie am 25. Juni 1985 ermordet aufgefunden worden war. Nachdem er erfolglos alle Ausgaben des *Aftonbladet* und *Expressen* sowie der *Dagens Nyheter* abgearbeitet hatte, war er beim *Dala Demokraten* angelangt. Und dort – am 2. Oktober 1998, also neun Monate vor der berüchtigten Rekonstruktion – gab es tatsächlich einen Text, verfasst von niemand Geringerem als Gubb Jan Stigson.

Der *Dala Demokraten* ist eine der Zeitungen, die die Station 36 der Psychiatrie Säter abonnierte, und aus den Vernehmungen von anderen Ermittlungen geht hervor, dass Quick sie täglich las. Ich suchte den Artikel in der Zeitschriftenbibliothek in Göteborg heraus. Unter der Überschrift »Thomas Quick mit sechs Morden in Norwegen aktuell« berichtete Stigson: »Heute stehen die Morde an zwei Frauen sowie eine Vermisstenmeldung im Mittelpunkt, alle drei Fälle sind norwegische Kriminalklassiker.«

Er erwähnte Trine Jensen und Marianne Rugaas Knudsen und kam dann auf das zentrale Thema zu sprechen: »Im dritten Fall geht es um die 23-jährige Gry Storvik, die im Zentrum von Oslo verschwand und am 25. Juni 1985 ermordet auf einem Parkplatz in Myrvoll aufgefunden wurde. Der Fundort ist nicht weit von dem Platz entfernt, an dem man Trines Leiche fand.

Der Fall hat mehrere Übereinstimmungen: Die jungen Frauen verschwanden innerhalb eines Radius von wenigen Hundert Metern.«

Die Information über den Mord an Gry, die Quick dem *Dala Demokraten* entnehmen konnte, war im Hinblick darauf, wie die Vernehmungen vonstattengingen und wie sich Quicks Schilderungen im Laufe der Ermittlungen zu entwickeln pflegten, zweifelsohne kein schlechter Anfang.

Als Gubb Jan Stigson zu Beginn meiner Recherchen die Freundlichkeit besaß, etwa 300 seiner Artikel für mich zu kopieren, entschied er sich aus unerfindlichen Gründen dafür, diesen Artikel nicht beizufügen.

Dass dieser Artikel sogar im Protokoll des Ermittlungsverfahrens verzeichnet wurde, war kein Hinderungsgrund dafür, dem Landgericht seine Existenz vorzuenthalten.

Die Debatte begann damit, dass die Moderatorin Monica Saarinen, die normalerweise *Studio 1* moderierte, auf die Ironie der Tatsache hinwies, dass sowohl Gubb Jan Stigson, der 1995 den Großen Preis des Publizistenverbandes erhalten hatte, als auch ich für unsere journalistische Arbeit über Quick mit einem Preis ausgezeichnet worden waren.

Nach ein paar einleitenden Worten darüber, wie wir in Kontakt gekommen waren, und der Feststellung, dass wir in der Schuldfrage völlig gegensätzliche Standpunkte vertraten, erklärte Stigson:

»Man gelangt an einen Punkt, an dem man nicht weiterkommt, sondern einfach akzeptiert, dass er schuldig ist. Ich möchte behaupten, dass ich die ganze Zeit kritisch gewesen bin. Dann kam das, diese Dummheiten. Dass er ein Possenreißer sein soll. Sein ganzer Hintergrund wurde ja verschwiegen, der in der schwedischen Kriminalgeschichte einfach einmalig ist.«

»Warum sind Sie, Hannes, so sicher, dass er unschuldig ist?«, fragte Saarinen.

»Ich habe das gesamte Material gelesen«, erklärte ich. »Vor allem habe ich alles auseinandergenommen, was für seine Schuld sprach. Davon ist nichts mehr übrig. Es gibt nicht den kleinsten Beweis. Die Urteile fußen ausschließlich auf Quicks Schilderungen, und wenn man diese liest und erfährt, wie sie zustande gekommen sind, dann ist klar, dass er anfangs überhaupt nichts von den Morden wusste, sondern permanent falsche Angaben machte.«

Hier begann Stigson den Kopf zu schütteln, worüber ich mich ärgerte.

»Du schüttelst mit dem Kopf, und das tust du wider besseres Wissen. Das Publikum hat die Vernehmungen nicht gelesen, aber du schon. Was sind denn das für Sachen, über die er in den frühen Vernehmungen Bescheid weiß, egal in welchem Mordfall?«

»Schon, aber ... es ist ja jedes Mal so, dass er am Anfang etwas sagt, woraufhin es sich lohnt weiterzumachen. Dann verheddert er sich, aber am Schluss kriegst du erstklassige Angaben. Wie ist er nach Ørjeskogen gekommen?«

»Er hat in der *Verdens Gang* darüber gelesen.«

»Über Ørjeskogen? Keiner wusste etwas über Ørjeskogen, bis er ...«

»Ørjeskogen wird in der *Verdens Gang* erwähnt. Sowie alle anderen Angaben, die er über den Mord an Therese macht.«

»Nein, nein ...«

»Es ist möglich, dass du nach bestem Wissen und Gewissen antwortest, aber du liegst falsch.«

Gubb Jan Stigson wechselte das Thema und fragte mich, warum ich mich nicht für das frühe Strafregister von Sture Bergwall interessierte. Ich entgegnete, dass ich untersucht hatte, wie das schwedische Rechtssystem und die schwedische Psychiatrie mit einem psychisch kranken Patienten umgegangen sind, der außerdem medikamentenabhängig war und Morde gestand, und nicht, was er früher getan hatte.

Stigson ließ sich davon nicht abhalten und begann, von »zehn, zwölf mehr oder minder schweren Fällen von sexuellem Missbrauch« zu erzählen, die sich Sture Bergwall seit seinem 15. Lebensjahr habe zu Schulden kommen lassen, sowie von der Messerattacke 1974. Monica Saarinen wies darauf hin, dass Stigson ihr vor der Debatte 80 Artikel geschickt hatte, die sie auch gelesen hat, und dass er in etwa 80 bis 90 Prozent dieser Artikel die früheren Straftaten erwähnte.

»Ja, sie sind ja die Voraussetzung für das, was kommt«, behauptete er.

»Wie meinen Sie das?«, fragte Saarinen.

»Ja, also ... aber die Statistik zeigt das ja.«

Stigson nannte zwei andere Fälle und die Ärzte, mit denen er gesprochen hatte.

»Sie meinen, weil er das getan hat, kann er auch sehr wohl in den Mordfällen schuldig sein?«, fragte Saarinen weiter.

»Nein, aber weil er das getan hat, kann es die Mühe wert sein zu untersuchen, ob er schuldig ist. Hier steht ... Fransson sieht sich seinen Hintergrund genauer an und kommt zu folgendem Schluss ...«

An dieser Stelle konnte ich nicht länger an mich halten und unterbrach ihn:

»Was Gubb Jan hier sagt, ist eine Mischung aus Hörensagen, ungeprüften Ereignissen, leeren Behauptungen und so weiter. Es gibt zwei Verfahren, bei denen er gestanden hat und in denen er verurteilt worden ist. Das stimmt. Und ich habe gesagt, dass er für zwei sehr schwere Gewaltverbrechen verurteilt worden ist. Ich halte es nicht für sinnvoll, Geschehnisse auseinanderzupflücken, die mehrere Jahrzehnte zurückliegen. Denn das Erstaunliche ist, dass er für acht Morde verurteilt wurde, von denen ich und viele andere denken, dass er sie gar nicht begangen hat. Wenn man die 60er hinter sich ließe und nur auf die heutige Zeit blickte, wäre das ein großer Fortschritt. Immer wieder auf all den Dingen herumzureiten, wie Gubb Jan Stigson das seit 20 Jahren macht, auf den diversen medizinischen Gutachten, auf Ereignissen, die stattgefunden haben, als er 19 war, auf den sogenannten ...«

»14.«

»Was?«

»14 liegt ja wohl am längsten zurück. Um die 14 rum. Das sagt er jedenfalls selbst.«

»Ach so, du gehst noch weiter zurück? Dann bist du ja bald in den 50ern. Ich finde das wirklich verwerflich. Gubb Jan Stigsons Journalismus ist Rufmord an einem Psychiatriepatienten.«

»Rufmord? Das ist doch ... das ist ...«

»Gubb Jan Stigson hat mir 300 Artikel kopiert, die eine einzige Wiederholung dieser ...«

Ich sah mich gezwungen, mich direkt an ihn zu wenden, statt an das Publikum.

»Ich verstehe überhaupt nicht, was das soll, das hat gar nichts mit den Urteilen zu tun.«

»Und wie!«

»Die Schuldfrage bei den Mordurteilen?«

»Nein, nein, so einfach ist das nicht.«

»Die Schuldfrage in den Mordfällen? Darüber diskutieren wir doch hier. Über einen, der unschuldig wegen Mordes verurteilt wurde.«

»Das einfach unter den Teppich zu kehren, ist ja leicht, aber es ist fast schon Betrug, den Hintergrund außer Acht zu lassen ...«

Monica Saarinen versuchte, die Wogen zu glätten und das Thema zu wechseln, aber Stigson und ich lagen uns gleich wieder in den Haaren. Er beharrte darauf, Quick sei auch im Mordfall Thomas Blomgren schuldig, und ich versuchte vergebens, ihn davon zu überzeugen, dass das völlig unmöglich sei, während ich dem Publikum erklärte, dass Quick in die Königliche Bibliothek nach Stockholm gefahren war, um darüber zu lesen.

»Hannes, Sie sind der Meinung, dass auch Gubb Jan Thomas Quick mit Informationen versorgte, damit er auch weiterhin aussagen konnte?«

»Gubb Jan hat Artikel veröffentlicht, in denen er die Opfer namentlich nannte, berichtete, wo sie verschwunden waren, welcher Art von Gewalt sie ausgesetzt gewesen waren, wo man sie gefunden hatte und so weiter, bevor Thomas Quick irgendetwas darüber gesagt hat, und ...«

»Von wem sprichst du?«, fällt Gubb Jan mir ins Wort.

»Von Gry Storvik zum Beispiel.«

»Ja ... aber ...«

»Das ist einer der Artikel, den du mir überraschenderweise nicht kopiert hast, den ich aber im Archiv gefunden habe. Am 2. Oktober 1998 veröffentlichst du einen Artikel, in dem alles steht, was Thomas Quick für sein Geständnis braucht. Davor hatte er Gry Storvik nie erwähnt.«

»Ich wusste überhaupt nichts über Gry Storvik, bis er sie ins Spiel gebracht hat!«, zischte Stigson.

»Dann ist das wohl ein Fehler, der sich in die Mikrofilme eingeschlichen hat?«

Stigson wurde an seinem Stehpult kaum merklich kleiner.

»Ich habe den Artikel abgespeichert. Ich kann ihn dir zeigen, gleich nach der Sendung«, sagte ich.

»Haben Sie selbst mal überlegt, ob Thomas Quick seine Informationen aus Ihren Artikeln erhalten haben könnte?«, fragte Saarinen.

»In meinen Artikeln steht nichts, was für die Fälle von Bedeutung ist«, beharrte Stigson. »Es ist so, wie er sagt, dass ich ihm dieses Buch gegeben habe ... Göran Elwins Buch über den Fall Johan. Im Urteil steht nichts aus diesem Buch!«

»Zum Beispiel sämtliche Kleidung und sein roter Rucksack«, gebe ich zurück. »Ich weiß, dass Thomas Quick solche Dinge sorgfältig notiert hat, um sie dann wiedergeben zu können. Du hast also sehr wohl Informationen geliefert.«

»Ja, aber ...«

»Und du hast ihm das Buch gegeben.«

»Wenn er doch in die Bibliothek gehen kann, warum sollte er sich dann an mich wenden?«

Stigson wechselte erneut das Thema, erläuterte seinen persönlichen Kontakt zu Quick und erzählte, dass er ihn häufig anrief, weil »er ihm leidtat«. Ich versuchte, noch mal zurückzugehen:

»Man muss wissen, dass die Mordermittlungen, die ganze Thomas-Quick-Geschichte, von den Medien, der Polizei und der Therapie gepusht worden sind und dass diese Beteiligten eine höchst eigenartige Form der Zusammenarbeit gepflegt haben. Die Medien sind von der Polizei benutzt worden, um ...«

»Das darf doch nicht wahr sein ...«

Stigson schüttelte den Kopf.

»Was soll das heißen?«, wollte ich wissen.

»Das kann doch nicht wahr sein! Ich soll mit der Polizei zusammengearbeitet haben?«

»Jedes Mal, wenn Thomas Quick etwas angedeutet oder erwähnt hat, sickert das unmittelbar zu dir oder anderen Journalisten durch, die Bilder von den Opfern veröffentlichen, von ...«

»Wer lässt da was durchsickern?«

»Offenbar einer von den Ermittlern. Mal van der Kwast, mal Seppo Penttinen. Was soll das denn, während laufenden Ermittlungen?«

»Das ist Quatsch. Ich habe nie etwas davon ...«

»Ach ja? Schau mich an. Ist das wirklich Quatsch?«

»Ja, dass ich ... ja, ja! Dass sie mich am laufenden Meter mit Infos versorgt hätten, damit er ... ja, das ist Quatsch! Absoluter Quatsch!«

»Aber du hattest doch vom ersten Tag an Insiderinfos«, protestierte ich.

Da erzählte Stigson von einem Interview, das er mit Lars-Inge Svartenbrandt geführt hatte, und davon, dass dieser nur Gutes über verdrängte Erinnerungen und Therapie zu sagen wusste.

»Du hast wirklich keinen Realitätsbezug mehr«, sagte ich.

Aber Stigson hörte gar nicht mehr auf, über Svartenbrandt zu reden. Monica Saarinen wollte, dass wir zum Schluss kamen und stellte die Frage, was Gubb Jan Stigson überhaupt dazu bewegen könne, seine Meinung im Fall Thomas Quick zu ändern. Er sagte, ihm sei nichts begegnet, »was dies in irgendeiner Weise rechtfertigen würde«.

»Nichts?«, fragte ich.

»Nichts.«

»Aber was könnte dich ...«

»Irgendwann kommt man an eine Grenze. Die habe ich in allen Fällen erreicht.«

Ich war völlig erledigt. So einfach war das also: Es ging um den Glauben. Darum, ihn zu besitzen oder nicht.

Es wurden Fragen aus dem Publikum gestellt, und die erste war nicht neu: Konnten schwedische Gerichte wirklich so stümperhaft sein, dass sie ohne Beweise in Form von gesicherten Spuren Urteile erließen? Stigson holte tief Luft:

»Keine gesicherten Spuren in Form von Fingerabdrücken oder DNA-Spuren. Aber es gab andere Beweise. In Baumrinde geritzte Zeichen und so. Bestimmung des Phosphatgehalts. Spürhunde.«

»Ja, dieser Hund ist tatsächlich interessant«, sagte ich. »Das ist ein privater Spürhund, der bei unglaublich vielen Stellen angeschlagen hat, wo sich sterbliche Überreste von Menschen befunden haben sollen. An über 20 Orten sind archäologische Grabungen vorgenommen worden. Erde ist gesiebt, ein See ist leer gepumpt worden, es wurde nichts gefunden, außer dieses winzige Stück, ein halbes Gramm schwer, das, wie sich herausgestellt hat, gar kein Knochenfragment ist. Es wurde rein gar nichts gefunden. Ziehst du daraus überhaupt keine Schlüsse?«

»Ja, also ...«

»Gubb Jan Stigson. Du bist inzwischen der Einzige, der noch daran glaubt.«

»Ja, offensichtlich.«

Nach dem Rededuell stand ich mit ein paar Kollegen zusammen, Gubb Jan Stigson packte seine Sachen und verschwand rasch in der Menge.

Bevor ich reagieren konnte, hatte er den Saal schon verlassen.

Offenbar hatte er kein Interesse an dem Artikel, den ich ihm auf meinem Laptop zeigen wollte.

Das letzte Puzzleteil

Am 20. April 2010 beantragten Thomas Olsson und Martin Cullberg die Wiederaufnahme des Quick-Verfahrens im Fall Therese Johannesen.

Gut einen Monat später, am 27. Mai, gab Generalstaatsanwältin Eva Finné im Fall Yenon Levi ihren Beschluss bekannt. Obwohl die Wiederaufnahme des Verfahrens bewilligt worden war, kam es nicht zu einer neuen Verhandlung. Die Beweislage war inzwischen so dünn, dass es schlicht nutzlos war, erneut – wie sonst üblich – Anklage zu erheben.

»Nach der Durchsicht der Ermittlungsakten beurteile ich die Beweislage dahingehend, dass sich der Verdacht einer Straftat nicht erhärtet hat«, schrieb sie. »Bergwall streitet die Tat ab. Er hat zwar im Verlauf der Ermittlungen andere Angaben gemacht, die mit den Beweisen übereinstimmen, aber seine Schilderung ist voller Widersprüche und enthält zahlreiche Korrekturen, sodass nicht mit einer Verurteilung zu rechnen sein wird. Ich lasse die Anklage gegen Sture Bergwall also fallen.«

Christer van der Kwast kochte vor Wut.

»Ich halte es für dumm, keine umfassende Prüfung vorzunehmen, bei der Quick zu seinen früheren Geständnissen Stellung nehmen könnte. Das ist eine bequeme Lösung, um einen aufwendigen und mühsamen neuen Prozess zu umgehen. Quicks Verurteilung ist absolut begründet, und die Wiederaufnahme des Verfahrens wurde aufgrund falscher Tatsachen bewilligt. Ich denke, der Druck durch die Medien hat das Seine dazu beigetragen, dass jetzt klein beigegeben wird«, sagte er gegenüber der TT.

Bereits gegen Ende des Sommers informierte Björn Ericson über seinen Entschluss bezüglich der Wiederaufnahme des Therese-Verfahrens, und auch da hatte er nichts dagegen einzuwenden, dass die Sache erneut verhandelt wurde.

Es war nur noch eine Frage der Zeit, bis Sture Bergwall von seinen acht Verurteilungen wegen Mordes freigesprochen werden würde. Er würde in die Geschichte eingehen – wenn auch auf andere Weise, als Birgitta Ståhle, Sven Åke Christianson, Christer van der Kwast, Seppo Penttinen und die anderen Beteiligten am Quick-Skandal sich je hätten träumen lassen.

Am 2. September 2010 erhielt Oberstaatsanwalt Bo Lindgren, der von Björn Ericson damit betraut worden war, die Urteile in den Fällen Trine und Gry zu prüfen, das Originalmaterial des zusammengeschnittenen Films, der dem Landgericht Falun im Rahmen des Prozesses in Stockholm gezeigt worden war. Es wurde in Kartons geliefert. Es handelte sich um 13 VHS- und acht Minikassetten, insgesamt über 39 Stunden Aufnahmen.

Das Dezernat für Spurensicherung überspielte die Filme auf DVD, sodass Kopien davon an Thomas Olsson in Leif Silberskys Stockholmer Anwaltskanzlei geschickt werden konnten. Dort fertigte Jenny Küttim eigene Kopien an, die sie auf einen Server legte, von dem ich sie unmittelbar herunterladen und meine eigenen Exemplare brennen konnte.

Feierlich legte ich den ersten Film in meinen Laptop ein. Für mich war dies das Ende der Recherche. Ich hatte alle anderen Fakten überprüft, die ich hatte überprüfen können, alle anderen Fragezeichen beantwortet – der Film von der Rekonstruktion in den Mordfällen Trine Jensen und Gry Storvik war das Einzige, was noch ausstand.

Die Filme waren mit zwei verschiedenen Kameras aufgenommen worden. Eine filmte die Straße von dem Auto aus, in dem unter anderem Thomas Quick, Seppo Penttinen, Christer van der Kwast und Sven Åke Christianson saßen, die andere filmte Quicks Gesicht während der Fahrt, Penttinen auf der Beifahrerseite war ebenfalls im Bild. Mir wurde schnell klar, dass der Film dieser Kamera der interessantere war.

Die Filme waren größtenteils unsäglich langweilig. Sie zeigten die Fahrt von Säter nach Oslo, die Route durch die Stadt und die Fortsetzung der Fahrt. Einige Filme enthielten die Rekonstruktionen, bei denen Thomas Quick am Tatort zu zeigen versuchte, wie er die Frauen umgebracht hatte. Dort machte er im Prinzip alles falsch, und diese Szenen waren auch nicht Teil der Kurzversion, die das Landgericht zu sehen bekommen hatte.

Aber am interessantesten war natürlich zu sehen, wie Quick bei der Begehung im August 1999, 18 Jahre nach dem Mord an Trine Jensen, wirklich »ohne großes Zögern das Auto bis auf wenige Meter genau an den Fundort ihrer Leiche lotsen konnte«. Und der berühmte Ausschnitt, als er spontan mit starker Panik reagierte, als die Fahrzeugkarawane an dem Parkplatz vorbeifuhr, auf dem Gry Storviks Leiche gefunden worden war. Die Filme, die dem Landgericht gezeigt worden waren, zeigten beides ganz eindeutig.

In dem unbearbeiteten Filmmaterial fahren die Autos eine Ewigkeit durch Oslo. Sture starrt vor sich hin und bewegt den erhobenen Zeigefinger wie ein Pendel hin und her. Seppo Penttinen sitzt mit steinerner Miene dahinter.

Schließlich haben die Beamten keine Lust mehr, noch länger durch die Gegend zu irren, und beschließen, in den Ort Kolbotn zu fahren, der in der Nähe des Fundorts liegt. Auch dort kennt Quick sich überhaupt nicht aus. Als es offensichtlich ist, dass er keinen blassen Schimmer hat, wohin die Fahrt gehen soll, übernimmt Penttinen das Kommando:

»Ich schlage vor, dass wir wenden und zur letzten Kreuzung zurückfahren, wo wir lange überlegt haben, und dass er, dass wir diesmal nach links abbiegen, da Sie die ganze Zeit in diese Richtung geschaut haben, dann können wir auch diese Option abhaken.«

Daraufhin fahren sie die Straße Richtung Fundort, aber Quick lotst sie in die falsche Richtung.

»Hier ist jetzt wieder die Ausfahrt auf, auf die E18, Thomas?«, bemerkt Penttinen schließlich.

Dann stellt er fest, dass »Christer van der Kwast gemeint hat, wir sollten hier, in dieser Gegend anhalten, wenn du einmal an die Seite fahren kannst ... Ja, halt mal an. Ich denke, wir machen hier eine kurze Pause, wenn nichts dagegenspricht? Okay, dann machen wir den Ton aus.«

Als Bild und Ton wieder angeschaltet werden, kommt der Wagen auf derselben Straße zurück, diesmal in korrekter Fahrtrichtung. Thomas Quick zeigt mal hierhin und mal dorthin. Seppo Penttinen sagt plötzlich, er habe nach rechts gezeigt, und das Auto nimmt die richtige Abzweigung.

Hat er nach rechts gezeigt? Vielleicht. Er hat auch nach links gezeigt. Und geradeaus. Aber erst, als sie die richtige Straße passierten, reagierte Penttinen und erklärte, wohin Quick eigentlich zeigte. Bald darauf wiederholt sich diese Prozedur, jedoch aus entgegengesetzter Richtung, denn Quick hat erneut eine Abzweigung verpasst, woraufhin die gesamte Entourage umkehren muss – nachdem der Leiter der Vernehmung die vorsichtige Frage gestellt hat, ob es nicht einfach das Beste sei zu wenden.

Als sie anschließend am Fundort vorbeifahren, fragt Penttinen:

»Sollen wir anhalten?«

Aber Thomas Quick kapiert den Hinweis nicht, er will weiter. Kurz darauf sagt Penttinen:

»Was meinen Sie, wollen wir wenden?«

Jetzt fällt bei Quick der Groschen, und er sagt, das Auto solle wenden. Dann bittet er anzuhalten, etwa auf Höhe der Stelle, an der Penttinen fragte, ob es nicht angezeigt sei, zu halten.

Dass Thomas Quick die Ermittler zu dem Fundort geführt hatte, war völlig aus der Luft gegriffen. Vielmehr waren sie es, die ihn mit Andeutungen und Hilfestellungen in Form von Anweisungen und Manövern dorthinlotsten.

Mir erzählt Sture Bergwall:

»Es gab immer Zugang zu Informationen. Ich habe nicht nur Seppo interpretiert, sondern auch die anderen Beamten im Wagen und den Fahrer. Wirkte Seppo angespannt, bedeutete dies, dass wir in die falsche Richtung fuhren. Und wenn der Fahrer ein wenig bremste, wusste ich, dass wir bald abbiegen würden, und ich konnte das noch rechtzeitig zeigen. Es gab andauernd diese kleinen Hinweise. Mit solchen Details gaben sie mir zu verstehen, wo wir langmussten. Aber es sah so aus, als hätte ich ihnen das mitgeteilt.«

Und wie war das mit dem Fundort von Gry Storviks Leiche?

Zunächst kannte Thomas Quick die grundlegenden Fakten, mit denen Gubb Jan Stigson ihn im *Dala Demokraten* versehen hatte, außerdem war die Reisebegleitung seit Langem im Bilde, was die Ähnlichkeiten zwischen den beiden Fällen und die Nähe der beiden Fundorte zueinander betraf – vor Gericht war das Gegenteil behauptet worden.

Stigson schrieb: »Im dritten Fall geht es um die 23-jährige Gry Storvik, die im Zentrum von Oslo verschwand und am 25. Juni 1985 auf einem Parkplatz in Myrvoll aufgefunden wurde. Der Fundort ist nicht weit von der Stelle entfernt, an der man Trines Leiche fand.«

Während der Fahrt kommt es zu folgendem Dialog, als die Karawane ein Schild mit der Aufschrift Myrvoll passiert.

PENTTINEN: Sie denken nach, Thomas. Worüber? Wie fühlen Sie sich?

TQ: Ganz gut.

PENTTINEN: Wirklich?

TQ: Mm. Ich bringe einen Ortsnamen nicht mit der Stelle in Verbindung, wo ich den Ortsnamen gesehen habe.

PENTTINEN: Was, das gerade eben?

TQ: Ja.

PENTTINEN: Was war das für ein Ortsname?

TQ: Ich weiß nicht mehr.

PENTTINEN: War das im Zusammenhang mit einer Abzweigung, an der wir vorbeigekommen sind?

TQ: Mm.

Bald darauf kommen sie tatsächlich an dem richtigen Parkplatz in Myrvoll vorbei, wo der Wagen aus unerfindlichen Gründen anhält und auf einer Kreuzung stehen bleibt. Quick wird aufgefordert, den richtigen Weg zu nennen, doch er irrt sich, und sie müssen wenden und zurückfahren, um am anderen Ende des Parkplatzes zu halten.

In der Filmversion des Landgerichts endet die Aufzeichnung an dieser Stelle, und die Stimme des Kommentators (Seppo Penttinen) verkündet: »Thomas Quick weist uns auf diese Sicht auf den Parkplatz hin. Es ist derselbe Parkplatz, wo Gry Storvik gefunden wurde.« Damit endet die Sequenz.

Der Film, den ich jetzt sehe, geht hingegen damit weiter, dass Penttinen sich mit Quick auf dem Parkplatz unterhält, zu dem er gelotst worden war.

»Hier ist irgendwas«, sagt Quick.

»Ist hier irgendwas?«, fragt Penttinen.

»Ja.«

»Wo denn? Sie meinen die ganze Umgebung?«

»Nein, nicht die ganze Umgebung.«

»Was denn?«

»Von dem Schuppen ...«

Thomas Quick zeigt in Fahrtrichtung nach rechts, doch der Parkplatz liegt entgegengesetzt.

»Was?«, ruft Seppo Penttinen fassungslos.

»... da und dort hinten.«

Quick zeigt weder auf den Parkplatz, noch erwähnt er ihn mit einem einzigen Wort. Er will die Ermittler vielmehr auf eine Stelle auf der anderen Straßenseite aufmerksam machen.

Zu Thomas Quicks Panikreaktion, der das Landgericht dank der Ermittler eine so große Bedeutung beimaß, kommt es bei einem Kreisel, wo sie wieder an einem Schild mit der Aufschrift Myrvoll vorbeifahren. Im Film erklärt Quick den Anfall damit, dass »wir nahe am Trine-Fundort sind«.

Über Gry Storvik verliert er kein Wort. Das tut lediglich Seppo Penttinen, als er den bearbeiteten Film nachkommentiert.

Treffen mit dem Journalisten

Sture Bergwall wachte um 5.29 Uhr auf, eine Minute bevor der Wecker klingelte. Im »Morgen-Echo« wurde die Meldung verlesen, dass die Salatbar des Parlamentsabgeordneten Fredrick Federley in Konkurs gegangen sei, worunter auch die Lieferanten und Steuerzahler litten, was Sture in Maßen interessierte.

Nach der Morgentoilette ging er in den Speisesaal und holte sich Kaffee und Dickmilch, die er auf seinem Zimmer verzehrte. Zehn Minuten später, genau um 6.05 Uhr, klingelte er, um nach draußen gehen zu können.

Es würde ein schöner Tag werden. Die frische Morgenluft roch nach Traubenkirsche, als er in den Hof trat. Sture holte tief Luft und hielt den Atem an.

Um 7.35 Uhr kehrte er in sein Zimmer zurück, duschte, trank die zweite Tasse Kaffee und las *Dagens Nyheter*.

Er hielt in seinem Kalender fest, dass er den 2365. Tag in Folge hinter sich gebracht hatte. Das war der einzige Eintrag des Tages, obwohl er zum ersten Mal seit sieben Jahren einen Termin mit einem anderen Menschen hatte.

Dann versank er für ein paar Stunden in eine Kreuzworträtsel-Zeitung, bis er nicht weiterkam.

Es war ein merkwürdiger Zufall, dass er die Dokumentation über die Pyromanen von Falun gesehen hatte, zehn Kinder und Jugendliche, die zugegeben hatten, reihenweise Feuer gelegt zu haben, obwohl sie unschuldig waren. Etwas an dem Tenor der Sendung hatte ihn berührt. Das Thema der Reportage, falsche Geständnisse, hatte ihm zudem eine gewisse Hoffnung gegeben. Aber mehr auch nicht. Er machte sich keine Gedanken.

Auf der Station 36 wussten die Pfleger, dass Sture am Nachmittag Besuch bekommen würde. Sie meinten, Sture habe einen Entschluss gefasst oder es sei etwas vorgefallen. Warum sonst sollte er jetzt sein Schweigen brechen?

Als Sture sein Mittagessen holen ging, kam einer der altgedienten Pfleger der Abteilung auf ihn zu, fasste ihn leicht am Arm und fragte leise und vertraulich:

»Sture, Sie kriegen heute Besuch?«

»Ja«, bestätigte Sture.

»Dann wollen Sie vielleicht mit den Mordermittlungen weitermachen?«, fragte der Pfleger hoffnungsvoll.

Statt einer Antwort gab Sture ein Grummeln von sich, das alles Mögliche bedeuten konnte. Aha, das glauben die, das macht also die Runde beim Personal, dachte er.

Er wartete ohne Hoffnung und ohne Bedenken auf das Treffen. Vielleicht kommt es zu einer Wendung, dachte er, aber verwarf diesen Gedanken sofort wieder.

Zehn Minuten vor dem Treffen betraten zwei Pfleger Stures Zimmer und sagten, es sei Zeit zu gehen.

Nachwort

Von Mattias Göransson

Das Vermächtnis des »Gräbers«

Nach einer ganzen Reihe von preisgekrönten Enthüllungen zog Hannes Råstam den größten Knüller aller Zeiten an Land: »Der schlimmste Serienmörder Schwedens« war ein Fantasiegeschöpf. Jetzt galt es nur noch, ein Buch über den Fall zu machen und dann auf den Triumph zu warten, wenn Sture Bergwall von seiner letzten Verurteilung wegen Mordes freigesprochen werden würde. Aber es sollte anders kommen.

Göteborg ist eine ziemlich kleine Stadt, und wenn man in derselben Branche arbeitet und gemeinsame Interessen hat, läuft man sich früher oder später über den Weg. Im Nachhinein weiß ich nicht mehr, wann genau ich zum ersten Mal mit Hannes Råstam gesprochen habe, aber es gab ein paar Gelegenheiten und sie waren alle bereichernd. Fokussiert, detailliert und immer mit irgendeinem Investigativprojekt befasst, sprudelte Hannes stets vor spannenden Geschichten.

Als ich vor etwa zehn Jahren seinen damaligen Arbeitskollegen Janne Josefsson für *Dagens Nyheter* porträtierte, bat ich Hannes, seinen Freund und Kollegen zu beschreiben. In einer Situation, in der die meisten um Diplomatie bemüht gewesen wären, sagte Hannes, was er für die Wahrheit hielt – und lieferte eine Charakterisierung, die für den Kollegen gleichermaßen unangenehm und schmeichelnd war.

Viele Jahre später besuchte ein guter Bekannter eine Silvesterparty, bei der auch die Råstams waren. Im Verlauf des

Abends wurde Hannes in einem Kinderzimmer an seinem Mobiltelefon gesehen. Offensichtlich war der Gesprächspartner kein geringerer als Sture Bergwall. Als alle anderen mit Champagner anstießen, sorgte Hannes Råstam dafür, dass sich der bekannteste Verrückte Schwedens, der Silvester eingesperrt in der berüchtigtsten Psychiatrie des Landes verbrachte, nicht ganz so einsam fühlte.

Im Jahr 2010, vor der Wiederholung der dritten und letzten Dokumentation über Thomas Quick, wie Sture Bergwall hieß, bevor er seine Identität als Serienmörder aufgab, rief ich Hannes an, um eine Idee zu testen. Durch unsere sporadischen Telefonate in all den Jahren, die immer öfter mit seinen schonungslosen Schlussfolgerungen über einige grundlegende Missstände in der schwedischen Gesellschaft endeten, zog sich ein roter Faden. Als unparteiischer investigativer Journalist des *SVT* musste er in seinen Sendungen diese Kritik für sich behalten. Nun fragte ich ihn, ob er seine Ansichten mit den Lesern des *Filters* teilen wollte.

Hannes kam zu dem Schluss, er wolle sich lieber selbst mit diesem Thema beschäftigen – in welcher Form und für welches Forum, würde sich noch herausstellen. Bis auf Weiteres war er sowieso vollkommen von der Quick-Sache eingenommen. Das Projekt sollte mit dem Mammutwerk von Buch, an dem Hannes Råstam gerade schrieb, seinen Abschluss finden.

Dann redeten wir gelegentlich über das Buch, bis er im April nicht mehr ans Telefon ging. Das sah ihm gar nicht ähnlich. Unser gemeinsamer Kollege Fredrik Laurin wollte ihn wegen einer anderen Angelegenheit erreichen – vergeblich. Hannes Råstam war wie vom Erdboden verschluckt.

Nach fünfwöchigem Schweigen rief Hannes an:

»Ich brauche eigentlich gar nicht drum herumzureden. Ich habe Krebs.«

»Verflucht«, brachte ich heraus. »Wie schlimm ist es?«

In seinem gewohnt sachlichen Tonfall, als würde er im Fernsehen das Protokoll einer Gerichtsverhandlung auseinandernehmen, erwiderte er:

»Du kannst ja einmal raten, wo er sitzt, wenn du willst. Was weißt du über Krebs?«

»Nicht viel. Aber wenn ich am übelsten Ende anfangen soll, beim sicheren Tod, dann meine ich, dass die Leber am schlimmsten ist, dann kommt die Bauchspeicheldrüse ... danach kommen die Knochen, glaube ich. Und dann ...«

»Das reicht schon«, unterbrach Hannes mich trocken. »Bei mir sind es Leber und Bauchspeicheldrüse.«

An einem Spätsommerabend Anfang August 2011 fuhren Fredrik Laurin, der Investigativreporter vom Fernsehen, und ich raus zur Strandbadkolonie Hisingen, um Hannes zu besuchen. Das Grundstück im östlichen Teil der Ferienhaussiedlung direkt am Strand bietet eine schizophren anmutende Aussicht: der Industriehafen mit Kränen und dem Terminal für den Großteil von Schwedens Rohölimporten, auf der anderen Seite Badefelsen und Schärenidylle.

Seit Hannes Råstam sich von seiner Frau getrennt hat, verbrachte er die meiste Zeit hier draußen im Sommerhaus. Trinkwasser liefert ein Hahn am Ende des Grundstücks, die Dusche besteht aus einem Eimer, der an der Hausecke hängt.

Hannes bereitete das Abendessen zu: hausgemachte Rinderrouladen mit Senf, Kapern und frischen Kräutern, dazu gekochte Kartoffeln, Sahnesoße und die klassischen Beilagen in Form von süß eingelegten Zwiebeln und Essiggurken. Die Chemotherapie hatte ihre Spuren hinterlassen. Auf seinem kahlen Schädel war das Unterhautfett so stark zurückgegangen, dass man die Adern durch die Haut erahnen konnte. Die Jeans hatte er mit einem Gürtel enger geschnallt, damit er sie nicht verlor, und das kurzärmelige Hemd war über den abgemagerten Schultern viel zu weit.

Das hinderte ihn nicht daran, bester Laune zu sein.

»Ich bekomme viele Anrufe«, sagte er. »Das ist eigentlich ganz rührend. Ich bin nie besonders gewissenhaft gewesen, den Kontakt zu den Leuten zu halten. Jetzt merke ich, dass sich trotzdem überraschend viele melden. Ich weiß gar nicht, ob ich das überhaupt verdiene.«

Hannes erzählte Anekdoten und alte Geschichten. Eine handelte davon, wie Axel Munthe in Folge einer Grabplünderung Anfang 1900 in den Besitz des Rings des Tutanchamun kam, und wie Hannes darüber gestolpert ist, als er für eine Dokumentation über den Erfinder Håkan Lans recherchierte. Eine andere handelte von seiner Reise nach Ostberlin zum kommunistischen Weltjugendfestival als Bassist in Björn Afzelius Band: »Uns wurden zwei Mädels zugeteilt. Sie sprachen perfekt schwedisch, obwohl sie nie im Ausland gewesen waren. STASI, mit Sicherheit.«

Er und Fredrik Laurin vertieften sich in das knifflige Hin und Her der Quick-Enthüllung, und in Hannes' unglaubliche Hartnäckigkeit bei der Untersuchung von Osmo Vallos Tod. »Wir begeben uns in das *world wide web*, um Antworten auf unsere Frage zu erhalten«, zitierte Laurin aus der ersten Dokumentation über Vallo.

»Das ist gar nicht lustig«, protestierte Råstam. »Das war 1996, und damals wurde das Internet zum ersten Mal im Enthüllungsjournalismus angewendet.«

»Ja, das waren noch Zeiten«, fügte Laurin hinzu.

»Wenn man da ›forensic medicine‹ eingab, ergab die Suche 82 Treffer«, sagte Råstam. »Das waren die renommiertesten Experten der Welt, mit Adresse und Telefonnummer. Heute kriegst du Millionen Treffer, aber was du auf keinen Fall bekommst, sind die Kontaktdaten der renommierten Experten.«

Aus dem Abend wurde Nacht. Hannes ruhte sich ein paar Minuten aus, dann kochte er Kaffee.

»Ich kann keinen Kaffee mehr trinken, er schmeckt nur bitter. Das ist die traurige Seite am Krebs. Alle Genussmittel fallen weg. Ich kann keinen Alkohol mehr trinken, keine Zigarre mehr rauchen, will keinen Sex mehr ...«

Nach Mitternacht wurde die Unterhaltung immer schwammiger. Aus irgendeinem Grund kam Hannes auf Autos zu sprechen und erzählte, dass er sich – vorausgesetzt, er überlebte – zum ersten und einzigen Mal ein richtig schönes Auto kaufen würde. Einen Mercedes.

»Das kannst du doch nicht machen«, stöhnte Laurin. »Wenn du ein Auto willst, dann nimm einen Skoda, der Preis ist reeller. Sonst zahlst du nur für den Namen.«

»Ich finde, das habe ich verdient«, antwortete Hannes. »Ich will bequem sitzen, und wenn ich mich umgucke, soll klar sein, dass für meinen Wagen ein kleines Stück Regenwald abgeholzt werden musste.«

Fredrik Laurin hielt sich nicht zurück, sondern predigte, dass alle Autos im Grunde gleich gut waren, das Einzige, was billige von teuren Autos unterschied, sei sinnfreies Design und subtile Werbung.

»Erinnerst du dich nicht mehr an meine erste Enthüllung?«, unterbrach Hannes. »Über die gefälschten Kilometerstände? Der goldfarbene Benz sollte laut Autohändler 80 000 Kilometer gefahren sein. Er hatte als Schülerfahrdienst und Taxi in den Wäldern vor Kalmar gedient und hatte eigentlich 720 000 Kilometer drauf. 720 000 Kilometer! Und er lief immer noch wie eine Eins. Das ist Qualität!«

Fredrik Laurin musste sich geschlagen geben.

»Unser erstes Auto hat 80 000 Kilometer geschafft. Dann war es hin.«

Als ich über die Älvsborgsbro nach Hause fuhr, schickte die Sonne bereits ihre ersten Strahlen über den Göteborger Hafen. Mir schwirrte der Kopf. Hannes Råstams Leben verlief auf vielen Umwegen und verdiente es, erzählt zu werden, und die andere Geschichte – über die Schlüsse, die er aus 20 Jahren Arbeit als Schwedens herausragendster Journalist gezogen hatte – würde er nicht mehr selbst erzählen können.

Wie macht man das jemandem klar, der krebskrank ist, ohne dabei völlig gefühlskalt rüberzukommen?

Dieses Rätsel konnte ich nicht lösen, also rief ich ihn einfach an und sagte, wie es war.

Wenn Hannes mir das übel nahm, ließ er sich das nicht anmerken:

»Da es jetzt ist, wie es ist, denke ich, dass du recht hast. Es ist wohl das Beste.«

Hannes Råstam wuchs in Stora Bråta auf, einer wohlhabenden Wohngegend vor Lerum, östlich von Göteborg. Seine Mutter war Zahnärztin, sein Vater »Theatermann« – Schauspieler, Dramatiker, Regisseur und später Theaterintendant für das Stadttheater Borås und das Ateliertheater in Göteborg. Die Familie hatte Personal.

Eine Zeit lang wohnte der junge Per Oscarsson auf dem Dachboden, wo er mit schwarzer Baskenmütze und in Filzpantoffeln herumschlurfte. An den Wochenenden versammelten sich Schauspieler und Kulturpersönlichkeiten am Abendbrottisch.

»In dieser Branche ist es wohl eher eine Bürde, aus so wohlhabenden Verhältnissen zu stammen«, sagte Hannes. »Ich habe das tatsächlich immer als Vorteil gesehen und habe also kein wirkliches Revanchemotiv.«

Hannes Råstam fiel es schwer, sich in Gruppen einzufügen. Er blieb zum Beispiel auf dem Pausenhof stehen, wenn alle anderen schon wieder hineingegangen waren – er war so in Gedanken, dass er das Klingeln einfach nicht hörte. Problematisch war es auch mit Autoritäten: Er ließ sich nicht gerne sagen, was er tun sollte, und noch weniger wollte er derjenige sein, der dies anderen sagte.

Nach der Grundschule ging er auf das »Experimentgymnasium« im Zentrum von Göteborg. Die Schule war ein berüchtigtes Laboratorium der 70er-Jahre-Pädagogik, wo die Schüler so viel wie möglich selbst bestimmen konnten und die Lehrer als Betreuer fungierten. Nach drei Monaten verließ Hannes die Schule wieder.

»Für starke Individualisten, die keine Probleme hatten, war das Experimentgymnasium sicher etwas Wunderbares. Für mich hat das nicht funktioniert.«

Hannes blieb stattdessen zu Hause in Lerum mit seiner Bassgitarre. Er hörte die Beatles, die Rolling Stones und Bob Dylan. Nahm Bass- und Klavierunterricht. Sprang als Bassist in der Coverband seines großen Bruders ein.

Ein Versuch auf dem Hvitfeldtska Gymnasium (Musikzweig) endete ebenso rasch, wie er begonnen hatte, und mit 16 Jahren landete er bei einem Alten zu Hause, der »ein Mikroskop besaß und damit seine eigenen Spermien untersuchte«, und der ihm die Schönheit des kommunistischen Manifests erklärte.

»Das war wirklich grausam«, erinnert sich Hannes. »Da lag die Lösung für alle Probleme. Als ich das meinem Vater erzählte, hielt er eine flammende Rede für die Demokratie. Das hat mich damals gar nicht sonderlich beeindruckt, hat mich aber mein ganzes Leben begleitet.«

Hannes bekam einen Job in der Musikalienhandlung Waidele und bezog ein schäbiges Zimmer in Haga. Die Toilette im Treppenhaus teilte er mit einem Alkoholiker, der »mehr oder weniger von Ethanol lebte«.

Der E-Bass – ein Rickenbacker mit Sonderanfertigung, einem breiten Lederriemen mit aufgeprägten Blumen, dem Yin-und-Yang- und dem obligatorischen Friedenssymbol – nahm immer mehr Platz in Hannes Råstams Leben ein. Er hörte bei Waidele auf und nahm Gelegenheitsjobs in Psychiatrien in Hisingen an. Oder er ging zur Arbeitsvermittlung in Stigbergsliden, die für einen Tagelohn Arbeit im Hafen vergaben.

»Meine Jugend war ziemlich aus der Bahn geraten«, sagt Hannes. »Vielleicht mehr, als ich zugeben möchte.«

»Hannes Råstam in den 70ern?«, sagt sein alter Freund und Musikerkollege Olle Niklasson. »Ich sehe ihn genau vor mir: Hannes geht durch Haga, völlig zu, mit umgehängtem Bass. Man konnte bei ihm zu Hause vorbeischauen, ohne dass er davon überhaupt etwas merkte, denn er war total ins Üben vertieft. Dieses monotone, immer gleiche Üben, Üben, Üben. Das ist Hannes.«

1975 wurde der junge Bassist von Blåkulla angeheuert, einer Symphonie-Rockband, die für Bert Karlssons Schallplatten-label Marianne in Spotnicks altem Studio Tal & Ton ihr Debut-album einspielen wollte.

Als Blåkulla auseinanderging, wechselte Hannes zur Band Text&Musik bei dem progressiven Label Nacksving. Verglichen mit anderen Nacksving-Bands wie Motvind, National-teatern und Nynningen, wurde Text&Musik nicht besonders ernst genommen. Anstatt reinen Rock zu spielen, mischten sie mit afrikanischen und lateinischen Rhythmen und waren vom Jazz beeinflusst.

Auch Text&Musik trennte sich, und nachdem er in diversen Konstellationen gespielt hatte, blieb Hannes bei einer Gruppe hängen, die sich Globetrotters nannte. 1980 wurden sie Björn Afzelius' Begleitband.

Mit Björn Afzelius ging er auf Tournee, durch Schweden, Norwegen, Dänemark und Ostdeutschland.

»Das ist natürlich unverzeihlich«, sagt Hannes. »Ich war 27 und alt genug, um das bleiben zu lassen. Ich weiß noch, wie überrascht ich war, dass es tatsächlich schlimmer war als allgemein angenommen. Der Müßiggang. Der Mangel. Der Mangel an Farbe; sie hatten nicht mal mehr Kraft, ihre Häuser anzustreichen.«

Hannes brachte sich mit Tourneen durch die 80er, am Schluss mit dem Bluesmusiker Roffe Wikström. Mit 280 Tagen im Jahr auf Reisen wurde er des Tourneelebens überdrüssig. Dann lernte er Lena kennen, und eines Tages war sie schwanger.

Als Musiker hatte Hannes tagsüber häufig frei, und er liebte es, *P1* zu hören. Das Abitur machte er auf dem zweiten Bildungsweg nach, das Radio wurde seine Welt. Da er sich schon immer für Gesellschaftsthemen interessiert hatte, kam er auf die Idee, Rundfunkjournalist zu werden.

1991 bewarb er sich an der Volkshochschule Skurup für die Journalistenausbildung und wurde als ältester Schüler in die Klasse aufgenommen. Die kleine Familie zog zur Miete in ein Sommerhaus am Feldrand.

Die spektakulärste Fernsehsendung jenes Jahres, *Striptease*, war das neue Format des *SVT* mit investigativem Journalismus. Einmal hielt der Starreporter Janne Josefsson einen Gastvortrag.

»Ich kannte Hannes noch von Skurup«, sagt Janne. »Lustigerweise haben die Lehrer mich vor ihm gewarnt: ›Wenn er zu einem Autounfall gerufen wird, sind die anderen längst wieder zu Hause und haben ihren Artikel fertig, während er immer noch dasitzt und eine Mutter interviewt.‹ Und sie hatten recht, aber gleichzeitig auch unrecht. Denn in diesem Job geht es immer um die Details.«

Ylva Floreman, die Reportage unterrichtete, sagt:

»Hannes war extrem, was Recherchen betraf. Ich weiß noch, dass er ein Gerücht über den Möllevångstorget in Malmö gehört hatte, wonach es ein Dokument gäbe, das besagte, alle Händler hätten die Erlaubnis, gratis dort zu stehen. Er sah sich das genauer an und konnte nichts finden. Also machte er immer weiter und ging bis ins 19. Jahrhundert zurück. Er wurde zwar nicht fündig, aber es ging darum, dass viele es bei der Legende belassen hätten, während er nicht anders konnte und die korrekte Antwort herausfinden musste.«

Ein Jahr vor Beendigung der Ausbildung bekam Hannes einen musikalischen Rückfall und tourte wieder mit Björn

Afzelius durch die Lande. Nach einem guten Jahr pausenloser Tourneen musste er einsehen, dass sich das Musikerdasein nicht mit einem vernünftigen Familienleben vereinbaren ließ. Als er in einer Zeitung eine Stellenanzeige für den Posten des Musikchefs bei der Kulturorganisation Länsmusiken in Jönköping entdeckte, bewarb er sich und bekam den Job.

Hannes Råstam bekam Panik: Wollte er wirklich Kulturbürokrat werden?

Er bat sich zwei Tage Bedenkzeit aus und suchte, zurück in Göteborg, die beiden einzigen Journalisten auf, mit denen er Kontakt hatte, um sie um Rat zu fragen: Nisse Hansson, der einst Hannes in einer Musikrezension erwähnt hatte und nun Chef der Investigativgruppe der *Göteborgs Posten* war, und Janne Josefsson.

Nisse Hansson empfahl ihm, den Traum vom Journalisten aufzugeben: Wenn man 37 war und noch nichts veröffentlicht hatte, war alles gelaufen. Janne Josefsson war nicht in seinem Büro, sodass Hannes sich mit seinem energischen Kollegen Lasse Winkler begnügen musste – ein Dylan-Verehrer und ehemaliger Linksradikaler, der mitten im Leben einen Berufswechsel gewagt hatte. »Du hast alles, was du brauchst«, sagte Winkler. »Leg los!«

Seinen ersten Artikel als Freischaffender brachte Hannes Råstam bereits am folgenden Tag an den Mann – eine Glosse über dialektale Reime, die in der Zeitung *Vårt Göteborg* erschien. Dann schrieb er über Dinosaurier für die *Hallands Posten*. Das waren keine Meisterwerke – aber er wurde veröffentlicht. Er war Journalist.

Die erste Recherche darüber, wie man bei alten Autos Kilometerzähler verstellen konnte, begann mit einem Tipp von einem der Lehrer in Skurup. Das Prinzip war einfach: Kaufte man einen Gebrauchtwagen, ließen sich die drei letzten Fahrzeughalter sowie die jeweiligen Kilometerstände bei Besitzerwechsel problemlos feststellen. Wollte man weiter zurückgehen, musste man die entsprechenden Unterlagen beim Straßenamt beantragen, was bedeutete, dass sich alle mit den letzten drei Fahrzeughaltern begnügten. Das nutzten unseriöse Händler aus, indem sie die Kilometerzähler zurückdrehten und dem Auto mehrere Scheinbesitzerwechsel unterschoben.

Hannes schoss sich auf einen großen Autohandel auf Södermalm in Stockholm ein und ging mit drei Fällen zur *Striptease*-Redaktion – die ihn bat, 20 weitere zu beschaffen. Nachdem er sich über ein halbes Jahr lang mehr oder weniger Vollzeit damit beschäftigt hatte, war Hannes so weit zufrieden, dass er die Recherche dem Reporter Johan Brånstad überließ.

Hannes hielt sich im Hintergrund, als Brånstad mit Kameramann und Tontechniker in den Autohandel stiefelte. Er hatte sich natürlich vorbereitet und erkundigte sich nach einem Wagen, der doppelt so viele Kilometer auf dem Buckel hatte, als der Kilometerstand anzeigte. Sobald der Autohändler seine Lüge ausgesprochen hatte, fischte Brånstad die Beweise aus dem Jackett.

»Die waren total überrumpelt«, erinnert sich Hannes. »Bevor wir reingegangen sind, habe ich zu Johan gesagt: ›Ich versteh nicht, wie du das aushältst.‹ Er zeigte nur auf seine Innentasche: ›Ich habe die Papiere doch hier.‹ Er verstand die Frage gar nicht.«

Binnen eines Jahres war Hannes beim Schwedischen Fernsehen *SVT* angestellt. Er und Johan Brånstad setzten ihre Zusammenarbeit fort: Sie enthüllten Mauscheleien in der Taxibranche, Betrug mit EU-Subventionen in der Landwirtschaft, Kungelei in der Göteborger Politik und Eigentümlichkeiten in der schwedischen Waffenpolitik – ein bevorzugtes Thema, zu dem sie immer wieder zurückfanden.

1996 deckten sie Steuerbetrug auf, und Hannes musste mit versteckter Kamera in einer Anwaltskanzlei am Stureplan filmen. Die Kameras jener Zeit waren große VHS-Ungetüme, für die er eine Sporttasche benötigt hätte. Hannes fand das zu riskant und besorgte sich in London eine richtige Spionausrüstung. Die Kamera sah wie ein Brillenetui aus und ließ sich in der Hemdtasche unterbringen. Das einzige Problem waren die dicken Batterien, die in einem Gürtel um die Hüften getragen werden mussten, »sodass man entweder wie ein Buckliger oder wie ein Selbstmordattentäter aussah«.

Nach der Sendung meldete sich Janne Josefsson. Er wollte einen Somalier mit dieser Kamera ausstatten, der ihn in Göteborg im Brunnsparken angesprochen und eine seltsame Geschichte über eine Arbeitsvermittlung erzählt hatte, die skrupellose Firmen mit Schwarzarbeitern versorgte. Hannes biss an, und aus der Geschichte des Somaliers Abdi wurde eine Story, die alle von der Arbeitsvermittlung Nya Invandrare in Göteborg gefassten Beschlüsse einbezog.

»Das bringt unsere Gegensätzlichkeit auf den Punkt«, sagt Janne Josefsson. »Ich wollte Abdis Geschichte erzählen, und Hannes wollte alle Arbeitsvermittlungen in ganz Schweden aufs Korn nehmen. ›Mensch, Hannes, du bist Forscher, kein Journalist!‹, habe ich gesagt. Aber die Kombination aus uns beiden war ja gerade das Besondere.«

Aufgrund der Sendung rollten Köpfe, und die anderen schwedischen Medien stürzten sich auf das System der Arbeitsplatzvermittlung. In jenem Jahr bekam das Team Josefsson/Råstam den »Goldenen Spaten« des Verbandes der Investigativjournalisten.

»Dann haben wir ein bisschen rumüberlegt, was wir als Nächstes machen könnten«, sagt Hannes.

Daraus wurde die Sendung über den drogenabhängigen Osmo Vallo, der vor den Augen von zwölf Zeugen bei einem Polizeieinsatz ums Leben kam. Zuerst wurde in der *Göteborgs Posten* darüber berichtet. Und die Todesursache war noch nicht geklärt.

»Jemand stirbt in dem Moment, als ein hundert Kilo schwerer Polizeibeamte ihm einen Tritt in den Rücken verpasst«, sagt Hannes Råstam. »Das ist vielleicht nicht nur Zufall?«

Janne Josefsson stapfte durch Karlstad, sprach mit Zeugen, interviewte Osmo Vallos Mutter und überredete einen der beiden Polizisten zu einem Interview. Gleichzeitig stießen alle Ermittler und Experten in das gleiche Horn: Osmo Vallo hatte Alkohol im Blut, und dann ist er Opfer eines sogenannten »zerebralen Exzitationssyndroms« geworden. Soll heißen: Er starb vor Aufregung, vermutlich ausgelöst durch die Festnahme, aber vor allem wurde sein Tod durch die Drogen und seinen schlechten Allgemeinzustand verursacht.

Da war es nicht einfach weiterzukommen.

»Sie wussten aber nicht, dass ich den Spezialisten Hannes Råstam dabeihatte«, sagt Janne Josefsson. »Der Dissertationen und Fachliteratur über Medizin las. Und der mich mitten in der Nacht anrief: Janne, das ist ein Trick! Das ›zerebrale Exzitationssyndrom‹ ist ein Mythos.«

Allmählich kam Hannes – durch das Internet – mit dem Experten Michael Baden aus New York in Kontakt, der die Untersuchungen von 20 000 Polizeieinsätzen geleitet hatte. Auch er tat das zerebrale Exzitationssyndrom ab. Råstam:

»Das Institut für Gerichtsmedizin hat zwei Mitarbeiter geschickt, der eine war für die Qualitätskontrolle verantwortlich, und beide sagten: ›Das ist nichts Außergewöhnliches. Das passiert andauernd.‹ Sie hatten je 30 Berufsjahre auf dem Buckel und meinten, das zerebrale Exzitationssyndrom sei ein gängiges Phänomen. Entweder wussten sie es nicht besser, oder sie versuchten es – und logen.«

Als einer der Gerichtsmediziner eine Liste mit Referenzen vorlegte, überflog Hannes sie und sagte: »Ich habe alles gelesen. Und da steht das genaue Gegenteil von dem drin, was Sie sagen.«

Das Institut für Gerichtsmedizin verwies auf das eigene Verzeichnis schwedischer Fälle, in denen die betroffenen Personen infolge eines zerebralen Exzitationssyndroms starben.

»Ich bin alle 18 Fälle durchgegangen«, sagt Hannes. »Bezüglich des Gesundheitszustands und des Alkoholisierungsgra-

537

des gab es überhaupt keine Übereinstimmungen: Einige Opfer waren jung, andere alt, es waren Männer, Frauen, Betrunkene und Nüchterne darunter. Die einzige Gemeinsamkeit bestand darin, dass am Schluss ein Beamter auf ihnen lag und sie selbst auf dem Bauch lagen. Also genau das, was man nach der Lektüre dieser ganzen medizinischen Artikel erwarten konnte. Das Wissen darüber war schon vorhanden, war aber noch nicht bis nach Schweden durchgedrungen.«

»Er konnte einen um 3.30 Uhr nachts anrufen«, sagt Janne Josefsson. »›Verletzung Nr. 73 bei Osmo Vallo, damit stimmt irgendwas nicht. Schau mal im Obduktionsbericht nach.‹ Und ich sagte: ›Verdammt, du machst dich ja kaputt, Hannes.‹ Er ist total manisch. Aber genau das ist seine Stärke.«

Janne Josefsson und Hannes Råstam erhielten 1998 für ihre insgesamt sieben Sendungen über Osmo Vallo den »Großen Journalistenpreis«. Im gleichen Jahr erhielt Hannes noch mal den »Goldenen Spaten«, denn er und Johan Brånstad hatten endlich einen Durchbruch in der Waffengeschichte erreicht: indem sie zwei der absoluten Geheimhaltung unterliegende Register Schwedens gegeneinander abglichen – das über Waffenscheininhaber und das über die Personen, die in einer psychiatrischen Institution behandelt worden waren –, was zeigte, dass nicht einmal komplett Verrückte daran gehindert wurden, eine Waffe zu besitzen.

Danach war Hannes Råstam total überarbeitet. Der Arzt des Senders wollte ihn krankschreiben, aber er entschied sich für eine »Arbeitstherapie« und machte eine dreistündige Dokumentation über die schwedische Musikindustrie, von Rock-Ragge bis Robyn.

2000 kam Hannes wieder mit Janne Josefsson und dem Fotografen Bengt Jägerskog zusammen, der auch die Osmo-Vallo-Beiträge gefilmt hatte. Das Trio brach zu einer waghalsigen Autotour auf, die in Skåne begann, über Litauen nach Tschechien und durch Ungarn, Slowenien und Albanien führte und schließlich in Italien endete. Ausgangspunkt der Dokus *Trafficking I* und *Trafficking II* war die 16-jährige Sexsklavin Dangoule Rasalaites, die in Malmö Selbstmord begangen und sich von einer Brücke gestürzt hatte. Josefsson und Råstam machten Jagd auf die Schuldigen, suchten nach Dangoules Familienangehörigen im Baltikum, und dann führte ihre Reise sie immer weiter gen Süden.

Als Janne Josefsson von ihren Erlebnissen in Tschechien erzählt, zum Beispiel von minderjährigen Prostituierten, einem sie mit einer Machete bedrohenden Zuhälter und vernachlässigten Säuglingen, versagt seine Stimme.

»Was wir da gemacht haben, war zum Teil lebensgefährlich«, sagt Hannes Råstam. »Zum Beispiel als ich und eine Mitarbeiterin der schwedischen Botschaft in Budapest in die Vororte fuhren, um Mädchen für unser ›schwedisches Bordell‹ zu kaufen. Wer weiß, was die Mafia sich hätte einfallen lassen, wenn sie uns dort enttarnt hätte? Oder als wir uns bei den Menschenschmugglern in Albanien umsahen. Da hätten wir ohne Weiteres spurlos verschwinden können.«

Nach derartigen Abenteuern wirkten die normalen Recherchejobs in der Heimat eher ... popelig.

Dann passierte das bis dato dramatischste Ereignis direkt vor ihren Augen. Der EU-Gipfel in Göteborg artete in Massenfestnahmen und Krawalle aus.

Später war der angeschossene Aktivist Hannes Westberg einem Interview gegenüber nicht abgeneigt. Alle schwedischen Medien wollten mit ihm reden, sodass es ein Jackpot für »Auftrag Prüfung« – wie die Investigativredaktionen des *SVT* in Malmö, Luleå und Stockholm jetzt hießen – wäre, zuerst am Start zu sein.

»Über zwei Dinge war ich mir völlig im Klaren«, sagt Hannes Råstam. »Die ganze Sache war extrem kontrovers. Außerdem brauchte sie Zeit, damit ein Schuh draus wurde. Es durfte einfach kein Fehler passieren. Den gesamten Ablauf zu umreißen ... das war ein Riesenaufwand.«

Dann bekam Janne Josefsson das Okay von Hannes Westberg, und die Redaktion erfuhr, dass ein Journalist von einer radikalen Zeitschrift an einem Artikel schrieb.

»In so einer Situation ist Janne nicht mehr aufzuhalten«, sagt Hannes. »Dann wurde plötzlich beschlossen, dass die gesamte Produktion nach acht Tagen unter Dach und Fach sein sollte. Schließlich sagte ich: ›Janne, journalistisch betrachtet, gähnt ein Abgrund zwischen dir und mir. Es spielt keine Rolle, wer der Erste ist. Es geht nur darum: Wenn wir veröffentlichen, dann zum richtigen Zeitpunkt.‹«

Hannes Råstam arbeitete in jener Woche 130 Stunden. Er hetzte von A nach B, um Informationen und Filmmaterial von Amateurfilmern und autonomen Gruppen einzutreiben: Wie viele Schüsse wurden am Vasaplatsen abgegeben, und wann und von wem genau? Als der Ausstrahlungstermin immer näher rückte, lag Hannes im Schneideraum auf dem Boden und instruierte den Cutter.

»Es war total verrückt! Wir haben Dinge publiziert, die das Publikum gar nicht glauben konnte. Die wir nicht einmal selbst geglaubt hätten, wenn wir mehr Zeit gehabt hätten, um uns richtig mit der Materie zu befassen. Indem wir uns auf Hannes Westbergs Angaben verlassen hatten, galten wir als parteiisch, und zwar aus gutem Grund. Dass er einfach nur auf eine Party gehen und tanzen wollte, wer sollte das schon glauben? Die erste Reportage war schlecht. Und hat uns unglaublich geschadet. Am folgenden Tag waren alle Morgenzeitungen auf Seite eins gegen uns. ›Auftrag Verfälschung‹ lautete die Überschrift in der *Dagens Nyheter*. Wir wurden total verrissen.

›Ich bin trotzdem stolz auf das, was wir gemacht haben‹«, sagt Janne Josefsson. »Wir haben uns selbst aufs Spiel gesetzt.

Die erste Sendung war vielleicht etwas unfertig – aber man braucht auch das richtige Timing. Hätten wir noch vier, fünf Monate gewartet, wie Hannes es gewollt hatte, wären wir vollkommen weg vom Fenster gewesen. Aber wir waren in aller Munde, und man darf nicht vergessen, dass die Leute zum ersten Mal den Namen der Sendung bewusst wahrnahmen.«

»Das war der Anfang unserer Zusammenarbeit«, sagt Hannes. »Wenn es um Konfrontationsinterviews geht, ist Janne in Schweden unübertroffen. Er braucht aber auch jemanden, der ein Händchen dafür hat, umfangreiches Material zu beackern, die Story mit fundiertem Hintergrund zu versehen und ihn zu bremsen.«

Hannes Råstam machte weiter mit seiner Jagd auf Videofilmmaterial, und nach den ersten Urteilen zu den Krawallen präsentierten er und Janne den Knüller, dass der Staatsanwalt die Beweisfilme manipuliert hatte: Ein Himmel, verdunkelt durch Pflastersteine, war an einer Stelle hineingeschnitten worden, wo gar keine Steine geflogen waren, bedrohliche Sprechchöre waren in die Tonspur kopiert worden und so weiter.

Hannes Råstam war trotzdem unzufrieden. Die Zeitpunkte der Schüsse stimmten nicht. Er besorgte sich Aufnahmen von allen Polizeifunksprüchen mit allen Zeitangaben, die von der Polizei gemachten Filme, noch mehr Amateurfilme. Carl Larsson, ein Freier, der für *Aktuellt* filmte, hatte eine lange Sequenz beigesteuert, die kurz vor den Schüssen auf Hannes Westberg endete.

»Ich dachte, es besteht die winzig kleine Chance, dass er die Kamera noch ein bisschen weiter hatte laufen lassen«, sagt Hannes Råstam. »Also machte ich ihn in der Karibik ausfindig und fragte, ob er uns wirklich alles gegeben hatte, und er sagte, er glaube schon. Wie auch immer, seine Filme lägen auf dem Dachboden zu Hause in Norrköping, in einem Karton mit der Aufschrift ›Wichtig‹. Ich bat seinen Vater, den Film dem *SVT* in

Norrköping zuzusenden, und schon hatten wir ihn! Die Bilder zeigten nichts Aufschlussreiches, aber die Aufnahme lief während der Warnschüsse der Polizei und während des Schusses, der Hannes Westberg traf, weiter. Es zeigte sich, dass eine ganze Minute dazwischen verstrich. Das war ein unglaublich wichtiges Detail. Wenn man derart die Grenzen überschreitet und sieht, dass man richtiggelegen hat ... ich muss sagen, ich ging in die Knie.«

Der dritte und letzte Film von »Auftrag Prüfung« über die Krawalle in Göteborg und ihren definitiven Ablauf wurde ziemlich genau ein Jahr nach dem EU-Gipfel gesendet. Das war im Prinzip Hannes Råstams Werk – Janne Josefsson ging ins Studio und sprach die Kommentare ein.

»Hannes kam mit absolut umwerfenden Sachen an«, sagt Janne. »Wenn man die Recherche über die Krawalle betrachtet, haben wir einen verdammt guten Job gemacht, und wir haben sogar einen Meinungsumschwung herbeigeführt.«

Was danach kam, war eine üble Geschichte, über die die Beteiligten nicht gerne redeten. Daran, was genau geschah, scheiden sich die Geister, aber alle sind sich einig, dass das ebenso traurig wie überflüssig war.

2003 wurde Hannes Redakteur von »Auftrag Prüfung«. Ihm zufolge konnte Janne es nur schwer akzeptieren, dass sein alter Schüler plötzlich sein Chef war. Janne zufolge war Hannes immer noch neidisch, seit der Zeit, als sie noch zusammengearbeitet und Janne im Mittelpunkt gestanden hatte. Der eigentliche Grund war der alte Konflikt zwischen dem »Forscher Hannes und dem Skandaljournalisten Janne«. In jedem Fall entstand ein spannendes Dreiecksdrama zwischen Hannes, Janne und ihrem neuen Kollegen Lars-Göran Svensson.

Sie grüßten sich nicht auf dem Flur, würdigten einander keines Blickes, und Hannes kam es so vor, als verstummten die anderen in der Redaktion, wenn er den Raum betrat. Bisweilen vergaßen sie sich, und zwei der renommiertesten Journalisten Schwedens schrien sich an. Neue Redaktionsmitglieder konnten das nicht verstehen.

»Wenn Hannes und ich uns in den Haaren lagen, waren wir unbeschreiblich hart«, meint Janne Josefsson. »Er ist ein schwieriger Mensch. Ich bin ein schwieriger Mensch. Und da entstehen Konflikte.«

Hannes Råstam hörte als Redakteur auf und wurde Reporter. Die Bedingung für seinen Chef: Er durfte nichts mit Janne Josefsson am Hut haben.

Als seine erste Dokumentation gesendet werden sollte – über den Erfinder Håkan Lans –, gab es einen neuen Chef, und auf einmal sollte Janne Josefsson den Beitrag präsentieren. Hannes Råstam bekam einen Wutanfall und verlangte einen anderen Programmchef.

Das Ganze endete damit, dass Hannes Råstam außerhalb des Senders ein Büro mietete und von »Auftrag Prüfung« zu »Intern« ging.

»Nachdem wir so viele gute Sachen zusammen gemacht und so viel Gutes erlebt hatten, war es traurig, dass es so endete«, sagt Hannes.

Um diesem Wahnsinn eine gewisse Logik abzugewinnen, vergleicht er es mit seinen Erfahrungen aus der Rockband:

»Ein Arbeitsverhältnis, das so intensiv und so dynamisch ist, dauert meist nicht ewig an. Man findet eine Konstellation, die unglaublich inspirierend und bereichernd ist. So vergehen die Jahre, und plötzlich stellt man fest, dass das, was man außerhalb der Band macht, viel besser ist. Und dann gibt das alles nichts mehr her.«

Eines hat Hannes Råstam als Redakteur jedenfalls ausrichten können – er hat sich über den eineinhalb Meter hohen Berg aus Hinweisen hergemacht, die in der Redaktion vor sich hingammelten. Alle, die sich an »Auftrag Prüfung« wenden, erhalten eine Antwort. Der Methodiker Hannes schrieb deshalb neun Antwortvorlagen, die derjenige, der antwortete, durch eigene Überlegungen ergänzen konnte, und verteilte sie in der Redaktion.

Einer der Briefe kam von Bo Larsson aus der Haftanstalt Norrtälje, der behauptete, unschuldig wegen Inzest verurteilt worden zu sein. Die Anschuldigungen waren völlig absurd, aber nachdem der Fall auf der Redaktionskonferenz erörtert worden war, erging es ihm wie allen anderen Inzestfällen, die den schwedischen Redaktionen geschickt wurden: »Danke für Ihren Brief an »Auftrag Prüfung«. Wir haben Ihr Anliegen gelesen, geprüft und sind zu dem Schluss gekommen, dass wir gegenwärtig keine Reportage darüber produzieren können.« Hannes hatte die Antwort schon unterschrieben, als er den Brief noch mal las. Wenn nur ein paar Details in dem Brief stimmten, ließe sich damit schon etwas anfangen.

Ohne seine Kollegen davon in Kenntnis zu setzen, schrieb er eine neue Antwort. Kurz darauf fuhr er außerhalb der Arbeitszeit nach Norrtälje, um Bo Larsson zu treffen.

»Ich interessierte mich dafür, dass es innerhalb einer relativ begrenzten Zeitspanne so häufig zu sexuellem Missbrauch gekommen sein soll. Ich dachte, es müsse möglich sein, genau zu rekonstruieren, was passiert war. Schon zu dem Zeitpunkt sollte sich feststellen lassen, dass das alles gar nicht möglich sein konnte.«

Mit der gleichen Methode, mit der er die Chronologie der Krawalle von Göteborg aufgestellt hatte, begann er nach Zeugen und Puzzleteilen in Höganäs zu suchen. Was tat der Vater tagsüber? Was die Tochter? Stimmte die Schilderung mit den eindeutigen Fakten überein?

Nein. Da die Antwort so offensichtlich war, wurde Hannes klar, dass er einem Justizskandal auf der Spur war. Wie sich herausstellte, war die Aussage des Mädchens von einem Therapeuten suggeriert worden, der anscheinend von sexuellem

Missbrauch besessen war. Wieder ging das schwedische Rechtssystem nicht mit der Zeit: Diese Art von in der Therapie zustande gekommenen Geständnisse galt in großen Teilen der Welt seit Langem als überholt und hatte zahlreiche, aufsehenerregende Wiederaufnahmeverfahren zur Folge. Die Amerikanerin Elisabeth Loftus, weltberühmte Wissenschaftlerin und Gedächtnisexpertin, hatte die ganze Theorie von den verdrängten Erinnerungen als Quatsch bezeichnet.

»Der Abspann lief noch, da rief schon Leif GW Persson an, der die Sendung gesehen hatte und sie hochinteressant fand. Er gab mir auch den Tipp mit der Mordermittlung in Eksjö.«

In der Ermittlung ging es um neue und noch bizarrere Vorwürfe von Bo Larssons Tochter, in denen es um Satanismus, Folter, Vergewaltigung und Kindsmord in einem einzigen Durcheinander ging. Die Polizei hatte die Anschuldigungen auch im Detail untersucht und herausgefunden, dass die ganze Geschichte die Paraphrase der Handlung eines Romans war, den der Therapeut dem Mädchen gegeben hatte. Auch die Vorwürfe, aufgrund derer Bo Larsson verurteilt worden war, fanden sich in dem Buch wieder. Darüber wurden weder er, sein Rechtsanwalt noch das Amtsgericht informiert, das seine Haftstrafe erhöhte.

Hannes Råstam machte insgesamt fünf Dokumentationen über den »Fall Ulf«, wie er anfangs genannt wurde, um die Anonymität zu wahren. Bo Larsson wurde von jedwedem Verdacht freigesprochen und erhielt Schadenersatz in siebenstelliger Höhe, und Hannes Råstam wurde mit dem »Großen Journalistenpreis« sowie einigen internationalen Fernsehpreisen ausgezeichnet.

Dann lief alles wie am Schnürchen: Eines Tages rief ein Mann an, der Hannes bat, die Brandstiftungen von Falun in den 70ern zu untersuchen. Der Anrufer behauptete, selbst der Schuldige zu sein, obwohl acht andere für die Taten verurteilt worden waren.

Hannes beschaffte sich die Urteile in Falun, die zeigten, dass sämtliche Verurteilte gestanden hatten. Zuerst fühlte er sich auf den Arm genommen, doch dann begriff er, dass ihm ein mindestens ebenso interessanter Fall wie Bo Larssons zugetragen worden war – dort hatte es sich um Falschaussagen gehandelt, hier ging es um falsche Geständnisse.

Auch hier fehlte es an schwedischen Präzedenzfällen, was merkwürdig war, da das aufsehenerregende *Innocence Project* in den USA – das durch DNA-Analysen 282 Menschen vor der »death row« (Todesstrafe) bewahrt hatte – beweisen konnte, dass 25 Prozent der unschuldig Verurteilten auch ein Geständnis abgelegt hatten.

Hannes' Dokumentation »Warum haben sie gestanden?« war einfühlsamer im Ton als die Beiträge über Bo Larsson. Alles war längst verjährt, und es gab niemanden, der aus dem Gefängnis geholt werden musste, sondern nur ein Rätsel, das es zusammen mit den verurteilten Jugendlichen und den Polizeibeamten zu beantworten galt, unter deren Mitwirkung die falschen Geständnisse entstanden sind. Die Dokumentation schloss mit Hannes Råstams Stimme aus dem Off: »Ich kann nicht umhin, mir die Frage zu stellen: Wie viele andere haben die Schuld für ein Verbrechen auf sich genommen, das sie nicht begangen haben?«

40 Kilometer südlich von Falun in der Psychiatrie Säter, verfolgte einer der zwangseingewiesenen Patienten mit großem Interesse die Sendung.

»Einerseits natürlich wegen des Themas«, sagt Sture Bergwall. »Aber auch wegen des Tenors. Er hat die Betroffenen ernst genommen, und die Ermittler auch.«

Der schlimmste Serienmörder von ganz Schweden hatte zu dem Zeitpunkt seit sieben Jahren in selbst gewählter Isolation gelebt, seit Leif GW Persson verkündet hatte, er sei ein Mythomane, und er die Verurteilungen wegen Mordes nicht anerkannt hatte. Bergwall:

»Ich dachte, wenn es einen Journalisten gibt, mit dem ich reden kann, dann mit Hannes Råstam.«

Als Hannes zwei Wochen später Sture Bergwall einen Brief schrieb, hoffte er vor allem, eine interessante Dokumentation über den Skandalfall Thomas Quick zustande zu bringen. Der Kriminalreporter des *Dala Demokraten*, Gubb Jan Stigson, hatte ihn darauf gebracht und Hannes während seiner Arbeit an der Brandstifter-Doku mit alten Presseartikeln versehen.

Stigson vermachte ihm auch sein 300 Artikel umfassendes Archiv über den »Fall Quick«. Als einer der vehementesten Verteidiger von Quicks Schuld gehörte er selbstverständlich zu dem Ensemble, das Hannes vor sich sah, mit den Rabulisten Jan Guillou und Leif GW Persson als Gegenpol auf der anderen Seite.

Hannes hielt es für hoffnungslos, in der Grundsatzfrage weiterzukommen. Neben Gouillou und Persson hatten mindestens zehn namhafte Journalisten und Experten Quick als Mythomanen bezeichnet, allerdings ohne an den Urteilen rütteln zu können. Das Rechtssystem hatte bereits mehrere Anträge auf Wiederaufnahme des Verfahrens geprüft und abgeschmettert. Erst im Jahr 2006 befasste sich Justizkanzler Göran Lambertz mit dem Fall, nachdem er von den Eltern des Mordopfers Asplund und Rechtsanwalt Pelle Svensson dazu aufgefordert worden war, und kam zu folgendem Schluss: »Im Großen und Ganzen sind die Urteile sehr ausführlich und kompetent. [...] In einigen Urteilen ist die Anzahl der Fakten, die das Geständnis untermauern, überwältigend. Es ist also nicht so, wie mehrfach behauptet wurde, dass die Gerichte sich entschieden haben, Thomas Quicks Geständnis Glauben zu schenken, weil ein paar Psychologen ihm Glaubwürdigkeit bescheinigen. Die Beweislage war viel solider.«

Im Frühsommer 2008 lud Sture Bergwall Hannes Råstam in die Klinik nach Säter ein. Bei seinem ersten Besuch blieb Bergwall bei seiner Version, hatte aber nichts dagegen, dass Hannes den Fall genauer unter die Lupe nahm. Das gleiche Szenario spielte sich bei dessen zweitem Besuch ab.

Wie gewohnt sichtete Hannes Råstam methodisch das 50 000 Seiten umfassende Material der Ermittlungen und sah sich sämtliche Filmaufnahmen der Rekonstruktionen und Tatortbegehungen an. Davon waren einige nur schwer nachvollziehbar: Bergwall stand merklich unter Drogen und war verwirrt. In diesem Zustand lotste er die Beamten völlig planlos mal hierhin, mal dorthin.

»Man konnte unmöglich die Rekonstruktion im Fall Therese Johannesen anschauen und nicht sehen, was da ablief«, sagt Hannes. »Das war unwürdig, eine richtig schlechte Theatervorstellung.«

Bei seinem dritten Besuch in Säter konfrontierte Hannes Råstam Sture mit seinem Fazit.

»Das Entscheidende, das absolut Entscheidende war, dass er das mit den Benzodiazepinen gesehen hatte«, meint Sture Bergwall. »Er hatte mich gesehen und meine Abhängigkeit erkannt. Das ist der Knackpunkt.«

Hannes Råstam:

»Sture sagte: ›Wenn es so wäre, dass ich keinen der Morde begangen habe, die ich gestanden habe, was dann?‹ Und ich erwiderte: ›Wenn das so ist, dann ist das Ihre Chance.‹«

Hannes nahm sich in einem Hotel in der Nähe ein Zimmer. Er war hochmotiviert, aber gleichzeitig beunruhigt, was Sture sich hinter den Mauern in Säter so ausdenken würde.

»Zwei Minuten vor 18.00 Uhr klingelt das Münztelefon auf dem Stationsgang«, erzählt Sture Bergwall. »Und Hannes sagt: ›Also, was Ihre Antwort betrifft: Können wir morgen noch mal reden?‹ Als ich vom Telefon wieder in mein Zimmer gehe, und das ist ein ziemlich langer Weg, habe ich die Faust geballt, das weiß ich noch, und gesagt: ›Ja!‹ Denn da war alles klar. So hat es sich jedenfalls angefühlt.«

Klar war es natürlich nicht.

Denn auch wenn zu Thomas Quicks Geständnissen weitere Beweise hinzukommen mussten, damit er verurteilt werden konnte, waren Sture Bergwalls Widerrufungen sinnlos, wenn Hannes Råstam auch nur eine einzige Urteilsbegründung der Gerichte fand, die korrekt war.

Es dauert neun Sekunden, bis das System in Hannes Råstams Laptop die Größe seines Quick-Archivs berechnet hat. Dann kommt die Statistik: Das Archiv enthält 12,5 Gigabyte Daten, verteilt auf 5918 Dokumente in 402 Ordnern. Allein der Ordner »Thomas Quicks Opfer« umfasst 1588 Dokumente.

Hannes hat die gesamten Ermittlungsakten zweimal gelesen, einige Vernehmungsprotokolle fünfmal, andere zehnmal oder noch öfter. Am schwersten war die Nuss zu knacken, dass die Urteile besagten, Quick habe von Dingen Kenntnis gehabt, die nur der Täter kennen und wissen konnte.

»Dazu war nur Hannes in der Lage, sonst niemand«, sagt Sture Bergwall. »Keine Chance. Das Material ist so umfangreich und kompliziert ... Ich glaube, das ist eine Frage der Mentalität. Es reicht nämlich nicht, ein bisschen an der Oberfläche zu kratzen, man muss viel tiefer gehen. Und Hannes ist ungeheuer sorgfältig. In den ersten zwei Jahren haben wir insgesamt 1500 Stunden miteinander gesprochen, im Prinzip jeden Tag und manchmal mehrere Stunden am Stück.«

Hannes Råstam:

»Andere Kritiker haben es sich leicht gemacht, denn es gab Fragen, auf die man in jedem Fall eine Antwort finden musste. Und das hat richtig lange gedauert. Die Morde chronologisch einzuordnen und exakt festzumachen, was Quick zu den verschiedenen Zeitpunkten wusste und was nicht, war ungeheuer zeitaufwendig und verlangte, dass ich alle Informationen parat hatte.«

Schlussendlich entdeckte Hannes in jedem der Fälle das gleiche Muster: Das meiste, was Quick wusste, hatte er entweder in der Zeitung lesen können oder von seiner Therapeutin Birgitta Ståhle, dem Experten Sven Åke Christianson oder dem Ermittler Seppo Penttinen erfahren. Den Rest kriegten die Ermittler heraus, indem sie zufällige Übereinstimmungen aus Quicks um ein Vielfaches größeren Irrtümern herausfilterten. Die bearbeiteten Filme der Rekonstruktionen und Tatortbegehungen, die Quick vor Gericht in der Täterrolle bestätigten, sprachen in der Originalfassung für das Gegenteil.

Der wichtigste Baustein des Betrugs war Staatsanwalt Christer van der Kwast, der aktiv gegen alles vorging, was Zweifel an Quicks Schuld hätte wecken können, sowie Rechtsanwalt Claes Borgström, der es einfach nicht für nötig befand, seinen Mandanten zu verteidigen.

Hannes Råstam begann im Sommer 2009 an seinem Buch »Der Fall Thomas Quick« zu schreiben, während er noch an seiner letzten Dokumentation arbeitete. Dann stagnierte das Projekt, und er hatte es eigentlich schon abgeschrieben, als der Literaturagent Niclas Salomonsson sich meldete und meinte, ein solches Buch sei sein Traumprojekt. Hannes war wieder motiviert und ließ sich vom *SVT* beurlauben, um schreiben zu können.

Doch er spürte, dass seine Gesundheit nicht mehr mitmachte. Er fühlte sich müde und antriebslos, dachte aber, das sei eine Folge seiner langwierigen Scheidung von seiner Frau Lena. Schließlich ging er wegen Gewichtsverlust und Herzrasen zum Arzt. Nach einer Röntgenaufnahme seines Abdomens erfuhr er, dass er Lebermetastasen hatte und dass es sehr ernst aussah.

»Als ich die Krebsdiagnose erhalten hatte, war alles so ...«

Er macht mit beiden Armen eine abwehrende Geste.

»Ich habe sofort alles losgelassen. Weg mit allem vom Schreibtisch. Ich habe sofort akzeptiert, dass die Zukunft von dem Moment an total ungewiss ist.«

Das Manuskript liegt ordentlich abgeheftet in einem A4-Ordner auf dem Schreibtisch im Sommerhaus. Am Anfang steht ein Zitat aus Hjalmar Söderbergs »Doktor Glas«: *Man will geliebt werden, mangels dessen bewundert, mangels dessen gehasst, mangels dessen gefürchtet und verachtet. Man will irgendein Gefühl in den Menschen wecken. Die Seele schreckt vor der Leere zurück und sucht um jeden Preis Kontakt.*

Für Hannes Råstam erklärt das viel von der Tragödie hinter dem Fall Thomas Quick.

»Wo Recht und Psychologie aufeinandertreffen – diese Geschichten sind unwiderstehlich. Zu verstehen versuchen, wie Menschen funktionieren. Aber wenn man Quick verstanden hat und begriffen hat, warum er gestanden hatte, wartet ein noch größeres Rätsel: Seppo Penttinen, Christer van der Kwast, Claes Borgström, Birgitta Ståhle und Sven Åke Christianson. Wie haben sie diesen Zirkus am Laufen halten und mit Quick durch die Lande ziehen können, der sich nicht einmal richtig artikulieren und nur lallen, aber sich trotzdem genau an das erinnern konnte, was vor 15 Jahren passiert war? Da kann man von einem psychologischen Rätsel sprechen. Trotz allem sind das doch gebildete Menschen.«

Leif GW Persson:

»Allein die Kosten der Ermittlungen im Fall Quick belaufen sich auf etwa hundert Millionen Kronen. Hinzu kommen die Aufwendungen für zehn bis 20 Polizeibeamte, die acht Jahre in Norwegen an dem Fall arbeiteten. Nimmt man die Behandlungskosten, die Gerichtskosten und Borgströms Honorar in Höhe von fünf Millionen dazu, ist man schnell bei 200 Millionen. Und was ist dabei herausgekommen? Die wahren Mörder wurden verschont, ein Mythomane wurde vergoldet. Was sind das eigentlich für verfluchte Idioten, die da hocken und urteilen? Auch Borgströms Verhalten ist unbegreiflich. Er ist nicht nur irgendein Rechtsanwalt, er ist ein ziemlich guter. Er muss sich seine Mütze richtig tief in die Stirn gezogen haben.

Aber vielleicht war das eine schnelle Art, an Geld zu kommen. Das habe ich ihm auch gesagt, und daraufhin wollte er nichts mehr mit mir zu tun haben.«

Als Sture Bergwall im Fernsehen seine Geständnisse widerrief, meldeten sich in den übrigen Medien zunächst zahlreiche kritische Gegenstimmen. Sowohl van der Kwast als auch Borgström waren sich offenbar sicher, dass Hannes Råstams Recherchen zu nichts führen würden.

Dann waren die meisten Zweifler verstummt, als es ein Wiederaufnahmeverfahren nach dem anderen gab.

»Aber wie lange das gedauert hat«, sagt Hannes. »Im Dezember waren drei Jahre vergangen, seit die erste Quick-Dokumentation gesendet worden war. Dass er in einem Mordfall freigesprochen wurde, danach in einem zweiten, und dass es drei weitere Aufnahmeverfahren geben wird – das alles zählt nicht. Erst wenn alle Urteile revidiert sind, ist alles gut. Ich kann nur hoffen, dass ich dann noch lebe. Das wäre schon schön.«

Als Sture Bergwall darüber spricht, stockt er, und seine Stimme zittert:

»Hannes muss aber ... gesund sein ... wenn alle Freisprüche kommen. Ich weiß es. Er muss es schaffen.«

Die Nachrichten aus dem Krankenhaus sind einmal so, einmal so – einmal zeigt die Computertomografie, dass die Metastasen auf dem Rückzug sind, dann befürchtet ein Arzt, es seien weitere, bisher noch unentdeckte hinzugekommen. Hannes versucht, sich nicht in etwas hineinzusteigern:

»Es gibt Leute mit meiner Diagnose, die nur noch drei Monate leben – und es gibt die, die das alles überleben und eines natürlichen Todes sterben. Es ist sinnlos, darüber zu spekulieren.«

Wie so viele Patienten im schwedischen Gesundheitssystem ist er bisweilen frustriert über die anonymen Abläufe: Wie eine Abteilung nicht weiß, was die andere macht, und wie das in einer einzigen langen Warterei resultiert.

Im nächsten Augenblick ist er voll des Lobes über die trotz allem fast unendlichen Ressourcen:

»In einer anderen Zeit ging es nur darum, dazuliegen und auf den Tod zu warten. Jetzt darf man ziemlich viele interessante Dinge auf diesem Weg erleben. Mir wird ein effektiver *Tracer* injiziert, der unglaublich spannend klingt. Es handelt sich um radioaktives Isotop, dessen Halbwertszeit so kurz ist, dass es im Laufe eines Vormittags vom Lieferanten zum Krankenhaus transportiert werden muss. Wenn du heute Abend einen grünlichen Schimmer über Hisingen leuchten siehst – wer weiß, vielleicht bin ich das?«

Ein andermal ist er ernster:

»Ich war 56 Jahre lang gesund, und das ist kein schlechtes Fazit. Ich denke, ich habe ein gutes Leben gehabt, und das können nicht alle von sich behaupten. Ich habe drei Kinder, die ich liebe und die mich lieben. Und ich hatte zwei Berufe, in denen ich erfolgreich war. Ich kann wirklich nicht klagen.«

An einem Nachmittag in der Strandbadkolonie ist es an der Zeit, Hannes Råstams Werk zu würdigen. Er hat Schmerzen in den Füßen – »Das ist wohl so, wenn kein Fett mehr da ist, das die Gelenke schmiert« – und setzt sich auf dem weißen Sofa in den Schneidersitz.

Für viele Menschen, die er mit seinen Sendungen erreicht hat, veränderte sich das Leben zum Besseren: Sture Bergwall, Bo Larsson und den unschuldig verurteilten Jugendlichen aus Falun ist endlich Gerechtigkeit widerfahren. Osmo Vallos Mutter konnte ihren Sohn beerdigen.

Für die Bösen konkrete Folgen aufzuzeigen, ist schwieriger.

Für die Polizeibeamten, die in Göteborg die Schüsse abgaben, blieb dies ohne Folgen. Der Staatsanwalt und die Ermittler im Fall Bo Larsson haben ihre Posten behalten. Keiner von denen, die am Institut für Rechtsmedizin an der Vertuschung mitwirkten, erhielt auch nur einen Verweis, und bisher hatte noch keiner aus den höheren Sphären der Macht die Idee, es könnte höchste Zeit sein, die Psychiatrie in Säter gründlich umzukrempeln und sämtliche Fälle unter die Lupe zu nehmen, bei denen Christer van der Kwast seine Finger mit im Spiel hatte.

»Als Nisse Hansson in Monte Carlo war, um einen der Preise für die Sendung ›Der Fall Ulf‹ entgegenzunehmen, bekam ich einen Denkanstoß. Das spanische Jurymitglied sagte: ›Dass so etwas in einem Land passieren kann, das das Ombudsmann-System erfunden hat.‹ Und ich begann darüber nachzudenken, was der Justiz-Ombudsmann eigentlich für eine Aufgabe hat.«

Seine Aufgabe besteht darin, die Bürger vor Fehlern des Staates und vor Machtmissbrauch zu schützen. Ferner hat er das Recht, Anklage zu erheben. Hannes Råstam weist darauf hin, dass es im »Fall Ulf« zu zahlreichen strafbaren Handlungen gekommen ist, wie falsche Beweisführung und das Zurückhalten von Beweismitteln vor Gericht. Der Justiz-Ombudsmann begnügte sich damit, »harsche Kritik« zu üben.

»Dann passierte gar nichts mehr. Bo Larsson erhielt ein paar Millionen Schadenersatz, aber das hatte für keinen der Beteiligten konkrete Konsequenzen. Das schwedische Modell hat Bestand: Man arrangiert sich, niemand wird zur Verantwortung gezogen. Vor allem weiter oben in der Hierarchie. Schweden ist ein kleines Land, und wenn man in Juristenkreisen ganz oben ist, ist da nicht mehr viel Platz. Man sieht sich andauernd, auf Seminaren und Veranstaltungen. Wer sich da zu weit aus dem Fenster lehnt, riskiert eine ganze Menge.«

»Der Justiz-Ombudsmann scheint nur eine Methode zu sein, um sich das heiße Eisen vom Leib zu schaffen, das dann daliegt und ein Jahr lang abkühlt, bis er sich äußert, und dann weiß keiner mehr so genau, worum es eigentlich ging.«

Hannes Råstam ist von Justizkanzler Göran Lambertz besonders enttäuscht, denn er hat im Prinzip die gleiche Verantwortung wie der Justiz-Ombudsmann.

»Da kann man einmal sehen, wie schnell es manchmal gehen kann. Als Pelle Svensson seinen Bericht über den ›Fall Thomas Quick‹ einreichte – das war eine umfassende Untersuchung der gesamten Ermittlung, inklusive der Protokolle des Ermittlungsverfahrens, der Urteile und Videoaufzeichnungen, insgesamt über 10 000 Seiten. Innerhalb von sechs Tagen war Lambertz mit seiner Prüfung fertig und hatte seinen Beschluss verfasst, in dem er sogar Seppo Penttinen und Christer van der Kwast für ihre ›gute Arbeit‹ lobte. Das ist nicht seriös.«

Derselbe Lambertz, der Claes Borgström sein Vorbild und seinen guten Freund nennt. Hannes Råstam findet es interessant, das rechtliche Nachspiel der Krawalle von Göteborg mit dem entsprechenden Nachspiel der Tumulte beim EU-Gipfel in Genua zu vergleichen. In Italien wurden insgesamt 25 Beamte wegen verschiedener Dienstvergehen verurteilt. In Schweden wurde die Anklage fallen gelassen.

»Es geht nicht darum, dass ich in irgendeiner Weise für das, was Hannes Westberg getan hat, Sympathie empfinde, sondern darum, dass ich infrage stelle, es könne rechtens sein, ihn vorsätzlich in den Magen zu schießen. Normalerweise überlebt man einen solchen Schuss nicht, es war ein Wunder, dass Westberg es geschafft hat. Einen drahtigen jungen Mann, der allein ist und zufällig nichts in der Hand hat, darf man also erschießen. Es ist merkwürdig, dass das Gericht die Situation allein aufgrund der Beschreibungen der Beamten beurteilte. Dort hieß es, der Himmel sei von Pflastersteinen verdunkelt worden und der Angreifer habe nicht auf den Warnschuss reagiert. Es spielte keine Rolle, dass wir zeigen konnten, dass die Straße fast menschenleer war und eine ganze Minute zwischen dem Warnschuss und dem Schuss verging, der Hannes Westberg traf.«

Hannes Råstam muss einsehen, dass auch Sture Bergwalls bevorstehende Freisprüche keine konkreten Folgen für die Verantwortlichen haben werden, »abgesehen von ewiger Scham«. Die Dienstvergehen sind verjährt, und mehrere der Schlüssel- figuren, wie Christer van der Kwast, sind bereits pensioniert. Dennoch hofft Råstam, dass sich an der Quick-Geschichte die Geister scheiden werden:

»Dem schwedischen Rechtssystem ist eine hierarchische und mittelalterliche Selbstgefälligkeit eigen, und man ist dort sehr unempfänglich für Kritik. Aber man kann acht Mord- urteile nicht mit ›shit happens‹ vom Tisch wischen. Verschie- dene Gerichte haben in diesen Fällen geurteilt. Das dürfte in einem modernen Rechtsstaat gar nicht möglich sein. Die Dimensionen des Falles Quick machen eine Diskussion un- vermeidbar: Welche Unzulänglichkeiten ermöglichten es, dass ein in eine Psychiatrie zwangseingewiesener Patient in acht Mordfällen schuldig gesprochen werden konnte? Ich denke, da muss eine Bürgerkommission gebildet werden.«

Er rückt das Kissen zurecht, das er sich hinter den Rücken geschoben hat.

»Hoffentlich sind diese Bürger keine Angsthasen.«

Aus: *Filter* 22, erschienen September 2011.

Chronologie zu Sture Bergwall/Thomas Quick

1969 Sture belästigt vier Jungen.
1970 Verurteilung zur Einweisung in die Psychiatrie, Aufnahme in der Klinik Sidsjön.
1971 Besucht für ein Jahr die Volkshochschule Jokkmokk.
1972 Erneute Aufnahme in der Klinik Sidsjön.
1973 Wird nach Säter verlegt. Entlassung auf Bewährung.
1974 Sticht in Uppsala einen Mann nieder, wieder nach Säter.
1976 Charles Zelmanovits verschwindet in Piteå.
1977 Entlassung aus Säter. Der Vater verstirbt.
1980 Johan Asplund wird vermisst.
1981 Trine Jensen wird ermordet.
1982 Macht mit seinem Bruder Sten-Ove einen Kiosk auf.
1983 Tod der Mutter. Beginn des Kontakts mit »Patrik Olofsson«.
1984 Doppelmord in Appojaure.
1985 Gry Storvik wird ermordet.
1986 Der Kiosk geht in Konkurs. Eröffnet einen neuen Kiosk mit Patrik Olofssons Mutter.
1987 Macht den Führerschein. Zieht nach Falun, dann nach Grycksbo.
1988 Yenon Levi wird ermordet. Therese Johannesen wird vermisst.
1989 Zwei somalische Jungen verschwinden aus einem Auffanglager für minderjährige Flüchtlinge in Oslo.
1990 Umzug nach Falun. Begeht einen Bankraub.
1991 Verurteilung wegen Raubes und Diebstahls. Aufnahme in Säter. Beginn der Therapie mit Kjell Persson.

1992 Planung des Umzugs in eine eigene Wohnung. Nimmt den Namen Thomas Quick an. Fährt mit Kjell Persson nach Bosvedjan.

1993 Erste Begegnung mit Birgitta Ståhle. Gesteht den Mord an Asplund. Tatortbegehung. Sterbliche Überreste von Charles Zelmanovits werden gefunden. Kjell Persson lässt sich beurlauben. Göran Fransson erwägt die Kündigung.

1994 Gesteht Mord an Charles Zelmanovits. Einweisung in die Klinik für Forensische Psychiatrie in Växjö für einige Wochen. Birgitta Ståhle übernimmt die Therapie in Säter. Erstes Treffen mit Sven Åke Christianson. Tatortbegehung in Piteå. Verurteilung wegen Mordes an Charles Zelmanovits. Gesteht den Doppelmord in Appojaure. Bildung der Quick-Kommission.

1995 Rekonstruktion in Appojaure. Rekonstruktion in Messaure. Wechselt zu Rechtsanwalt Claes Borgström. Gesteht Mord an Levi.

1996 Verurteilt für den Doppelmord von Appojaure. Gesteht Mord an Therese Johannesen. Tatortbegehung in Drammen, Ørjeskogen und Lindesberg. Gesteht den Mord an Trine Jensen.

1997 Verurteilung wegen Mordes an Yenon Levi. Tatortbegehung in Ørjeskogen, um die Orte der Verstecke zu ermitteln.

1998 Die Quick-Fehde entbrennt. Verurteilung wegen Mordes an Therese Johannesen.

1999 Rekonstruktion im Mordfall Trine Jensen.

2000 Verurteilung wegen Mordes an Trine Jensen und Gry Storvik.

2001 Verurteilung wegen Mordes an Johan Asplund. Thomas Quick nimmt Auszeit.

2002 Nimmt den Namen Sture Bergwall wieder an. Beendet die Therapie mit Birgitta Ståhle.

2008 Trifft zum ersten Mal Hannes Råstam. Thomas Olsson übernimmt den Fall.

2009 Wiederaufnahme des Verfahrens im Mordfall Yenon Levi.

2010 Freispruch im Mordfall Yenon Levi. Wiederaufnahme des Verfahrens im Mordfall Therese Johannesen.

2011 Freispruch im Mordfall Therese Johannesen.

2012 Wiederaufnahme des Verfahrens im Mordfall Johan Asplund. Wiederaufnahme der Verfahren in den Mordfällen Trine Jensen und Gry Storvik. Freispruch im Mordfall Johan Asplund. Freispruch im Mordfall Trine Jensen und Gry Storvik.

2013 Wiederaufnahme des Verfahrens im Mordfall Charles Zelmanovits. Wiederaufnahme des Verfahrens im Mordfall Appojaure.